LECTIONES LATINAE

ILSE SCHNEIDER

LECTIONES LATINAE

Lateinisches Lehrbuch für Erwachsene
mit einem grammatischen Anhang
und einem Schlüssel zu den Übungen

HELMUT BUSKE VERLAG
HAMBURG

Limitierte Sonderausgabe der 2., überarbeiteten und ergänzten Auflage

Bibliografische Information Der Deutschen Bibliothek

Die Deutsche Bibliothek verzeichnet diese Publikation in der Deutschen Nationalbibliografie; detaillierte bibliografische Daten sind im Internet über ‹http://dnb.ddb.de› abrufbar.
ISBN-10: 3-87548-432-0
ISBN-13: 978-3-87548-432-8

www.buske.de

Umschlaggestaltung: Jens-Sören Mann
Druck und Bindung: C. H. Beck, Nördlingen
Printed in Germany

INHALT

VORWORT

Die *Lectiones Latinae* sind ein lateinisches Lehrbuch für Erwachsene, für Studenten an den Universitäten, Fach- und Volkshochschulen sowie für Schüler der oberen Klassen in Gymnasien. Sie sind aus den Erfahrungen erwachsen, die ich bei meiner langjährigen Tätigkeit in lateinischen Sprachkursen an der Universität und bei der Arbeit mit mehreren von mir verfaßten Lehrbüchern, aus denen die *Lectiones Latinae* hervorgegangen sind, gesammelt habe. Bei der Konzeption und dem Aufbau des vorliegenden Buches bin ich von den speziellen Voraussetzungen ausgegangen, die bei der Sprachausbildung von Erwachsenen zu berücksichtigen sind, insbesondere der Beherrschung der deutschen Grammatik und der Kenntnis mindestens einer Fremdsprache, bei deren Aneignung bereits wichtige sprachliche Zusammenhänge sichtbar werden. Außerdem kann bei der inhaltlichen Gestaltung des Lehrstoffes an die bisher schon erworbene Allgemeinbildung angeknüpft werden. Beim Erlernen der lateinischen Sprache bedeutet das die Vermittlung vertiefender oder neuer Einblicke in die Geschichte und Kultur der griechisch-römischen Antike.

Das unmittelbare Anliegen der *Lectiones Latinae* ist es, solide Kenntnisse in der lateinischen Sprache zu vermitteln. Dabei bieten die bewußt reich ausgestatteten einzelnen Lektionen die Möglichkeit zu einer den unterschiedlichen Zielen der jeweiligen Lehrgänge angemessenen Auswahl. Ferner war es mein Bestreben, möglichst früh an adaptierte oder Originaltexte heranzuführen. Das gilt auch schon für die Einzelsätze, besonders aber für die Lesestücke, die sich zunächst stark an Cäsar anlehnen, später an Texte vor allem aus Cicero sowie aus anderen Prosaautoren wie Livius, Sallust, Tacitus oder Seneca. Dadurch wird der Übergang zur Schriftstellerlektüre planmäßig vorbereitet. Zum Aufbau und zur Benutzung der *Lectiones Latinae* ist folgendes zu bemerken:

1. Der grammatische Stoff, der auf 22 Lektionen verteilt ist, ist in Einzelsätzen und ab Lektion IV zusätzlich in zusammenhängenden Stücken verarbeitet. Der Vertiefung der Kenntnisse in der Formenlehre dienen die zu jeder Lektion gehörenden Übungen.

2. Ab Lektion XI sind Lesestücke zugefügt, die den jeweils gelernten grammatischen Stoff berücksichtigen und für die Einführung in die Schriftstellerlektüre ganz besonders geeignet sind.

3. Jeder Lektion sind unter der Überschrift „Lateinisches Sprachgut im Deutschen“ Redensarten und Wendungen vorangestellt, die lateinischer Herkunft sind und auf den neuen grammatischen Stoff hinweisen.

4. Die „Sprüche und Aussprüche“ am Ende jeder Lektion enthalten leicht einprägbare sprichwörtliche oder sonst bekannte Wendungen, die das Wesen der lateinischen Sprache und des Römertums charakterisieren.

5. Um das systematische und sprachwissenschaftlich fundierte Erlernen eines reichhaltigen und gleichzeitig zweckmäßigen Wortschatzes zu erleichtern, sind folgende Wege eingeschlagen worden:
   a) Laufend wird auf im Deutschen gebräuchliche, aus dem Lateinischen übernommene Lehn- und Fremdwörter hingewiesen, die den zu lernenden Vokabeln beigefügt sind.
   b) Bereits gelernte Vokabeln werden bei neuen Wörtern des gleichen Stammes zum Anknüpfen wiederholt, dem Stamm nach zusammengehörende Wörter werden häufig gemeinsam angeführt, auch wenn eines davon im Lehrbuch erst an einer späteren Stelle benötigt wird.
   c) Nach Möglichkeit wird bei jedem neuen Wort auf die entsprechenden Wörter verwiesen, die aus den bereits in den Schulen gelernten Fremdsprachen bekannt sein können. Damit soll das Erlernen des neuen lateinischen Wortes erleichtert und zugleich auf die fundamentale Bedeutung der lateinischen Sprache hingewiesen werden. Die dabei angewendete Reihenfolge Englisch – Französisch – Russisch folgt der allgemein stärkeren Verbreitung englischer Sprachkenntnisse. Es ist aber zu beachten, daß zahlreiche der angeführten englischen Wörter im historischen Ablauf erst durch das Französische vermittelt worden sind.
   d) Aus dem Griechischen stammende Vokabeln sind mit „gr.“ gekennzeichnet.
   e) Die in den Anmerkungen zu einzelnen Vokabeln mit dem Zeichen „ML“ (Mittellatein) gegebenen Hinweise auf erweiterte oder veränderte Bedeutungen, die eine Reihe von Wörtern im mittelalterlichen oder nachmittelalterlichen Latein bekommen haben, sind als Hilfe für die Disziplinen gedacht, die es im Bereich ihrer Quellen mit einem weiterentwickelten Stadium der lateinischen Sprache zu tun haben.
   f) Die im Übungsteil der Lektionen auf der Anwendung von Prä- und Suffixen sowie der Analogie aufbauenden Wortbildungsübungen sollen zum besseren Verständnis der Struktur des lateinischen Wortschatzes führen.

Um eine Kontrolle zu ermöglichen, sind sämtliche zu erschließende Vokabeln in das lateinisch-deutsche Wörterverzeichnis (Teil 9 des Buches), das annähernd 2000 Stichwörter enthält, aufgenommen, so daß auch bei den schwierigeren, der Wiederholung dienenden Lesestücken des zweiten Teiles ein Wörterbuch nicht erforderlich ist.

6. Am Schluß der Vokabelverzeichnisse zu den einzelnen Lektionen sind jeweils die grammatischen und stilistischen Besonderheiten, die in der betreffenden Lektion vorkommen, aufgeführt. Diese sind insgesamt im Anschluß an die Vokabelverzeichnisse noch einmal systematisch und nach grammatischen Gesichtspunkten geordnet im fünften Teil des Buches zusammengestellt.

7. Die im Lehrbuch vorkommenden historischen und geographischen Eigennamen sind in Eigennamenverzeichnissen kurz erläutert, und zwar die in den Übungssätzen und Übungsstücken vorkommenden im Teil 8.1, die in den Anmerkungen genannten Autoren und anonymen Werke im Teil 8.2.

8. Zur Ergänzung sind den *Lectiones Latinae* beigegeben:
   a) Ein „Grammatischer Anhang", der die fürs erste erforderlichen grammatischen Grundlagen darbietet, zumeist in Tabellenform, und, ebenso wie die Zusammenstellung der wichtigsten Erscheinungen der Satzlehre (Teil 5), durch das grammatische Register erschlossen wird.
   b) Ein „Schlüssel", der der Kontrolle der selbständig erarbeiteten Übungen dient und so gleichzeitig den Zeitaufwand innerhalb des Lehrgangs wesentlich vermindern kann.

Herrn Studienrat P. Helms habe ich für die den russischen Teil des Wörterverzeichnisses betreffenden Angaben zu danken und Herrn Dr. D. Irmer für sein förderndes Interesse an dem Buch und das Mitlesen der Korrekturen. Meinem Mann gilt mein besonderer Dank für seine wertvollen Ratschläge und das mühevolle Mitlesen der Korrekturen.

Freiburg, Frühjahr 1990

ÜBERSICHT ÜBER DEN INHALT DER LEKTIONEN

Nr.	Formenlehre	Satzlehre	Wortbildungslehre	Inhalt
I	a-Dekl.; Akt. der a- und e-Konjug.: Ind. und Inf. Präs.; Imperative; esse: 3. Pers. Sing. und Plur. Ind. Präs. u. Inf. Präs.	Gen. partitivus; Gen. obiectivus; Dat. b. studere; Dat. commodi; dopp. Akk. b. nominare u. docere; Abl. instrumentalis; Präpositionen b. Akk. u. Abl.; Temporalsatz: dum		Einzelsätze
II	o-Dekl.; Akt. der a- u. e-Konjug.: Indikative des Präs.-Stammes; esse: 3. Pers. Sing. u. Plur. der Indikative des Präs.-Stammes; Possessivpronomina	Appositionen; Gen. definitivus; Gen. obiectivus; Abl. causae; Abl. modi; Präpositionen b. Akk. u. Abl.; Consecutio temporum im indikativischen Satz	Substantiva mobilia: filius – filia	Einzelsätze
III	esse u. Komposita: Indikative u. Inf. des Präs.-Stammes; Imperative; Personalpronomina; Reflexivpronomen; ipse, ipsa, ipsum	Gen. partitivus; Gen. obiectivus; Gen. subiectivus; Dat. finalis; Dat. possessivus; Dat. b. Komposita v. esse; Abl. temporis; Präpositionen b. Akk. u. Abl.; Fut. b. cras, postea; cum iterativum; Kausalsatz: quod	Gebrauch des Präfixes per-; Substantivierung des Adjektivs	Einzelsätze
IV	Akt. der a- u. e-Konjug.: Konjunktive des Präs.-Stammes;	Gen. b. causa		Einzelsätze De Helvetiis (nach Caesar, De bello Gallico I, 5–6)

Nr.	Formenlehre	Satzlehre	Wortbildungslehre	Inhalt
	esse: Konjunktive des Präs.-Stammes; Interrogativpronomen: subst.	Dat. finalis; dopp. Akk. b. putare; Abl. separativus; Abl. modi; Abl. instrumentalis; Kasus b. Städtenamen; Konj. adhortativus u. prohibitivus; Wunschsätze; Irrealis d. Gegenwart; Konj. nach ut, ne, cum		
V	e-Dekl.; u-Dekl.; Pass. der a- u. e-Konjug.: Perf., Plusquamperf., Fut. II, Part. Perf. Pass.	Gen. obiectivus; Dat. finalis; Dat. commodi; Akk. temporis; dopp. Akk. b. nominare; Präpositionen b. Akk.; Abl. instrumentalis; Abl. temporis; Abl. mensurae; Part. coniunctum; Temporalsätze	Bedeutung des Präfixes in-; Bildung v. Komposita	Einzelsätze; De Caesare et Germanis (nach Caesar, De bello Gallico IV, 16)
VI	Akt. der a- u. e-Konjug. u. esse: Perf.-Stamm; is, ea, id; qui, quae, quod	Gen. partitivus; Gen. obiectivus; Dat. finalis; dopp. Akk. b. habere; Abl. instrumentalis; Abl. separativus; Gebrauch des Imperf. u. Perf.; Irrealis der Vergangenheit; Consecutio temporum im fut. Fall b. Vorzeitigkeit; Temporalsatz; relativischer Anschluß	Gebrauch des Suffixes -osus; Bildung v. Komposita	Einzelsätze; De Aristippo (nach Vitruv, De architectura VI, 1 sqq.)

Nr.	Formenlehre	Satzlehre	Wortbildungslehre	Inhalt
VII	Pass. der a- u. e-Konjug.: Präs.-Stamm; hic, haec, hoc; ille, illa, illud; idem, eadem, idem; Fut. Akt. Inf.	dopp. Nom. b. Pass. v. nominare u. appellare; Gen. pretii; Gen. partitivus; Dat. finalis; Abl. instrumentalis; Lokativ; Übersetzung v. *man*; A. c. I.	–	Einzelsätze; De Colosseo
VIII	Kons. Dekl.: m. f.; kons. Konjug.: Präs.-Stamm	Gen. partitivus; dopp. Akk. b. dicere; Abl. instrumentalis; Übersetzung v. *man*	Gebrauch der Präfixe dis-, inter-, prae-, sub-, trans-; Bildung v. Komposita	Einzelsätze; De deis Gallorum et Germanorum (nach Caesar, De bello Gallico VI, 17 u. 21; Tacitus, Germania 9)
IX	Kons. Dekl.: m. f. (Fortsetzung); e- u. kons. Konjug.: s-Perf.; Zahlen	Gen. qualitatis; Akk. b. natus	Bildung v. Substantiven: 1. nach der u-Dekl.; 2. nach der kons. Dekl. auf -tor u. -tio	Einzelsätze; De monumento Ancyrano (nach Augustus, Monumentum Ancyranum, passim)
X	Kons. Dekl.: m. f. (Fortsetzung); a-, e- u. kons. Konjug.: Perf. auf -vi u. -ui; Pronominaladjektive	Gen. possessivus; Dat. finalis; Dat. commodi; Präpositionen b. Akk.; Abl. causae; Abl. qualitatis; A. c. I. b. vetare	Bildung v. Substantiven: 1. Neutra der o-Dekl.; 2. Feminina der kons. Dekl. auf -tas u. -tudo	Einzelsätze; De duobus centurionibus (nach Caesar, De bello Gallico V, 44)
XI	Kons. Dekl.: n.; a-, e- u. kons. Konjug.: Perf. m. Reduplikation	Dat. b. parcere; Abl. instrumentalis; Abl. mensurae; Abl. qualitatis; Abl. loci; ut consecutivum; Relativsatz m. finalem Sinn; indirekter Fragesatz	Gebrauch der Suffixe -ulus, -olus, -culus	Einzelsätze; De victu Germanorum (nach Caesar, De bello Gallico IV, 1 u. VI, 22-23)
XII	Gemischte Dekl.; i-Dekl.: Subst.	Dat. b. maledicere, antecedere; Akk. temporis; Temporalsätze: dum	Gebrauch der Suffixe -tio, -ulus, -osus	Einzelsätze; Quomodo Germani numen deorum exquisiverint (nach Tacitus, Germania 10)

Nr.	Formenlehre	Satzlehre	Wortbildungslehre	Inhalt
XIII	i-Dekl.: Adj.; Indefinitpronomina	Gen. partitivus; Abl. instrumentalis; Abl. separativus; Abl. loci; Gebrauch der Indefinitpronomina	Gebrauch der Suffixe -ilis, -alis, -aris	Einzelsätze; Qui ordines Caesaris aetate in Gallia fuerint (nach Caesar, De bello Gallico VI, 13–14)
XIV	Steigerung der Adjektive; e- u. kons. Konjug.: Perf. m. Ablaut	Dat. commodi; Abl. separativus; Abl. comparationis; Gebrauch des Komparativs u. Superlativs; ut consecutivum b. contingit u. b. vorausgehendem Komparativ	Gebrauch der Suffixe -anus, -inus, -ensis	Einzelsätze; Quam opportuno loco Roma posita sit (nach Cicero, De re publica II, 3, 5–6)
XV	Bildung u. Steigerung des Adv.; kons. Konjug.: Perf. ohne Stammveränderung	Akk. exclamativus; Konstruktion b. Verben der Gemütsbewegung; Konstruktion b. Verben des Fürchtens u. den Ausdrücken der Gefahr; Relativsatz m. konsekutivem Sinn	Gebrauch der Suffixe -ascere u. -escere	Einzelsätze; Quam arte Plinius cum Tacito amicitia coniunctus sit (nach Plinius, Epistulae VII, 20)
XVI	Kons. Konjug. mit i-Erweiterung; Part. Präs. u. Fut. Akt.	Gen. partitivus; Dat. commodi; Dat. finalis; Akk. b. deficere u. certiorem facere; Abl. instrumentalis; Gebrauch des Part. Fut. Akt.; Part. coniunctum; Konstruktion b. cupere, monere, non dubitare	Gebrauch des Suffixes -eus	Einzelsätze; De forti centurione Romano (nach Caesar, De bello Gallico VII, 50)

Nr.	Formenlehre	Satzlehre	Wortbildungslehre	Inhalt
XVII	i-Konjug.	Dat. finalis; Abl. instrumentalis; Konstruktion b. impedire, persuadere; Reflexivpronomen im Finalsatz; Abl. m. Part. u. prädikativem Subst. od. Adj.	Gebrauch des Suffixes -bilis	Einzelsätze; Ut Caesar copias suas in Britanniam traiecerit (nach Caesar, De bello Gallico IV, 20 sqq.)
XVIII	Gerundium; Gerundivum; Supinum I; Supinum II	Gen. partitivus; Akk. b. se abdere; Abl. separativus; Abl. instrumentalis; Abl. comitativus; Ind. Perf. b. paene; Gebrauch des Gerundiums, Gerundivums, Supinums I u. II; Gebrauch v. nonne, num, utrum – an	–	Einzelsätze; De bello cum Belgis gesto (nach Caesar, De bello Gallico II, 19–28)
XIX	Deponentien der a- u. e-Konjug.	Gen. b. misereri; Dat. b. mederi; Dat. possessivus; Abl. causae; N. c. I.; A. c. I. Fut. b. polliceri; Part. coniunctum (Vorzeitigkeit)	–	Einzelsätze; De Androclo et leone (nach Gellius, Noctes Atticae V, 14, 4–30)
XX	Deponentien der kons. Konjug.; Deponentien der kons. Konjug. m. i-Erweiterung	Abl. temporis; Abl. instrumentalis; Abl. originis; Kasus b. sequi, ulcisci, fungi, uti, opus est; Konstruktion b. cavere u. impedire; A. c. I. b. pati	–	Einzelsätze; Quibus difficultatibus Hannibal Alpes transgressus sit (nach Livius, Ab urbe condita XXI, 35–36)

Nr.	Formenlehre	Satzlehre	Wortbildungslehre	Inhalt
XXI	Deponentien der i-Konjug.; Semideponentien; fieri	Gen. qualitatis; Kasus b. potiri, confidere, adaequare; Gerundivum b. curare; Konstruktion b. vereri, experiri; Temporalsätze: ut, postquam; ut consecutivum b. fit	Gebrauch der Suffixe- arium; -(ti)tare, -sare	Einzelsätze; Quibus difficultatibus Hannibal Alpes transgressus sit (Nach Livius, Ab urbe condita XXI, 36–38)
XXII	ferre u. Composita; velle, nolle, malle; ire u. Composita; Inf. Fut. Pass.	Kasus b. meminisse, decere, ridere, se differre; Abl. modi; Abl. instrumentalis; Konstruktion b. minari; Wunschsätze; verneinter Imperativ an die 2. Pers.; Relativsatz m. konsekutivem Sinn	Gebrauch des Suffixes -fer	Einzelsätze; Quomodo servi tractandi sint (Seneca, Epistulae VI, 47)

Übersicht über den Inhalt der Lesestücke zur Wiederholung

ABKÜRZUNGSVERZEICHNIS

Abl.	Ablativ	Konjug.	Konjugation
A. c. I.	Accusativus cum infinitivo	kons.	konsonantisch
Adj.	Adjektiv	Lok.	Lokativ
adj.	adjektivisch	m.	masculinum
Adv.	Adverb	ML	Mittellatein
Akk.	Akkusativ	n.	neutrum
Akt.	Aktiv	Nom.	Nominativ
Anm.	Anmerkung	N. c. I.	Nominativus cum infinitivo
b.	bei		
bzw.	beziehungsweise	Nr.	Nummer
Dat.	Dativ	od.	oder
Dekl.	Deklination	Part.	Partizip
dopp.	doppelt	Pass.	Passiv
E	Englisch	Perf.	Perfekt
etw.	etwas	Pers.	Person
f.	femininum	pl.	pluralis
F	Französisch	Plur.	Plural
F:	Formen	Plusquamperf.	Plusquamperfekt
frg.	Fragment	Präp.	Präposition
Fut.	Futur	Präs.	Präsens
fut.	futurisch	R	Russisch
Gen.	Genetiv	S.	Seite
gr.	griechisch	scil.	scilicet
idg.	indogermanisch	sg.	singularis
i. e.	id est	Sing.	Singular
Imperf.	Imperfekt	sqq.	sequentes
Ind.	Indikativ	Subst.	Substantiv
indekl.	indeklinabel	subst.	substantivisch
Inf.	Infinitiv	trans.	transitiv
Interj.	Interjektion	u.	und
intr.	intransitiv	unpers.	unpersönlich
Jh.	Jahrhundert	v.	von
jmd.	jemand	vgl.	vergleiche
Komp.	Komparativ	Vok.	Vokativ
Konj.	Konjunktiv	z. B.	zum Beispiel

1. TEIL: EINZELSÄTZE UND LESESTÜCKE

I

1. a-Deklination

2. Aktiv der a- und e-Konjugation: Indikativ und Infinitiv des Präsens, Imperative

3. esse: 3. Pers. Sing. und Plur. des Indikativs und Infinitiv des Präsens, Imperative

Lateinisches Sprachgut im Deutschen: Mensa, Magna Charta, Persona grata (ingrata), Mariä Himmelfahrt, ad notam, in memoriam, via (Berlin), in natura, pro forma; Palmarum, summa summarum; Veto, Debet, Habet, Plazet, Salve, Ave-Maria.

Einzelsätze

1. Germania est terra Europae; aliae terrae Europae antiquae sunt Graecia, Italia, Gallia, Hispania, Britannia. 2. Linguae in singulis terris variae sunt. 3. In Italia et Graecia incolae linguas antiquas, linguam Latinam et linguam Graecam antiquam, non iam adhibent. 4. Linguam incolarum Graeciae nunc nominamus linguam Graecam novam; diversa est a lingua Graeca antiqua. 5. Item lingua, quam[1] nunc incolae Italiae adhibent, diversa est a lingua Latina.

6. Discipulae et studiosae peritae esse debent non modo linguae patriae suae, sed etiam linguarum aliarum terrarum velut linguae Anglicae, Francogallicae, Russicae. 7. Studiosae, linguis studere debetis; semper industriae este et studete linguis! 8. Saepe linguis externarum terrarum studeo; amo et linguas antiquas et linguas novas. 9. Interdum professor[2] terrae externae Germaniam visitat docetque studiosas linguam patriae suae. 10. Item studiosae aliarum terrarum Germaniam visitant et student linguae Germanicae. 11. Ad nonnullas disciplinas etiam scientia linguarum antiquarum necessaria est; nam in litteris saepe adhibemus linguas antiquas. 12. Itaque studiosas medicinae, pharmaciae, historiae aliarumque disciplinarum linguam Latinam docemus. 13. Perpaucas studiosas etiam linguam Graecam antiquam doceo.

14. Sed incolae non modo patriam linguamque patriae, sed etiam aquam silvasque patriae amant. 15. In Germania multae silvae sunt. Plenae sunt herbarum, plantarum bacarumque. Copia bacarum incolas valde delectat, copia herbarum bestias. 16. Multas plantas herbasque autem natura incolis terrarum meridianarum prius dat quam incolis Germaniae. 17. In aqua et in silvis bestias et parvas et magnas videtis (spectatis). 18. Saepe in silva ambulo et observo bestias varias. Maxime amo capreas. Amasne tu quoque capreas? Amo. Observa mecum[3] bestias!

Sprüche und Aussprüche: 1. Dum spiro, spero[4]. 2. Non scholae, sed vitae[5]. 3. Horas non numero nisi serenas[6]. 4. Vita schola, vita vigilia[7].

---

[1] quam *die* (*Akk. Sing. f. zu* quī *der*); [2] professor (ōris) *m. Professor*; [3] mēcum *mit mir*; [4] Priapea 80,9; [5] *vgl.* Seneca, Epistulae 106, 12; [6] *Aufschrift an einer Sonnenuhr;* [7] *altes Sprichwort.*

II

1. o-Deklination
2. Aktiv der a- und e-Konjugation: Indikative des Präsensstammes
3. esse: 3. Pers. Sing. und Plur. der Indikative des Präsensstammes
4. Possessivpronomina

Lateinisches Sprachgut im Deutschen: Ordinarius, Filius, stud. phil. (= studiosus philosophiae), Deus ex machina, ad absurdum führen, A. D. (= Anno Domini), in dubio pro reo; Epistulae obscurorum virorum, ad oculos demonstrieren, in tyrannos, ex libris; Latinum, Forum, Latifundium, post festum kommen, de facto, ab ovo; etc. (= et cetera); Stabat mater; Paternoster.

Einzelsätze

1. Romani magnum numerum servorum habebant. 2. Familia Romana ex viro, femina, liberis servisque constabat. 3. Servos Romani bellis sibi[1] parabant. 4. Servi liberi non erant. 5. Etiam liberi servorum servi esse debebant. 6. In villis, latifundiis metallisque Romanorum opulentorum servi laborabant. 7. Servus, nisi domino suo parebat, dominum timere debebat; nam dominus servum suum verbis malis durisque monebat et flagellis verberabat. 8. Etiam multi Graeci erant servi Romanorum. Erant viri docti. Itaque non in agris laborare debebant. 9. Alii servi Graeci morbos Romanorum aegrotorum medici curabant sanabantque, alii educabant magistri liberos docebantque pueros grammaticam, philosophiam aliasque litteras. 10. Narrabant pueris et puellis multa et pulchra de claris poetis Graecis, ut de Homero et Hesiodo, et de philosophis, ut de Democrito et Pythagora, et de aliis viris doctis. 11. Liberi libros poetarum Graecorum amabant; saepe studebant tragoediis et comoediis Graecis.

12. Germani populis antiquis multa debebant. 13. Olim Romani in Germania, imprimis prope Rhenum fluvium, oppida castraque collocabant. 14. Oppida Mogontiacum, Noviomagus, Colonia Agrippina, Regina castra aliaque erant oppida Romanorum. 15. Castra Romani vallo fossaque circumdabant. 16. Tum Germani verba Latina ut verba portae, muri, fenestrae, tecti, tegulae primum audiebant[2] et adhibebant. 17. Initio Germani, ut Tacitus narrat, oppida non aedificabant; habitabant discreti et diversi, ut fluvius, ut campus, ut silva placebat.

18. Magno cum studio reliquias castrorum et oppidorum Romanorum spectabamus (videbamus). 19. Gaudebam studio vestro, quo[3] loca antiqua visitabatis, amici. 20. Reliquias antiquas non modo in Italia, Graecia Germaniaque spectabitis (videbitis), sed etiam in Bulgaria, Hungaria, Romania. 21. Filio meo (filiis nostris) reliquias templorum, theatrorum basilicarumque libenter monstrabo (monstrabimus), si cupidus erit (cupidi erunt) reliquiarum antiquarum.

Sprüche und Aussprüche: 1. Libri amici, libri magistri. 2. Multum, non multa[4]. 3. Sine ira et studio[5]. 4. Iurare[6] in verba magistri[7].

---

[1] sibi *sich* (*Dat. Plur. m. des Reflexivpronomens der 3. Person*); [2] audiēbant *sie hörten* (*3. Pers. Plur. Ind. Imperf. von* audīre *hören*); [3] quō *mit dem* (*Abl. Sing. n. zu* quī *der*); [4] Plinius, Epistulae VII, 9, 15; [5] Tacitus, Annales I, 1; [6] iūrāre *schwören;* [7] Horaz, Epistulae I, 1, 14.

III

1. esse und Komposita: Indikative und Infinitive des Präsensstammes, Imperative
2. Personalpronomina
3. Reflexivpronomina
4. ipse, ipsa, ipsum

Lateinisches Sprachgut im Deutschen: Präsens, Interesse, in absentia; Pax vobiscum; Egoist.

Einzelsätze

1. Heri una cum nonnullis amicis in bibliotheca nostra eram. 2. Te ceterosque studiosos historiae frustra ibi exspectabam; nos aderamus, tu aberas; alii quoque non aderant. Ubi vos eratis, amici? Ego ipse usque ad vesperum ibi laborabam. 3. Si semper officio deestis, vobis ipsis obestis. 4. Cras ego quidem iterum in bibliotheca ero. Aderitisne mecum? Aderimus. 5. Ades apud me quarta hora! Ero apud te.

6. Bibliothecae nostrae vir doctus praeest. Multi famuli directori[1] adsunt. 7. Famuli bibliothecae mihi libenter adsunt adiuvantque me consiliis; interdum nobis titulos librorum explicant. 8. Tibi quoque famuli aderunt, sicuti antea mihi aderant; numquam enim officio suo desunt. 9. Multae et verae sententiae in libris poetarum insunt. 10. In studiis nostris libri doctorum virorum nos et vos semper adiuvabunt. 11. Postea optimos nostrum professor[2] multis cum verbis laudabit.

12. Si vales, bene est; ego quidem valeo[3]. 13. Tu, quaeso[4], me visita! Aegrotus sum. Cum tu ipsa aegrota eras, ego apud te eram. 14. Nobis est magna cura amici ipsius (cura tui, cura vestri). Medicum peritum consultabimus de te, amice (de vobis, amici). 15. Multi vobiscum magno colloquio intererunt; ego quidem non interero, quod cras non domi, sed in alio oppido ero. 16. Vinum rubrum mihi ipsi non oberat, sed proderat. 17. Fabulae poetae nos non solum delectant, sed etiam nobis prosunt. 18. Bona exempla pueris prodesse poterunt, mala oberunt. 19. Pulchrum est miseris adesse posse. 20. Homo[5] non sibi natus est. Tamen multi non alios, sed se ipsos amant. 21. Homo doctus semper in se divitias[6] suas habet. 22. Animus per se sine corpore[7] esse non potest.

Sprüche und Aussprüche: 1. Sic vos non vobis[8]. 2. Et tu, mi fili Brute[9]! 3. Ubi tu Gaius, ego Gaia[10]. 4. Dubito, ergo sum vel quod[11] idem[12] est: cogito, ergo sum[13]. 5. Errare humanum est[14].

---

[1] dīrēctōrī *Dat. Sing. zu* dīrēctor (ōris) *m. Direktor;* [2] professor (ōris) *m. Professor;* [3] *alte Briefformel; abgekürzt:* SVBEEQV; [4] quaesō *bitte!;* [5] homō (inis) *m. Mensch;* [6] dīvitiae, ārum *f. Reichtum;* [7] corpore *Abl. Sing. von* corpus (oris) *n. Körper;* [8] Sīc vōs nōn vōbis mellificātis, apēs etc. *vgl.* Donat, Vita Vergiliana 17; [9] *Ausruf Cäsars bei seiner Ermordung; vgl.* Sueton, Caesar 82; [10] *antike Ringinschrift;* [11] quod *Nom. Sing. n. zu* quī *wer;* [12] idem *Nom. Sing. n. zu* īdem *derselbe;* [13] Descartes, Principia philosophiae I, 7; [14] *vgl.* Cicero, Philippica XII, 2, 5.

IV

1. Aktiv der a- und e-Konjugation: Konjunktive des Präsensstammes

2. esse: Konjunktive des Präsensstammes

3. Substantivisches Interrogativpronomen quis, quid

Lateinisches Sprachgut im Deutschen: Habeaskorpusakte, Gaudeamus; Prosit!

Einzelsätze

1. Dum spiramus, speremus! 2. Liberi vino abstineant! 3. Numquam officiis nostris desimus! 4. Gauderem, si nobis de colloquio vestro narraretis. 5. Utinam semper laboretis et litteris studeatis! 6. Utinam ne tibi consilia periculosa viri mali obessent! 7. Medici imperant iterum atque iterum, ut cottidie ambulemus. 8. Postulant, ne nimis diu cubemus vel sedeamus; itaque nos moveamus et exerceamus! 9. Saepe in silva ambulamus, ut nos recreemus[1]. 10. Ego quoque optabam, ut liberi mei in feriis per silvas migrarent vel in fluviis natarent. 11. Graeci Romanis magistri multarum disciplinarum erant. Exempli causa medici Graeci tam clari erant, ut multi Romani eos[2] auxilio vocarent. 12. Nonnulli Romani autem, ut Cato, tam inimico animo in Graecos erant, ut medicos ex Graecia non ad se Romam vocarent. 13. Quid viris stultis pecunia prodest, cum sapientiam sibi comparare non possint? 14. Puer, cum angina laboret, in lecto cubet sudetque. Ne ambulet! Pareat verbis medici sui! Ne cibis abstineat, ne tam diu infirmus sit.

15. Visitabatisne Romae ruinas antiquas ut Colosseum, theatra, thermas aliaque, cum in Italia essetis? Quis tum vobiscum Romae erat? 16. Quem auxilio vocabis ad filium tuum aegrotum?

De Helvetiis

(nach Caesar, de bello Gallico I, 5–6)

Helvetii, cum imperii cupidi et bellicosi essent, in animo habebant ex patria sua emigrare et alios agros Galliae occupare.

Tum unus ex Helvetiis: „Ex patria nostra“, inquit, „emigremus. Antea autem comparemus nobis frumentum, iumenta carrosque, confirmemus amicitiam cum finitimis, inflammemus aedificia et oppida nostra, ne nobis desiderium[3] patriae sit. Sunt omnino viae duae, quibus[4] ex patria emigrare possumus: altera per Sequanos, altera per provinciam Romanam. Viam autem, quae[5] per Sequanos est, tam angustam et periculosam puto, ut ibi migrare non possimus. Per provinciam Romanam igitur migremus! Antea autem nonnullis legatis mandemus, ut Romanis consilia nostra nuntient“.

---

[1] sē recreāre *sich erholen;* [2] eōs *Akk. Plur. m. zu* is *er;* [3] dēsīderium, ī *n. Sehnsucht;* [4] quibus *Abl. Plur. f. zu* quī *welcher;* [5] quae *Nom. Sing. f. zu* quī *welcher.*

At Caesar, dux[1] Romanorum, Helvetios monet, ne per provinciam Romanam migrent. Timet enim perfidiam iniuriasque Helvetiorum.

Sprüche und Aussprüche: 1. Habeat sibi[2]! 2. Sit venia verbo! 3. Do, ut des[3]. 4. Cui bono[4]?

1. e-Deklination

2. u-Deklination

3. Passiv der a- und e-Konjugation: Perfekt, Plusquamperfekt, Futur II, Partizip des Perfekts

Lateinisches Sprachgut im Deutschen: Dies academicus, bona (mala) fide, in spe; Nervus rerum, medias in res, Rebus; Lapsus linguae, Casus obliquus, Casus belli, ad usum Delphini, in usum scholarum, pro domo sprechen; cand. phil. (= candidatus philosophiae), Aqua destillata; Iden des März, Datum, Diktat, Ornat, parat.

Einzelsätze

1. Res publica est res populi, ut Cicero in libris suis „De re publica" explicat[5]. 2. Spes fidei auxiliique deorum apud antiquos populos magna erat. Romani antiqui quoque deis deabusque fidem habebant et in rebus secundis et in rebus adversis. 3. Medium diem Romani meridiem nominabant. 4. Romae permulti dies festi erant. Diebus festis cuncti incolae templa deorum ornabant.

5. Exitus rerum humanarum incertus est. 6. Senatus et multi magistratus rei publicae Romanae praeerant. 7. In signis exercitus Romani hae[6] litterae erant: SPQR (= senatus populusque Romanus), in nummis Romanis: SC (=senatus consulto). 8. Ariovistus, dux[1] Sueborum, priusquam cum exercitu Romano acie pugnat, exercitum suum multos dies castris continet. 9. Romani saepe parva manu magnas adversariorum copias superabant. Bello Punico secundo autem adversarii exercitibus Romanis interdum perniciei et interitui erant. 10. Post Romae incendium Nero domum auream sibi aedificat. 11. Romani alas[7] exercitus cornua nominabant. 12. In cornibus exercituum Romanorum equitatus vel auxilia pugnare solebant, peditatus mediam aciem habebat.

13. Oppidum permultis monumentis statuisque ornatum erat. – Cras visitabimus oppidum permultis monumentis ornatum. 14. Liberi ex incendio servati sunt. – Liberi ex incendio servati nunc domi sunt. 15. Romae in foro ab Augusto aedificato adventus exercitus a populo Romano exspectatus est. 16. Ante duos annos multae domus flammis deletae erant; nunc muri domuum flammis

---

[1] dux (ducis) *m. Führer;* [2] *vgl.* Sueton, Caesar 1; [3] *Ausdruck der Auffassung der Römer, daß eine Art stillschweigender Rechtsvertrag zwischen Göttern und Menschen bestehe;* [4] Cicero, Pro Roscio Amerino 30, 84; [5] Cicero, De re publica I, 39; [6] hae *Nom. Plur. f. zu* hic *dieser;* [7] āla, ae *f.* *(Heeres-) Flügel.*

deletarum renovati sunt. 17. Tum, cum in periculo eratis, a nobis servati estis. A nobis servati gratiam nobis non habetis. 18. Caesar loca, sinus, aditus portusque in ora Britanniae sitos per legatum explorat. 19. In animo habebat exercitum suum in oram Britanniae a legato exploratam transportare.

De Caesare[1] et Germanis

(nach Caesar, De bello Gallico IV, 16 sqq.)

Multis de causis Caesar anno a. Chr. n. quinquagesimo[2] quinto cum exercitu suo Germaniam intrare in animo habebat. A Germanis enim saepe copiae in Galliam transportatae et magnae manus Gallorum acie superatae erant. Itaque Caesar optat, ut Germani adventu exercitus Romani turbati suis quoque rebus timeant.

Caesar exercitum Romanum Rhenum fluvium transportat ponte[3] paucis diebus aedificato. Cum autem Romani transportati essent, permultis incolis Germaniae magna cura erat; orabant per legatos, ne Caesar cum Germanis territis pugnaret. Legatis Caesar benignis[4] verbis respondet veniamque dat.

At Suebi, ubi exercitus Romani adventus nuntiatus est, ex oppidis suis emigrant, liberos, feminas suaque in silvis occultant. Viros autem unum in locum convocant, ut ibi adventum Romanorum nuntiatum exspectent. Sed Caesar, cum nihil aliud in animo habeat nisi Germanos terrere, paucis diebus post copias Romanas trans Rhenum fluvium reportat.

Sprüche und Aussprüche: 1. Verum gaudium res severa[5] est[6]. 2. Dies diem docet. 3. Nulla dies sine linea[7]. 4. Póst cenám[8] stabís aut pássus mílle meábis[9]. 5. Parva domus, parva cura. 6. Manus manum lavat[10].

VI

1. Aktiv der a- und e-Konjugation und esse: Perfektstamm

2. Demonstrativpronomen is, ea, id

3. Relativ- und adjektivisches Interrogativpronomen qui, quae, quod

Lateinisches Sprachgut im Deutschen: Pater, peccavi; eo ipso, Status quo ante, Condicio sine qua non, Terminus post (ante) quem.

Einzelsätze

1. Ante nonnullos dies oppidum propinquum visitavimus. In eo oppido spectavimus magna aedificia, altas domos pulchrasque vias. 2. Curia eius oppidi proximo anno renovata maxime aedificiorum nobis placuit. 3. Una

[1] Caesare *Abl. Sing. von* Caesar *Cäsar;* [2] quīnquāgēsimus, a, um *fünfzigste;* [3] ponte *Abl. Sing. von* pōns (pontis) *m. Brücke;* [4] benīgnus, a, um *freundlich;* [5] sevērus, a, um *ernst;* [6] Seneca, Epistulae III, 2, 4; [7] līnea, ae *f. Linie, Strich; Ausspruch des griechischen Malers Apelles; vgl.* Plinius, Historia naturalis XXXV, 36, 12; [8] cēna, ae *f. Essen, Mahlzeit;* [9] meāre *gehen; altes Sprichwort;* [10] *altes Sprichwort; vgl.* Seneca, Apocolocyntosis 9, 6.

cum amicis in ea curia fui; in ea vir peritus nobis multa et mira monstravit. 4. Cur non tu quoque, amice, nobiscum fuisti in eo oppido, quod iam tot externis, qui ibi fuerunt, valde placuit? Spectavistine iam antea oppidum, curiam forumque eius? 5. Nonnulli, cum id oppidum iam anno ante visitavissent, heri ea (aedificia) tantum spectaverunt, quae proximo anno nondum aedificata erant.

6. Caesar, postquam Helvetios acie superavit, a multis populis Galliae contra Germanos auxilio vocatus est. 7. Ante multos annos enim Arverni Sequanique, qui diu cum Haeduis de principatu pugnaverant, Germanos, quorum domicilia trans Rhenum fluvium sita erant, ad se vocaverant. 8. Germani auxilio vocati Galliam intraverant, senatum equitatumque Haeduorum necaverant agrosque eorum occupaverant. 9. Ea de causa Galli a Germanis superati oraverunt, ut Caesar cum Germanis bellaret exercitumque eorum e Gallia fugaret. Unus e legatis eorum: „Antea", inquit, „sine cura fueramus, nunc miseri sumus, cum Ariovistus cum copiis suis oppida nostra agrosque vastaverit. 10. Exercitui Romano gloriae est iam multos adversarios terruisse et superavisse. Qua de causa te, Caesar, oramus, ut nos ab Ariovisto et exercitu eius liberes". 11. Ariovistus in eo colloquio, quod postea cum adversario habuit, „Non mea sponte", inquit, „copias meas Rhenum fluvium transportavi, sed Sequani me auxilio vocaverunt. 12. Numquam enim eos agros intravissem, nisi nonnulli populi Galliae auxilio meo eguissent. 13. Magnas manus Gallorum, cum me oppugnavissent et contra me castra habuissent[1], uno proelio superavi ac delevi. 14. Ego prius quam exercitus Romanus eos agros intravi. 15. Me amicum habebis, Caesar, si ex Gallia a me occupata exercitum tuum revocaveris".

De Aristippo

(nach Vitruv, De architectura VI, 1 sqq.)

Aristippus, philosophus Socraticus, naufragio[2] ad oram Rhodi insulae agitatus est. Qui, cum ibi in arena spectavisset nonnullas formas geometricas, ad viros, qui cum eo erant, exclamavit: „Bene speremus! Hominum[3] enim vestigia spectavi"! Statimque recta via in oppidum Rhodum properavit, gymnasium intravit ibique de philosophia disputavit. Tum incolae eius insulae philosophum tot donis donaverunt, ut non modo se ipsum ornaret, sed etiam eis, qui una cum eo fuerunt, vestitum et ea, quae ad victum necessaria erant, praeberet. Cum autem amici eius in patriam suam renavigare in animo haberent interrogarentque, quidnam[4] domum renuntiarent, tum Aristippus eis: „Cuncti", inquit, „liberis suis comparent ea, quae etiam e naufragio[2] servare possunt. Nam id est verum praesidium vitae, cui neque res publica mutata neque res adversae neque bella nocere possunt".

---

[1] castra habēre contrā (*m. Akk.*) *im Felde stehen gegen* (*jmd.*); [2] naufragium, ī *n. Schiffbruch;* [3] hominum *Gen. Plur. von* homō (hominis) *m. Mensch;* [4] quidnam *was denn.*

Sprüche und Aussprüche: 1. Súm, quod erís; quod és, ánte (= antea) fuí[1]. 2. Crás amét, qui númquam‿amávit; quíque‿amávit, crás amét[2]. 3. Qui se excusat, se accusat[3]. 4. Beatus est, qui prodest, quibus potest. 5. Multós timére débet, quém multí timént[4]. 6. Quae nocent, docent.

VII

1. Passiv der a- und e-Konjugation: Präsensstamm

2. Demonstrativpronomina hic, haec, hoc; ille, illa, illud; idem, eadem, idem

3. Inf. Fut. Akt.; Accusativus cum infinitivo (A. c. I.)

Sprachgut im Deutschen: ϑ (= deleatur); h. a. (= huius anni), ad hoc; semper idem.

Einzelsätze

1. Ut saluto (salutabo), ita salutor (salutabor). 2. Tum, cum magna in inopia eras, ab amicis, a quibus magni aestimaris, adiuvabaris. 3. Cuncti, qui adsunt, verbis horum magistratuum excitantur, ut illis miseris adsint. 4. Haec verba diu memoria tenebuntur. Tu quoque his verbis moneberis et incitaberis. 5. Hic puer (haec puella) longo morbo vexatur. Optamus, ut ille (illa) mox sanetur; sane de hoc morbo statim medicus peritus interrogari debet. 6. Illi septem colles[5] Romae antiquae multis noti sunt. Duo eorum, qui nominantur Palatinus et Capitolinus, maxime e ceteris eminent.

Vorübung

amicus ambulat	amicum ambulare video
amicus ambulavit (ambulaverat)	amicum ambulavisse puto
amicus ambulabit	amicum ambulaturum esse putamus
amici ambulabunt	amicos ambulaturos esse speramus
liber bonus tibi donatur	librum bonum tibi donari non ignoro
libri boni vobis donati sunt	libros bonos vobis donatos esse video
Roma a Romulo aedificata est	Romam a Romulo aedificatam esse constat
te visitaverunt (scil.[6] amici)	eos (scil. amicos) te visitavisse puto se te visitavisse mihi narrant (scil. amici)
filiam eius (scil. amici) visitabo	me filiam eius (scil. amici) visitaturum esse narro se filiam suam visitaturum esse narrat (scil. amicus) me filiam suam visitaturum esse putat (scil. amicus).

[1] *Grabinschrift;* [2] *aus* „Pervigilium Veneris"; [3] *ein bereits im Altertum geläufiges Wortspiel; vgl.* Hieronymus, Epistulae 4 ad virg. in exil. missam; [4] *vgl.* Seneca, De ira II, 1, 3; [5] collēs *Nom. Plur. von* collis (is) *m. Hügel;* [6] scil. = scilicet *versteht sich, nämlich.*

7. Thales, ille philosophus Milesius, aquam esse initium rerum putabat. Eum fuisse philosophum clarum constat. 8. Notum est et hoc: „Ubi bene, ibi patria" et illud: „Patria est, ubicumque est bene"[1]. Illa verba esse dicta antiquorum non ignoramus. 9. Exercitum Romanum Belgium quoque intravisse Caesar ipse narrat. 10. Ibi cum Nerviis diu bellatum esse idem explicat. Hi tanto studio cum Romanis pugnabant, ut, cum primi eorum necati essent, proximi ex[2] horum corporibus[3] pugnarent. 11. Hac (ea) re exercitum Romanum magno in periculo fuisse constat. 12. Illi periculo hae duae res erant auxilio: scientia et usus belli huius (illius) exercitus. 13. In eisdem libris Caesar narrat se bis in Britanniam cum exercitu suo navigavisse. Item notum est copias Romanas ab eo Rhenum quoque transportatas esse. 14. Pyrrhus, rex[4] Epiri, se copias Romanas superaturum esse sperabat. Nos autem non ignoramus eum Romanos superare non potuisse.

De Colosseo

Romae multas columnas, arcus, templa theatraque antiqua deleta esse cuncti dolemus. Tamen hodie quoque nonnullae reliquiae Romae antiquae ostentari possunt. Quae sunt summo gaudio eis, a quibus Roma visitatur. Roma merito Roma aeterna vocatur. Optime illud theatrum conservatum est, quod iussu T. Flavii Vespasiani aedificatum est et olim ex eo Amphitheatrum Flavium nominabatur. Hoc amphitheatrum postea Colosseum appellatum esse ex colossea[5] statua Neronis[6], quae hic collocata erat, constat. Quo verbo nunc theatrum significatur. Tum, cum illud theatrum aedificatum erat, i. e. anno p. Chr. n. octogesimo[7], per centum dies ludi magnifici Romanis a magistratibus dabantur. Quibus diebus permultas bestias necatas esse notum est. Magistratus Romani illos ludos dabant, ut vulgus eis delectaretur.

Mirus aspectus praebetur eis, qui illi theatro appropinquant. Alti muri eius theatri, quod ovi formam habet, ornantur magnificis columnis. Narrant Colosseum tam amplum fuisse, ut a quinquaginta milibus[8] Romanorum compleri posset. Diebus festis per octoginta[9] introitus, quos videmus, magnae virorum feminarumque manus amphitheatrum intrabant. His diebus enim totus fere populus Romanus advolabat[10]. Ei, qui aderant, summo studio spectacula, quae eis dabantur, spectabant. Bestiae ex Africa importatae, quae in caveis[11] sub arena sitis continebantur, in arenam agitabantur. Quae postquam illam intraverunt, inter se pugnabant et necabant. Servos quoque iussu dominorum cum his pugnavisse constat. Postremo servi iuxta has bestias necati humi iacebant. Haec spectacula Romanis gaudio fuisse non ignoramus; nos ipsos spectaculis eiusdem modi delectari posse non puto.

Sprüche und Aussprüche: 1. Ultra posse[12] nemo obligatur[13]. 2. Amicus est tamquam alter idem (= alter ego). 3. Príncipiís obstá, seró medicína parátur[14].

---

[1] *vgl.* Cicero, Disputationes Tusculanae V, 108; [2] ex (*Abl.*) *von – aus;* [3] corporibus *Abl. Plur. von* corpus (oris) *n. Körper;* [4] rēx (rēgis) *m. König;* [5] colossēus, a, um *ungeheuer groß;* [6] Nerōnis *Gen. Sing. zu Nerō m. Nero;* [7] octōgēsimus, a um *achtzigste;* [8] quīnquāgintā mīlibus *Abl. von* quīnquāgintā mīlia *fünfzigtausend;* [9] octōgintā *achtzig;* [10] advolāre *herbeifliegen, -eilen;* [11] cavea, ae *f. Käfig;* [12] ultrā posse *über seine Kräfte hinaus;* [13] Celsus, Digesten 8; [14] Ovid, Remedium amoris 91.

1. Konsonantische Deklination: Maskulina und Feminina

2. Konsonantische Konjugation: Präsensstamm

Lateinisches Sprachgut im Deutschen: Homo novus, Alma mater, Captatio benevolentiae, Dr. h. c. (=doctor honoris causa), cum grano salis, in honorem, panem et circenses, videant consules, per pedes, Mores lehren; Vademecum, Vivat.

Einzelsätze

1. Magnus clamor spectatorum in arena erat, cum victori a magistratibus summi honores haberentur. 2. Vita nihil sine labore hominibus dat[1]. 3. Petronius, satirarum scriptor Romanus, haec dicit: Homines sumus, non dei[2]. 4. Verba docent homines, exempla trahunt. 5. Oportet edere, ut vivas, non vivere, ut edas[3]. 6. Primo reges populum Romanum regebant, deinde Romani consules creabant, postremo imperatores imperio Romano praeerant. 7. Mores maiorum a poetis Romanis et a scriptoribus rerum iterum atque iterum canebantur et laudabantur. 8. Cum Romani bellum gerere in animo habebant, milites a ducibus conscribebantur. 9. Memoria minuitur, nisi eam exerces[4]. 10. Quo vadis? Vado cum hospitibus rus ad amicos nostros. Ego cras rure discedam, unus ex hospitibus nonnullis diebus post rure abscedet, cum ruri libenter vivat. Ceteri hospites autem mecum domum abscedent.

De deis Gallorum et Germanorum

(nach Caesar, De bello Gallico VI, 17 u. 21 und Tacitus, Germania 9)

Caesar in eis libris, qui commentarii de bello Gallico inscribuntur, et de bellis, quae Romani in Gallia, Germania Britanniaque diu gerebant, et de moribus institutisque eorum populorum scribit. Tacitus quoque, ille rerum scriptor Romanus, in libro suo de origine, situ, moribus ac populis Germaniae dicit.

Caesar scribit Gallos deorum maxime Mercurium colere. Hunc viarum ducem, hunc mercatorum custodem esse Galli dicunt. Post hunc colunt Apollinem et Martem et Iovem et Minervam. De his eandem fere opinionem quam reliqui populi habent. Credunt enim Apollinem morbos depellere, Minervam artificiorum initia tradere, Iovem imperium deorum tenere ac protegere, Martem bella regere.

Huic deo Galli, cum proelium committere in animo habent, plerumque praedam promittunt. Cum adversarios superaverint, bestias necant, congerunt in unum locum reliquas res, quibus magnos tumulos exstruunt. In Galliae civitatibus nemo fere religionem et mores populi laedit vel neglegit. Si qui[5]

---

[1] *vgl.* Horaz, Satirae I, 9, 59; [2] Petron, Cena Trimalchionis 75; [3] *vgl.* Auctor ad Herennium IV, 28, 39; [4] *vgl.* Cicero, Cato maior 21; [5] sī quī *wenn irgendwelche.*

neglegerent vel laederent, ab aliis contemnerentur. His ceteri de via decederent, aditum eorum sermonemque neglegerent.

De Germanorum deis autem Caesar nihil nisi haec scribit: Germani deorum in numero eos solos ducunt, quos cernunt et quorum auxilio iuvantur, Solem et Vulcanum et Lunam.

E Taciti libro intellegimus a Germanis maxime Mercurium coli. Cui Germani certis diebus etiam homines sacrificant[1]. Herculem et Martem concessis bestiis placant[2]. Ceterum Germani deos neque parietibus includunt neque in hominis speciem fingunt.

Sprüche und Aussprüche: 1. Homo sum, humani nil (= nihil) a me alienum[3] puto[4]. 2. Homo sacra[5] res homini[6]. 3. Non est vivere, sed valere vita[7]. 4. Quod licet Iovi, non licet bovi[8]. 5. Mortua hic sita sum. Cinis[9] sum, cinis terra est, terra dea est, ergo mortua non sum[10]. 6. Divide et impera [11]. 7. Dic, cur hic[12].

IX

1. Konsonantische Deklination: Maskulina und Feminina (Fortsetzung)
2. e- und konsonantische Konjugation: Verben mit s-Perfekt
3. Zahlen

Lateinisches Sprachgut im Deutschen: Imprimatur, Numerus clausus, expressis verbis, PS (= Postskriptum); Manuskript; pro mille; Prozent.

Einzelsätze

1. Epistulam, quam mihi scripsisti, ad fratrem tuum misi. 2. Si mihi de adventu tuo scripsisses, domi mansissem. 3. Unus ex tribus filiis meis nunc linguis novis studet, quas discipulus valde neglexit. 4. Unum hominem secundo bello Punico Romam protexisse Ennius poeta scripsit. Is vir erat ille Q. Fabius Maximus, qui postea Q. Fabius Maximus Cunctator[13] dicebatur. 5. A sexto saeculo usque ad primum saeculum consules rem publicam Romanam rexerunt. Res publica Romana igitur quingentos fere annos a consulibus gesta est. 6. Romam in septem collibus[14] constructam esse supra diximus. Romani in eo templo, quod Iovi, summo deo, struxerant, colebant et Iovem et duas deas, Iunonem et Minervam. 7. Romani annum ut nos in duodecim menses[15] diviserunt, item menses in triginta dies, diem in duodecim horas. Initio primus mensis anni mensis Martius, non Ianuarius erat. Qua de causa nonus anni mensis „September“, i. e. septimus, dicitur, decimus „Oktober“, i. e. octavus, undecimus „November“, i. e. nonus, duodecimus „Dezember“, i. e. decimus mensis. Primum diem mensis Kalendas, quintum vel septimum diem Nonas[16],

---

[1] sacrificāre *opfern;* [2] concessīs bēstiīs placāre *durch Tiere, deren Opferung erlaubt ist, versöhnen;* [3] aliēnus, a, um (ā) *fremd* (*jmdm.*); [4] Terenz, Heautontimorumenos 77; *vgl.* Cicero, De officiis I, 9, 30; [5] sacer, sacra, sacrum *heilig;* [6] Seneca, Epistulae 95, 33; [7] Martial, Epigrammata VI, 70, 15; [8] bōs, bovis *m. f. Ochse, Rind; nach* Seneca, Hercules 489; [9] cinis, eris *m. Asche;* [10] *Grabinschrift;* [11] *Leitspruch der Habsburger;* [12] *alter Spruch unbekannten Ursprunges;* [13] Cūnctātor, ōris *m. Zauderer* (*Beiname*); [14] collis, is *m. Hügel;* [15] mēnsis, is *m. Monat;* [16] *In den Monaten März, Mai, Juli, Oktober lagen die Iden am 15. Tag des Monates, die Nonen am 7., d. h. am 9. Tag vor den Iden.*

tertium decimum vel quintum decimum Idus dixerunt. 8. Caesar primo anno eius belli, quod in Gallia gessit, i. e. anno a. Chr. n. duodesexagesimo, exercitui quattuor legionum praefuit. Cum Caesar anno a. Chr. n. quinquagesimo e Gallia excederet, exercitus decem legionum erat. 9. Caesar copias suas bis trans Rhenum et bis in Britanniam traduxit.

De monumento Ancyrano

(nach Augustus, Monumentum Ancyranum, passim[1])

Imperator Augustus in campo Martio Mausoleum sibi exstruxerat. Prope introitum Mausolei iussu Tiberii duae tabulae affixae erant, in quibus res gestae divi Augusti inscriptae erant. Tiberius haec verba exscripsit et duabus linguis, lingua Latina et Graeca, scripta in aliis oppidis imperii Romani edixit. Exemplum, quod Ancyrae in introitu templi Augusti affixum erat, anno p. Chr. n. millesimo quingentesimo quinquagesimo tertio detectum est. Haec inscriptio a viris doctis regina inscriptionum dicitur.

Augustus inter alia haec dixit: Annos undeviginti natus exercitum privato consilio et privata impensa[2] conscripsi, per quem rem publicam a dominatione factionis[3] oppressam in libertatem vindicavi. – In triumphis meis ducti sunt ante currum meum reges aut regum liberi novem. – In consulatu sexto censum populi habui. Quo lustro Romanorum censa sunt capita[4] quadragies centum milia et ducenta triginta tria milia. – Provinciarum populi Romani, quibus finitimae fuerunt gentes[5], quae non parebant imperio nostro, fines[6] auxi. Gallias et Hispanias provincias et Germaniam, qua includit Oceanus, a Gadibus ad ostium[7] Albis fluvii pacavi[8]. – Meo iussu et auspicio ducti sunt duo exercitus eodem fere anno in Aethiopiam et in Arabiam.

Sprüche und Aussprüche: 1. Tertius gaudet. 2. Tertium non datur. 3. Ne bis in idem[9]. 4. Quod scripsi, scripsi. 5. Ipse dixit[10].

X

1. Konsonantische Deklination: Maskulina und Feminina (Fortsetzung)
2. a-, e- und konsonantische Konjugation: Perfekt auf -vi und -ui
3. Pronominaladjektive

Lateinisches Sprachgut im Deutschen: Universitas litterarum, ultima ratio, Tertium comparationis, magna (summa) cum laude; requiescat in pace; Inserat; Terra incognita, Mixtum compositum.

---

[1] passim *an verschiedenen Stellen;* [2] impēnsa, ae *f. Kosten;* [3] scil. factiōnis Antōniī; [4] capita *Nom. Plur. von* caput, itis *n. Kopf;* [5] gēns, gentis *f. Volksstamm;* [6] fīnis, is *m. Grenze, Plur. Gebiet;* [7] ōstium, ī *n. Mündung;* [8] pācāre *unterwerfen;* [9] *altes Sprichwort;* [10] *in der griechischen Form* autós épha *überliefert als Ausspruch der Schüler des Pythagoras; vgl.* Cicero, De natura deorum I, 5, 10.

Einzelsätze

1. Appellatum est, ut Cicero exposuit, ex viro verbum virtutis. 2. Non solum Graeci, sed etiam externae nationes oraculum Delphicum saepe consuluerunt. 3. Postquam Augustus pacem composuit, senatus consulto ara Pacis in foro posita est. 4. Caesarem fortunam saepe adiuvisse constat. 5. Dux milites a munitione discedere vetuerat. 6. Aetate Taciti populi Germanorum discreti coluerunt. Reges ex[1] nobilitate, duces ex[1] virtute sumpserunt. In cunctis domibus liberi eorum, ut Tacitus scribit, nudi ac sordidi adoleverunt et creverunt in haec membra, quae multis admirationi erant. Mater liberos suos ipsa alere consueverat nec servis aut nutricibus commisit. Dominum ac servum nullis educationis deliciis[2] discreverunt[3]. 7. Apud Romanos olim quaestorum erat eos quaerere, qui hominem petiverant et necaverant. Postea quaestores aerarium publicum procurare consueverant. 8. Clarae sunt orationes Ciceronis, illius oratoris Romani. Multi noverunt illas quattuor orationes, quas Cicero de coniuratione Catilinae habuit, et orationes in Verrem habitas. Verres enim, cum propraetor Siciliae magnam calamitatem toti provinciae imposuisset, ab incolis Siciliae accusatus erat.

De duobus centurionibus

(nach Caesar, De bello Gallico V, 44)

In legione quadam Caesaris duo centuriones, viri magna fortitudine, militabant, T. Pullo et L. Vorenus. Magna erat auctoritas eorum apud commilitones. Hi perpetuas inter se controversias habebant, uter alteri anteponeretur. Multos iam annos de primo loco summa cupiditate pugnabant.

Ex his Pullo, cum ante munitiones summo studio pugnaretur, „Quid dubitas", inquit, „Vorene? Aut quam occasionem petis, ut cuncti virtutem tuam cognoscere possint? Hic dies de nostris controversiis decernet". Pullo, cum haec dixisset, processit extra munitiones et invasit medios in adversarios. Ne Vorenus quidem sese tum vallo continuit, sed item processit timore opinionis commilitonum adductus. Pullo pilum in adversarios immisit atque unum ex multitudine transfixit. Hunc adversarii scutis protexerunt, illum autem petiverunt neque praebuerunt impetus facultatem. Pulloni scutum transfixum est. Tum illum adiuvit inimicus Vorenus et sustinuit impetum totius multitudinis. Quod Pulloni saluti erat. Nam adversarii eum opprimere desierunt et Voreno se opposuerunt. Vorenus gladio pugnavit, unum laesit, reliquos paululum propulit[4]. Summa pugnae cupiditate adductus in adversarios se immisit et ab eis circumdatus ipse auxilio alterius eguit. Huic rursus Pullo adfuit. Tum ambo integri, postquam multos transfixerunt, summa cum laude commilitonum intra munitiones recesserunt.

---

[1] ex (*Abl.*) *auf Grund (von)*; [2] dēliciae. ārum *f. Verzärtelung;* [3] Tacitus, Germania 20; [4] prōpellere prōpellō prōpulī prōpulsum *vorwärts-, wegtreiben.*

Sic alter alteri erat auxilio salutique neque cognosci poterat, uter utri virtute anteponi deberet. Itaque virtus utriusque a tota multitudine commilitonum laudata est.

Sprüche und Aussprüche: 1. Repetitio est mater studiorum. 2. Sermo est imago animi. 3. Cuius regio, eius religio[1]. 4. Vox populi, vox dei[2]. 5. Salus populi suprema lex[3]. 6. Consuetudo quasi altera natura[4]. 7. O sancta simplicitas[5]. 8. A nullo diligitur, qui neminem diligit. 9. Silent leges inter arma[6]. 10. Nosce te ipsum[7]. 11. Vivat, crescat, floreat! 12. Pér risúm multúm poterís cognóscere stúltum. 13. Amícus cértus ín re͜ incérta cérnitúr[8].

XI

1. Konsonantische Deklination : Neutra

2. a-, e- und konsonantische Konjugation: Perfekt mit Reduplikation

3. Indirekte Fragesätze

Lateinisches Sprachgut im Deutschen: Omen, Corpus delicti, Corpus iuris, stud. iur. (= studiosus iuris), Doctor utriusque iuris, de iure, in corpore, c. t. (= cum tempore), s. t. (= sine tempore); Jura studieren, Carmina Burana; Credo, Memento, in extenso.

Einzelsätze

1. Roma permulta saecula caput imperii Romani erat. 2. Qui ius dicit, iudex dicitur. 3. Ut agricultura sanis corporibus alimenta, sic medicina sanitatem aegrotis promittit[9]. 4. Hannibal captivo cibo ac pecoribus per triduum exercitum aluit[10]. 5. Nondum cunctorum dierum sol occidit[11]. 6. Tempestatibus saepe arbores caeduntur. Primis horis huius diei magna tempestas etiam altas arbores cecidit. Itaque accidit, ut multae arbores in horto nostro conciderent. 7. Postrema hieme rami arborum onere nivis depressi humum tetigerunt. 8. „Memento te hominem esse". Quae verba temporibus antiquis Romae servus publicus imperatori victori acclamare consueverat.

Vorübung

Quo curris?	Dic, quo curras
Quid respondit?	Quaero, quid responderit
Carmina discunt	Dixerunt, quae carmina discerent
Medicamina poposcerunt	Narraverunt, cur medicamina poposcissent.

---

[1] *In der Zeit der Reformation Formel für das Recht des Landesfürsten, die Konfession zu bestimmen;* [2] *vgl.* Hesiod, Werke und Tage 63; [3] Cicero, De legibus III, 3, 3; [4] *vgl.* Cicero, De finibus V, 25, 74; [5] *Ausruf von Hus auf dem Scheiterhaufen;* [6] Cicero, Pro Milone 4, 10; [7] *eine Mahnung, die dem delphischen Orakel zugeschrieben wird; vgl.* Cicero, Disputationes Tusculanae I, 22, 52; [8] Cicero, Laelius de amicita 17, 64 *nach* Ennius, Hecyra frg. 216; [9] Celsus, De medicina, prooemium; [10] Livius, Ab urbe condita XXI, 33, 11; [11] Livius, *a.a.O.* XXXIX, 26, 9.

9. Quibuscum populis Caesar in Gallia contenderit, e commentariis eius de bello Gallico scriptis cognoscimus. 10. Postquam exercitus Romanus Helvetios pepulit et ex agris sociorum expulit, Caesari tabellae traditae sunt, ex quibus intellegi potuit, quantus numerus capitum Helvetiorum ante bellum fuisset. 11. Caesar nobis tradidit se Helvetiis pepercisse. Ex censu post reditum eorum habito Caesar cognovit, quot Helvetii in patria denuo constitissent. 12. Caesar legatis tribunisque militum, quos convocaverat, ostendit, quae ex exploratore cognovisset.

De victu Germanorum

(nach Caesar, De bello Gallico IV, 1; VI, 22 und 23)

Germani agriculturae non student; victus eorum in lacte, caseo, carne consistit. Multum in venationibus sunt. Cibi genere et exercitatione et libertate vitae vires[1] aluntur et corpora immensa magnitudine gignuntur. Atque in eam consuetudinem se adduxerunt, ut etiam locis frigidis pellibus[2] modo corpora tegerent et lavarentur in fluminibus.

Cum civitas bellum gerit, magistratus creantur, qui bello praesint et potestatem vitae necisque habeant. Priusquam armis contendunt, carmina, quibus adversarios terreant, canunt. In pace principes regionum atque pagorum inter suos ius dicunt et controversias componunt.

Germani non agri modum certum habent aut agros proprios, sed magistratus ac principes in annos singulos[3] populis agros attribuunt atque eos impellunt, ut anno post inde discedant. Causae eius rei sunt hae: ne perpetua consuetudine impulsi studium belli agricultura mutent; ne latos agros parare studeant aliique alios possessionibus expellant; ne pecuniae cupiditas exsistat, qua ex re factiones gigni possunt; ne accuratius[4] aedificent, ut frigora atque aestus vitent.

Germanos neque oppida incolere neque domicilia inter se iuncta habere e Taciti libro cognoscimus.

Sprüche und Aussprüche: 1. Summum ius summa iniuria[5]. 2. Nomen et omen[6]. 3. Quot capita, tot sensus (= quot homines, tot sententiae[7]). 4. O tempora, o mores[8]! 5. Témpora mútantúr nos ét mutámur in íllis[9]. 6. Amici, diem perdidi[10]! 7. Memini tui, memento mei[11]. 8. Vare, redde mihi legiones[12]! 9. Dúm vixí, bibí libénter; bíbite vós, qui vívitís[13].

---

[1] virēs, ium *f. Kräfte;* [2] pellis, is *f. Fell;* [3] in annōs singulōs *für die einzelnen Jahre;* [4] accūrātius *zu sorgfältig* (*Komparativ des Adverbs zu* accūrātus); [5] *vgl.* Cicero, De officiis I, 10, 33; [6] Plautus, Persa 625; [7] Terenz, Phormio 454; [8] Cicero, In Catilinam I, 1; [9] Owen, Ad tres Maecenates 53; [10] Sueton, Titus 8; [11] *antike Ringinschrift;* [12] *Ausruf des Kaisers Augustus nach der Schlacht im Teutoburger Wald; vgl.* Sueton, Augustus 23; [13] *Grabaufschrift.*

XII

1. Gemischte Deklination

2. i-Deklination: Substantive

3. Die Konjunktion dum

Lateinisches Sprachgut im Deutschen: Orbis pictus, pars pro toto, urbi et orbi, Ius gentium.

Einzelsätze

1. Nefas est patriae nocere; ergo civi quoque, nam hic pars patriae est[1]. 2. Necessitas est mater artium. 3. Antiquis temporibus etiam imperitae gentes herbas aliaque remedia vulnerum morborumque noverant[2]. 4. Multarum urbium origines incertae sunt. Romae origo autem ex operibus scriptorum Romanorum nota est. 5. Forum Romanum rostris navium expugnatarum ornatum erat.

6. Maria montesque promittitis. 7. Homines, qui student antecedere cetera animalia, summa ope contendere decet, ne vivant velut pecora, quae ventri parent. Sed tota hominum vis in animo et corpore sita est[3]. 8. Cóntra vím mortís non ést medicámen in hórtis[4]. 9. Romam antiquam quattuor horas vel quattuordecim milia passuum a mari afuisse constat. 10. Cum iuvenes e periculis servati essent, laetitia patrum, matrum, fratrum sororumque magna erat.

*[11. Socrates, dum vixit, iuvenes docuit. 12. Magnus erat numerus iuvenum, qui ad Socratem disciplinae causa concurrere consueverant. 13. Sed adversarii ei maledicere non desinebant, dum eum in ius vocarent[5]. 14. Dum Socrates in carcere est, discipuli eius, quorum in numero Plato philosophus et frater eius erant, secum consultabant, quomodo Socratem liberare possent. 15. Socrates autem „Cuncti homines“, inquit, „mihi maledicant, dum Apollo me probet“.]

Quomodo Germani numen deorum exquisiverint[6]

(nach Tacitus, Germania 10)

Germani omina sortesque observant et numen deorum ex eis cognoscere student. Consuetudo sortium est haec: ramum frugiferae arbori decisum in parvas partes amputant easque notis quibusdam discretas super candidam vestem aut pellem temere spargunt. Tum, si publice consulatur, sacerdotes

---

[1] Seneca, De ira II, 31, 7; [2] Celsus, De medicina, prooemium; [3] Sallust, De coniuratione Catilinae 1, 1; [4] *aus dem in Salerno geschriebenen Gesundheitsbuch* „Flos medicinae“; [5] in iūs vocāre *vor Gericht rufen;* [6] *der indirekte Fragesatz in Überschriften wird abhängig gedacht von* „narratur“.

* *In den Sätzen 11—15 werden die verschiedenen Bedeutungen der Konjunktion* dum *nochmals zusammengefaßt. Die Behandlung dieser eingeklammerten Sätze ist dem Dozenten freigestellt. Das gilt auch für die in Klammern gesetzten Sätze auf den Seiten 17f, 22, 26.*

gentium vel civitatum, sin privatim, pater familiae ipse singulas partes ter sumit et secundum notam antea impressam sortem edicit. Si prohibuerunt, nulla de eadem re in eundem diem consultatio est.

Interdum avium voces volatusque interrogant. Gentium Germanarum proprium est monitus equorum quoque explorare. Equi publice aluntur in sacris silvis, candidi et nullo opere hominum contacti. Dum sacrum currum vehunt, sacerdos ac rex vel princeps civium hinnitus[1] ac fremitus[2] eorum observant. Est etiam alia observatio ominum, qua Germani exitus magnorum bellorum explorant: captivum eius gentis, quacum bellum geritur, cum electo popularium[3] suorum committunt[4], quemque patriis armis. Victoria huius vel illius praeiudicium agnoscitur.

Sprüche und Aussprüche: 1. Civis Romanus sum[5]. 2. Ést modus ín rebús, sunt cérti dénique fínes[6]. 3. Amicus verus rara avis. 4. Mors certa, hora incerta[7]. 5. Vim vi repellere aequum est. 6. Contra vim non valet ius. 7. Mens sana in corpore sano[8]. 8. Omnes vulnerant, ultima[9] necat. 9. Caélum, nón animúm mutánt, qui tráns mare cúrrunt[10]. 10. Aequám meménto rébus in árduís[11] serváre méntem[12].

XIII

1. i-Deklination: Adjektive

2. Indefinitpronomina

Lateinisches Sprachgut im Deutschen: Klemens, Innozenz, Homo sapiens; Artes liberales, stud. rer. nat. (= studiosus rerum naturalium), Omnibus, per vias naturales; Studium generale, Ius civile, Ius naturale, Perpetuum mobile, Salto mortale.

Einzelsätze

1. Gallia est omnis divisa in partes tres, quarum unam incolunt Belgae, aliam Aquitani, tertiam, qui sua lingua Celtae, nostra Galli appellantur[13]. 2. Longum iter est per praecepta, breve et efficax[14] per exempla[15]. 3. In mortali corpore immortalem animam inesse philosophi Graeci docebant. 4. Non ómnia póssumus ómnes[16]. 5. Apud Germanos nefas habebatur hospitem a tecto arcere; victus inter hospites communis erat. 6. Germanos ingenti magnitudine corporum, constanti animo, incredibili virtute atque exercitatione in armis esse mercatores militibus Romanis narrabant. 7. Liberi divitum Romanorum a servis Graecis instruebantur.

*[8. Ubi ad celebre oppidum accessimus, ex aliquo, qui nobis occurrit, viam quaesivimus. 9. Aliquod vitium etiam in nobili homine est. Item credimus

---

[1] hinnītus, ūs *m. das Wiehern;* [2] fremitus, ūs *m. das Schnauben;* [3] populāris, is *m. Landsmann;* [4] committere *kämpfen lassen;* [5] *mit diesen Worten entzog sich ein römischer Bürger im Ausland der Gerichtsbarkeit;* [6] Horaz, Satirae I, 1, 106; [7] *Inschrift an der Leipziger Rathausuhr;* [8] Juvenal, Satirae 10, 356; [9] *scil.* hora; [10] Horaz, Epistulae I, 11, 27; [11] rēs arduae, rērum arduārum *f. Not;* [12] Horaz, Carmina II, 3, 1; [13] Caesar, De bello Gallico I, 1, 1; [14] efficāx, ācis *wirksam;* [15] Seneca, Epistulae 6, 5; [16] Vergil, Bucolica, 8, 63.

* *Vgl. die Fußnote auf S. 16.*

aliquid boni in omnibus hominibus inesse. 10. Dic nobis, si quae turpia facinora commiseris. Iudicem non timeres, nisi quod incredibile facinus commisisses. 11. Vix quisquam id probavit, quod heri iste orator dixit; sine ullo studio orationem habuit. 12. Caesar per legatum loca, aditus, portus ad oram Britanniae sitos exploravit; quae omnia Gallis erant incognita. Neque enim temere praeter mercatores eo navigavit quisquam, neque iis ipsis quicquam praeter oram notum erat[1]. 13. Suum quisque noscat ingenium! 14. Appius Claudius Caecus dixit suae quemque fortunae fabrum[2] esse.]

Qui ordines Caesaris temporibus in Gallia fuerint

(nach Caesar, De bello Gallico VI, 13–14)

In omni Gallia sunt duo genera eorum hominum, qui aliquo numero[3] atque honore sunt: alterum est genus druidum, alterum equitum. At plebis sors gravis tristisque est, nam plebs, quae nihil per se audet neque ad commune consilium adhibetur, paene loco servorum habetur. Innumerabiles homines, cum aut aere alieno aut ingentibus tributis vectigalibusque aut gravi iniuria potentium premuntur, sese dedunt nobilibus in servitutem. Nobiles in hos eadem omnia iura habent, quae dominis in servos sunt.

Druides omnibus rebus divinis intersunt, sacrificia publica ac privata curant. Ad hos magnus adulescentium numerus disciplinae causa concurrit; hi sunt apud eos magno et singulari honore. Nam druides de omnibus fere controversiis publicis privatisque decernunt. Si quod turpe scelus commissum est, si qua crudelis caedes commissa, si de finibus controversia est, druides ius dicunt, de praemiis poenisque decernunt. Si quis eorum decreto non paruit, sacrificiis ei interdicunt. Haec poena ab omnibus gravis turpisque habetur.

Omnibus druidibus praeest unus, qui summam inter eos habet auctoritatem. Post eius mortem aut, si quis ex reliquis eminet dignitate, succedit, aut, si sunt pares plures, suffragio[4] druidum deligitur. Interdum druides etiam armis de principatu contendunt.

Alterum genus est equitum. Equites, cum aliquod bellum incidit, - quod ante Caesaris adventum fere quotannis accidere solebat, ut aut ipsi bellum gererent aut ab aliis peterentur — omnes in bello sunt. Hi circum se multos clientes habere student; nam hanc unam gratiam potentiamque noverunt.

Sprüche und Aussprüche: 1. Vita brevis, ars longa[5]. 2. Vita somnium breve. 3. Fortes Fortuna adiuvat[6]. 4. Dulce est meminisse. 5. Suum cuique[7]. 6. Sít tibi lúx dulcís, sít mihi térra levís[8]. 7. Súnt puerí puerí, puerí puerília tráctant. 8. Félix, quí potuít rerúm cognóscere caúsas[9].

9. Dónec[10] erís felíx, multós numerábis amícos;
témpora sí fuerínt núbila[11], sólus erís[12].

---

[1] Caesar, De bello Gallico IV, 20, 2–3; [2] faber, brī *m. Schmied; vgl.* Sallust, epist. ad Caes. I, 1, 3; [3] numerus, ī *m. Ansehen;* [4] suffrāgium, ī *n. Abstimmung;* [5] *Ausspruch des Hippokrates; vgl.* Seneca, De brevitate vitae 1, 1; [6] Terenz, Phormio 203; [7] Cicero, De officiis I, 5, 15; [8] Grabaufschrift; [9] Vergil, Georgica II, 490; [10] dōnec *solange;* [11] nūbilus, a, um *wolkig, trübe;* [12] Ovid, Tristia I, 9, 5.

1. Komparation der Adjektive

2. e- und konsonantische Konjugation: Perfekt mit Ablaut

Lateinisches Sprachgut im Deutschen: Senior, Junior, plus, minus, Simplizissimus, Primus omnium, Primus inter pares, Maximum, Minimum; Majorität, Minorität, Melioration, Priorität, Optimist, Pessimist, intim, extrem; ad acta legen.

Einzelsätze

1. Hoc dictum Ciceronis clarissimum est: res publica mihi carior est quam vita mea[1]. 2. Nullum animal fidius est quam canis (= cane). Itaque homines saepe canes fidissimos amicos putant. 3. Sermo melle dulcior profluebat[2]. 4. Nihil celerius morte est; nonnulli poetae dicunt mortem celerrimum equitem esse. 5. Quod alteri facíllimum est, saepe alteri difficillimum est. 6. Quo laetior animus, eo minor labor. 7. Melior tutiorque est certa pax quam sperata victoria[3]. 8. Apud Germanos de minoribus rebus principes soli consultabant, de maioribus omnes[4]. 9. Caesaris temporibus Britanniae pars interior ab eis incolebatur, qui in insula nati erant, pars exterior ab eis, qui belli causa e Belgio invaserant[5]. 10. Italia inferior a Romanis magna Graecia appellabatur, quod Graeci prioribus temporibus plurimas colonias eo deduxerant.

11. Interdum maior pars meliorem vincit[6]. 12. Iucundi sunt acti labores[7]. 13. Brennus, dux Gallorum, Romanis, quos proelio ad Alliam commisso vicerat, dixit: „Vae[8] victis“[9]. 14. Apud Helvetios longe nobilissimus et potentissimus fuit Orgetorix. Qui postea accusatus a civibus suis omnem suam familiam ad iudicium undique coegit, ne damnaretur. 15. Suebi, qui ad Albim fluvium sederant, reliquerunt sedes suas et in ripa Rheni consederunt. 16. Apud Varronem legimus quosdam Romanos servos instrumenta tantum habere, quibus agri colantur. 17. Quis vestrum iam legit haec, quae in aedificio Berolinensi legi possunt: Artem non odit nisi ignarus?

Quam opportuno loco Roma posita sit

(nach Cicero, De re publica II, 3 sq.)

Romulus, vir excellentissima prudentia, urbi, quam condere in animo habebat, locum maxime idoneum delegit. Neque enim eam ad mare admovit, quod ei facillimum fuit[10], neque in ostio Tiberis fluminis construxit, quem in locum multis annis post rex Ancus coloniam deduxit. Cognoverat situs maritimos non esse opportunissimos eis urbibus, quae ad spem diuturnitatis[11] conderen-

---

[1] Cicero, Philippica XIII, 4, 7; [2] Auctor ad Herennium IV, 33, 44; [3] Livius, Ab urbe condita XXX, 30, 19; [4] *vgl.* Tacitus, Germania 11; [5] *vgl.* Caesar, De bello Gallico V, 12, 1; [6] *vgl.* Livius, *a. a. O.* XXI, 4, 1; [7] Cicero, De finibus II, 32, 105; [8] vae *wehe!* [9] Livius, *a. a. O.* V, 48, 9; [10] *im Deutschen: es wäre gewesen;* [11] diūturnitās, ātis *f. langes Bestehen.*

tur. Urbes maritimae enim oppositae sunt non solum plurimis periculis, sed etiam caecis. Nam terra adventum hostium, qui exspectantur aut qui repente in fines irrumpunt, antea multis indiciis denuntiat; navalis vero hostis prius adesse potest, quam quisquam providet eum appropinquare.

Est autem maritimis urbibus etiam quaedam corruptio ac mutatio morum; miscentur enim hae urbes novis sermonibus et importantur non solum merces externae, sed etiam mores externi, quibus saepe patria instituta corrumpuntur. Tum ii, qui eas urbes incolunt, non manent in suis sedibus, ubi diu felicissimam vitam agebant. Cum meliora petant, patriam relinquunt et alio loco considunt. Atque etiam, cum homines manent corpore, animo tamen aguntur spe et summa cupiditate novarum et meliorum rerum.

Quibus de causis Romulus urbem Romam in ripa fluminis, quod in mare influit, posuit. Ita contigit, ut incolae urbis a mercatoribus omnia emere possent, quibus egebant, et ea reddere, quibus redundabant[1].

Sprüche und Aussprüche: 1. Discípulus ést prióris pósteriór diés[2]. 2. Bonum commune est melius quam bonum unius[3]. 3. Iuppiter Optimus Maximus[4]. 4. Vacare culpa maximum est solacium. 5. Nám tua rés agitúr, pariés cum próximus árdet[5]. 6. Ómnia víncit amór et nós cedámus amóri[6]. 7. Bis víncit, quí se víncit ín victóriá[7]. 8. Quid nón mortália péctora cógis, aúri sácra famés[8]! 9. Vivos voco, mortuos plango[9], fulgura[10] frango[11].

XV

1. Bildung und Steigerung des Adverbs

2. Konsonantische Konjugation: Perfekt ohne Stammveränderung

Lateinisches Sprachgut im Deutschen: publice, explizite, implizite, nota bene, cito, privatim, in dubio mitius, non plus ultra.

Einzelsätze

1. Sine philosophia nemo intrepide potest vivere, nemo secure[12]. 2. Iratum breviter vites, inimicum diu[13]. 3. Romae victores victos numquam crudelius tractaverunt neque in eos gravius animadverterunt quam bello civili, quod temporibus Marii et Sullae gestum est. 4. Alexander, Philippi filius, ab Aristotele, clarissimo philosopho illius temporis, litteris diligentissime instituebatur. 5. Equites Romani Dumnorigem Haeduum, quamquam audacter restiterat ac manu se fortiter defenderat, prehenderunt atque statim occiderunt, ut Caesar eos iusserat. 6. Consilio melius vincas quam iracundia[14]. 7. Cato in opere, quod

---

[1] redundāre (*Abl.*) *Überfluß haben (an);* [2] Publilius Syrus 123; [3] *vgl.* Cicero, De finibus III, 64; [4] *Bezeichnung für den höchsten römischen Gott;* [5] Horaz, Epistulae I, 18, 84; [6] Vergil, Bucolica 10, 69; [7] Publilius Syrus 64; [8] Vergil, Aeneis III, 57; [9] plangere *betrauern;* [10] fulgur, uris *n. Blitz;* [11] *Motto zu Schillers Lied von der Glocke;* [12] Seneca, Epistulae 16, 3; [13] Publilius Syrus 249; [14] Publilius Syrus 95.

est de agricultura, haec scripsit: Maiores nostri virum bonum cum laudabant, ita laudabant bonum agricolam bonumque colonum. Amplissime laudabatur, qui ita laudabatur[1]. 8. Idem scriptor servos aegrotos parvi aestimabat; avaritia[2] motus suasit, ut servis aegrotis cibi minuerentur. 9. Romani cum metuerent, ne Cimbri Romam celeriter peterent ac incenderent, Marium consulem creaverunt. Metuerunt enim, ne cives urbem non fortiter acriterque defenderent. 10. Quem fama semel oppressit, vix restituitur[3]. 11. Sero in periculis est consilium quaerere[4].

Quam arte Plinius cum Tacito amicitia coniunctus sit

(nach Plinius, Epistulae VII, 20)

Librum tuum legi, quam diligentissime potui; accurate et diligenter adnotavi, quae celeriter mutari, quae omnino eximi debent. Nam et ego verum dicere consuevi et tu libenter audire[5]. Neque enim ulli patientius reprehenduntur quam ii, qui maxime laudari merent. Nunc a te librum meum cum adnotationibus tuis curiose exspecto. O iucundas, o pulchras vices! Quantopere me delectat, quod, si qua cura nostri posteris est, passim narrabitur, quam concorditer, quam simpliciter, quam fideliter vixerimus. Rarum et insigne erit duos homines, qui aetate et dignitate prope aequi erant, alterum alterius studia accendisse ac fovisse. Equidem adulescentulus, cum tu iam longe lateque fama gloriaque floreres et ad summam auctoritatem ascendisses, acerrime optavi, ut tibi longo intervallo, sed proximus et essem et haberer. Et erant multa clarissima ingenia; sed te mihi maxime imitabilem esse putavi. Eo magis gaudeo, quod, si qui sermo de studiis est, una nominamur, quod, si qui de te dicunt, statim ego quoque eis occurro. Nec desunt, qui utrique nostrum praeponantur. Sed nos firme ac constanter iungimur. Ardentius nos diligimus, cum studia, mores, fama, suprema denique hominum iudicia tot vinculis nos constringant. Vale!

Sprüche und Aussprüche: 1. Fortiter in re, suaviter in modo[6]. 2. De mortuis nil (= nihil) nisi bene[7]. 3. Bis dat, qui dat celeriter[8]. 4. Quod di (= dei) bene vortant (= vertant)![9] 5. Pares cum paribus facillime congregantur[10]. 6. Festina lente[11]. 7. Qui bene distinguit, bene docet.

XVI

1. Konsonantische Konjugation mit i-Erweiterung

2. Partizipia: Präsens und Futur des Aktivs

3. Participium coniunctum

Lateinisches Sprachgut im Deutschen: Defizit, Fazit, Faktum, Faktotum, Faksimile, de facto; Tertius gaudens, m. c. (= mensis currentis), a. c. (= anno currente); Emigrant, Student, Agent, Inspizient.

---

[1] Cato, De agricultura, praefatio 2; [2] avāritia, ae *f. Habsucht;* [3] Publilius Syrus 520; [4] Publilius Syrus 625; [5] audīre *(zu)hören;* [6] *nach* Sophokles, Aias 1119; [7] *altes Sprichwort; freie Übersetzung des von Diogenes Laertius überlieferten Wortes des Chilon* (Chilon I, 3, 70); [8] Publilius Syrus 235; [9] *Alte lateinische Wunschformel;* [10]Cicero, Cato maior 7; [11] Sueton, Augustus 25.

Einzelsätze

1. Tres faciunt collegium[1]. 2. Virtus neque datur dono neque accipitur[2]. 3. Videant consules, ne quid detrimenti res publica capiat[3]. 4. Dic, quod est clarum, fac, quod est bonum. 5. Rex eris, si recte facies[4]. 6. Seneca haec fere suadet: Qui dedit beneficium, taceat; narret, qui accepit[5]. 7. Ut sementem[6] feceris, ita metes[7]. 8. Non qui parum habet, sed qui plus cupit, pauper est[8]. 9. Hoc modo antiquis temporibus femina laudatur: domum servavit, lanam[9] fecit[10]. 10. Urbs capitur; rapiuntur virgines, pueri; templa atque domus spoliantur; caedes, incendia fiunt[11].

11. Rogantibus potius quam imperantibus parebimus. 12. Diviciacus Haeduus dolore affectus a Caesare multis verbis flens petere coepit, ne fratrem Dumnorigem, qui se in populum Romanum iniquum praebuerat, gravi poena afficeret. 13. Nonnulla animalia in aqua viventia in terra quoque aliquamdiu vivere possunt. 14. Caesar certior factus est Helvetios rapientes et diripientes per fines Haeduorum iter fecisse. Qua de causa putavit eos per provinciam Romanam iter facientes ab iniuria non temperaturos esse. Itaque legatis eorum respondit se diem sumpturum esse[12], ut consilium caperet[13].

*[15. Cupitis nos vobiscum iter facturos esse. Vobiscum iter facturi sumus; gaudete! Nos certiores facite, quando iter facturi sitis. 16. Caesar pontem trans Rhenum facturus et exercitum suum in Germaniam ducturus erat. 17. Sed ignorabat, qui populus Germanorum ultra Rhenum fluvium exercitui Romano se oppositurus esset. 18. Non dubitavit, quin hostes copias suas iam convocavissent et bellum cum exercitu Romano gesturi essent.]

De forti centurione Romano

(nach Caesar, De bello Gallico VII, 50)

Anno a. Chr. n. quinquagesimo secundo Caesar se oppidum Gergoviam capturum esse diu frustra speraverat. Postquam L. Fabius centurio et milites, qui una murum Gergoviae ascenderant, interfecti atque de muro deiecti sunt, M. Petronius, centurio eiusdem legionis, ad oppidum cum parva manu processit, ut portas excideret; sed a multitudine hostium vehementer oppressus est. Tum Petronius multis iam vulneribus affectus de sua salute desperans militibus, qui ei successerant, „Quoniam“, inquit, „me una vobiscum recipere non possum, vestrae quidem vitae prospiciam, quos cupiditate gloriae adductus in periculum deduxi. Vos, ubi primum facultas facta erit, vobis consulite“! Simul in medios hostes irrupit duosque interfecit reliquosque a porta paulum depulit. Succurrentibus militibus „Frustra“, inquit, „mihi prospicere cupitis,

---

[1] Digesten, L. 16, 85; [2] Sallust, Bellum Jugurthinum 85, 38; [3] *Erlaß des Senats in einer kritischen Lage des Staates; vgl.* Cicero, Philippica V, 34; [4] *vgl.* Horaz, Epistulae I, 1, 59; [5] Seneca, De beneficiis VII, 22, 1; [6] sēmentis, is *f. Aussaat;* [7] Cicero, De oratore II, 261; [8] Seneca, Epistulae 2, 6; [9] lāna, ae *f. Wolle;* [10] Carmina Epigraphica 52; [11] fiunt *sie werden gemacht;* Anthologia Latina I, 808, 282; [12] diem sūmere *einen Tag Bedenkzeit nehmen;* [13] *vgl.* Caesar, De bello Gallico I, 7, 4.

* *Vgl. die Fußnote auf S. 16.*

quem iam sanguis viresque deficiunt. Proinde, dum est facultas, vos ad legionem recipite"! Ita pugnans paulo post concidit ac suis saluti fuit.

Sprüche und Aussprüche: 1. Duo cum faciunt idem, non est idem[1]. 2. Brutus, quia[2] reges eiecit, consul primus factus est; hic (= Caesar), quia consules eiecit, rex postremo factus est[3]. 3. Beati possidentes[4]. 4. Alea[5] iacta est[6]. 5. Dictum – factum[7]. 6. Natura non facit saltum[8]. 7. Quídquid agís, prudénter agás et réspice fínem[9]. 8. Graécia cápta ferúm victórem cépit et ártes íntulit[10] ágrestí Latió[11]. 9. Ridéntem dícere vérum[12].

XVII

1. i-Konjugation

2. Partizipialkonstruktionen: Participium coniunctum und Ablativus absolutus

3. Ablativ mit prädikativem Substantiv oder Adjektiv

Lateinisches Sprachgut im Deutschen: N. N. (= nomen nescio; *vgl. Sprachgut zu L. 18*), ad infinitum; rebus sic stantibus.

Einzelsätze

1. Ut sentio, ita dico. 2. Tantum scimus, quantum memoria tenemus. 3. Notissima sunt haec dicta: „Scio me nihil scire"[13] et „Veni, vidi, vici"[14]. Alterum est dictum Socratis, alterum Caesaris. 4. Nescimus, quid vesper vehat[15]. 5. Audiatur et altera pars[16]. 6. Bene dórmit, quí non séntit, quám male dórmiát[17]. 7. Sueborum gens erat longe maxima et bellicosissima omnium Germanorum. Hi in equestribus proeliis saepe ex equis desiliebant ac pedibus pugnabant equosque eodem loco remanere assuefaciebant, ad quos celeriter in periculis se recipiebant[18]. 8. Caesar timens, ne a multitudine equitum hostium circumveniretur, quartam aciem equitatui opposuit. 9. Equites cum putarent se ab hoste circumveniri, audacius resistere ac fortius pugnare coeperunt.

Vorübung

A

a) sol humum calefaciens nos delectat
b) effectus solis humum calefacientis magnus est
c) solem humum calefacientem expetimus
d) sole humum calefaciente plantae crescunt
e) sole humum calefaciente sub divo quiescere possumus.

---

[1] Terenz, Adelphoe 823; [2] quia *weil;* [3] *Spottvers auf Cäsar;* [4] *vgl.* Horaz, Carmina IV, 9, 45; [5] ālea, ae *f. Würfel;* [6] Sueton, Caesar 32; [7] Terenz, Andria 381; [8] saltus, ūs *m. Sprung; altes Sprichwort*; [9] *altes Sprichwort;* [10] intulit *3. Pers. Sing. Ind. Perf. Akt. von* īnferre *(hinein)bringen;* [11] Horaz, Epistulae II, 1, 156; [12] Horaz, Satirae I, 1, 24; [13] *lateinische Übersetzung des bekannten Ausspruches des Sokrates; vgl.* Plato, Apologie 6; [14] Sueton, Caesar 37; [15] *vgl.* Livius, Ab urbe condita XIV, 8, 6; [16] Seneca, Medea 199; [17] Publilius Syrus 67; [18] *vgl.* Caesar, De bello Gallico IV, 2, 3.

B

a) amicus a nobis invitatus libenter venit
b) amico a nobis invitato vinum apponimus
c) amicum a nobis invitatum salutamus
d) ab amico a nobis invitato tota domus inspicitur
e) amico a nobis invitato domi manemus.

10. Medicus a me advocatus aegroto dormienti appropinquat. – Heri venit aegroto dormiente. 11. Non multi incolae ex oppido deleto servari poterant. – Oppido deleto incolae magna in inopia erant. 12. Romani hostes circumventos petiverunt. – Hostibus circumventis Romani proelium commiserunt. 13. Caesar pervenit ad oram Britanniae cum omnibus navibus meridiano fere tempore. Exercitu exposito et loco castris idoneo capto ad hostes contendit cohortibus decem ad mare relictis et equitibus trecentis, qui praesidio navibus essent. Hostes loco superiore occupato Romanos prohibere coeperunt. Repulsi ab equitatu se in silvas abdiderunt; se receperunt in locum natura et opere egregie munitum, quem iam antea praeparaverant. Nam omnes introitus multis arboribus caesis clausi erant[1]. 14. Galli ab exercitu Romano obsessi consilium ceperunt ex oppido fugere monente et iubente Vercingetorige[2].

15. Cicero consul coniurationem a Catilina factam detexit. – Cicerone consule coniuratio Catilinae detecta est. 16. Galli Vercingetorige duce Romanis restiterunt. 17. Dumnorix cum copiis Haeduorum a castris Romanis Caesare inscio discessit[3]. 18. Helvetii, cum e patria sua excessuri essent, unam viam habebant, qua Sequanis invitis propter angustias iter facere non poterant. His cum sua sponte persuadere non possent, legatos ad Dumnorigem Haeduum mittunt, ut eo deprecatore a Sequanis impetrarent[4]. 19. Hannibale vivo copiae Carthaginiensium magnum timorem imperatoribus Romanis iniecerunt.

Ut Caesar copias suas in Britanniam traiecerit

(nach Caesar, De bello Gallico IV, 20 sqq.)

Caesar omnibus rebus confectis, quarum rerum causa exercitum Romanum in Germaniam traducere constituerat, in Britanniam navigaturus erat exigua parte aestatis reliqua. Intellexerat enim omnibus fere bellis Gallicis inde milites incolis Galliae, hostibus Romanorum, auxilio venisse. Et, si tempus anni deficeret, ut ibi bellum gereret, in Galliam renavigare in animo habebat genere illorum hominum perspecto, locis, portibus aditibusque cognitis.

Vocatis ad se undique mercatoribus neque quanta magnitudo insulae esset neque quae aut quantae nationes incolerent neque quem usum belli haberent neque qui portus ad maiorem navium multitudinem idonei essent, reperire poterat. Itaque C. Volusenus Caesare auctore cum nave longa praemissus est, ut regionem quam celerrime perspiceret; recessit ad Caesarem quinto die perspectis regionibus, quantum facultatis ei dari potuit.

---

[1] *vgl.* Caesar, De bello Gallico V, 8 –9; [2] *vgl.* Caesar, *a. a. O.* VII, 26, 1; [3] *vgl.* Caesar, *a. a. O.* V, 7, 5; [4] *vgl.* Caesar, *a. a. O.* I, 9, 1–2.

Caesar legatis tribunisque militum convocatis ostendit, quae ex Voluseno cognovisset, et monuit, ut omnes res ad tempus ab eis administrarentur. Dato signo et solutis ancoris circiter milia passuum septem ab eo loco navigavit et aperto ac plano litore naves constituit. At barbari consilio Romanorum cognito praemisso equitatu Caesarem impediebant, ne copias ex navibus exponeret.

Romanis maxime propter altitudinem maris dubitantibus is, qui decimae legionis aquilam habebat, deos orans, ut ea res legioni feliciter eveniret, se ex nave proiecit atque in hostes invadere coepit. Tum milites inter se monentes universi ex navibus desiluerunt et hostibus appropinquaverunt. Pugnatum est ab utrisque acriter. Denique hostes proelio superati, ubi se ex fuga receperunt, statim ad Caesarem legatos de pace miserunt.

Sprüche und Aussprüche: 1. Veritatem dies aperit[1]. 2. Áccipe mé sitiéns et pótus[2] tráde sodáli[3].

3. Quándo cónveniúnt Margréta, Sibýlla, Camílla,
gárrire[4]íncipiúnt et ab[5] hóc et ab hác et ab ílla[6].

XVIII

1. Gerundium

2. Gerundivum

3. Supinum I und II

Lateinisches Sprachgut im Deutschen: Facultas docendi, Venia legendi, Modus vivendi, ad referendum; Amandus, Amanda, Memorandum, N. N. (= nomen nominandum), quod erat demonstrandum, Agenda, Corrigenda et Addenda, m. m. (= mutatis mutandis), p. p. (= praemissis praemittendis); Multiplikand, Dividende, Legende.

Vorübung A

a) scribere pueris parvis difficile est
interdum ars scribendi difficilis est
interdum ars epistulam scribendi difficilis est
adulescentes discendi causa in universitatem litterarum[7] veniunt
adulescens cupidus (linguas) discendi venit in universitatem litterarum
legendo et scribendo studet
ad veniendum parati sumus
libros ad legendum idoneos mihi dat
bene discendo mox peritus linguae erit.

---

[1] Seneca, De ira II, 22, 3; [2] pōtus, a, um *nach dem Trinken (getrunken habend);* [3] sodālis, is *m. Gefährte;* [4] garrīre *schwatzen;* [5] ab = dē; [6] *Verse des Humanisten Taubmann aus Wittenberg;* [7] ūniversitās litterārum, ūniversitātis litterārum *f. Universität.*

b) liber legendus – liber legendus est – liber legendus non est – liber mihi legendus est
diligenter discendum est – mihi diligenter discendum est.

c) spes puerum servandi magna est =
spes pueri servandi magna est
aber nur:
linguae discendae causa ad te venit.

Einzelsätze

1. Navigare necesse est, vivere non est necesse[1]. 2. Non modo ars dicendi, sed etiam ars tacendi difficillima est. 3. Multi nostrum cupidi sunt carmina poetarum Romanorum legendi. 4. Amici statim parati erant ad iuvandum. 5. Hominis mens diligenter discendo alitur et cogitando[2]. 6. Caesar equites Ariovisti accedere telaque in Romanos iacere certior factus dicendi finem fecit seque ad suos recepit[3].

7. Consilia prudentium virorum audienda sunt. 8. Oratione a Caesare habita mirum in modum conversae sunt omnium mentes summaque cupiditas belli gerendi iniecta est. Prima decima legio per tribunos militum ei gratias egit, quod de militibus huius legionis optimum iudicium fecisset, seque esse ad bellum gerendum paratissimam confirmavit[4]. 9. Seneca Lucilio suo scribit haec: Accipe hanc utilem et salubrem adhortationem: Nobis aliqui vir bonus eligendus est et semper ante oculos habendus, ut sic tamquam illo spectante vivamus et omnia illo vidente faciamus[5].

Vorübung B

Haedui legatos ad Caesarem miserunt auxilium oratum
= auxilii orandi causa
= ut auxilium orarent
= qui auxilium orarent.

10. Legati a Croeso, rege Lydorum, missi Delphos venerunt oraculum consultum. 11. „Romam ad senatum veni", inquit Diviciacus, „auxilium postulatum"[6]. 12. Hoc est incredibile dictu et difficile intellectu. 13. Principes Britanniae optimum factu esse putaverunt frumento commeatuque Romanos prohibere[7].

*[14. Esne paratus ad ambulandum nobiscum? – Nonne in animo habes nobiscum ambulare? – Num domi manebis tum, cum omnes ambulabimus? – Utrum nobiscum ambulabis an leges librum?]

---

[1] *Inschrift in Bremen;* [2] Cicero, De officiis I, 30, 105; [3] *vgl.* Caesar, De bello Gallico I, 46, 1; [4] *vgl.* Caesar, *a. a. O.* I, 41, 1–2; [5] Seneca, Epistulae 11, 8; [6] *vgl.* Caesar, *a. a. O.* VI, 12, 5; [7] *vgl.* Caesar, *a. a. O.* IV, 30, 1–2;

* *Vgl. die Fußnote auf S. 16.*

De bello cum Belgis gesto

(nach Caesar, De bello Gallico II, 19–28)

Anno a. Chr. n. quinquagesimo septimo Caesari bellum cum Belgis gerendum erat. Belgae, cum fortissimi omnium hostium essent, tum copiis Romanis paene interitui fuerunt.

Belgae enim subito omnibus copiis ex silvis, quo se abdiderant, procurrerunt impetumque in equites Romanos fecerunt. His facile pulsis ac proturbatis incredibili celeritate ad fluvium decucurrerunt, ut hostes paene uno tempore ad silvas et in fluvio et iam in manibus Romanorum essent. Eadem autem celeritate adverso colle ad castra Romana atque eos, qui in opere occupati erant, contenderunt.

Caesari omnia uno tempore erant agenda: vexillum proponendum, ab opere revocandi milites, qui paulo longius aggeris petendi causa processerant, arcessendi, acies instruenda, milites monendi, signum tuba dandum. Quarum rerum magnam partem temporis brevitas et incursus hostium impediebat. His difficultatibus duae res erant subsidio: scientia atque usus militum, quod superioribus proeliis exercitati, quid sibi faciendum esset, non minus bene ipsi sibi praescribere quam ab aliis doceri poterant. Hi propter propinquitatem et celeritatem hostium non iam Caesaris imperium exspectabant, sed per se – incredibile est dictu – omnia administrabant.

Caesar necessariis rebus imperatis ad milites monendos decucurrit et ad legionem decimam devenit. Militibus brevi oratione monitis proelii committendi signum dedit. Atque cum in alteram partem item monendi causa veniret, pugnantibus occurrit.

Exiguitas temporis tanta fuit hostiumque animus tam paratus ad pugnandum, ut non modo ad insignia accommodanda, sed etiam ad galeas induendas scutisque tegimenta detrahenda tempus defuerit.

Diu proelium anceps erat. Postremo Caesar ipse suis laborantibus in primam aciem processit. Cuius adventu hostium impetus tardatus est. Quamquam hostes etiam in extrema spe salutis magnam virtutem praestiterunt, permulti interfecti sunt. Denique omnium, qui supererant, consensu legatos ad Caesarem miserunt seque ei dediderunt.

Sprüche und Aussprüche: 1. Scribere scribendo, dicere dicendo discimus. 2. Ut[1] desínt virés, tamen ést laudánda volúntas[2]. 3. Ceterum censeo Carthaginem esse delendam[3]. 4. Cato ad filium: „Orator est, Marce fili, vir bonus dicendi peritus"[4]. 5. Ridendo dicere verum[5]. 6. Gútta cavát lapidém non ví, sed saépe cadéndo[6]. 7. Spéctatúm veniúnt, veniúnt, specténtur ut ípsae[7].

---

[1] ut (*Konj.*) *auch wenn;* [2] Ovid, Epistulae ex Ponto III, 4, 79; [3] *vgl.* Plutarch, Cato 27 *und* Florus, Epitomae I, 31, 4; [4] Cato, De rhetorica 14; [5] *vgl.* rīdentem dīcere vērum *S. 23, Anm. 12;* [6] *vgl.* Ovid, *a. a. O.* IV, 10, 5; [7] Ovid, Ars amatoria I, 99.

XIX

1. Deponentien der a- und e-Konjugation

2. Nominativus cum infinitivo (N. c. I.)

Lateinisches Sprachgut im Deutschen: Sonntag Lätare; Miserere, Emeritus; Gratulant, Vagant.

Vorübung A

medicus peritus raro fallitur
legendo, scribendo, dicendo exercemur
exercendo vires nostrae augentur
in hoc fluvio pueri saepe lavabamur.

Einzelsätze

1. Laetamur novis libris, quos nobis donavistis. 2. Qui tacet, fatetur. Qui tacuit, fassus est. Fatere, si quod malum feceris. 3. Cum dux Persarum Graecis ante pugnam apud Thermopylas factam dixisset glorians: „Solem prae iaculorum[1] multitudine non videbitis", Leonidas, dux Lacedaemoniorum, „In umbra igitur", inquit, „proeliabimur". 4. Galli, qui in periculosis proeliis versabantur, se pro victimis[2] homines interfecturos esse deis pollicebantur. 5. Helvetii vicis relictis iam per fines Sequanorum copias suas traduxerant et in Haeduorum fines pervenerant eorumque agros populabantur. Itaque Caesar verebatur, ne Helvetii etiam provinciae Romanae nocerent[3]. 6. Caesar equis omnium ex conspectu remotis, ut spem fugae tolleret[4], cohortatus suos proelium commisit[5]. 7. Bello Helvetiorum confecto principes totius fere Galliae ad Caesarem gratulatum convenerunt[6]. 8. Marius se brevi tempore Iugurtham aut vivum aut mortuum in potestatem populi Romani redacturum esse pollicitus est.

Vorübung B

Homerum caecum fuisse scriptores antiqui tradunt
Homerus caecus fuisse traditur
amicum aegrotum esse putabamus
amicus aegrotus esse putabatur
medicum puero mederi posse videmus
medicus puero mederi posse videtur.

9. Suebi centum pagos habuisse dicuntur, ex quibus quotannis singula milia armatorum bellandi causa educebant. Finitimae gentes ab hoc potentissimo populo e finibus suis pulsae esse traduntur et longe lateque agri vacavisse dicuntur[7]. 10. Disciplina druidum in Britannia reperta postea in Gallia vulgata esse putabatur[8].

---

[1] iaculum, ī *n. Wurfspeer;* [2] victima, ae *f. Opfertier;* [3] *vgl.* Caesar, De bello Gallico I, 11, 1; [4] tollere *beseitigen;* [5] *vgl.* Caesar, *a. a. O.* I, 25, 1; [6] Caesar, *a. a. O.* I, 30, 1; [7] *vgl.* Caesar, *a. a. O.* IV, 1, 3–4; [8] *vgl.* Caesar, *a. a. O.* VI, 13, 11.

De Androclo et leone

(nach Gellius, Noctes Atticae V, 14, 4–30)

Aliquando Romae in circo maximo spectaculum venationis populo datum esse narratur. Multae ferae ibi erant; inter quas unus leo corporis magnitudine terribilique[1] voce animos oculosque omnium in se convertere videbatur. Introductus est servus viri consularis ad pugnam bestiarum datus[2]. Cui servo nomen Androclus erat. Ille leo, ubi hunc procul vidit, repente quasi mirans constitit ac deinde tamquam intuendi causa ad hominem accessit. Tum caudam more atque ritu adulantium[3] canum movebat, corpori hominis se adiungebat cruraque eius et manus lingua leniter tangebat. Androclus inter illa blandimenta amissum animum recuperavit et oculos ad intuendum leonem vertit. Tum eius leonis recordari videbatur.

Statim Androclus a Caesare, qui haec animadverterat, advocatus interrogatusque est, cur ille leo sibi uni pepercisset. Neque cunctans Androclus hanc rem miram atque admirandam narravisse dicitur: „Cum dominus meus“, inquit, „in Africa versaretur provinciae administrandae causa, ego iniquis verberibus[4] eius ad fugam coactus sum. Consilium mihi fuit, si deesset cibus, mortem aliquo modo quaerere. Tandem diu vagatus speluncam quandam conspexi neque cunctans intravi. Neque multo post ad eandem speluncam venit hic leo cruento[5] pede lamentans. Primo territus conspectu advenientis leonis paulo post eius miseritus sum. Leo enim pedem ostendere visus est quasi opis precandae causa. Tum ego spinam ingentem in vestigio pedis eius haerentem vidi; qua extracta sine timore siccavi vulnus. Tum ille mea cura levatus pede in manibus meis posito cubuit et quievit. Ex eo die ego et leo in eadem spelunca eodemque victu viximus. Ferarum, quas venabatur, membra optima ad speluncam mihi apportabat. Denique cum tres annos ibi versatus illam vitam tolerare non iam possem, leone venante speluncam clam reliqui. Paulo post a militibus ibi vagantibus prehensus ex Africa ad dominum Romam ductus sum. Is me ad pugnam bestiarum dandum curavit. Nunc intellego hunc leonem mihi pro beneficio meo gratiam habere“.

Caesar his rebus laetans servum manumisisse leonemque ei donavisse narratur. Postea Androclus et leo vagabantur per urbem et omnes exclamavisse dicuntur: „Hic est leo hospes hominis, hic est homo medicus leonis“!

Sprüche und Aussprüche: 1. Únus homó nobís cunctándo réstituít rem[6]. 2. Fatétur fácinus ís, qui iúdiciúm fugít[7].

3. Ádmirór, pariés, te nón cecidísse ruínis[8],
qui tot scríptorúm taédia[9] sústineás[10].

---

[1] terribilis, e *schreckenerregend;* [2] datus, a, um *bestimmt;* [3] adulārī *schmeicheln;* [4] verbera, um *n. Schläge;* [5] cruentus, a, um *blutig;* [6] rem = rem pūblicam; Ennius, Annales 370; [7] Publilius Syrus 174; [8] ruīnīs cadere *einstürzen;* [9] taedia, ōrum *n. schmutzige Dinge;* [10] quī sustineās = cum sustineās; *Mauerinschrift in Pompeji.*

XX

1. Deponentien der konsonantischen Konjugation

2. Deponentien der konsonantischen Konjugation mit i-Erweiterung

Lateinisches Sprachgut im Deutschen: Vivant sequentes! in statu nascendi, memento mori!

Einzelsätze

1. Concordia parvae res crescunt, discordia maximae dilabuntur[1]. 2. Omne malum nascens facile opprimi potest. 3. Marius consulatu septies[2] functus esse dicitur. 4. Senex quidam adulescenti multa loquenti „Duas", inquit, „aures habemus et os unum, ut plura audiamus quam loquamur. Audi multa, loquere pauca"! 5. Quid tibi pecunia opus est, si ea uti non potes[3]? 6. Non aqua, non igne, ut loquuntur, locis pluribus utimur quam amicitia[4]. 7. Nemo tam pauper moritur quam natus est. 8. Hoc dictum Horati poetae nonnullis notum esse puto: Non omnis moriar[5]. 9. Rivum transgredientes cavete, ne labamini! Heri paene lapsus sum. Hieme saepe nive impedimur, ne hunc rivum transgrediamur. 10. Nervii vinum reliquasque res ad luxuriam pertinentes ad se importari non patiebantur, quod his rebus animos virorum effeminari arbitrabantur[6]. 11. Caesar unum pagum Helvetiorum ultus est, quod Helvetii prioribus temporibus consulem Romanum aggressi interfecerant et exercitum eius sub iugum miserant[7]. 12. Totius fere Galliae legati, principes civitatum, qui ad Caesarem gratulatum convenerant, questi sunt tot Germanos Rhenum transgressos esse; locutus est pro his legatis Diviciacus Haeduus[8]. 13. Caesar nactus idoneam ad navigandum tempestatem cum exercitu profectus est, ut ad oram Britanniae navibus veheretur[9].

Quibus difficultatibus Hannibal Alpes transgressus sit

(nach Livius, Ab urbe condita XXI, 35–36)

Hannibal cum exercitu suo ex Gallia profectus nono die per invia in iugum Alpium pervenit. Castris in iugo positis biduum militibus labore ac proeliando fessis quies data est. Eo tempore aliquot iumenta, quae priore die in rupibus prolapsa erant, sequendo vestigia agminis in castra pervenerunt.

Prima luce castris motis, cum agmen tarde progrederetur pigritiaque et desperatio in omnium vultu emineret, Hannibal progressus est in promunturium quoddam, unde longe lateque prospectus erat, iussit milites consistere ostenditque Italiam subiectosque Alpinis montibus campos Circumpadanos. Tum dixit eos non modo moenia Italiae, sed etiam urbis Romae transgressuros

---

[1] Sallust, Bellum Jugurthinum 10, 6; [2] septiēs *siebenmal;* [3] Publilius Syrus 566; [4] *vgl.* Cicero, Laelius de amicitia 6, 22; [5] Horaz, Carmina III, 30, 6; [6] *vgl.* Caesar, De bello Gallico II, 15, 4; [7] *vgl.* Caesar, *a. a. O.* I, 12, 5; [8] *vgl.* Caesar, *a. a. O.* I, 30–31; [9] *vgl.* Caesar, *a. a. O.* IV, 23, 1.

et uno aut summum[1] altero proelio arcem et caput Italiae in manu ac potestate habituros esse. Inde, postquam Hannibal haec locutus est, agmen progressum est. Sed iter multo difficilius fuit, quam in ascensu fuerat. Omnis enim fere via praeceps, angusta, lubrica erat, ut multi a lapsu se sustinere[2] non possent et delaberentur. Denique aggressi sunt ad locum, qui recenti lapsu terrae in altitudinem mille pedum abruptus erat. Ibi cum velut ad finem viae equites constitissent, nuntiatum est Hannibali miranti, quae res agmen moraretur, rupem inviam esse. Digressus est deinde Hannibal ipse ad locum videndum. (*Fortsetzung L. XXI*)

Sprüche und Aussprüche: 1. Male parta male dilabuntur[3]. 2. Quem di (= dei) diligunt, adulescens moritur[4]. 3. Utere temporibus[5]. 4. Hic mortui vivunt, hic muti loquuntur[6]. 5. Ave, Caesar, morituri te salutant[7].

6. Díc, hospés, Spartáe nos te‿híc vidísse iacéntes,
dúm sanctís patriáe légibus óbsequimúr[8].

XXI

1. **Deponentien der i-Konjugation**
2. **Semideponentien**
3. **fieri**

Lateinisches Sprachgut im Deutschen: Gaudeamus, ex oriente lux; Orient.

Einzelsätze

1. Homines, qui semper assentiuntur, blandiuntur; saepe mentitur, qui blanditur. 2. Et gaudia et dolores nobiscum semper partiris. 3. Multi Romani divites largiendo vulgi gratiam sibi comparaverunt, ut magistratibus potirentur. 4. Consul Romanus munere suo functus provinciam administrandam sortiebatur. 5. Caesar exercitui frumentum metiri debebat. 6. Vercingetorige hortante Galli omnia experti consilium ceperunt ex oppido fugere[9]. 7. Vercingetorix veretur, ne qua seditio in castris oriatur[10]. 8. Helvetii se tota Gallia potituros esse sperabant.

9. Cum omnibus temere confidas, saepe deciperis. 10. Agendo et audendo res Romana crevit. 11. In Gallia plebs per se nihil ausa esse traditur. 12. Suebi frigidissimis locis quoque in fluviis lavari solebant. 13. Germani a Romanis victi fugientes ad Rhenum fluvium pervenerunt; ibi nonnulli viribus confisi tranare contenderunt[11].

---

[1] summum *höchstens;* [2] sē sustinēre *sich aufrecht halten, sich hüten;* [3] *vgl.* Cicero, Philippica 27, 65; [4] Plautus, Bacchides 816; [5] Ovid, Tristia IV, 3, 83; [6] *Inschrift an der alten Universitätsbibliothek in Erfurt;* [7] *Gruß der Gladiatoren beim Einzug in die Arena;* [8] *Epigramm auf die Thermopylenkämpfer (lateinische Übersetzung); Vers des Dichters Simonides; vgl.* Cicero, Disputationes Tusculanae I, 42, 101; [9] *vgl.* Caesar, De bello Gallico VII, 26, 1; [10] Caesar, *a. a. O.* VII, 28, 6; [11] Caesar, *a. a. O.* I, 53, 1.

Vorübung

a) ex metallo instrumenta facimus – ex metallo instrumenta fiunt
b) opus perficitur – porta patefit
c) opus perfici audimus – portam patefieri videmus
d) nos assuefacis diligenter discere – a te assuefimus diligenter discere.

14. In illo libro, qui Corpus iuris civilis inscribitur, legimus haec: Servi aut nascuntur aut fiunt. Nascuntur ex ancillis[1] nostris; fiunt aut iure gentium, id est ex[2] captivitate, aut iure civili. 15. Priusquam Caesar iterum in Britanniam navigat, hieme naves novas aedificandas veteresque reficiendas curat. Ad celeritatem onerandi facit paulo humiliores, quam quibus Romani uti consueverunt atque id eo magis, quod propter multas mutationes aestuum minus magnos fluctus fieri cognoverat[3]. 16. Suebi per exploratores compererant pontem a Romanis fieri[4]. 17. Caesar, cum in Italiam proficisceretur, Ser. Galbam cum legione duodecima et parte equitatus in Nantuates misit. Causa mittendi fuit, quod iter per Alpes patefieri cupivit[5].

Quibus difficultatibus Hannibal Alpes transgressus sit

(nach Livius, Ab urbe condita XXI, 36–38)

(*Fortsetzung von L. XX*)

Hannibal hoc loco viso intellexit sibi experiendum esse, si agmen per invia circumduci posset. Ea via vero propter nivem et glaciem difficillima erat.

Tandem iumentis atque hominibus frustra fatigatis castra in iugo posita sunt loco ad id ipsum aegerrime purgato. Inde milites ducti sunt ad rupem muniendam[6], per quam unam via esse poterat; cum saxum caedendum esset, struem ingentem lignorum faciunt permagnis arboribus circum deiectis. Eamque, cum ventus aptus ad faciendum ignem ortus esset, incendunt ardentiaque saxa infuso aceto putrefaciunt[7]. Rupem incendio torridam ferro pandunt molliuntque anfractibus clivos[8]. Ita fit, ut non solum iumenta, sed etiam elephanti milites sequi et degredi possint. Quattuor dies milites circum rupem officiis optime functi sunt. Iumenta prope fame absumpta erant; nuda enim fere cacumina erant et, si quid pabuli erat, nives obruebant. In inferioribus regionibus autem erant valles apricique colles rivique prope silvas et loca iam digniora humano cultu. Ibi iumenta in pabulum missa sunt et milites muniendo fessi quiete fruebantur.

Triduo inde ad planum degressi sunt permultis laboribus perfuncti. Hoc modo in Italiam perventum est quinto mense, postquam a Carthagine Nova profecti erant, quinto decimo die, postquam Alpes transgressi erant.

---

[1] ancilla, ae *f. Magd;* [2] ex *auf Grund von;* [3] *vgl.* Caesar, De bello Gallico V, 1, 1–2; [4] Caesar, *a. a. O.* IV, 19, 2; [5] *vgl.* Caesar, *a. a. O.* III, 1, 1–2; [6] mūnire *gangbar machen;* [7] putrefacere *morsch machen;* [8] mollīre ānfrāctibus clīvōs *die Steilheit der Abhänge durch Windungen mildern.*

Carthaginienses celeriter adoriendo et audacter pugnando paene tota Italia potiti sunt. Sed Hannibal a civibus suis non adiutus postremo bello destitit et infecta re in patriam revertit.

Sprüche und Aussprüche: 1. Credite experto[1]! 2. Vix orimur, morimur. 3. Fide, sed, cui fidas, vide! 4. Nemo fit casu bonus. 5. Fiat lux! 6. Non fiunt poetae, nascuntur. 7. Factum infectum fieri non potest[2]. 8. Sapere[3] aude[4]! 9. Disce gaudere[5]!

XXII

1. ferre und Komposita

2. ire und Komposita

3. velle, nolle, malle

4. Inf. Fut. Pass.

Lateinisches Sprachgut im Deutschen: Consilium abeundi; nolens, volens; noli me tangere.

Einzelsätze

1. Ut nunc has res adversas constanter fers, ita postea quoque omnia mala tibi allata patienter feres. 2. Hoc est dictum notum: Fér patiénter onús, fác sapiénter opús[6]! Onus enim, quod aequo animo fertur, levius fit. 3. Facilius reperiuntur, qui se ultro[7] morti offerant, quam qui dolorem patienter ferant[8]. 4. Apud Germanos dotem[9] non uxor marito, sed uxori maritus offert[10]. 5. Incolae totius Galliae lingua, institutis, legibus inter se differebant[11]. Germanos multum a consuetudine Gallorum differre Caesar in commentariis scripsit. 6. Omnium consensu ad Vercingetorigem imperium Galliae delatum est[12]. 7. Cum naves Caesaris appropinquarent Britanniae, tanta tempestas subito orta est, ut nulla earum cursum tenere posset, sed eo, unde erant profectae, referrentur. 8. Celeriter fama caedis mercatorum Romanorum, quae Cenabi, in oppido Gallorum, facta erat, ad omnes Galliae civitates perlata est; nam ubi quae res[13] maior ibi accidit, incolae clamore sublato per agros regionesque eam significant; hunc clamorem alii excipiunt et res novas proximis eodem modo deferunt[14].

9. Volo versibus discendis cottidie memoriam meam exercere. Velim exerceas memoriam hoc modo! 10. Cur illo consilio uti non vis? 11. Qui dicit, quod vult, saepe audit, quod non vult[15]. 12. Aút prodésse volúnt aut délectáre poétae[16]. 13. Idem velle atque idem nolle ea demum firma amicitia est[17]. 14. Cato censor bonus esse quam videri malebat. 15. Seneca philosophus haec scribit: Desinamus, quod voluimus, velle! Ego id ago, ne senex eadem velim, quae puer volui.

---

[1] Vergil, Aeneis XI, 283; [2] *vgl.* Plautus, Aulularia 741; [3] sapere sapiō sapiī *weise sein;* [4] Horaz, Epistulae I, 2, 40; [5] Seneca, Epistulae 23, 3; [6] *altes Sprichwort;* [7] ultrō (*Adv.*) *von selbst;* [8] Caesar, De bello Gallico VII, 77, 5; [9] dōs, dōtis *f. Mitgift;* [10] Tacitus, Germania 18; [11] *vgl.* Caesar, *a. a. O.* I, 1, 2; [12] *vgl.* Caesar, *a. a. O.* VII, 4, 6; [13] ubi quae rēs *sobald irgendein Ereignis;* [14] *vgl.* Caesar, *a. a. O.* VII, 3, 2; [15] *vgl.* Terenz, Andria 920; [16] Horaz, Ars poet., 333; [17] Sallust, De coniuratione Catilinae 20, 4.

Paratus sum exire. Ante senectutem curavi, ut bene viverem, in senectute curo, ut bene moriar; bene autem mori est libenter mori[1]. 16. Cum Alexander, rex Macedonum, a Lacedaemoniis inter deos numerari vellet, Lacedaemoniorum rex „Age", inquit, „si Alexander deus esse vult, esto[2]".

17. Catilina urbem Romam incendio a se deletum iri minatus est. 18. Imperator sperabat oppidum a se obsessum expugnatum iri.

Quomodo servi tractandi sint

(nach Seneca, Epistulae VI, 47)

Libenter ex his, qui me adeunt, cognovi te cum servis tuis familiariter vivere. Hoc prudentiam tuam, hoc eruditionem[3] decet. Non servi sunt, ut alii putant, immo sunt homines, sunt humiles amici. Sunt conservi, si cogitas fortunam neutrum anteferre, neque dominum servo neque servum domino. Nulla re enim dominus et servus inter se differunt. Itaque rideo eos, qui cum servis suis cenare nolunt, quod superbissima consuetudo dominorum est inter cenam turba servorum circumdari. Infelicibus servis non licet labra[4] movere, ut loquantur. Virga[5] murmur[6] omne opprimitur et ne fortuita[7] quidem, velut tussis, sternumenta[8], singultus[9] verberibus[10] excepta sunt. Nocte tota ieiuni mutique cibos potionesque afferunt. Sic fit, ut illi de domino loquantur, quibus coram domino loqui non licet. Hic venit mihi in mentem nostrum[11]: Quot servi, tot inimici. Sed non sunt inimici nostri, immo nos facimus servos inimicos. At illi servi, quibus non modo coram dominis, sed cum ipsis sermo erat, quorum os non consuebatur[12], parati erant pro domino cervicem offerre, periculum imminens in caput suum avertere. Vis tu cogitare eum, quem servum tuum vocas, ex eisdem seminibus ortum esse, eodem caelo frui, aeque spirare, aeque vivere, aeque mori! Tu illum videre potes ingenuum, ille te servum. Iam saepe multos nobilissimo loco natos fortuna depressit; alium ex illis pastorem, alium custodem casae fecit. Noli contemnere nunc hominem eius fortunae, in quam transire potes, dum contemnis.

Nolo de usu servorum disputare, in quos superbissimi et crudelissimi sumus. Haec tamen mea praecepta sunt: sic cum servo vivas, quomodo dominum tuum tecum vivere velis. „At ego", inquis, „nullum habeo dominum". Nunc te bene habes[13]; fortasse[14] dominum habebis. Memento fortunae Croesi, regis Lydorum! Vive cum servo clementer, admitte illum in sermonem et in consilium et in convictum! Diutius te morari nolo; non es enim adhortandus. Vale!

---

[1] Seneca, Epistulae 61, 2; [2] estō *er soll es sein;* [3] ērudītiō, ōnis *f. Erziehung, Bildung;* [4] labrum, ī *n. Lippe;* [5] virga, ae *f. Rute;* [6] murmur, uris *n. Gemurmel;* [7] fortuīta, ōrum *n. Zufälliges;* [8] sternūmentum, ī *n. Niesen;* [9] singultus, ūs *m. Schlucken;* [10] verbera, um *n. Schläge*; [11] nostrum (dictum) *unser Ausspruch;* [12] cōnsuere cōnsuō cōnsuī cōnsūtum *zusammennähen;* [13] sē bene habēre *sich in einer angenehmen Lage befinden;* [14] fortāsse *vielleicht.*

Sprüche und Aussprüche: 1. Quod differtur, non aufertur[1]. 2. Tolle, lege![2] 3. Quídquid id ést, timeó Danaós et dóna feréntes[3]. 4. Relata refero. 5. Díc, rogo, práeteriéns: Sít tibi térra levís[4]. 6. Sic transit gloria mundi[5]. 7. Pax intrantibus, salus exeuntibus! 8. Né pereánt, lege máne rosás; cito lábitur aétas. 9. Noli turbare circulos meos[6]. 10. Stultum facit Fortuna, quem vult perdere[7]. 11. Nocere posse et nolle laus amplissima est[8]. 12. Ducunt volentem fata[9], nolentem trahunt[10].

---

[1] *vgl.* Seneca, De providentia 4, 7; [2] Augustin, Confessiones 8, 7; [3] Vergil, Aeneis II, 49; [4] *Grabaufschrift;* [5] *Anfang eines lateinischen Kirchenliedes, gesprochen bei der Krönungszeremonie des Papstes;* [6] *Ausspruch des Archimedes, als die Feinde in Syrakus eindrangen und er bei seinen Berechnungen gestört wurde;* [7] Publilius Syrus 610; [8] Publilius Syrus 397; [9] fātum, ī *n. Geschick, Schicksal;* [10] Seneca, Epistulae 107, 11.

2. TEIL: LESESTÜCKE ZUR WIEDERHOLUNG

(Die jeweils in Klammern angegebenen Ziffern geben die Lektionen an, nach deren Behandlung das Stück übersetzt werden kann.)

I

De Catone minore (11)

(nach Valerius Maximus, Facta et dicta memorabilia III, 1,2)

M. Porcius Cato minor[1] Caesaris aetate vixit. Is puer domi M. Drusi tribuni plebis[2], avunculi[3] sui, educabatur.

Olim Latini ad Drusum legatos miserunt, ut civitatem impetrarent[4]. Dum legati adventum tribuni, qui domi non erat, exspectant, dux legationis[5] cum Marco puero, qui ibi ludebat[6], sermonem habuit. Cum intellexisset puerum esse prudentem[7], „Magnam pecuniam“, inquit, „tibi dabo, si nobis hac in re aderis.“ Sed puer „Non“, inquit, „adero“! Etsi[8] dux iterum ac iterum orabat, tamen puer nihil aliud dixit nisi idem „Non adero“! Postremo legatus ira adductus „Nisi verbis meis parueris“, inquit, „te de domo praecipitabo[9]“. Nec his verbis puer moveri potuit.

Cum dux legationis, sive[10] orabat sive increpabat[11], puerum movere non potuisset, „Gaudeamus“, inquit, „hunc esse tam parvum! Senator[12] si esset, ne sperare quidem[13] civitatem nobis licuisset[14]“.

II

De pristino victu hominum (13)

(nach Cicero, Pro Sestio 91)

Quodam tempore homines, cum neque ius naturale neque ius civile descriptum erat, per agros migrabant tantumque habebant, quantum manu ac viribus per caedem ac vulnera aut sibi comparare aut retinere potuerant. Qui igitur primi virtute et consilio praeclaro exstiterunt, ii intellexerunt humanam docilitatem[15] atque ingenium hominesque unum in locum convocaverunt. Ex illa feritate[16] ad iustitiam[17] atque ad mansuetudinem[18] eos traduxerunt. Tum res ad communem utilitatem[19] necessarias, quas publicas appellamus, tum conventicula[20] hominum, quae postea civitates nominatae sunt, tum aedificia coniuncta, quas urbes dicimus, et divino iure et humano ut muris protexerunt.

---

[1] minor, ōris *jünger;* [2] plēbs, plēbis *f. Volk;* [3] avunculus, ī *m. Onkel;* [4] impetrāre *durchsetzen;* [5] lēgātiō, ōnis *f. Gesandtschaft;* [6] lūdere lūdō lūsī lūsum *spielen;* [7] prūdēns, entis *klug;* [8] etsī *wenn auch;* [9] praecipitāre *herabstürzen;* [10] sīve – sīve *sei es, daß – sei es, daß;* [11] increpāre *schelten;* [12] senātor, ōris *m. Senator;* [13] nē – quidem *nicht einmal;* [14] licēre licet licuit *erlaubt sein;* [15] docilitās, ātis *f. Gelehrigkeit;* [16] feritās, ātis *f. Wildheit;* [17] iūstitia, ae *f. Gerechtigkeit;* [18] mānsuētūdō, inis *f. Milde;* [19] ūtilitas, ātis *f. Nutzen;* [20] conventiculum, ī *n. kleine Gemeinschaft.*

III

De philosophia (14)

(nach Cicero, De officiis II, 5 und Disputationes Tusculanae V, 5)

Quid est optabilius[1] sapientia, quid praestantius[2], quid homini melius, quid homine dignius? Qui hanc petunt, philosophi nominantur. Nec quicquam aliud est philosophia, si exponere in animo habes, praeter studium sapientiae. Sapientia autem est, ut a philosophis expositum est, scientia rerum divinarum et humanarum causarumque, quibus eae res continentur.

O philosophia vitae dux, o virtutis indagatrix[3], quid non modo nos, sed omnino vita hominum sine te esse potuisset? Tu urbes condidisti, tu homines in societatem[4] convocavisti, tu eos inter se primo domiciliis, deinde coniugiis[5], tum litterarum et vocum communione[6] iunxisti. Tu inventrix[7] legum, tu magistra morum et disciplinae fuisti. Ad te concurrimus, a te opem petimus, tibi nos totos tradimus. Unus dies autem, qui bene et ex[8] praeceptis tuis actus est, peccanti immortalitati[9] anteponi debet.

IV

De Protogene et Apelle (16)

(nach Plinius, Naturalis historia XXXV, 36, 11)

Protogenes pictor[10] Rhodi vivebat. Quo cum Apelles, clarissimus pictor antiquissimorum temporum, navigavisset, ut opera eius cognosceret, statim officinam[11] pictoris petivit. Aberat ipse, sed tabulam amplae magnitudinis in machina[12] positam serva conservavit. Haec interrogata Protogenem domo abesse respondit quaesivitque, quis esset, a quo pictor quaereretur. „Ab hoc"! inquit Apelles, cepit penicillum[13] duxitque lineam[14] ex colore[15] summae tenuitatis[16] per tabulam.

Protogeni officinam intranti, quae gesta erant, serva narravit. Protogenes, postquam subtilitatem[17] animadvertit, dixit Apellem Rhodi esse; non enim cadere[18] in alium tam absolutum[19] opus. Ipse alio colore tenuiorem[20] lineam in ipsa illa duxit discedensque imperavit servae, si ille iterum accessisset, ostenderet diceretque hunc esse, quem quaereret.

---

[1] optābilis, e *wünschenswert;* [2] praestāns, antis *vorzüglich;* [3] indāgātrix, īcis *f. Erforscherin;* [4] societās, ātis *f. Gesellschaft;* [5] coniugium, ī *n. Ehe;* [6] commūniō, ōnis *f. Gemeinschaft;* [7] inventrix, īcis *f. Erfinderin;* [8] ex (*b. Abl.*) *nach;* [9] peccāns immortālitās, peccantis immortālitātis *f. eine schlecht verbrachte Ewigkeit;* [10] pictor, ōris *m. Maler;* [11] officīna, ae *f. Werkstatt;* [12] māchina, ae *f. Staffelei;* [13] pēnicillus, ī *m. Pinsel;* [14] līnea, ae *f. Linie;* [15] color, ōris *m. Farbe;* [16] tenuitās, ātis *f. Dünnheit;* [17] subtīlitās, ātis *f. Feinheit;* [18] cadere (in) *zutreffen (auf);* [19] absolūtus, a, um *vollendet;* [20] tenuis, e *dünn.*

Atque ita factum est. Apelles enim iterum domum Protogenis petivit. Se vinci erubescens[1] dixit et tertio colore lineas secuit[2] nullum locum subtilitati relinquens. At Protogenes se victum esse dixit decurritque in portum hospitem quaerens. Placuitque sic eam tabulam posteris tradi omnium quidem, sed artificum[3] singulari miraculo[4].

V

De incendio Romae (19)

(nach Tacitus, Annales XV, 38 u. 39)

Temporibus Neronis Romam flammis omnino fere deletam esse constat. Initium incendii ab ea parte circi[5] factum est, quae Palatino Caelioque montibus propinqua est, ubi ignis per tabernas[6], in quibus id inerat, quo flamma alitur, coepit et statim ingens et vento[7] excitatus longitudinem circi corripuit[8]. Neque enim domus neque templa muris circumdata inerant. Incendium corripuit primum plana[9], deinde in alta ascendens et rursus inferiora vastans remedia[10] antecessit celeritate ignis et angustis itineribus. Ad hoc lamenta[11] feminarum timentium, quique sibi quique aliis consulebant, dum trahunt infirmos, pars dubitans, pars currens, cuncta prohibebant. Et saepe, dum respiciunt, undique flammis circumdabantur; postremo dubitantes, quid vitarent, quid peterent, complebant vias.

Eo tempore Nero Antii erat neque ante in urbem venit, quam ignis ad domum, qua Palatium et Maecenatis hortos coniunxerat, accederet. Postremo et Palatium et domus et cuncta flammis deleta sunt. Sed Nero solacium[12] populo flammis expulso campum Martis[13] ac monumenta Agrippae, etiam hortos suos patefecit[14], nova aedificia celeriter exstruxit, quae multitudinem acciperent. Ab Ostia res necessariae apportatae sunt pretiumque[15] frumenti minutum est. Quae popularia[16] in inritum cadebant[17], quod fama erat ipso tempore ardentis urbis Neronem domesticam[18] scaenam[19] intravisse et Troianum interitum cecinisse assimulantem[20] praesentia mala[21] prioribus rebus adversis.

Roma tum in quattuordecim regiones dividebatur, quarum quattuor post incendium integrae manebant, tres solo tenus[22] deiectae sunt, in septem reliquis pauca tectorum vestigia supererant[23].

---

[1] ērubēscēns, entis *errötend;* [2] secāre secō secuī sectum *schneiden;* [3] artifex, ficis *m. Künstler;* [4] mīrāculum, ī *n. Bewunderung;* [5] circus, ī *m. Zirkus;* [6] taberna, ae *f. Bretterbude;* [7] ventus, ī *m. Wind;* [8] corripere corripiō corripuī correptum *erfassen;* [9] plāna, ōrum *n. Ebene;* [10] remedium, ī *n. Vorkehrung;* [11] lāmenta, ōrum *n. Wehklagen;* [12] sōlācium, ī *n. Trost;* [13] campus Mārtis, campī Mārtis *m. Marsfeld;* [14] patefacere patefaciō patefēcī patefactum *öffnen;* [15] pretium, ī *n. Preis;* [16] populāris, e *für das Volk bestimmt;* [17] in inritum cadere *seine Wirkung verfehlen;* [18] domesticus, a um *häuslich, im Hause;* [19] scaena, ae *f. Bühne;* [20] assimulāre *vergleichen;* [21] praesentia mala, praesentium malōrum *n. das gegenwärtige Unglück;* [22] solō tenus *bis auf den Grund;* [23] superesse *noch vorhanden sein.*

VI

De Sophocle (19)

(nach Cicero, Cato maior 22)

Sophocles Atheniensis, clarissimus poeta tragicus[1], ad summam senectutem[2] tragoedias fecisse traditur. Qui cum propter studium rem familiarem[3] neglegere videretur, a filiis suis in iudicium vocatus est, ut iudices eum quasi desipientem[4] a re familiari prohiberent. Tum poeta dicitur eam fabulam, quam in manibus habebat et paulo ante scripserat, Oedipum Coloneum, recitavisse[5] iudicibus et quaesivisse, num illa esse putaretur tragoedia desipientis. Qua recitata sententiis[6] iudicum liberatus esse traditur.

VII

Quomodo homines antiquissimis temporibus vixerint (20)

(nach Vitruv, De architectura II, 1)

Homines antiquo more ut ferae in silvis et speluncis et nemoribus[7] nascebantur ciboque agresti[8] vescentes[9] vitam agebant. Olim quodam in loco densae[10] arbores ab tempestatibus saepe agitatae sunt et inter se ramos terentes ignem excitaverunt et homines, qui circa eum locum fuerunt, flamma eius vehementer territi fugati sunt. Postea cum propius accedentes animadvertissent calorem[11] corporibus iucundum esse, ligna[12] adicientes et ita ignem conservantes alios adducebant et nutu[13] monstrantes ostendebant, quas utilitates ex eo haberent. Cum in eo conventu ex hominum spiritu[14] voces profunderentur[15], cottidiana[16] consuetudine vocabula[17] constituerunt, deinde res saepius significando in usu ex eventu fortuito[18] loqui coeperunt et ita sermones inter se creaverunt. Ergo cum propter inventionem[19] ignis conventus initio apud homines et convictus[20] natus esset et in unum locum plures convenirent habentes a natura praemium praeter reliqua animalia, ut non proni[21], sed erecti ambularent et magnificentiam[22] mundi[23] et astrorum[24] spectarent, coeperunt in eo conventu alii ex fronde[25] tecta facere, alii speluncas fodere[26] sub montibus, nonnulli hirundinum[27] nidos[28] et artem earum imitantes ex luto[29] et virgulis[30] facere refugia[31]. Tum observantes alii tecta et adicientes suis cogitationibus[32] res novas efficiebant in dies[33] meliora genera casarum[34].

---

[1] tragicus, a, um *tragisch;* [2] senectūs, tūtis *f.* (*hohes*) *Alter;* [3] rēs familiāris, reī familiāris *f. Vermögen;* [4] dēsipiēns, entis *wahnsinnig;* [5] recitāre *vorlesen;* [6] sententiae, ārum *f. Urteilsspruch;* [7] nemus, oris *n. Hain;* [8] agrestis, e *wildwachsend;* [9] vescī vescor (*Abl.*) *sich nähren* (*von*)*;* [10] dēnsus, a, um *dicht;* [11] calor, ōris *m. Wärme;* [12] līgnum, ī *n. Holz;* [13] nūtus, ūs *m. das Nicken;* [14] spīritus, ūs *m. Atem;* [15] profundere profundō profūdī profūsum *ausstoßen;* [16] cottīdiānus, a, um *täglich;* [17] vocābulum, ī *n. Bezeichnung;* [18] ēventus fortuītus, ēventūs fortuītī *m. zufälliger Erfolg;* [19] inventiō, ōnis *f. Erfindung;* [20] convīctus, ūs *m. Geselligkeit;* [21] prōnus, a, um *vorwärts geneigt;* [22] māgnificentia, ae *f. Pracht;* [23] mundus, ī *m. Welt;* [24] astrum, ī *n. Stern;* [25] frōns, frondis *f. Laub;* [26] fodere fodiō fōdī fossum *graben;* [27] hirundō, inis *f. Schwalbe;* [28] nīdus, ī *m. Nest;* [29] lutum, ī *n. Lehm;* [30] virgula, ae *f. Zweig;* [31] refugium, ī *n. Zufluchtsstätte;* [32] cōgitātiō, ōnis *f. Gedanke;* [33] in diēs *von Tag zu Tag;* [34] casa, ae *f. Hütte.*

VIII

De legibus (20)

(nach Cicero, Pro Cluentio 146)

Indignum est in ea civitate, quae legibus contineatur, discedi a legibus. Hoc enim vinculum est huius dignitatis, quam assecuti sumus[1] in re publica, hoc fundamentum[2] libertatis, hic fons[3] aequitatis[4]. Mens et animus et consilium et sententia civitatis posita est in legibus. Ut corpora nostra sine mente, sic civitas sine lege suis partibus uti non potest. Legum ministri[5] magistratus, legum interpretes[6] iudices, legum denique omnes servi sumus, ut liberi esse possimus.

IX

De libris Sibyllinis (22)

(nach Gellius, Noctes Atticae I, 19)

In antiquis annalibus[7] haec memoria librorum Sibyllinorum tradita est: Femina incognita ad Tarquinium Superbum regem adiit novem libros ferens, quos esse dicebat divina oracula; dixit se velle vendere[8]. Tarquinius pretium[9] quaesivit. Femina immensum poposcit; rex, quasi femina aetate desiperet[10], risit. Tum illa foculum[11] cum igne ponit, tres libros ex novem incendit et, num reliquos sex eodem pretio emere vellet, regem interrogavit. Sed Tarquinius id multo magis risit dixitque feminam desipere. Femina ibi statim tres alios libros incendit atque denuo rogat, ut tres reliquos eodem pretio emat. Tarquinius ore iam serio[12] atque attentiore[13] animo fit, eam constantiam non insuper habendam[14] intellegit, libros tres reliquos emit non minore pretio, quam quod erat petitum pro omnibus. Sed eam feminam tum a Tarquinio digressam postea nullo loco visam esse constat. Libri tres in sacrarium[15] conditi „Sibyllini libri" appellati sunt. Ad eos quasi ad oraculum quindecimviri[16] adeunt, cum dei immortales publice consulendi sunt.

X

De tacito puero (22)

(nach Gellius, Noctes Atticae I, 23, 4–13)

Antea Romae mos senatoribus[17] fuit in curiam cum praetextatis[18] filiis introire. Tum, cum in senatu res maior quaedam consultata eaque in diem dilata est, placuit, ne quis eam rem, de qua inter se collocuti erant, enuntiaret[19], priusquam

---

[1] assequī assequor assecūtus sum *erreichen;* [2] fundāmentum, ī *n. Grundlage;* [3] fōns, fontis *m. Quelle;* [4] aequitās, ātis *f. Gleichheit, Gerechtigkeit;* [5] minister, trī *m. Diener;* [6] interpres, pretis *m. Ausleger;* [7] annālis, is *m. Jahrbuch;* [8] vēndere vēndō vēndidī vēnditum *verkaufen;* [9] pretium, ī *n. Preis;* [10] dēsipere dēsipiō dēsipuī *wahnsinnig sein;* [11] foculus, ī *m. Kohlenbecken;* [12] sērius, a, um *ernst;* [13] attentus, a, um *aufmerksam;* [14] īnsuper habēre *mißachten;* [15] sacrārium, ī *n. Heiligtum;* [16] quīndecimvirī, ōrum *m. Kollegium von 15 Männern;* [17] senātor, ōris *m. Senator;* [18] praetextātus, a, um *mit der Prätexta bekleidet. d.h. mit einer verzierten Toga, die freigeborene Knaben tragen;* [19] ēnūntiāre *ausplaudern.*

decreta esset. Mater Papirii pueri, qui cum patre suo in curia fuerat, interrogavit filium, quidnam in senatu patres egissent. Puer respondit tacendum esse neque id dici licere. Mater fit audiendi cupidior. Secretum[1] rei et silentium[2] pueri animum eius ad quaerendum impellit. Quaerit igitur vehementius. Tum puer matre petente consilium mentiendi capit. Actum esse in senatu dixit, utrum utilius exque re publica[3] esse videretur, unusne duas uxores haberet an una apud duos nupta esset[4]. Hoc ubi illa audivit, timore permota domo egreditur, ad ceteras feminas perfert.

Venit ad senatum postero die manus matrum. Lacrimantes[5] atque precantes orant, ut potius una duobus nupta fieret quam ut uni duae. Senatores ingredientes in curiam mirabantur, quae illa ira feminarum vellet. Puer Papirius in medium curiae progressus narrat, quid mater audire voluerit, quid ipse matri dixerit. Senatores fidem atque ingenium pueri laudibus efferunt. Atque puero postea cognomen[6] honoris causa datum est „Praetextatus“ ob tacendi loquendique prudentiam in aetate praetextata[7].

XI

Quam periculosa sit vita tyranni (22)

(nach Cicero, Disputationes Tusculanae V, 21, 61)

Aliquando quidam ex Dionysii assentatoribus[8], Damocles, commemoravit[9] in sermone copias eius, opes, rerum abundantiam[10], magnificentiam[11] aedium regiarum[12] negavitque[13] umquam beatiorem quemquam fuisse. Tum Dionysius „Visne igitur“, inquit, „o Damocle, quoniam te haec vita delectat, fortunam experiri meam?“ Cum ille se cupere dixisset, collocari iussit hominem in aureo lecto strato[14] pulcherrima veste, abacosque[15] complures ornavit argento[16] auroque. Tum ad mensam[17] pueros delectos iussit consistere eosque nutum[18] illius intuentes diligenter administrare. Aderant unguenta[19], incendebantur odores[20], mensae exquisitissimis cibis exstruebantur. Felix sibi Damocles videbatur. Subito Dionysius fulgentem[21] gladium e lacunari[22] saeta equina[23] aptum demitti iussit, ut impenderet[24] illius beati cervicibus. Itaque nec plenum artis argentum conspiciebat nec manum porrigebat[25] in mensam. Denique oravit tyrannum, ut abire liceret, quod iam beatus nollet esse.

---

[1] secrētum, ī *n. Geheimnis;* [2] silentium, ī *n. Schweigen;* [3] ex rē pūblicā *zum Vorteil des Staates;* [4] nūbere nūbō nūpsī nūptum *verheiraten;* [5] lacrimāre *weinen;* [6] cōgnōmen, inis *n. Beiname;* [7] aetās praetextāta, aetātis praetextātae *f. Alter unter 17 Jahren;* [8] assentātor, ōris *m. Schmeichler;* [9] commemorāre *erwähnen;* [10] abundantia, ae *f. Überfluß;* [11] māgnificentia, ae *f. Pracht;* [12] aedēs rēgiae, aedium rēgiārum *f. Königspalast;* [13] negāre *leugnen; sagen, daß nicht;* [14] sternere sternō strāvī strātum *bedecken;* [15] abacus, ī *m. Kredenztisch;* [16] argentum, ī *n. Silber;* [17] mēnsa, ae *f. Tisch;* [18] nūtus, ūs *m. Wink;* [19] unguentum, ī *n. Salböl;* [20] odor, ōris *m. Duft;* [21] fulgēre fulgeō fulsī *glänzen;* [22] lacūnar, āris *n. getäfelte Zimmerdecke;* [23] saeta equīna, saetae equīnae *f. Roßhaar;* [24] impendēre impendeō *drohend über etw. hängen;* [25] porrigere porrigō porrēxī porrēctum *ausstrecken.*

XII

De modestia[1] Phocionis (22)

(nach Cornelius Nepos, Phocion 1, 3–4)

Phocion Atheniensis a rege Philippo munera magnae pecuniae oblata repudiavit[2]. Cum legati hortarentur, ut acciperet, simulque admonerent, si ipse his facile careret[3], liberis tamen prospiceret, ille „Si mei similes[4] erunt", inquit, „idem hic parvus ager illos alet, qui me ad hanc dignitatem duxit. Sin dissimiles[5] erunt, nolo meis impensis[6] illorum ali augerique luxuriam."

XIII

De Socrate (22)

(nach Cicero, De oratore I, 54)

Socrates, cum omnium sapientissimus esset sanctissimeque vixisset, ita in iudicio capitis[7] pro se ipse dixit, ut non supplex[8] aut accusatus, sed magister aut dominus videretur iudicum esse. Quin etiam[9], cum ei scriptam orationem disertissimus[10] orator Lysias attulisset, ut ea pro se in iudicio uteretur, non invitus legit et bene scriptam esse dixit, „Sed", inquit, „ut calceis Sicyoniis[11] non uterer, quamquam habiles[12] sunt, quod non essent viriles, sic illa oratio diserta mihi videtur, fortis et virilis non videtur." Ergo damnatus est.

Erat Athenis damnato quasi poenae aestimatio: interrogabatur, quam poenam meruisse se maxime fateretur. Quod cum interrogatus esset Socrates, respondit se meruisse, ut victus cottidianus[13] in Prytaneo publice praeberetur. Qui honor apud Graecos maximus habebatur. Cuius responso iudices tanta ira completi erant, ut capitis hominem innocentissimum[14] condemnarent[15]. Quamquam facile educi poterat e custodia[16], noluit et tum, paene in manu mortiferum illud tenens poculum[17], locutus ita est, ut non ad mortem duci, sed in caelum ascendere videretur.

XIV

Quam arte Cicero cum Tirone liberto[18] suo coniunctus sit (22)

(nach Cicero, Epistulae ad familiares XVI, 14)

Tullius Tironi s.[19].

Andricus[20] postridie[21] ad me venit, quam exspectaveram; itaque habui noctem plenam timoris. Tuis litteris nihilo sum factus certior, quo modo te haberes[22], sed tamen sum recreatus[23]; ego omni delectatione litterisque

---

[1] modestia, ae *f. Bescheidenheit;* [2] repudiāre *zurückweisen;* [3] carēre (*Abl.*) *entbehren;* [4] similis, e *ähnlich;* [5] dissimilis, e *unähnlich;* [6] impēnsa, ae *f. Kosten;* [7] iūdicium capitis, iūdiciī capitis *n. Anklage auf Leben und Tod;* [8] supplex, icis *demütig bittend;* [9] quīn etiam *ja sogar;* [10] disertus, a, um *beredt;* [11] calceus Sicyōnius, calceī Sicyōniī *m. Halbstiefel aus Sikyon;* [12] habilis, e *bequem;* [13] cottīdiānus, a, um *täglich;* [14] innocēns, entis *unschuldig;* [15] capitis condemnāre *zum Tode verurteilen;* [16] custōdia, ae *f. Gefängnis;* [17] pōculum, ī *n. Becher;* [18] lībertus, ī *m. Freigelassener;* [19] *s.* = salūtem (dīcit); [20] *Freund Ciceros;* [21] postrīdiē (*Adv.*) *einen Tag später;* [22] sē habēre *sich befinden;* [23] recreāre *neu beleben.*

omnibus careo[1], quas ante, quam te videro, tangere non possum. Medico, quantum pecuniae poscet, promitti iubeo. Id scripsi ad Ummium. Audio te animo angi[2] et medicum dicere ex eo te laborare. Si me diligis, excita ex somno[3] tuas litteras humanitatemque, propter quam mihi es carissimus. Nunc opus est te animo valere, ut corpore possis. Id cum tua tum[4] mea causa[5] facias, a te peto. Acastum[6] retine, quo commodius[7] tibi ministretur[8]. Conserva te mihi. Dies promissorum[9] adest, quem etiam repraesentabo[10], si adveneris. Etiam atque etiam vale. III Idus h. VI[11].

---

[1] carēre (*Abl.*) *entbehren* (*etw.*); [2] animō angere angō ānxī *beunruhigen, quälen;* [3] somnus, ī *m. Schlaf;* [4] cum – tum *sowohl – als auch ganz besonders;* [5] meā causā *meinetwegen;* [6] *Sklave Ciceros;* [7] commodus, a, um *bequem;* [8] ministrāre *aufwarten, bedienen;* [9] prōmissum, ī *n. das Versprechen;* [10] repraesentāre *eintreten lassen;* [11] h. = hōrā

3. TEIL: ÜBUNGEN

Die in Klammern gesetzten Zahlen geben die entsprechenden Seiten im Schlüssel an. (Die Übungen zu den Lektionen sind reichhaltig gestaltet, die Auswahl daraus steht im Belieben des Dozenten.)

I (230)

a) *Deklinieren Sie:* terra antiqua, lingua nova.

b) *Bilden Sie nebeneinander die 1. und 3. Pers. Sing. von:* studere, nominare, dare, adhibere.

c) *Ergänzen Sie:* 1. Studiosae student... 2. In silva bestias... 3. Caprea est in... 4. Das herbas novas... 5. Saepe visitamus... 6. Linguae novae diversae sunt...

d) *Vertauschen Sie Singular und Plural:* 1. Video in aqua bestiam. 2. Observa capreas! 3. Studiosa linguae novae perita esse debet. 4. Studesne linguae terrae externae? 5. Silva plena est bacarum.

F: adhibe, numerate, observat, docere debent, es industria, ambulatis, docete, delecto, da, video.

II (231)

a) *Deklinieren Sie:* numerus magnus, ager Romanus, poeta clarus.

b) *Ergänzen Sie:* 1. Romani castra ... circumdant. 2. Narrabimus ... de terris externis. 3. Numerus ... in silvis nostris magnus erat. 4. Timesne ...? 5. Olim Romani oppida prope ... aedificabant. 6. Ambulabimus cum ... in ...

c) *Vertauschen Sie Singular und Plural:* 1. Pueri verbis magistrorum parebunt. 2. Servi Romani in villis et in agris dominorum suorum laborabant. 3. Oppidum nostrum magnum non est. 4. Amo poetas Graecos. 5. Medicus morbum malum amici sanabit. 6. Amici, laborate cum studio!

d) *Konjugieren Sie unter gleichzeitiger Veränderung des Possessivpronomens:* 1. Narrabo amicis meis de patria mea. 2. Amo oppidum meum. 3. Docebam liberos meos linguam Latinam. 4. Libenter pareo amico meo.

e) *Bestimmen Sie:* fluvii magni (3), filiis meis (2), verba nostra (3), viri clari (3), morbo tuo (2), castra Romana (3), domine, domini (3), domino (2).

f) filius *der Sohn* – filia *die Tochter. Was heißt:* domina, medica, serva; discipulus?

g) *Übersetzungsübung:* 1. Liberis, pueris puellisque, lingua nova placet. 2. Non timebamus verba tua, amice. 3. In oppido nostro magistri clari discipulos studiosos linguas docebant. 4. Magno cum studio studiosi litteris student. 5. Saepe vita servorum Romanorum dura erat. 6. Liberis meis et pueris amici mei de vita populi Romani narrabam.

F: studete, visitabatisne, circumdabo, gaudemus, constabat, sana, timebant, curabas, narrabimus, timeo, paret, laborabas.

III (232)

a) *Konjugieren Sie:* misera sum, solus eram, multi erimus.

b) *Setzen Sie die folgenden Formen in die fehlenden Zeiten (Präs., Imperf. bzw. Fut. I):* obes, inerant, intererit, proderam, praeestis, poterimus.

c) *Bilden Sie die 2. Pers. Sing. und Plur. der Indikative des Präsensstammes von:* habere, prodesse, exspectare, adesse, posse.

d) *Setzen Sie andere Personalpronomina ein:* 1. Famulus bibliothecae tibi adesse poterit. 2. Consiliis bonis nobis saepe proderatis. 3. Visitabisne me? 4. Medico magna cura tui erat. 5. Nobiscum alios amicos exspectabant.

e) *Konjugieren Sie unter gleichzeitiger Veränderung der Pronomina:* curabo me; desum officio meo; prodero mihi ipsi consiliis meis.

f) *Verbinden Sie die Präpositionen mit den eingeklammerten Wörtern:* de (tu), in (castra) (2), cum (ego), sine (libri), apud (amicus), per (vos), ad (fluvius), prope (oppida).

g) *Das Präfix* per- *bedeutet 1. Verstärkung, 2. hat es die Bedeutung „durch":* pauci *wenige* – perpauci *sehr wenige;* ambulare *wandeln* – perambulare *durchwandeln. Was heißt:* percupidus, perdoctus, perhumanus, permagnus, permulti, perparvus, perbene, pertimere, pererrare?

h) *Die Neutrumform des Adjektivs im Singular wird bisweilen als Substantiv verwendet:* malus, a, um *schlecht,* malum, i *n. das Böse, Leid, Übel. Was heißt:* bonum, verum?

i) *Übersetzungsübung:* 1. Studium linguarum novarum tibi proderit, mi fili. 2. Visitabisne mecum aegrotos pueros? 3. Una cum nonnullis amicis cras spectaculum[1] novum videbo. 4. Theatrum nostrum prope vallum oppidi situm est. 5. Eratisne iam in theatro novo? Nos ipsi iam saepe ibi eramus. 6. Cras tecum per agros ad fluvium ambulabo. 7. In bibliotheca nostra est magnus numerus librorum. 8. Poetae Graeci et Romani nos fabulis suis delectare possunt. 9. Verba vestra et nobis ipsis et aliis amicis exemplo erunt. 10. Exemplo bono nos docebatis. 11. Habetne poeta in animo spectaculo[1] suo ipse interesse? 12. Debetis, ergo potestis. 13. Romani viros doctos veluti medicos et philosophos ad se in Italiam vocabant. 14. Inter castra Romana et oppidum Gallorum fluvius magnus intererat. 15. Augustus populo Romano praeerat.

F: videre potero, esne studiosus, sibi parare poterat, pulchrum erit, obesse possunt, prodeste, officio non desum, adiuvate, parvus erat, interes (2).

IV (233)

a) *Deklinieren Sie:* populus finitimus, thermae Romanae, consilium periculosum.

b) *Bilden Sie nebeneinander die 1. Pers. Sing. und Plur. in den Indikativen des Präsensstammes von:* laborare, monere, abesse.

---

[1] spectāculum, ī *n. Schauspiel.*

c) *Setzen Sie den entsprechenden Indikativ bzw. Konjunktiv:* possit, videmus, cubetis, adhibes, ambulabam, prodestis, sperabant.

d) *Verneinen Sie folgende Formen:* moneamus, narrant, aberam, praesint, mandaretis, exercebo.

e) *Machen Sie abhängig 1. von* amicus optat*:* Filius paret et laborat. Liberi cibis non abstinent. Non iam aegroti sumus. *2. von* optabamus*:* Amici linguis novis studebant. Saepe aegrotum visitatis. A colloquio magno non abes.

f) *Bestimmen Sie:* pareat, paret (2), parat, paro, para, pare, pareo, mando, malo (4), migro, misero (4), modo, moneo, morbo (2), moveo, meo (4), muri (3).

g) *Was heißt:* permovere, peroptare; permigrare?

h) *Führen Sie auf das lateinische Wort zurück: exerzieren, optieren, emigrieren, monieren, konsultieren, studieren, laborieren, sanieren, okkupieren; pekuniär; Sentenz, Fabel, Exempel.*

i) *Übersetzen Sie und bestimmen Sie die Art der Haupt- und Nebensätze:* 1. Amici sumus. 2. Diu amici simus! 3. Utinam semper amici simus! 4. Utinam tu quoque amicus noster esses! 5. Nisi aegrotus essem, vobis adessem. 6. Cum aegrotus sim, vos iuvare non possum. 7. Puer in lecto cubet et sudet, ne medicum advocare debeamus. 8. Linguae Latinae studeamus, ut libros poetarum Romanorum legere[1] possimus. 9. Romani interdum artificia[2] clara velut picturas[3] et statuas[4] ex aliis terris in Italiam portabant, ut villas suas ornarent[5].

k) *Übersetzungsübung:* 1. Cum Romae patricii[6] plebeios[7] ab imperiis prohibeant[8], plebei Roma emigrant et montem[9] prope Romam situm[10] occupant. 2. Patriciis magnae curae est, quod plebei non iam in agris patriciorum laborant. 3. Patricii saepe per legatos postulant, ut plebei Romam remigrent[11]. Sed frustra, plebei non parent. 4. Optant enim, ut una cum patriciis Romae imperent. 5. Postea Menenius plebeios movet, ut Romam remigrent. 6. Plebei, cum quotannis[12] duos tribunos[13] sibi creare[14] possint, ab iniuriis patriciorum tuti[15] sunt.

F: ne imperent, cum abstineatis, cum vocares, natemus, migrent, inflammabunt, occupate, sudabant, mandabisne, contine, ut nuntiarent, postulabimus.

V (234)

a) *Deklinieren Sie:* res publica (*nur Sing.*), dies festus, portus magnus, domus parva, cornu exercitus.

b) *Vertauschen Sie Singular und Plural:* exercitui Romano, monumento novo (2), feminam aegrotam, sinum parvum, domibus magnis (2), servi Romani (2), vir clarus.

---

[1] legere (*konsonantische Konjugation*) *lesen;* [2] artificium, ī *n. Kunstwerk;* [3] pictūra, ae *f. Bild;* [4] statua, ae *f. Standbild;* [5] ōrnāre *schmücken;* [6] patricius, ī *m. Patrizier;* [7] plēbēius, ī *m. Plebejer;* [8] prohibēre *fernhalten;* [9] montem *Akk. Sing. von* mōns (montis) *m. Berg;* [10] situs, a, um *gelegen;* [11] remigrāre *zurückwandern;* [12] quotannīs (*Adv.*) *jährlich;* [13] tribūnus, ī *m. Tribun;* [14] creāre *wählen;* [15] tūtus, a, um (ā) *sicher* (*vor*).

c) *Verbinden Sie* magnus, a, um *mit* manus, exercitus, annus, aedificium, dies (m.), poeta, liber, statua, spes *und bilden Sie davon den Gen. und Abl. Sing., den Nom., Gen. und Akk. Plur.*

d) *Bestimmen Sie:* die, dei (2), diei (2), deis (4), dies (3), exercitui, exitui, portam, portum, portuum, portu, porto, porta (3), portas (2), portes, portus (4), portatus, rerum, verum (3), virum.

e) *Setzen Sie* domus *für* villa *bzw.* aedificium *ein:* villas, aedificii, aedificiis (2), villae (3), villa (2), aedificia (2).

f) *Verbinden Sie die Präpositionen mit den eingeklammerten Wörtern:* prope (forum), per (ego), a (nos), cum (tu), inter (populi), apud (poeta clarus), ad (magistratus Romani), de (liber novus), in (vos) (2), sine (periculum), trans (ager noster), post (quintus annus).

g) *Übersetzen Sie wörtlich und lösen Sie dann die Partizipien durch Nebensätze auf:* 1. Poetam a cunctis incolis diu exspectatum salutamus[1]. 2. Videamus domos a claro viro aedificatas! 3. Agri aquis magnis deleti boni non erant. 4. Pueri de officiis suis moniti non parent. 5. Amicus multis officiis prohibitus[2] colloquio nostro interesse non poterit.

h) *Das Präfix* in- *bzw.* im- *vor* m *oder einem Labial drückt bei Substantiven und Adjektiven oft das Gegenteil aus (im Deutschen un-), bei Verben hinein-, an-:* certus *sicher*, incertus *unsicher;* vocare *rufen*, invocare *hinein-, anrufen. Was heißt:* imperitus, indoctus, inhumanus, inimicus (in-amicus); importare; firmus?

i) *Übersetzen Sie die folgenden Komposita und geben Sie, wo es möglich ist, ein davon abgeleitetes Fremdwort an: 1.* a-, ab-, abs- *ab-, weg-, davon-:* avocare, aberrare, asportare (absportare); *2.* ad- *herbei-, (hin)zu-:* advocare, apportare (adportare); *3.* co-, con- *bzw.* com- *vor* m *oder einem Labial mit-, zusammen-:* comportare; *4.* de- *herab-, weg-:* devocare; *5.* e-, ex- *(her)aus-, hervor-:* evocare, exportare; *6.* pro- *vor-, hervor-, vorwärts-:* provocare; *7.* re- *zurück-, wieder-:* renuntiare, retinere (re-tenere), revocare.

k) exitus (ex-itus) *Ausgang; was heißt:* abitus, reditus, transitus?

l) *Übersetzungsübung:* 1. Magna est fides amici. 2. Spes auxilii medicorum magna non erat. 3. Optamus, ut nobis semper fidem habeatis. 4. Magnus erat numerus dierum festorum non modo apud Romanos, sed etiam apud alios populos antiquos. 5. Exercitus Romanus ex equitatu, peditatu auxiliisque constabat. 6. Romani non ex curribus[3] ut Britanni pugnare solebant. 7. Suebi Romanorum adventu territi fidem viris suis habebant. 8. Romae magistratus a populo Romano creati[4] rei publicae praeerant. Imperiis magistratuum creatorum Romani parebant.

F: exercitus superatus est, exploremus, intrabisne, orate, respondere debet, deletum esset, transportaret, vocati estis, mandatum erat, agri occupati (2), sedebunt, cubant.

---

[1] salūtāre *begrüßen;* [2] prohibēre (prohibitus) *verhindern;* [3] currus, ūs *m. Wagen;* [4] creāre *wählen.*

a) *Deklinieren Sie:* is victus, id monumentum, qui philosophus, quae manus.
b) *Setzen Sie* is *und* qui *zu:* ruinae (3), legati (2), bella (2), passus (4), domicilium (2), poetam, domui.
c) *Setzen Sie die entsprechende Form des Relativpronomens ein:* 1. Caesar exploravit portus, ... in ora Britanniae siti erant. 2. Domum, in ... heri fueramus, vir clarus aedificavit. 3. Magnum erit gaudium doni, ... amicus filio suo donabit.
d) *Vertauschen Sie 1. Indikativ und Konjunktiv:* fugent, vastavissent, oppugnaremus, liberavi, properabat, disputaverint, placet; *2. Präsens- und Perfektstamm:* interrogabo, excusant, accusavisset, fuisti, timuisse, mutaveramus; *3. Aktiv und Passiv:* donavit, oppugnati erant, territum esse, monstravissent, postulati erant.
e) *Verwandeln Sie die Partizipien in Nebensätze:* 1. Libros a te postulatos tibi cras dabo. 2. Interrogatus libenter de eis oppidis narravi. 3. Amicus a nobis monitus medicum peritum consultaverat.
f) *Geben Sie die Nebensätze durch Partizipien wieder:* 1. Domos, quas aedificavinus, amicis monstrabimus. 2. Viri, cum vento[1] prohibiti essent[2], non statim ex portu domum navigare potuerunt. 3. Romae magistratus, postquam creati sunt[3], rei publicae praeerant.
g) Qui, quae, quod *ist sowohl Relativpronomen als auch adjektivisches Interrogativpronomen. Was heißt demnach:* 1. Quae lingua tibi placet? 2. Quos libros amicus vobis apportavit? 3. Qua hora aderis? 4. Quocum viro colloquium habueras?
h) *Was heißt:* in quae templa, prope eos agros, post eum annum, ad eas domos, in qua planta, sine eo libro, a quibus oppidis, per eos legatos?
i) *Das Suffix* -ōsus *bezeichnet Reichtum oder Fülle:* studium *Eifer* – studiosus *voller Eifer, eifrig. Was heißt:* animosus, aquosus, copiosus, gloriosus, morbosus, numerosus, officiosus, verbosus?
k) *Was heißt:* acclamare, conclamare, reclamare; enavigare; permutare?
l) *Übersetzungsübung:* 1. Amicus vester vir doctus est. Is nos multa docuit. Ei gratiam habemus; nam auxilio eius nunc multarum rerum periti sumus. Ea, quae nos docuit, nobis proderunt. Filius eius quoque vir doctus est; saepe eum visitavimus. In villa eorum multos libros spectavimus. 2. Quis tum victu suo contentus[4] fuerat? Is contentus fuerat, cui id (ea), quod (quae) habebat, semper satis[5] erat (erant). 3. Eas res, quibus amicus egebat et quas postulavit, ei praebere non potuimus. 4. Oppidum, quod multos annos florebat[6], uno die flammis deletum est. 5. Dei Aeneam aliosque Troianos ex oppido a Graecis inflammato servaverant. 6. Aeneas, postquam diu cum filio suo et cum aliis Troianis servatis per terras insulasque erravit, in Africam navigavit. 7. Dido, quae ibi regnabat[7], Aeneam et amicos eius ad se

---

[1] ventus, ī *m. Wind;* [2] prohibēre *hindern;* [3] creāre *wählen;* [4] contentus, a, um (*Abl.*) *zufrieden* (*mit*); [5] satis (*Adv.*) *genügend;* [6] flōrēre *blühen;* [7] rēgnāre *herrschen.*

vocavit interrogavitque: „Qui estis“? 8. Aeneas autem „Fuimus“, inquit, „Troiani, fuit Troia. Graeci patriam nostram deleverunt. Nisi tam cupidi gloriae fuissemus, dei nobis interitum non paravissent“. 9. Caesar exercitum suum in Galliam transportavit. Ibi exercitus eius cum Germanis quoque pugnavit. Iam primo anno copias eorum superavit.

F: speravisti, abstinueratis, studuissetisne, cum putaverint, properaveras, si ornavissent, mutavi, transportavisse, cum vastavisset, afuimus, profueras, defuerunt.

VII (237)

a) *Deklinieren Sie:* hic usus, haec longa via, hoc theatrum, ille dies festus, illud clarum dictum.

b) *Setzen Sie* hic, ille, is, ipse, idem *und* qui *zu:* bestiae (3), diem (m.), in villa, in portus, imperium, magistratibus, cornua.

c) *Bilden Sie den Gen. und Abl. Sing. und den Nom. und Gen. Plur. von:* haec magna inopia, ille clarus arcus, idem spectaculum, quod templum antiquum.

d) *Vertauschen Sie Präsens- und Perfektstamm:* ostentatum esset, salutata eris, interrogatum esse, agitatae eratis, excitamur, cum donaretur, vocabor, compleri.

e) *Verwandeln Sie den aktiven in einen passiven Satz:* 1. Vos salutamus. 2. Nos ipsi hos cibos parabimus. 3. Amicos ad aegrotum vocavistis. 4. Eum adiuvaremus. 5. Medicus te visitabit. 6. Quis vestrum eam vocaverat?

f) *Übersetzen Sie und machen Sie von dem in der Klammer stehenden Satz abhängig:* 1. Aristippus ad oram Rhodi agitatus erat (nobis notum est). 2. Rhodi multis donis donatus est (amici domi narrant). 3. In patriam renavigare nondum in animo habet (amicis Aristippus narrat). 4. Spectaculis, quae Romani olim spectabant, vos non delectamini (non ignoramus). 5. Multi viri tum in arena necati sunt (constat).

g) *Führen Sie auf das lateinische Grundwort zurück: Advent, Aspekt, Disziplin, Domizil, Exempel, Familie, Historie, Kolumne, Medizin, Monument, Philosophie, Poet, Statue, Tempel, Verb; agitieren, dozieren, ignorieren, parieren, visitieren; diskret.*

h) *Übersetzungsübung:* 1. Miseri sunt ei, qui non amantur. 2. Hoc est dictum Horatii, illius poetae Romani: Beátus ílle, quí procúl[1] negótiís[2]. 3. Rhodi Aristippus de philosophia disputavit. Amici eius ibi manere[3] in animo non habebant. 4. Theatra Graecorum et Romanorum clara erant. Reliquiae eorum hodie quoque a multis visitantur. 5. Bestiae arenam intraverunt. Caveae[4] earum sub hac arena sitae erant. 6. Romae clara aedificia esse constat. Quae nobis mirum aspectum praebent. 7. Diebus festis magnifica spectacula incolis dabantur. Quibus spectaculis vulgus delectabatur. 8. Te ipsum bene laboravisse non ignoro; alios non studuisse video. 9. Verum

---

[1] procul (*Abl.*) *fern* (*von*); [2] negōtium, ī *n. Geschäft*; Horaz, Epoden 2, 1; [3] manēre *bleiben;* [4] cavea, ae *f. Käfig.*

est amicitiam esse non posse nisi inter bonos. 10. Orpheum poetam numquam fuisse Aristoteles docet. 11. Exercitus Romanos diu cum Poenis bellavisse constat. Se superaturos esse Romani sperabant. Optabant, ut adversarii fugarentur. Poeni autem multos annos tam inimico animo pugnabant, ut Romani etiam imperio suo timere deberent. 12. Cicero multis verbis senatum monet rem publicam Romanam magno in periculo esse. Monet populum, ut Catilinam e re publica agitet.

F: compleatur, significari potest, non ignoraveramus, sanabor, doluisti, interrogabimini, adiuvaremur, salutati essent, ostentavistis, cum vastarentur, utinam ne deleatur, adhibitum esse.

VIII (238)

a) *Deklinieren Sie:* mos Romanus, homo novus, hic rex, ea civitas.

b) *Vertauschen Sie Singular und Plural:* illi militi, clarorum victorum, hunc laborem, ei consules, summo honore.

c) *Setzen Sie* notus *zu:* species, sinus, aedificium, scriptor, opinio *und bilden Sie dazu den Gen. und Abl. Sing. und den Nom. und Gen. Plur.*

d) *Bilden Sie 1. die 3. Pers. Sing. Akt. aller Tempora und Modi des Präsensstammes von:* regere, monere, sanare, adesse; *2. die Imperative von:* ducere, complere, imperare, praeesse, protegere.

e) *Vertauschen Sie Indikativ und Konjunktiv:* dividimus, regam, trahebas, mittatis, crederem, ducaris, claudebantur, fingitur.

f) *Bestimmen Sie:* ducem, duces (3), ducam (2), ducum, duci (2), duce, duc; laboro, labori, labora, labore, labores (3); liberi (3), libero (5), libera (5); mores (2), moris, morum, murum, meorum (2), morem.

g) *Bei Komposita haben die Präfixe* dis-, di- *die Bedeutung auseinander-, zer-, un-;* inter- *(da)zwischen-, unter-;* prae- *vor-, voran-, voraus-;* sub- *(dar)unter-, von unten-, zu Hilfe . . .;* trans-, tra- *hinüber-, über-. Was heißt demnach:* diducere, digerere, dispellere, disponere, distrahere; intercedere, interdicere, intermittere, interponere; praecedere, praedicere, praeducere, praemittere, praeparare, praeponere, praescribere; subducere, submittere, subscribere, subtrahere, supponere; traducere, transmittere, transponere*?*

h) *Was heißt:* accedere, adducere, admittere, appellere, apponere, attrahere; circumducere; edicere, educere, egerere, emittere, erigere, evadere, excedere, excludere, expellere, extrahere; incedere, indicere, imponere; procedere*?*

i) *Übersetzungsübung:* 1. Belgae cum Germanis saepe bella gerebant. 2. Civitates Galliae Marti bestias necabant, cum adversarios superaverant. 3. Numquam aliud natura, aliud sapientia dicit. 4. Ciceroni, cum consul esset, summi honores habebantur. 5. Amice, a nobis protegeris et semper protegēris. Credimus te a multis defendi.

F: cedite, promittetur, dividunt, decedesne, mittor, claudi, finge, proelium committeretur, exstruam (2), scribebant, ne ducat, utinam viverent!

a) *Deklinieren Sie:* una factio, duo reges, tres inscriptiones.

b) *Setzen Sie* hic *und* is *zu:* legionem, civitate, curribus (2), sermoni, opinionem, mores (2), hospitis *und vertauschen Sie dann Singular und Plural.*

c) *Vertauschen Sie Präsens- und Perfektstamm:* clauditis, detegi, mittamus, laedebaris, bellum commisisset, adducti essent, protegor, vixeris (2).

d) *Bestimmen Sie:* mitti, misi, missi (3), miseri (3), miseris (8), misero (5), rexi, recti (3), regi (2), rege (2), dividi, divisi (4), edicat, educat (2), educet (2), edicit, educit, appellant (2), appellent (2), appellunt.

e) *Übersetzen Sie die Komposita:* conducere, deducere, inducere, producere, reducere; abstrahere, contrahere, detrahere, retrahere; repellere; recedere; demittere, immittere; comprimere, deprimere, imprimere, supprimere; transfigere.

f) *Mit Hilfe des Supinstammes werden Substantive gebildet:*
1. nach der u-Deklination: decedere (decessum) – decessus, us *m. das Weggehen, der Weggang. Was heißt:* ductus, monitus, processus, tractus?
2. nach der konsonantischen Deklination auf -tor *und* -tiō:
a) das Suffix -tor (-sor) *drückt den Täter aus* (Nomen agentis): scribere (scriptum) – scriptor, oris *m. der Schreiber, Schriftsteller. Übersetzen Sie und nennen Sie den Inf. Präs. des dazugehörenden Verbs:* conservator, divisor, explorator, invasor, liberator, monitor, protector, rector.
b) das Suffix -tiō (-siō) *drückt die Tätigkeit aus* (Nomen actionis): indicere (indictum) – indictio, onis *f. das Ansagen, die Ankündigung. Übersetzen Sie und nennen Sie auch dazu den Inf. Präs.:* aestimatio, ambulatio, constructio, consultatio, contractio, descriptio, divisio, educatio, emissio, exspectatio, fictio, inductio, invasio, laesio, mutatio, observatio, praedictio, praescriptio, protectio, rectio, reductio.

g) *Führen Sie folgende Fremdwörter auf das lateinische Verb zurück: Produkt, Demission, Detektiv, Introduktion, Dividend; exklusive.*

h) *Übersetzungsübung:* 1. Libros, quos optaveratis, heri vobis misimus. 2. Una legio Romanorum constabat ex quinque vel sex milibus militum. 3. Is, qui gloriam contempserit, veram habebit[1]. 4. Nonnulla aedificia a populis antiquis exstructa tanta erant, ut tum merito in numero miraculorum[2] ducerentur. 5. Septem miracula fuisse constat. 6. Nunc describamus tria eorum. 7. Ephesi, in oppido Asiae, clarum templum Dianae fuerat, quod ab Herostrato anno a. Chr. n. trecentesimo quinquagesimo sexto deletum est. Quod templum a Graecis multis annis post iterum exstructum est. 8. Mausolus, rex Halicarnassi, quo in oppido Herodotus, ille scriptor rerum Graecus, natus est, viginti quattuor annos rexerat. Cum Mausolus anno a. Chr. n. trecentesimo quinquagesimo tertio e vita excessisset, Artemisia, uxor[3] eius, illud monumentum, quod ex Mausolo Mausoleum dictum est, construxit. Quod centum quadraginta pedes[4] altum erat. 9. Item statua Iovis clara erat, quam Phidias finxerat. Quae statua Olympiae erecta[5]

---

[1] *vgl.* Livius, Ab urbe condita XXII, 39, 19; [2] mīrāculum, ī *n. Wunder(werk);* [3] uxor, ōris *f. Gattin;* [4] pēs, pedis *m. Fuß;* [5] ērigere (ērēctum) *errichten.*

sexaginta pedes alta erat. 10. Graecos cum Troianis decem annos bellum gessisse scriptores antiqui scripserunt.

F: emittunt, dividatur, presserunt, cum processissemus, protectus eras, traduxisse, praescripseras, struxistis, excedite, cum laedamini, detexi, ne opprimantur.

X (241)

a) *Deklinieren Sie:* uter auctor, uterque consul (*Sing.*), tota regio, nulla lex, neutrum oppidum.

b) *Vertauschen Sie 1. Präsens- und Perfektstamm:* petunt, decernere, imposuisset, noveramus, sinitis, adolescis; *2. Aktiv und Passiv:* alti sunt, vetitum esse, componant, consulis, silere, sustineantur.

c) *Bilden Sie 1. die Ihnen bekannten Infinitive von:* discerno, describo, moneo, consuesco, procuro, intersum; *2. die Imperative von:* maneo, dico, rego, circumdo, adsum.

d) *Mit Hilfe des Supinstammes werden Neutra der o-Deklination gebildet:* dicere (dictum) – dictum, i *n. das Gesagte, das Wort. Was heißt:* decretum, edictum, interdictum, postulatum, praescriptum, quaesitum, vetitum?

e) *Von Adjektiven werden Substantive abgeleitet:*
1. Substantive der konsonantischen Deklination auf -tās: cupidus *begierig,* cupiditas, atis *f. Begierde. Bilden Sie nach diesem Beispiel die Substantive zu* antiquus, firmus, novus, propinquus, verus. *2. Substantive der konsonantischen Deklination auf* -tūdō: multus *viel,* multitudo, inis *f. Vielheit, Menge. Bilden Sie danach die Substantive zu* altus, latus, longus, magnus, pulcher.

f) *Was heißt:* compositio, petitio, procuratio, quaesitio?

g) *Achten Sie auf die Bedeutung von* petere, quaerere *und* consulere: 1. Heri ex amico morbum matris quaesivi. 2. Pecuniam a te petemus, ut hos libros comparare possimus. 3. A quo liberi quaesiti sunt? 4. Consuleris a multis, cum solus earum rerum peritus sis. 5. Misero amico consulamus! 6. Petite a matre pecuniam! 7. Te diu libros bonos quaesivisse non ignoramus. Si ex me libros quaesivisses, tibi nonnullos, qui mihi placuerunt, dixissem. 8. Portus Britanniae a Caesare petiti sunt.

h) *Übersetzungsübung:* 1. Certa mittimus[1], dum incerta petimus[2]. 2. Qui alteri mala parare consuevit, is sibi mala parat. 3. Romani quamquam[3] saepe fortuna adiuti sunt, tamen semper spem salutis in virtute sua posuerunt. 4. Romani antiqui bonos mores colebant. 5. Iam a philosophis Graecis defectiones[4] solis et lunae cognitae et praedictae sunt. 6. Fortuna multis hominibus permulta dat, satis[5] nulli[6]. 7. Constat Romulum Romam exstruxisse. Cum Remus, frater eius, muros, quos frater duxerat, illusisset[7], Romulus „Numquam“, inquit, „ulli homini licebit muros a me exstructos contemnere“. Quae cum dixisset, fratrem gladio transfixit. Tum Romulus

---

[1] mittere *fahren lassen;* [2] Plautus, Pseudolus 685; [3] quamquam *obgleich;* [4] dēfectiō, ōnis *f. Finsternis;* [5] satis (*Adv.*) *genügend;* [6] *vgl.* Martial, Epigrammata XII, 10, 2; [7] illūdere *verspotten.*

solus imperavit. Eum nihil aliud nisi salutem incolarum Romae petivisse constat. 8. Solo, ille legum auctor, neminem ante mortem[1] beatum nominari posse Croeso, regi Lydorum, dixit. Is enim ex Solone quaesiverat, quem beatissimum[2] hominem haberet[3]. 9. Nonnulli populi Galliae ut Haedui, Ambarri Allobrogesque ab Helvetiis oppressi in Caesare uno spem posuerunt. Ei soli fidem habuerunt. 10. Postquam magnae manus Germanorum in Galliam invaserunt, totius fere Galliae legati a Caesare auxilium petiverunt.

F: petivisti, colite, opponitur, vetuisse, aluerant, crevit (2), noverunt (2), desinant, imposuissem, cognoveram, anteponi, nosceris (2), cultum esse, discernant, consuescitisne?

XI (242)

a) *Deklinieren Sie:* ullum clarum genus, illud summum ius, id sanum corpus.

b) *Verbinden Sie* magnus *mit:* tempus, portus, pagus, virtus, carmen *und* res *und bilden Sie davon den Gen. und Abl. Sing., den Nom. und Gen. Plur.*

c) *Bilden Sie von dem Verb in der Klammer das Part. Perf. Pass. und verbinden Sie es mit dem Substantiv:* medicamen (praescribere), capitis (laedere), epistulam (mittere), libri (tradere), adversarios (expellere), statuae (ponere), corporum (alere).

d) *Bilden Sie die 3. Pers. Plur. Ind. Präs. und Perf. Akt. zu:* respondeo, alo, sano, mitto, curro, veto.

e) *Bilden Sie die Ihnen bekannten Infinitive zu:* trado, tendo, includo, agito, pello, do, praesum.

f) *Setzen Sie* tangere *für* movere *ein:* moveat, moturum esse, moverentur, movistis, movebunt, movemus, movi, moveri, movete.

g) *Verwandeln Sie in das Aktiv bzw. Passiv:* 1. Liberi carmina pulchra discant. 2. Puer manum laesam amici tetigit. 3. Cibi boni a liberis poscuntur. 4. Cur huic viro pecuniam non reddidisti?

h) *Die Suffixe* -ulus, a, um (*nach Vokalen* -olus, a, um) *bzw.* -culus, a, um *sind Verkleinerungsformen:* paulum *ein wenig*, paululum *ein klein wenig. Was heißt:* bestiola, capitulum, corpusculum, filiola, filiolus, matercula, regulus?

i) *Was heißt:* addiscere; concurrere, conquirere; decĭdere, decurrere, deponere; excĭdere, excurrere, exquirere, extendere; discurrere, distendere; incĭdere, incurrere, intendere; procurrere; recurrere, remanere?

k) *Übersetzungsübung:* 1. Non intellegimus, quid in animo habeas. 2. Dic nobis, cur heri tam cito[4] domum cucurreris. Ignoravimus enim, qua de causa discederes, quis te laesisset. 3. Opto, ut intellegas, quae consilia habeamus. 4. Quo in oppido Vergilius puer vixerit, e carmine in sepulcro[5] eius inscripto cognoscimus. Verba haec sunt: Mántua mé genuít. 5. Hoc dictum: „Non scholae, sed vitae" iam didicimus. Mihi credite: quae didiceritis,

---

[1] mors, mortis *f. Tod:* [2] beātissimus, a, um *Superlativ zu* beātus; [3] *vgl.* Herodot, 1,32; Ovid, Metamorphosen III, 136; [4] cito (*Adv.*) *schnell;* [5] sepulcrum, ī *n. Grab*(*mal*).

vobis didiceritis. 6. Reddidimus vobis ea medicamina, quae a nobis poposceratis. 7. Temporibus antiquis ius bonumque apud Romanos non modo legibus, sed etiam natura valuisse notum est[1]. 8. Ius Romanum erat fundamentum[2] iuris multorum populorum. 9. Non licuit corpora mortuorum intra Romam condi vel uri[3]. 10. Non ignoramus, quo anno Romani Carthaginem ante multa saecula conditam perdiderint et deleverint. Carthaginem eodem tempore quo Corinthum concidisse novimus, scilicet[4] anno a. Chr. n. centesimo quadragesimo sexto. 11. Ius summum saepe summa est malitia[5]. 12. Náturam‿éxpellés furcá[6], tamen úsque[7] recúrret[8]. 13. Si animo regeris, rex es, si corpore, servus. 14. Caesar ex captivo quaesivit, quantae copiae adversariorum essent, ubi starent, quid de eorum consiliis narrare posset.

F: discite, tange, postquam cucurrerunt, cum pepulisset, credidisse, occiderant, meminero, contenderes, tenti sunt, caedentur, cucurristi, canerent.

XII (243)

a) *Deklinieren Sie:* mons altus, haec longa navis, frater meus, illud parvum animal.

b) *Bilden Sie den Abl. Sing., den Nom., Gen. und Akk. Plur. von:* haec urbs, illa oratio, nomen nostrum, ars pulchra, mare latum, populus clarus, exercitus Romanus, summa virtus.

c) *Setzen Sie* urbs *für* oppidum *und* mare *für* fluvius *ein:* huius oppidi, in illo oppido, numerus pulchrorum oppidorum, id oppidum (2), ex eisdem oppidis; fluvii (2), in illo fluvio, magnitudo fluviorum, in fluvium, in fluvios.

d) *Bilden Sie nebeneinander den Abl. Sing., Nom., Gen. und Dat. Plur. von* genus *und* gens.

e) *Bestimmen Sie:* decet, ducet, docet, dicet; montes (2), monstres, mones, monti, moniti (3); paratis (7), paretis (2), pareatis, partis, patris, parari, parati (3), parti, parci, patri.

f) *Übersetzen Sie und nennen Sie das dazugehörende lateinische Grundwort:* opusculum, pellicula, ventriculus; ominosus; incursus; amputatio, maledictio; captivitas; advehere, devehere, evehere, invehere, provehere, revehere, transvehere.

g) *Was bedeutet die Konjunktion* dum *in folgenden Sätzen:* 1. Dum docemus, discimus[9]. 2. Dúm virés anníque sinúnt, toleráte[10] labóres. 3. Interdum nonnulli homines recta bonaque neglegunt, dummodo potestatem sibi comparent[11]. 4. Cato, dum vixit, virtutum laude crevit[12]. 5. Dum Romani consultant et bellum parant, Saguntum ab Hannibale iam summa vi opprimebatur[13]. 6. Milites Romani labores sustinebant, dum Caesar accederet.

h) *Übersetzungsübung:* 1. Virtus civium praesidium civitatum est. 2. Ciceronem patrem patriae appellatum esse constat. 3. Artes et litterae non florent

---

[1] *vgl.* Sallust, De coniuratione Catilinae 9, 2; [2] fundāmentum, ī *n. Grundlage;* [3] ūrere (ūstum) *verbrennen;* [4] scīlicet *nämlich;* [5] malitia, ae *f. Bosheit;* Terenz, Heautontimorumenos 796; [6] furca, ae *f. Gabel;* [7] ūsque *immer wieder;* [8] Horaz, Epistulae I, 10, 24; [9] *vgl.* Seneca, Epistulae 7, 8; [10] tolerāte = sustinēte; [11] *vgl.* Cicero, De officiis III, 82; [12] *vgl.* Nepos, Cato 2, 4; [13] *vgl.* Livius, Ab urbe condita XXI, 7, 1.

nisi in pace; qua de causa homines boni optant, ut pax sit inter nationes. 4. Temporibus antiquis Romani armis cum adversariis se exercebant, cives cum civibus de virtute contendebant. Duabus his artibus, virtute in bello, in pace iustitia[1], se ipsos remque publicam servabant[2]. 5. Sunt multa animalium genera. Cuncta animalia sensus habent. Animalia vivunt in terra, in mari, in aere[3]. Formae et voces animalium variae sunt. In externis terrae finibus rara genera animalium vivere notum est. 6. Quantus numerus militum in legione Romana fuerit, non satis[4] constat. Alii putant legionem quattuor milium militum fuisse, alii sex milium. 7. Romulus urbem, quam condiderat, ex nomine suo nominavit.

F: cum promittant, noverasne, vehunt, cum clauderetur, evaserant, didicisset, postquam adoleverunt, dum contendunt, impelli, constitisti, utinam meminissetis, cecideramus (2).

XIII (244)

a) *Deklinieren Sie:* hic constans homo, illa urbs dives, quaedam pars, id scelus turpe.

b) *Verbinden Sie die Präposition mit dem Ausdruck in der Klammer:* cum (felix iuvenis), sine (fortia facinora), (difficiles res) causa, ex (celebris urbs), a (constantes incolae), ante (omnes domus), de (pauper vir).

c) *Setzen Sie* aliquis, quidam *und* idem *zu:* civis, regio, mare, exercitus, spes, praemium *und bilden Sie davon den Akk. und Abl. Sing., den Nom. und Gen. Plur.*

d) *Bestimmen Sie den Kasus des Substantivs und nennen Sie den Nom. und Gen. Sing. und das Genus dazu:* marium, navium, sortium, patrum, principatum, animali (2), speciei (2), pecori, viris (2).

e) *Vertauschen Sie Singular und Plural:* 1. Pueri aliquae dulcia carmina canunt. 2. Tristibus epistulis fratris territi sumus. 3. Leges breves esse debent. 4. Medicus cognoscit morbum pueri gravem esse.

f) *Das Suffix* -īlis, e *drückt, angehängt an Personen- oder Tierbezeichnungen, die betreffende Eigenschaft bzw. Zugehörigkeit aus:* puer *Knabe* – puerilis *knabenhaft, kindlich. Was heißt:* civilis, gentilis, iuvenilis, servilis, virilis*?*

g) *Das Suffix* -ālis *bzw. bei Wörtern, die bereits den Buchstaben* l *im Inneren oder am Ende des Wortes haben,* -āris *zeigt die Zugehörigkeit an:* natura *Natur* – naturalis *zur Natur gehörend, Natur-, natürlich. Was heißt:* legalis, nationalis, navalis, regalis, regionalis, triumphalis, vocalis; consularis, familiaris, militaris, popularis, salutaris*?*

h) *Was heißt:* brevitas, felicitas, levitas, mortalitas; adulescentulus; responsum; ignotus (in-notus), impar, impotens, indignus, infelix, intactus; dignus; credibilis, numerabilis; praeterducere, praetermittere, praeternavigare*?*

---

[1] iūstitia, ae *f. Gerechtigkeit;* [2] *vgl.* Sallust, De coniuratione Catilinae 9, 3; [3] āēr, āeris *m. Luft;* [4] satis (*Adv.*) *genügend.*

i) *Übersetzungsübung:* 1. Puer quidam, quem Diogenes philosophus aliquid interrogaverat, erubescens[1] silebat. Cum omnes, qui aderant, eum vituperarent[2], Diogenes „Gaudeo rubore[3]", inquit; „iste enim est color[4] virtutis". 2. Patrem tuum nobis aliquod bonum consilium daturum esse spero; aliquo modo amici quoque nos adiuvabunt. 3. Germani putabant in feminis aliquid sanctum et providum[5] inesse[6]. 4. Iuvenalis, ille scriptor Romanus, quibusdam rebus ridiculis[7] permotus haec scripsit: Difficile est satiram[8] non scribere[9]. 5. Patria est communis omnibus civibus. 6. Omnium rerum principia parva sunt[10]. 7. Naturalia non sunt turpia[11]. 8. Mors celeris est; neque a paupere homine neque a divite procul[12] est.

F: mitti potest, excesseras, indictum esset, postquam descripsit, ne cedamus, regereris, se dediderant, meminerunt, poscuntur, cum promisisses, utinam ne neglegeretis, dum tractant.

XIV (245)

a) *Deklinieren Sie:* optimus iudex, gravior lex, tutior portus, periculum minus.

b) *Steigern Sie:* longus, malus, fortis, multi, necessarius.

c) *Bilden Sie die zu* post, intra, extra, prae *gehörenden adjektivischen Steigerungsformen.*

d) *Setzen Sie die Steigerungsformen von* bonus, idoneus, difficilis, celer *zu* opus *und bilden Sie dazu den Abl. Sing., Nom. und Gen. Plur.*

e) *Nennen Sie die fehlenden Formen der Steigerung zu:* acris, supremus, miserrimi, faciliora, grave.

f) *Vertauschen Sie 1. Aktiv und Passiv:* videbis, egisse, emptus erat, legant, vinceris (2), reliquistis; *2. Präsens- und Perfektstamm:* provides, rumpere, frangunt, egeritis (2), sedissent.

g) *Das Suffix* -ēnsis, e *drückt die räumliche Zugehörigkeit aus:* Berolinum *Berlin* – Berolinensis *zu Berlin gehörend. Geben Sie die Bedeutung des Adjektivs und das dazugehörende Substantiv an:* castrensis, forensis.

h) *Die Suffixe* -ānus *und* -īnus *drücken wie die Suffixe* -ālis *und* -āris *die Zugehörigkeit zu etwas aus:* urbs *Stadt* – urbanus *zur Stadt gehörend, Stadt-, städtisch;* mare *Meer* – marinus *zum Meer gehörend, Meer-. Was heißt:* herbanus, insulanus, medianus, montanus, paganus, caninus, equinus, medicinus?

i) *Übersetzen Sie folgende Wörter und nennen Sie das dazugehörende lateinische Grundwort:* caecitas, caritas, celeritas, iucunditas, opportunitas; actor, corruptor, emptor, lector; actio, admotio, damnatio, denuntiatio, emptio, irruptio, lectio, vacatio.

k) *Übersetzungsübung:* 1. Nihil est miserius et turpius quam bellum civile. 2. Medici Graeci multo clariores erant quam medici Romani. 3. Interdum

---

[1] ērubēscēns, entis *errötend;* [2] vituperāre *tadeln;* [3] rubor, ōris *m. Röte;* [4] color, ōris *m. Farbe;* [5] prōvidus, a, um *voraussehend;* [6] *vgl.* Tacitus, Germania 8; [7] rīdiculus, a, um *lächerlich;* [8] satira, ae *f. Satire;* [9] Juvenal, Satirae I, 30; [10] Cicero, De finibus V, 21, 58; [11] *vgl.* Euripides, frg. 757; [12] procul (*Adv.*) *fern.*

homines credunt se onus gravius Aetna sustinere. 4. Saepe accidit, ut malum consilium ei ipsi, qui istud consilium alteri dedit, pessimum sit[1]. 5. In eo opere, quod Vergilius de agricultura scripsit, haec legimus: Labor omnia vicit[2]. 6. Conscientia[3] bene actae vitae iucundissima est. 7. Cui illud dictum notum est: Locus minoris resistentiae[4]? 8. Maxime idonei et optimi viri rei publicae difficillimas res agant. 9. Sol multo maior est terra, luna minor terra. 10. Imperium Romanum initio multo minus erat eis regnis[5], quae post Alexandri mortem in Asia et in Aegypto exstiterunt. 11. Postea autem imperatores Romani multo potentiores quam omnes priores reges erant. Sed avaritia[6] eorum eo maior erat, quo potentiores erant; ut plura haberent, eo maiores copias in alias terras mittebant. 12. Scutum in proelio reliquisse apud Graecos turpissimum erat. 13. Non vivo, ut edam, sed edo, ut vivam. 14. Lingua optimum et pessimum in homine esse potest. 15. Divitissimi non semper felicissimi sunt, pauperrimi non semper miserrimi. 16. Omnia Romae venalia[7] esse Iugurtha, rex Numidarum, postquam permultos duces Romanos pecunia corrupit, censebat[8]. 17. Puer aegrotior est, quam ut sanari possit.

F: ne agantur, ruperat, videberis, viceris (2), provideamus, eme, delecti erant, irruperant, consident, vident, cogentur, frangi, cum odissent, relinquereris, provideri.

XV (247)

a) *Deklinieren Sie:* scriptor diligens, aegrotus patiens, intervallum maius.

b) *Bilden Sie den Gen. Plur. von:* mons, numen, civis, labor, dies, manus, vectigal.

c) *Bilden Sie das Adverb zu:* suavis, prudens, bonus, miser, facilis *und steigern Sie es.*

d) *Nennen Sie die Ihnen bekannten Infinitive zu:* defendo, alo, observo, prohibeo, desum.

e) *Bilden Sie die entsprechende Form des Präsens- bzw. Perfektstammes:* restituunt, tribuisti, minuisse, incendamus, defendero, instituitis, animadverteres, attribuerant, prehendere.

f) *Bestimmen Sie:* verti (2), versi (3), ventri, adventui, statui (2), statuo, statue, statua (2), statim, statuam (3), statuis (3), minus (3), minuas, minues, minuis, minor (2), mentis, metuis.

g) *Verben auf* ā-, ē-scere *drücken Werden oder Anfang eines Vorganges aus. Sie werden Incohativa genannt* (incohare *beginnen*). *Die Incohativa werden von Verben oder Substantiven bzw. Adjektiven abgeleitet:* valere *gesund, stark sein* – convalescere *gesund werden;* adolescens *Jüngling* – adolescere *zum Jüngling werden, heranwachsen;* durus *hart* – durescere *hart werden. Übersetzen Sie und nennen Sie das lateinische Grundwort dazu:* condolescere, dulcescere, gravescere, iuvenescere, lucescere, sanescere, vesperascere.

---

[1] *vgl.* Varro, De re rustica III, 2, 1; [2] Vergil, Georgica I, 145; [3] cōnscientia, ae *f. Bewußtsein;* [4] resistentia, ae *f. Widerstand;* [5] rēgnum, ī *n. Königreich;* [6] avāritia, ae *f. Habsucht;* [7] vēnālis, e *käuflich;* [8] *vgl.* Sallust, Bellum Iugurthinum 20, 1.

h) *Übersetzen Sie folgende Wörter und nennen Sie das dazugehörende Grundwort:* crudelitas, fidelitas, securitas; ascensio, distinctio, institutio, occisio; occisor; discordia; discors, dispar; dissuadere.

i) *Wandeln Sie die folgenden Sätze so um, daß aus einem Adjektiv ein Adverb werden muß:* 1. Consilium patris bonum erat. 2. Responsa pueri prudentiora fuerunt quam responsa tua. 3. Iudicium horum iudicum optimum est.

k) *Übersetzungsübung:* 1. Cives valde metuerunt, ne omnia aedificia urbis ab hostibus incenderentur. 2. Periculum est, ut hos graves labores fortiter ac constanter sustineas. 3. Postquam Tib. Sempronius Gracchus occisus est, Cornelia, mater eius, metuit, ne alter filius quoque prehenderetur et caederetur. Qua de causa Cornelia optavit, ut filius pericula vitaret. Metuit enim, ne senatus Romanus ei non parceret. 4. Communiter laboremus, cum amici communi labore firme inter se iungantur. 5. Animalia plerumque se ipsa acriter defendunt. 6. Non semper minuuntur atrae[1] curae carmine. 7. Nemo bene dicere potest, nisi qui omnia prudenter intellegit. 8. Tum, cum valemus, recta bonaque consilia aegrotis facile dare possumus. 9. Facilius exemplis quam praeceptis instituimur. 10. Lege poena statuitur, quam is, qui in furto[2] prehensus est vel qui domum accendit, meret. 11. Diogenes, cum meridie in foro ambularet cum lucerna[3] incensa, statim interrogatus est, qua de causa eam secum portaret. „Hominem“, inquit, „quaero“. 12. Ante Carthaginem deletam populus et senatus Romanus iuste[4] modesteque[5] inter se rem publicam gerebant. Sed ubi ille timor Carthaginis de mentibus decessit, in nobilitatem superbia[6] celeriter invasit[7].

F: versum esset, postquam prehendimus, statuite, ne metuant, restituit (2), institutum esse, ubi accendistis, animadvertunt, constituesne, restituta erant, defenduntur, reprehendor.

XVI (248)

a) *Deklinieren Sie:* pater prospiciens, hostis rapiens, vis efficiens, medicamen deficiens.

b) *Bilden Sie das Part. Präs. Akt., das Part. Perf. Pass. sowie das Part. Fut. Akt. von:* incipere, instruere, emere, admovere, prehendere, alere, suadere, adnotare.

c) *Bilden Sie die Imperative von:* iacēre, iacere, dare, petere, facere.

d) *Bilden Sie die 3. Pers. Plur. aller aktiven Indikative und Konjunktive des Präsensstammes von:* necare, delere, interficere, occīdere.

e) *Vertauschen Sie Aktiv und Passiv:* 1. Consilium celere capiemus. 2. Hic labor diligenter ab eo factus est. 3. Quos libros accipis? 4. Multa oppida a Romanis direpta erant. 5. Omnes te libenter recipiunt.

---

[1] āter, ātra, ātrum *dunkel;* [2] fūrtum, ī *n. Diebstahl;* [3] lucerna, ae *f. Laterne;* [4] iūstus, a, um *gerecht;* [5] modestus, a, um *maßvoll, besonnen;* [6] superbia, ae *f. Hochmut;* [7] *vgl.* Sallust, Bellum Iugurthinum 41, 2.

f) *Geben Sie in gutem Deutsch wieder:* 1. Nos magna laetitia affecisti. 2. Morte amici fidi summo dolore affecti sumus. 3. Te gravi iniuria afficerem, si hoc facerem.

g) *Übersetzen Sie und bestimmen Sie die Art der Nebensätze:* 1. Ut Romae quotannis consules creabantur, ita Carthagine reges creabantur. 2. Hannibal, ubi primum in patriam recessit, rex a civibus suis factus est. 3. Nonnulli populi Galliae orant, ne Caesar se iniuria afficiat. 4. Caesar, cum videret Germanos tam facile impelli, ut in Galliam invaderent, exercitum Rhenum traducturus et Germanos timore affecturus erat. Non dubitabat, quin exercitus Romanus Germanos territurus esset. 5. Nervii tanta fortitudine pugnabant, ut Romani eis interdum resistere non possent. 6. Incolae Britanniae timebant, ne exercitus Romanus in Britannia maneret. Itaque agris oppidisque suis timebant. Metuebant, ne Caesar copias non statim in Galliam reportaret. 7. Quam paucis diebus pontem trans Rhenum fecisset, Caesar ipse nobis tradidit.

h) *Das Suffix* -eus, a, um *drückt den Stoff oder das Material aus, aus dem etwas besteht:* aurum *Gold* – aureus *aus Gold, golden. Was heißt:* aqueus, lacteus, niveus, sanguineus?

i) *Was heißt:* feritas, iniquitas; ascensus, defectus, effectus, iactus, prospectus, raptus, respectus; acceptio, defectio, desperatio, direptio, effectio, raptio, receptio; acceptor, direptor; factum; dolorosus; hostilis; infectus?

k) *Geben Sie die Bedeutung der Komposita an und, wo es möglich ist, die davon abgeleiteten Fremdwörter:* concipere, excipere; eripere; abicere, adicere, conicere, disicere, inicere, intericere, obicere, proicere, reicere, traicere; avertere; erumpere.

l) *Übersetzungsübung:* 1. Melius est iniuriam accipere quam facere[1]. 2. Féci, quód potuí, faciánt melióra poténtes! 3. Antiquis temporibus magistratus Romani deos orabant, ut res populi Romani meliores amplioresque facerent. Posterioribus temporibus Scipio minor: „Res nostrae“, inquit, „satis[2] bonae et magnae sunt; itaque cupio eas integras a deis servari“. 4. Bonis exemplis plura efficientur quam plurimis verbis. 5. Virtutem solam vitam beatam effecturam esse multi credunt. 6. Bias, unus ex septem sapientibus[3], cum hostes Prienem, patriam eius, cepissent ceterique incolae fugerent[4] omnia sua rapientes, a nonnullis civibus monitus est, ut ipse idem faceret. Tum Bias „Ego vero“, inquit, „facio, nam omnia mea mecum porto“[5]. 7. Sol occidens diem conficit. 8. Ambulantes nos refecimus. 9. Cives haec aedificia incepta quam celerrime perficere debent. Opus celeriter perfecturi sunt. 10. Xerxes, rex Persarum, cum Graecis pugnans se totam Graeciam victurum et capturum esse sperabat. 11. Legatus respondit non esse consuetudinem populi Romani ab hoste armato[6] praecepta accipere. Qua de causa populum Romanum imperia hostium accepturum non esse. 12. Idibus

---

[1] *vgl.* Cicero, Disputationes Tusculanae V, 19, 56; [2] satis (*Adv.*) *genügend;* [3] sapiēns, entis *weise;* [4] fugere fugiō fūgi *fliehen;* [5] *vgl.* Cicero, Paradoxa I, 1, 8; [6] armātus, a, um *bewaffnet.*

Martiis augur[1] Caesari persuadebat[2] omnia non secunda esse. Itaque augur et Calpurnia uxor[3] Caesari persuadebant, ne hoc die curiam peteret. 13. Dux, postquam milites monuit maioribus patriam semper cariorem quam vitam fuisse, eos admonuit, ut se fortiter ab hostibus defenderent.

F: incipietis, fecisti, eici, decipieris, defecturum esse, ne rapiant, ut coepimus, cum accepti essent, dum diripiunt, postquam iactum est, rapitur, respicientes, non deficient, cupivisse, prospicite.

XVII (250)

a) *Deklinieren Sie:* adulescens adveniens, pater dormiens.

b) *Bilden Sie nebeneinander 1. die 3. Pers. Sing. Akt. aller Tempora von* vincere, vivere, videre, venire*; 2. die 3. Pers. Plur. Akt. aller Tempora des Präsensstammes von* audere *und* audire.

c) *Setzen Sie 1.* audire *für* dicere *bzw.* respondere: dicamus, respondetur, dixisse, dictum esset, respondebimus, diceretur, dici, dicentur, dicor, dic, respondens*; 2.* nescire *für* ignorare: ignorabitis, ignoravisti, ignorant, ignoret, ignorari.

d) *Verbinden Sie die Wörter in der Klammer mit der Präposition:* apud (hostis prehensus), propter (notae angustiae), cives appropinquantes (causa), de (sors gravis), cum (amicus pauper), sine (hoc consilium prudentius), ad (frater nesciens), ex (urbs propinqua).

e) *Welche Funktion hat jeweils 1. die Endung* -ās: libertas, tabulas, donas, habeas, scribas, venias (2)*; 2. die Endung* -ēs: pedes (2), capies, dedes, milites (3), des, fides, reperies, emines*?*

f) *Das Suffix* -bilis, e *drückt die Möglichkeit aus (im Deutschen -bar, -lich, -wert):* innumerabilis *unzählbar*, incredibilis *unglaublich*, amabilis *liebenswert. Was heißt:* aestimabilis, excusabilis, explicabilis, mutabilis, navigabilis, probabilis, sanabilis, spectabilis*?*

g) *Was heißt:* abrumpere; advenire, devenire; exiguitas; conventio, invitatio, obsessio; munitor, obsessor, repertor; conventus; planum*?*

h) *Führen Sie auf das lateinische Grundwort zurück und nennen Sie dann bei Substantiven den Gen. Sing. und das Genus, bei Adjektiven die Endung des Nominativs, bei Verben die Stammform: Aktion, Attribut, Defekt, Ejektion, Indiz, Institution, Intervall, Lektion, Provisor, Rezept, Tabelle, Tangente, Version, Vision; kurios, opportun; dezent, resistent; amputieren, existieren, instruieren, probieren, traktieren.*

i) *Geben Sie die Nebensätze durch eine Partizipialkonstruktion wieder:* 1. Volusenus, qui in oram Britanniae praemissus erat, Caesarem certiorem fecit de quibusdam portibus et aditibus Britanniae. 2. Cum ora ab hostibus occupata esset, Romani dubitabant e navibus desilire. 3. Quamquam permulti Romani adversarios timent, unus ex militibus e nave desilit et proelium

[1] augur, uris *m. Vogelschauer, Weissager;* [2] persuādēre *(Dat.) überzeugen, überreden;* [3] uxor, ōris *f. Gattin.*

committere audet. 4. Postquam pax cum incolis Britanniae facta est, Caesar cum navibus suis in Galliam renavigavit. 5. Dum Caesar in Britannia pugnat, nonnullae gentes, quae antea superatae erant, a Romanis defecerunt.

k) *Übersetzen Sie mit einem Nebensatz oder, wenn es möglich ist, mit einer präpositionalen Verbindung:* 1. Patre inscio liberi hos libros emerunt. 2. Matre invita hanc epistulam non scribam. 3. Medico auctore amicum aegrotum in regionem meridianam misimus. 4. Illis viris ducibus in montem altum tuto ascendetis. 5. Cicero consul orationes de coniuratione Catilinae detecta habuit.

l) *Übersetzungsübung:* 1. Germani veniebant in consilium armati[1]. 2. Caesar paulo post mediam noctem[2] naves solvit; quae omnes incolumes[3] ad oram pervenerunt. 3. Is mihi videtur amplissimus, qui sua virtute in altiorem locum pervenit, non qui ascendit per alterius calamitatem[4]. 4. Centurio fortiter pugnans cecidit. 5. Caesar ponte in Rheno facto exercitum in Germaniam traduxit. 6. Imperator oppidum cepit incolis non resistentibus. 7. Hostibus victis Caesar milites suos non dimisit. 8. Dux milites admonitos e castris eduxit. 9. Caesar oppidum paucis defendentibus expugnare non potuit. 10. Consule dissuadente[5] venia datur legatis petentibus. 11. Carthagine deleta Romae saevire[6] fortuna ac miscere omnia coepit[7]. 12. Patre adveniente filius domi non erat. 13. Amicis ducibus in hoc oppidum celeriter perveniemus.

F: cum sentiat, postquam adventum est, dormite, scies, reperturum esse, cum nesciretis, circumventi sunt, audiri debet, munituri sunt, numerus advenientium, desili, reperiat, sentitur, eveniret, hostes impediti.

XVIII (252)

a) *Deklinieren Sie:* haec salubris regio, is lapis periculosus, illud celere telum.

b) *Verbinden Sie die Adjektive* magnus, acer, necessarius *und deren Steigerungsformen mit* proelium, proelio, proelia, proeliorum.

c) *Setzen Sie 1.* arcessere *für* advocare *ein:* advocati sunt, advoca, advocaberis, advocarem, advocaris, advocari, advocaverunt; *2.* tardare *für* currere: currunt, curret, currat, curritur, cucurrisse, cucurrerat, currentes.

d) *Setzen Sie für den Infinitiv* ad *mit Gerundium oder Gerundivum ein:* parati sunt canere, conficere, curare, patriam defendere, consilia nostra adhibere.

e) *Geben Sie folgende Sätze im Gerundivum wieder:* 1. Medicus pueros aegrotos sanare debet. 2. Multa discere debemus. 3. Aegroti quam celerrime curari debebant. 4. Statim parere debes. 5. Hanc sententiam mutare non debetis.

f) *Wandeln Sie den Finalsatz in ein Gerundium, Gerundivum bzw. Supinum um:* 1. Multa milia civium poetae claro occurrerunt, ut eum salutarent. 2. Philosophus in urbem venerat, non modo ut disputaret, sed etiam ut doceret. 3. Cives in Capitolium convenerunt, ut deis gratias agerent.

---

[1] armātus, a, um *bewaffnet;* [2] nox, noctis *f. Nacht;* [3] incolumis, e *unversehrt;* [4] Cicero, Pro Roscio Amerino 83; [5] dissuādēre dissuādeō dissuāsī dissuāsum *abraten;* [6] saevīre saeviō saeviī saevītum *wüten;* [7] *vgl.* Sallust, De coniuratione Catilinae 10, 1.

g) *Unterscheiden Sie:* libertati, liberati (3), liberari, liberandi (4), liberanti (3), liberi (3), libera (5), liber (2), metuentis (3), metuendis (6), metuis, metis.

h) *Was heißt:* extremitas, salubritas, utilitas; tarditudo; inutilis; descendere?

i) *Übersetzungsübung:* Carmina legenda, oratio laudanda, opus conficiendum. 1. Scimus nobis respondendum esse. 2. Puer putat sibi currendum esse. 3. Putasne tibi hos libros legendos esse? 4. Spes vincendi apud omnes magna erat. 5. Nonne amicus haec monentia verba fecit fratris monendi causa? 6. Num consilium cepistis hanc villam emendi (= villae emendae)? 7. Nobis primum audiendum, deinde audendum et agendum est. 8. Saepe exercendo iuvenes corpora sua firmant. 9. Nemo ante mortem beatus habendus est. 10. Soror mea insueta[1] navigandi mare timebat. 11. A providendo dicta est vox prudentiae. 12. Ad Caesarem legati Gallorum in castra venerunt sui purgandi[2] causa. Caesar autem putabat neque sibi legatos audiendos neque condiciones[3] accipiendas esse[4]. 13. Hoc Catonis est: Quibus nihil opis ad bene beateque vivendum in ipsis est, eis omnis aetas gravis est[5]. 14. Mercatores Romani ad externos populos navigare consueverant merces inde Romam apportatum. 15. Ad vos venimus oratum, non postulatum. 16. Facile erat intellectu oratoris sententiam rectam non esse. 17. Cicero de Catilinae moribus haec tradidit: Catilina erat unus timendus ex his omnibus, sed tam diu modo, dum urbis muris continebatur. Omnia noverat, omnium aditus tenebat. Erat ei consilium idoneum ad facinus faciendum; consilio conficiendo autem neque manus neque lingua deerat. Iam ad certas res conficiendas certos homines delectos habebat. Neque vero, cum aliquid iusserat, confectum esse putabat. Assuefactus erat frigore et fame et vigiliis sustinendis[6]. 18. Hanno Carthaginiensis censet Hannibalem adulescentem tenendum esse sub legibus et sub magistratibus, docendum esse vivere aequo iure cum ceteris, ne quando parvus hic ignis[7] incendium ingens faciat[8].

F: accipiendo, facientes, cupiturum esse, diripiendum non erat, salientium, mihi audiendus es, causa celeriter veniendi, repertum (2), orationis audiendae causa, parata est ad respiciendum, saepe miscendo, monendi non estis, eis narrandum esset (2), spes librum reperiendi, tibi amici salutandi sunt.

XIX (253)

a) *Deklinieren Sie:* spina haerens, leo lamentans, verbum fallens.

b) *Bilden Sie nebeneinander von allen Tempora und Modi des Aktivs 1. die 3. Pers. Sing. von* promittere *und* polliceri; *2. die 1. Pers. Plur. von* monere *und* hortari.

c) *Setzen Sie Verben mit gleicher oder ähnlicher Bedeutung ein für folgende Formen:* moneamus, vereberis, sanate, meminero, proeliare, oraverunt, pollicitum esse, dubitamus, gaudete, vastaturum esse.

---

[1] insuētus, a, um (*Gen.*) *ungewohnt, nicht gewöhnt* (*an etw.*); [2] pūrgāre *reinigen, rechtfertigen;* [3] condiciō, ōnis *f. Bedingung;* [4] *vgl.* Caesar, De bello Gallico IV, 13, 1; [5] *vgl.* Cicero, Cato maior 4; [6] *vgl.* Cicero, In Catilinam III, 7, 16; [7] īgnis, is *m. Feuer;* [8] *vgl.* Livius, Ab urbe condita XXI, 3, 5.

d) *Bilden Sie 1. die Imperative zu:* minuo, polliceor, intersum, vereor, munio, accipio*; 2. die Ihnen bekannten Infinitive zu:* sano, venor, prosum, corrumpo, laetor, medeor, lavor*; 3. die Partizipien zu:* defendo, audio, frango, recordor*; 4. das Gerundivum zu:* hortor, video, lego, respondeo, impedio.

e) *Machen Sie die Sätze abhängig von* dicunt *und wandeln sie den Satz dann in einen N.c.I.-Satz um:* 1. Cicero clarus orator fuit. 2. Androclus diu per Africam vagatus est. 3. Romani cum multis populis proeliati sunt.

f) *Ersetzen Sie, soweit es möglich ist, die Verben durch Deponentien:* 1. Oro vos, amici, ut nos adiuvetis. 2. Putamus eum vos defendere posse. 3. Dubitatisne puerum monere? 4. Promitto me statuas diligenter conspecturum esse. 5. Timuimus, ne nostri non meminisset. 6. Mone eum, ut miseros celeriter adiuvet.

g) *Was heißt:* lamentabilis, mirabilis, tolerabilis*?*

h) *Übersetzungsübung:* 1. Androclus vagans speluncam conspicit. 2. Androclus diu vagatus speluncam intravit. 3. Leo cottidie in silvam currit feras venatum; Androclo in spelunca versanti victum apportaturus est. 4. Leonis lamentantis Androclus miseretur. 5. Leone venante Androclus in spelunca versatur. 6. Leo de beneficio recordatus Androclum non petit. 7. Non omnes beati sunt, qui beati esse videntur. 8. Cicero de philosophia haec scribit: Medetur animis, inanes[1] curas detrahit, cupiditatibus liberat, pellit timores[2]. 9. Idem scriptor in libro, qui Cato maior de senectute[3] inscribitur, reperit quattuor causas, cur senectus misera esse videatur: unam, quod avocet a rebus gerendis, alteram, quod corpus faciat infirmius, tertiam, quod privet[4] omnibus fere voluptatibus[5], quartam, quod non procul absit a morte[6]. 10. Solo, cum interrogaretur, cur nullam poenam constituisset in eum, qui patrem interfecisset, respondit se arbitratum esse[7] id neminem facturum esse. Prudenter egisse dicitur, cum de eo scelere nihil constituerit, quod antea commissum non erat[8]. 11. Dux milites cohortatus, ut de sua priore virtute recordarentur, dedit signum proeliandi.

F: ne cunctetur, gratulaturi sunt, laetatus esse dicitur, venandi causa, ei fatendum erat, versaris, recordamini (2), pollicentes, tibi medebuntur, esne veritus, hortare, lauti erant (2), cum intueremini, admiraberis, populando.

XX (255)

a) *Deklinieren Sie:* is pulcher prospectus, haec lubricior via, ea acies Romana, illa praeceps rupes.

b) *Bilden Sie zu folgenden Adjektiven das Adverb und steigern Sie es:* tardus, audax, prudens, acer.

c) *Führen Sie durch alle Tempora und Modi:* moratur *und* moritur.

---

[1] inānis, e *unnütz;* [2] *vgl.* Cicero, Disputationes Tusculanae II, 4, 11; [3] senectūs, ūtis *f. hohes Alter, Greisenalter;* [4] prīvāre *(Abl.) berauben;* [5] voluptās, ātis *f. Vergnügen;* [6] Cicero, Cato maior 15; [7] arbitrārī arbitror arbitrātus sum *glauben;* [8] *vgl.* Cicero, Pro Roscio Amerino 25, 70.

d) *Bilden Sie die 3. Pers. Plur. aller Tempora und Modi von:* labi, pati, polliceri, lamentari.

e) *Setzen Sie entsprechende Deponentien ein für:* dic, tolerat, intravissent, processisse, administrabit, accedam (2), petis, adhibuerat, iter facient.

f) *Setzen Sie die entsprechende Form des Präsens- bzw. Perfektstammes:* 1. De his rebus vobiscum loqueremur. 2. Esne passus filium tuum illos libros emere? 3. Nemo sine vitiis nascitur. 4. Milites Romani in Britanniam transgressi sunt.

g) *Bestimmen Sie:* quaeris, quaeri, queri, quereris (2), quaere, quaerere, quererer; passus (5), pari (7), pati, passi (3), passui, pater, patere, pateris, peteres, patre, parte, paries (2), partes (2), patres (2), pares (6), paris (4), paratur, paretur (2), parietur, parcetur; aggredere, accede, ascende, accende; labar (2), labor (2), labaris, laboris, labores (3); mori (2), morti, mortui (3), moriens (3), morans (3), merens (3), mirans (3).

h) *Achten Sie auf die verschiedenen Bedeutungen von* ne*:* 1. Vos domum abscedentes prosequemur[1], ne in itinere labamini. 2. Impediamus eum, ne vos ulciscatur. 3. Cavebimus, ne id dicamus. 4. Timebam, ne ille clarus orator non loqueretur. 5. Permulti postulabant, ne alius orator orationem haberet. 6. Omnibus militibus ab imperatore interdictum erat, ne quicquam diriperent. 7. Patiturne iam diu hos graves dolores?

i) *Nennen Sie die Verben mit ihren Stammformen, von denen folgende Wörter abgeleitet sind: Patient, Funktion, Querulant, Vehikel, Kontrahent, Gratulant; lamentieren, redigieren; aggressiv, labil.*

k) *Was heißt:* collabi, illabi; alloqui; congredi, degredi, egredi, regredi; advehi, praetervehi, provehi; ultor; lenitas; allocutio, functio, introductio, progressio; oralis, ovalis, senilis, socialis; luxuriosus?

l) *Übersetzungsübung:* 1. Rem tene, verba sequentur. Illud dictum Catonis multis in occasionibus nobis memoria tenendum est[2]. 2. Naturam sequentes numquam a via recta aberrabimus. 3. Cato maior quoque naturam optimam ducem tamquam deum sequebatur eique parebat[3]. 4. Fugite vitia, sequimini exempla bonorum! 5. Multi homines nobilissimo loco nati postea felicem sortem nacti non sunt. 6. Senectutem[4] ut adipiscantur[5] omnes optant; eandem adepti queruntur[6]. 7. Maharbal Carthaginiensis exercitu Romano victo Hannibali „Scias“, inquit, „quid hac pugna adeptus sis: die quinto victor in Capitolio epulaberis[7]. Progrediar cum equite. Sequere me! Cur non uteris hac occasione? Vincere scis, Hannibal, victoria uti nescis“[8]. 8. Omnes populi, qui legibus et moribus reguntur, partim[9] suo proprio, partim communi omnium hominum iure utuntur. Nam quod quisque populus ipse sibi ius constituit, id proprium ipsius est vocaturque ius civile. Quae explicat Gaius in libris, qui institutiones dicuntur[10]. 9. Verba, quae

---

[1] prōsequī prōsequor prōsecūtus sum *geleiten;* [2] Cato, De rhetorica 15; [3] *vgl.* Cicero, Cato maior 5; [4] senectūs, ūtis *f. hohes Alter, Greisenalter;* [5] adipīscī adipīscor adeptus sum *erreichen, erlangen;* [6] *vgl.* Cicero, *a. a. O.* 4; [7] epulārī epulor epulātus sum *speisen;* [8] *vgl.* Livius, Ab urbe condita XXII, 51, 2–4; [9] partim (*Adv.*) *teils;* [10] Gajus, Institutiones I, 1.

sunt „secundus" et „socius", a sequendo ducuntur. 10. Fungemini officiis vestris, ut patres vestri functi sunt.

F: labuntur, fungimini (2), querebaris, morerentur, usi erant, dilabendum non est, loquar (2), secuturum esse, nascetur, celeriter vehendo, aggredimini (2), patieris, transgrediendi causa, progrederis, ulciscebantur.

XXI (257)

a) *Deklinieren Sie:* haec periculosa glacies, id altius saxum, ille elephantus vetus.

b) *Konjugieren Sie im Ind. Präs. und Fut. I Akt. nebeneinander:* gaudeo *und* assentior.

c) *Führen Sie die 2. Pers. Sing. von* experiri, cunctari *und* audere *durch alle Tempora.*

d) *Setzen Sie 1.* gaudere *für* laetari: laetati sumus, laetamini (2), laetatum esse, laetantes, laetetur, laetaberis; *2.* reverti *für* recedere: recedes, recesserunt, recede, recederem, recessissemus, recedamus, recessero; *3.* largiri *für* donare: dona, donaturus est, donandum erat, donent, donabimus.

e) *Bestimmen Sie:* sorti, sortiri, sortire, sorte; fide (3), fidas (2), fides (2), fidos, fidis (7), fidi (4), fitis, fisus, fidus, fassus; potiris, poteris, potieris, poteras, portaveras, potiaris, potior, potius, potens (3).

f) *Wandeln Sie in das Passiv um:* 1. Romani pacem fecerunt. 2. Pueri portam patefacient. 3. Te non assuefacere possumus celerius laborare. 4. Hieme nobis viam patefaciebatis.

g) *Das Suffix* -ārium *bezeichnet einen Aufbewahrungsort oder eine Sammlung:* aes, aeris *n. Erz* – aerarium, i *n. Schatzkammer. Wovon sind abzuleiten:* aquarium, herbarium, lapidarium, plantarium, terrarium, vivarium*?*

h) *Mit den Verben auf* -(ti)tāre *oder* -sāre *ist oft der Sinn einer wiederholten oder intensiv durchgeführten Handlung verbunden* (Verba frequentativa *oder* intensiva)*:* dicere *sagen*, dictare *wiederholt sagen;* agere *(be)treiben*, agitare *energisch betreiben. Führen Sie die folgenden Verben auf ihre Grundverben zurück und geben Sie ihre Bedeutung an:* captare, clamitare, cursare, dormitare, fugitare, ventitare.

i) *Achten Sie auf die Kasus:* 1. Romani sine ullo periculo castris potiti sunt. 2. Gaudesne praemiis? 3. Milites viribus confisi sunt. 4. Amicus pecunia prudentissime utitur. 5. Nonne hoc munere libenter fungereris? 6. Hospes nos rus secutus erat. 7. Ne ulciscatur adversarios! 8. Quibus cibis in itinere frueris? 9. Pueri libris, quos eis dedisti, laetati sunt. 10. Saepissime recordabimur de eis diebus, quibus tecum in montibus versati sumus.

k) *Übersetzungsübung:* 1. Pater filium revertentem salutat. 2. Reversus munere suo functus est eodem modo atque antea. Eo reverso frater mortuus est. 3. Quamquam heri omnia experti sumus, nihil assecuti sumus. 4. Quod turpe est, quamvis[1] occultetur, tamen nullo modo bonum fieri potest. 5. Sole oriente aestate in regionibus meridianis portae domuum patefiunt. 6. Solonem versibus[2] gloriatum esse scimus se cottidie aliquid addiscentem senem fieri[3]. 7. Prudens fiet, qui diligenter et summo cum studio didicerit. 8. Cum bello Peloponnesiaco, quod Athenienses et Lacedaemonii acerrime inter se gesserunt, sole obscurato[4] tenebrae[5] repente factae essent, Pericles, ille auctoritate princeps civitatis suae, cives summo timore affectos sedavisse[6] dicitur. Docuit cives suos id, quod ipse ab Anaxagora philosopho acceperat: illud certo tempore et necessario[7] fieri, cum tota luna sub orbem[8] solis se subiecisset. Quod cum disputando docuisset, populum liberavit timore. Erat enim tum haec nova et ignota ratio[9] solem lunae oppositu[10] deficere[11] solere. Quod Thales Milesius primus vidisse dicitur[12].

F: beati fietis, assuefieres, patefiebat, experimini (2), mentiri audebit, numerus blandientium, tibi assentiendum est (2), orientur, fisum esse, ausurum esse, reverteris (4), metiuntur, confidam (2), aegroti fiunt, fiat.

XXII (259)

a) *Deklinieren Sie:* sapiens hospes, nullus versus, potio dulcior.

b) *Führen Sie die 1. Pers. Sing. von* adire *und* afferre *durch alle Tempora und Modi des aktiven Präsens- und Perfektstammes.*

c) *Ersetzen Sie 1. durch* ire *und Komposita*: cessisti, cedes, cesserunt, cede, cessisse, transgredere, transgressus sum, aggrediar (2), cum transgressi simus, aggressi eratis, aggrediendum non est, abscesserunt, abscedite, abscederem, abscessissemus, abscedemus, abscessero; *2. durch* ferre *und Komposita:* porta, portaris, portant, portaberis, portate, apportas, ne reportet, importamus, importabitur, importari.

d) *Bilden Sie 1. die Partizipien von:* perficere, ingredi, offerre, transire; *2. die Infinitive zu:* infero, adeo, volo; *3. die Imperative zu:* fero, abeo, nolo, polliceor.

e) *Setzen Sie in das Gerundivum:* 1. Dolores patienter ferimus. 2. Celeriter is. 3. Consilia differebantur. 4. Se flumen transire debere Caesar censet.

f) *Das Suffix* -fer, -fera, -ferum *hat die Bedeutung -bringend, -tragend:* frugifer *fruchttragend, fruchtbringend. Was heißt:* ignifer, lucifer, mortifer, signifer?

g) *Was heißt:* circumire, coire, interire, introire, obire, prodire, redire, subire; conferre, efferre, praeferre, praeterferre, proferre, transferre; ferreus, igneus?

h) *Übersetzungsübung:* 1. Tardissime is, amice; celerius ibo. 2. Vobis abeuntibus cibos offerre volo. 3. Opto, ut domo exeas et amico libros lectos referas. 4. Tibi obiremus, si sciremus, quando domum rediturus esses.

---

[1] quamvīs (*Konj.*) *wenn auch;* [2] versus, ūs *m. Vers;* [3] *vgl.* Cicero, Cato maior 26 u. 50; [4] obscūrāre *verdunkeln;* [5] tenebrae, ārum *f. Finsternis;* [6] sēdāre *beruhigen;* [7] *Adverb;* [8] orbis, is *m. Scheibe;* [9] ratiō, ōnis *f. Lehre;* [10] oppositus, ūs *m. das Entgegentreten;* [11] dēficere *sich verfinstern;* [12] *vgl.* Cicero, De re publica I, 25.

5. Quod fortuna feret, feremus. Vos admiramur, quo animo iam tam diu dolores tuleritis. Alii eos non diutius ferrent. 6. Non semper assecuti sumus, quae volueramus. 7. Fama crescit eundo[1]. 8. Romani antiqui cum dignitate mori quam cum infamia[2] vivere malebant. 9. Socrates, cum in pompa[3] magna vis auri ferretur, „Quam multa non desidero[4]“! inquit[5]. 10. In sepulcro[6] alicuius haec inscripta sunt: Quod voluit, et potuit. Quod potuit, et voluit. 11. In Ciceronis libris, qui de officiis inscribuntur, haec legi possunt: Qui rei publicae praefuturi sunt, hoc Platonis praeceptum teneant, ut utilitatem civium sic tueantur, ut, quaecumque agunt, ad eam referant[7]. 12. Si quid per laborem recte feceritis, labor ille a vobis cito recedet, bene factum a vobis, dum vivitis, non abscedet. Sed si quae per voluptatem[8] male feceritis, voluptas cito abibit, male factum apud vos semper manebit[9]. 13. Si vis amari, ama[10]! 14. Hóc volo, síc iubeó, sit pró ratióne[11] volúntas[12]!

F: abistis, redissemus, offeramus, nolite praeterire, bello illato, ops ferenda erat, intereunt, efferret, anteferris, referesne, non vult offerre, conferemus, deferendo, sublaturum esse, circumi.

[1] *vgl.* Vergil, Äneis IV, 173; [2] īnfāmia, ae *f. Schande;* [3] pompa, ae *f. festlicher Umzug;* [4] dēsīderāre *wünschen;* [5] Cicero, Disputationes Tusculanae V, 32, 91; [6] sepulcrum, ī *n. Grab;* [7] Cicero, De officiis I, 85; [8] voluptās, ātis *f. Vergnügen;* [9] Cato, Oratio apud equites 1; [10] Seneca, Epistulae 9, 6; [11] ratiō, ōnis *f. Vernunft;* [12] Juvenal, Satirae 6, 223.

Übersicht über die in den Übungen behandelten Präfixe und Suffixe

Präfixe

a-, ab-, abs-, as-	ab-, weg-	avocare abducere abscedere asportare
ad-	hinzu-, herbei-, an-, zu-	adducere accurrere afferre alloqui apportare assentiri
au-	weg-, fort-	auferre aufugere
ante-	vor-, voran-	antecedere anteponere
circum-	rings umher, herum-, um-	circumducere circumdare
com-, con-	zusammen-, Verstärkung	conclamare componere convertere
de-	von-herab-, weg-, über-	decurrere deportare deferre
di-, dis-	zer-, auseinander-, weg-, un-, miß-	differre dimittere dissimilis diffidere, dīlābī
e-, ex-	heraus-, ent-	educere expellere evadere
in-, im-	hinein-, darin-, un-	inducere illabi importare irrumpere inesse inscius
inter-	zwischen-, unter-	interponere intermittere interire
ob-	entgegen-	obesse occurrere offerre opponere
per-	(hin)durch-, Verstärkung	pererrare perferre persuadere permulti
prae-	voran-, voraus-	praecedere praemittere
praeter-	vorbei-, vorüber-	praeterire praetervehi
pro-	vor-, hervor-, dafür-	procurrere profluere prodesse
re-, red-	zurück-, wieder-	reducere renuntiare reddere
se-, sed-	weg-, beiseite-	seducere seditio
sub-	unter-, von unten, zu Hilfe	subire subducere submittere
super-	über-, darüber-	superesse superponere
tra-, trans-	hinüber-, über-	traducere transire

Suffixe

A. Substantive

1. a-Deklination:

-cula	Verkleinerung	pellicula
-ola	Verkleinerung	filiola
-ula	Verkleinerung	lingula

2. o-Deklination m.:

-culus	Verkleinerung	musculus
-olus	Verkleinerung	filiolus
-ulus	Verkleinerung	regulus

3. o-Deklination n.:

-arium	Sammelort	lapidarium terrarium
-culum	Verkleinerung	corpusculum
-ulum	Verkleinerung	capitulum
-um (Neutrum des Adjektivs)	Abstraktum	bonum malum
-um (Neutrum des Part. Perf. Pass.)	Ergebnis der Handlung	factum interdictum

4. u-Deklination m.:

-tus (Supinstamm)	Handlung, Ergebnis der Handlung	monitus processus

5. konsonantische Deklination m.:

-tor (Supinstamm)	handelnde Person	explorator rector

6. konsonantische Deklination f.:

-tas	Eigenschaft	cupiditas firmitas
-tio	Handlung, Tätigkeit	descriptio mutatio
-tudo	Eigenschaft	latitudo longitudo

B. Adjektive

1. a- u. o-Deklination:

-anus	Zugehörigkeit	insulanus montanus
-eus	Stoff, Material	aureus lacteus
-fer	-bringend, -tragend	ignifer signifer
-inus	Zugehörigkeit	caninus equinus
-osus	Fülle, Reichtum	copiosus gloriosus

2. i-Deklination:

-alis	Zugehörigkeit	naturalis regionalis
-aris	Zugehörigkeit	consularis popularis
-bilis	Möglichkeit	mutabilis sanabilis
-ensis	räumliche Zugehörigkeit	castrensis forensis
-ilis	Eigenschaft	puerilis senilis

C. Verben

1. a-Konjugation:

-itare	Verstärkung, Wiederholung	agitare ventitare
-tare, -sare	Verstärkung, Wiederholung	captare cursare

2. konsonantische Konjugation:

-scere	Werden, Beginn	noscere
-ascere,		puerascere vesperascere
-escere		durescere lucescere

4. TEIL: WÖRTERVERZEICHNIS ZU DEN LEKTIONEN

Vorbemerkungen

1. Lateinische Vokabeln, die mit einer neu zu erlernenden Vokabel verwandt und in früheren Lektionen bereits vorgekommen sind, stehen als Gedächtnishilfe unter der neuen Vokabel.
2. Neben der deutschen Bedeutung in Klammer gesetzte oder mit „ “ versehene Wörter sind urverwandt, Lehn- oder Fremdwörter und sollen ebenso wie die verwandten englischen, französischen oder russischen Wörter das Einprägen der Vokabeln erleichtern und gleichzeitig den Blick für sprachliche Zusammenhänge schulen.
3. Zu den angeführten Wörtern aus dem Russischen ist zusätzlich noch folgendes zu bemerken: Durch lautgesetzliche Veränderungen im Verlaufe der Sprachgeschichte haben die verglichenen Wörter bisweilen eine unterschiedliche Gestalt angenommen. Zur besseren Erkenntnis der Zusammengehörigkeit mögen folgende Lautregeln dienen:
   a) Dem Gutturallaut des Lateinischen (Centum-Sprache) entspricht oft ein Zischlaut des Russischen (Satem-Sprache); dabei muß man auch mit Lautveränderungen im Lateinischen rechnen: Centum – сто, (**g**)noscere – **знать**, vivus (v – <gꭒ̭) – **живой**, hiems (h < gh) – **зима**.
   b) In den Vergleichssprachen treten verschiedene Ablautstufen auf, z. B. **cor** – **сердце**, n**ō**men (Dehnstufe) – **имя**(<*n̥men: Schwundstufe), f**a**-cere (Schwundstufe) – **де-лать** (Vollstufe).
   c) Lateinisch **ō** erscheint im Russischen als **a**, z. B. nōscere – **знать**, amb**ō** – **оба**; dagegen lateinisch **ă** als russisches **o**, z. B. m**ă**re – **море**, ăcies – **острый**.
   d) Lateinische Nasalverbindungen sind im Russischen durch **я** (< idg. en) und **у** (< idg. on) vertreten, z. B. **decem** – **десять**, **emere** – **вз-я-ть**, **pons** – **путь**.
   e) Beispiele für andere Abweichungen durch Lautwandel: lingua < altlateinisch dingua – язык (d– geschwunden), quinque (< *penque) – пять, uter (qꭒ̭– abgefallen) – который, facere (f < dh) – делать (д < dh); (vgl. auch die drei letzten Beispiele unter a).
4. Die den Vokabeln angefügten Zahlen weisen auf die in den Fußnoten verzeichneten Bedeutungen hin, die die betreffende Vokabel über die antike Bedeutung hinaus im mittelalterlichen Latein (ML) angenommen hat. Sie sind speziell für die Studierenden der historischen Disziplinen bestimmt.

I

terra, ae f. Erde, Land[1] (*Terrarium, Terrasse*)
E: vgl. terrain
F: la terre
R: vgl. территория

incola, ae **m.** Einwohner

patria, ae f. Heimat, Vaterland, -stadt[2] (*Patriot*)
E: vgl. patriot
F: la patrie
R: vgl. патриот

ML.: [1] *Land(stück)*, t. sancta, t. Domini *das heilige Land;* [2] *Land, Gebiet, Gutsbezirk.*

patrius, a, um	väterlich, vaterländisch, heimatlich
lingua, ae f.	„Zunge", Sprache (*Linguistik*) *E: language* *F: la langue* *R: язык*
discipula, ae f.	Schülerin
disciplīna, ae f.	Unterricht, Wissenschaft, Zucht[1] (*Disziplin*) *E: discipline* *F: la discipline* *R: дисциплина*
studiōsa, ae f.	Studentin
scientia, ae f.	Wissen(schaft), Kenntnis, Kunde *E: science* *F: la science*
littera, ae f.	Schriftzeichen, Buchstabe[2] (*Letter, Literatur*) *E: letter* *F: la lettre* *R: литера*
litterae, ārum f.	Aufzeichnung, Brief, Urkunde, Wissenschaft(en) *E: letters* *F: les lettres*
(**medicīna,** ae f.)	Medizin, Heilkunde, -mittel *E: medicine* *F: la médecine* *R: медицина*
(**pharmacia,** ae f. (gr.))	Pharmazie *E: pharmacy* *F: la pharmacie* *R: фармация*
historia, ae f. (gr.)	Erforschung, Geschichte, Sage[3] (*Historie*) *E: history* *F: l'histoire* *R: история*
aqua, ae f.	Wasser, Quelle[4] (*Aquavit, Aachen*) *E: vgl. aquatic* *F: l'eau* *R: vgl. акварель*
silva, ae f.	Wald (*transsilvanisch, Silvester*) *F: vgl. sylvain*
(**herba,** ae f.)	(Un-)Kraut, Gras, Halm (*Herbarium*) *E: herb* *F: l'herbe*
(**planta,** ae f.)	„Pflanze", Setzling (*Plantage*) *E: plant* *F: la plante* *R: vgl. плантация*
(**bāca,** ae f.)	Beere *F: la baie*
cōpia, ae f.	Fülle, Menge, Vorrat (*Kopie*) *E: copy* *F: la copie* *R: копия*
cōpiae, ārum f.	Vorräte, Truppen
bēstia, ae f.	Tier (*Bestie*) *E: beast* *F: la bête*
nātūra, ae f.	„Natur"(gesetz), Geburt *E: nature* *F: la nature* *R: натура*

ML: [1] *Kirchenzucht, Strafe, Strafgewalt;* [2] *Brief, Urkunde, Schrift;* [3] *geschichtliche Darstellung;* [4] a. gratiae *Gnadenwasser, Taufe.*

caprea, ae f. — Reh (*Kapriole*)
E: vgl. caprice
F: vgl. le chevreuil, la chèvre
R: vgl. каприз

schola, ae f. — Schule[1] (*Scholar*)
E: school
F: l'école
R: школа

vita, ae f. — Leben(sweise), Lebensbeschreibung (*Vitamin, Vitalität*)
E: vgl. vital
F: la vie
R: жизнь

hōra, ae f. — Stunde, (Jahres-)Zeit[2] (*17h*)
E: hour
F: l'heure

vigilia, ae f. — das Wachen, Zeit der Nachtwache, Wachtposten; pl. durchwachte Nächte[3]
E: vigil
F: la veille

esse — sein
F: être
R: vgl. есть

amāre — lieben (*Amateur*)
E: vgl. amateur
F: aimer
R: vgl. амур(ный)

nōmināre — (be)nennen, bezeichnen, erwähnen[4] (*nominieren, Nominativ*)
E: to nominate
F: nommer
R: vgl. имя

vīsitāre — oft sehen, besuchen (*visitieren, Visitation*)
E: to visit
F: visiter
R: vgl. визит

dēlectāre — ergötzen, erfreuen[5] (*Delikatesse*)
E: to delight
F: vgl. délicieux

dare — geben, anrechnen[6] (*Datum, Dativ*)
E: vgl. to date
F: vgl. dater
R: дать, давать

circum, circā (Adv.) — ringsum, um - herum (*Zirkumpolarsterne*)
(Präp. b. Akk.) — ringsum, in der Nähe (von) (*zirka*)
E: circum
F: circon-
R: цирк, циркуль

circumdare — umgeben, herumlegen, umzingeln, einschließen

spectāre — schauen, sehen, betrachten[7] (*Spektabilität, Spektrum*)
E: vgl. spectacular
F: vgl. le spectateur
R: vgl. спектакль

exspectāre — ausschauen, (er)warten, erhoffen[8] (*exspektativ*)
E: to expect
F: vgl. expectant

ambulāre — spazierengehen, reisen[9] (*ambulant, Ambulatorium*)
E: vgl. ambulance
F: vgl. l'ambulance
R: vgl. амбулатория

ML: [1] *Lehrstelle, -stuhl, Vereinigung, Gruppe, Genossenschaft;* [2] *(abendliche) Gebetsstunde;* [3] *Tag vor einem hohen Kirchenfest; pl. nächtliches Gebet;* [4] nominatus *berühmt;* [5] *unpers.: es erfreut;* [6] *gewähren, übertragen, gestatten;* [7] sp. ad *sich beziehen auf, gehören zu, zustehen;* [8] *m. Inf.: wollen;* [9] *zu Fuß gehen, wandeln, dahingehen, schwinden.*

observāre	beobachten, achtgeben[1] (*Observatorium*) *E: to observe* *F: observer* *R: vgl. обсерватория*
spīrāre	hauchen, blasen, atmen (*Spirans, Aspirant*) *E: vgl. to aspire* *F: vgl. aspirer* *R: vgl. аспирант*
spērāre	(er)hoffen, erwarten[2] (*Esperanto*) *F: espérer*
numerāre	(auf)zählen (*numerieren*) *E: vgl. to number* *F: vgl. nombrer* *R: vgl. нумерация*
habēre	(inne)haben, halten (für) *E: to have* *F: avoir*
ad (Präp. b. Akk.)	nach, zu, bis zu[3] (*Adverb*) *F: à*
adhibēre (*ad – habēre*)	hinzunehmen, -ziehen, anwenden[4]
dē (Präp. b. Abl.)	von, von – weg, von – herab, über[5] (*degradieren*) *F: de*
dēbēre (*dē – habēre*)	schuldig sein, verdanken, sollen, müssen, dürfen[6] (*Debet*) *E: to debit* *F: devoir* *R: vgl. дебет, дебитор*
studēre (Dat.) (*studiōsa*)	betreiben (etw.), sich bemühen (um), sich beschäftigen (mit); studieren *E: to study* *F: étudier* *R: vgl. студент*
docēre	(be)lehren, unterrichten (*dozieren, Dozent*) *E: vgl. docile* *F: vgl. docile* *R: vgl. доцент*
doctus, a, um	gelehrt, gebildet, klug (*Doktor*) *E: vgl. doctor* *F: docte* *R: vgl. доктор*
vidēre (*vīsitāre*)	(ein)sehen, wahrnehmen, betrachten (*Visum, Vision, wissen*) *E: to view* *F: voir* *R: видеть*

alius, a, ud	ein anderer (von mehreren) (*elend*)
alii- alii	die einen – die anderen
antīquus, a, um	alt(ehrwürdig) (*Antiqua, Antiquar, Antike*) *E: antique* *F: antique*
singulī, ae, a	einzelne, je einer (*Singular*) *E: single*
et	und, auch *F: et*
et – et	sowohl – als auch *F: et – et*

ML: [1] *veranstalten, abhalten;* [2] sp., ut *fürchten;* [3] *bei, über* (*Anlaß*); [4] *erteilen;* [5] *ausgehend von, auf Grund;* [6] *pass.: zustehen.*

–que	und
valdē (Adv.)	sehr
autem (nachgestellt)	aber, dagegen[1]
in (Präp. b. Akk.: wohin?)	in, auf, nach – hin (*inspirieren*) *E: in* *F: en*
(Präp. b. Abl.: wo?)	in, an, auf, bei, innerhalb
varius, a, um	bunt, verschieden, mannigfaltig (*variabel, variieren, Varieté*) *E: vgl. various* *F: vair* *R: vgl. вариант*
nōn	nein, nicht *E: no* *F: non*
iam (Adv.)	schon, bereits, nun(mehr) *F: déjà (aus: dē – iam)*
nōn iam	nicht mehr
etiam (et – iam)	auch, bereits, sogar, noch
nūllus, a, um	kein (*Null, annullieren*) *E: null* *F: nul* *R: vgl. нуль*
nōnnūllī, ae, a	einige
nunc (Adv.)	„nun", jetzt[2] *R: ныне, нынче*
novus, a, um	neu, frisch, jung (*Novität, Novize*) *E: new* *F: neuf* *R: новый*
dīversus, a, um	entgegengesetzt, verschieden, in verschiedener Richtung (*divers*) *E: diverse* *F: divers* *R: vgl. диверсант*
ā, ab (Präp. b. Abl.)	von, von – her, von – aus[3] *E: of*
item (Adv.)	ebenso, auf gleiche Weise, ebenfalls *E: item* *F: item*
perītus, a, um (Gen.)	kundig, erfahren (in)
modo (Adv.)	nur, bloß[4]
suus, a, um	sein, ihr *F: son* *R: свой*
sed	sondern, aber, indessen
ut (m. Ind.)	wie, wie z. B.
velut(ī) (Adv.)	(gleich)wie, ebenso wie, wie (so) zum Beispiel
saepe (Adv.)	oft
semper (Adv.)	immer, stets *E: vgl. sempiternal* *F: vgl. sempiternel*
industrius, a, um	regsam, fleißig (*Industrie*) *E: industrious* *F: industrieux* *R: vgl. индустрия*
ē, ex (Präp. b. Abl.)	aus, seit, auf Grund (*Expansion*) *R: из(–), экс-*
externus, a, um	äußere, äußerlich, auswärtig, ausländisch, fremd (*extern, Externist*) *E: external* *F: externe* *R: экстерн(ат)*

ML: [1] *nämlich;* [2] ex nunc *von jetzt an;* [3] *infolge von, als (nach Komparativ);* [4] *jetzt, bald;* a modo *von nun an.*

inter (Präp. b. Akk.)	zwischen, unter, während (*Interim*) *E: inter-* *F: entre* *R: интер-*
interdum (Adv.)	mitunter, bisweilen, manchmal[1]
necessārius, a, um	unumgänglich, notwendig, verwandt, befreundet (*Necessaire*) *E: necessary* *F: nécessaire* *R: vgl. несессер*
nam	denn, nämlich[2]
ita (b. Verb)	so, auf diese Weise
itaque (Adv.)	und so, daher, deshalb *R: vgl. итак*
paucī, ae, a	wenige *F: peu*
perpaucī, ae, a	sehr wenige
multī, ae, a	viele; die Menge (*multiplizieren*) *E: vgl. multiple* *F: vgl. multiple* *R: vgl. мультипликация*
plēnus, a, um (Gen.)	voll (von)[3] (*Plenum, Plenar-*) *E: vgl. plentiful* *F: plein* *R: полный*
merīdiānus, a, um	mittägig, Mittags-, südlich (*Meridian*) *E: meridian* *F: méridien* *R: vgl. меридиан*
prius (Adv.)	eher, früher *R: vgl. приор(итет)*
quam (nach Komparativ)	als *F: que*
parvus, a, um	klein, gering[4]
māgnus, a, um	groß, wichtig, bedeutend (*Magnat*) *E: vgl. magnanimous* *F: vgl. Charlemagne* *R: vgl. магнат*
māximē (Adv.)	am meisten, besonders *R: vgl. максимум*
–ne	? (Fragepartikel; unübersetzbar) *R: vgl. zur Funktion ли*
tū	du *F: tu* *R: ты*
quoque (nachgestellt) (Adv.)	auch, sogar
dum	während, so lange[5]
sī	wenn, ob *F: si*
nisi	wenn nicht
serēnus, a, um	aufheiternd, heiter, hell, klar[6] (*Serenissimus*) *E: serene* *F: serein*

1. copia bac**arum**	eine Menge **von** Beeren, eine Menge Beeren
plenus plant**arum** (Gen. partitivus)	voll **von** Pflanzen
2. scientia lingu**arum** antiqu**arum**	Kenntnis der alten Sprachen, Kenntnis **in** den alten Sprachen
peritus lingu**ae** (Gen. obiectivus)	kundig einer Sprache, erfahren **in** einer Sprache, sprachkundig

ML: [1] *inzwischen;* [2] *dann, nun;* [3] ad plenum *völlig;* [4] parvi *wenige;* [5] *als, da, wenn;* [6] *erlaucht, huldvoll.*

3. lingu**is** studere	sich **mit** Sprachen beschäftigen
4. non schol**ae**, sed vit**ae** (discimus) (Dat. commodi)	nicht **für** die Schule, sondern **für** das Leben (lernen wir)
5. lingu**am** Graeciae nominare lingu**am** Graec**am** nov**am**	die Sprache Griechenlands die neugriechische Sprache (Neugriechisch) nennen
studios**as** lingu**as** docere (dopp. Akk. b. nominare, docere)	die Studentinnen Sprachen lehren
6. ad silv**am**	zu**m** Wald
circum (circa) silv**am**	rings um den Wald herum
inter silv**am** et aqu**am**	zwischen **dem** Wald und **dem** Wasser
7. in aqu**am** (Akk.: wohin?)	in das Wasser, an das Wasser, nach dem Wasser hin
in aqu**a** (Abl.: wo?)	in **dem** Wasser, auf, an **dem** Wasser
8. a silv**a**	vo**m** Wald her
a**b** incola	von **dem** Einwohner
de silv**a**	über **den** Wald (erzählen)
e (ex) silv**a**	aus **dem** Wald
9. diversus a lingua Latina	verschieden, abweichend von der lateinischen Sprache
10. copi**a** bacarum (delectare) (Abl. instrumentalis)	**durch die** Fülle der Beeren (erfreuen)
11. Graecia **et** Italia **et** Gallia Graecia**,** Italia, Gallia Graecia, Italia Gallia**que**	Griechenland, Italien **und** Gallien
12. multae silvae **sunt**	viele Wälder sind, **es gibt** viele Wälder
13. **tu quoque** amas (quoque nachgestellt)	**auch du** liebst
14. amasne bestias? – **amo**	liebst du Tiere**?** – **ja** (ich liebe)
15. **non** numero **nisi** horas serenas	(ich zähle die Stunden nicht wenn nicht die heiteren) ich zähle **nur** die heiteren Stunden
16. dum spiro (Temporalsatz)	während ich atme, solange ich atme

II

numerus, ī m. (*numerāre*) — (An-)Zahl, Stand, Rang[1] (*Nummer*)
E: number
F: le nombre
R: vgl. нумерация

servus, ī m. — Hüter, Sklave, Knecht[2]
E: serf
F: le serf
R: vgl. сервировать

ML: [1] *Truppenabteilung;* [2] *Diener, Unfreier, Höriger, Reisiger.*

dominus, ī m.	Herr[1] (*Domino, dominant*) *E: vgl. dominant* *F: vgl. dominant* *R: vgl. доминанта*
medicus, ī m. (*medicīna*)	Arzt (*Medikus*) *E: vgl. medical man* *F: le médecin* *R: медик*
morbus, ī m.	Krankheit (*morbid*) *E: vgl. morbid* *F: vgl. morbide*
philosophus, ī m. (gr.)	Philosoph[2] *E: philosopher* *F: le philosophe* *R: философ*
philosophia, ae f. (gr.)	Philosophie *E: philosophy* *F: la philosophie* *R: философия*
populus, ī m.	Volk, Menge, Haufe[3] (*populär*) *E: people* *F: le peuple* *R: vgl. популярный*
fluvius, ī m.	Fluß, Strom *F: le fleuve*
mūrus, ī m.	„Mauer" *E: vgl. mural* *F: le mur*
campus, ī m.	Feld, Ebene, freier Platz[4] (*Camping, kampieren*) *E: camp* *F: le camp* *R: vgl. кампания*
fīlius, ī m.	Sohn
mī fīlī (Vok.)!	mein Sohn! *E: vgl. filial* *F: le fils* *R: vgl. филиал*

amīcus, a, um (*amāre*)	befreundet, geneigt
amīcus, ī m.	Freund[5] *E: vgl. amicable* *F: l'ami*
locus, ī m.	Ort, Platz, Stelle[6] (*Lokal, Leutnant*)
locī, ōrum m.	Stellen (in Büchern), Buchabschnitte
loca, ōrum n.	Gegend, Gelände, Ortschaften *E: vgl. local* *F: le lieu* *R: vgl. локальный*
collocāre	zusammenstellen, hin-, aufstellen, errichten, hin-, anlegen *E: to couch* *F: coucher*
vir, virī m.	Mann[7]; pl. Leute, Krieger (*Virilstimme*) *E: vgl. virile* *F: vgl. viril*
līber, lībera, līberum	frei, ungehindert (*liberal, Liberia*) *E: vgl. liberal* *F: libre* *R: vgl. люди*
līberī, ōrum m.	die Freien, Kinder
ager, agrī m.	Acker, Feld, Gebiet (*Agrarier, Agronom*) *E: vgl. agrarian* *F: vgl. agraire* *R: vgl. агро-*
magister, trī m.	Meister, Lehrer[8] (*Magister*) *E: master, mister* *F: le maître* *R: vgl. мастер*

ML: [1] *Lehnsherr, Grundherr, Herr (als Titel);* [2] *Gelehrter;* [3] *Gemeinde; pl.: Leute;* [4] *Schlacht(feld), Zweikampf;* [5] *Verwandter, Vasall:* [6] *Gut, Grundstück;* [7] *Herr (Anrede);* [8] *Vorsteher, Vorgesetzter, Magister (Titel).*

puer, puerī m.	Knabe, Junge, Diener[1] (*pueril*) *E: vgl. puerile* *F: vgl. puéril*
puella, ae f.	Mädchen
liber, brī m.	Bast, Buch *E: vgl. library* *F: le livre* *R: луб*
pulcher, pulchra, pulchrum	schön, herrlich, köstlich
bellum, ī n.	Krieg[2] (*Duell, Rebell*) *R: vgl. дуэль*
lātus, a, um	breit, weit *E: vgl. latitude* *F: vgl. le lé, la latitude*
lātifundium, ī n.	großes Landgut (*Latifundium*) *R: латифундия*
metallum, ī n. (gr.)	Grube, Bergwerk, Metall[3] *E: metal* *F: le métal* *R: металл*
verbum, ī n.	„Wort“, Ausdruck (*Verb, verbal*) *E: verb* *F: le verbe* *R: vgl. вербальный*
flagellum, ī n.	Geißel, Peitsche[4] (*Flagellate*) *E: flail* *F: le fléau*
oppidum, ī n.	fester Platz, (Land-) Stadt
castra, ōrum n.	(Kriegs-)Lager[5] *E: -chester, vgl. castle* *F: vgl. le castel*
vallum, ī n.	„Wall“, Verschanzung *E: wall*
tēctum, ī n.	„Dach“, Haus *F: le toit*

aedificium, ī n.	Gebäude *E: edifice* *F: l'édifice*
aedificāre	bauen[6] *E: to edify* *F: édifier*
studium, ī n. (*studēre*)	Eifer, Begeisterung, wissenschaftliche Beschäftigung; Studium (*Studio*) *E: study* *F: l'étude*
studiōsus, a, um (*studiōsa*)	eifrig, eifrig strebend; studierend; Student *E: studious* *F: studieux*
templum, ī n.	heiliger Bezirk, Heiligtum, Tempel[7] *E: temple* *F: le temple*
theātrum, ī n. (gr.)	Schauplatz, Theater[8] *E: theatre* *F: le théâtre* *R: театр*
meus, a, um	mein *E: my* *F: mon* *R: мой*
tuus, a, um	dein *F: ton* *R: твой*
noster, nostra, nostrum	unser *F: notre* *R: наш*
vester, vestra, vestrum	euer *F: votre* *R: ваш*
familia, ae f.	Hausgenossenschaft, Familie, Gesinde, Dienerschaft *E: family* *F: la famille* *R: фамилия*

ML: [1] *Knappe, Vasall, Knecht;* [2] *Zweikampf, Schlacht;* [3] *Gestein;* [4] *Dreschflegel;* [5]*Sing. Burg, Feste, befestigter Ort;* [6] *erbauen;* [7] *Kirche;* [8] *Kaufhaus.*

fēmina, ae f.	Weib, Frau (*Feminismus*) *E: vgl. feminine* *F: la femme*
stāre	„stehen" (*Station, Staat, Distanz*) *E: vgl. state* *F: vgl. la station* *R: стоять, стать*
cōnstāre (ex)	feststehen, bestehen (aus), „kosten" (*konstant*) *E: to cost* *F: coûter* *R: vgl. константный*
cōnstat	es steht fest
parāre	(vor)bereiten, verschaffen, rüsten (*parat*) *E: vgl. to prepare* *F: parer*
comparāre	vorbereiten, besorgen, beschaffen, aufbringen
vīlla, ae f.	(Land-)Haus, Landgut[1] (*Villa*) *E: villa* *F: la ville* *R: вилла*
opulentus, a, um	reich, mächtig (*opulent*) *E: opulent* *F: opulent*
labōrāre (Abl. od. ex b. Abl.)	arbeiten, leiden (an), in Not sein[2] (*laborieren, Kollaborateur*) *E: to labour* *F: labourer* *R: vgl. лаборант*
pārēre	erscheinen, gehorchen (*parieren*) *F: paraître*
īra, ae f.	Zorn, Erbitterung, Wut *E: vgl. irate* *F: vgl. irascible*
malus, a, um	schlecht, böse, schlimm, gering (*Malheur*) *E: vgl. mal-* *R: vgl. малый*
malum, ī n.	das Böse, Leid, Übel *F: le mal*
timēre	(sich) fürchten *E: vgl. timid* *F: vgl. timide*
dūrus, a, um	hart, steif, abgehärtet (*durabel, Dur*) *E: vgl. durable* *F: dur*
monēre	(er)„mahnen", erinnern, auffordern, warnen (*monieren*) *E: vgl. monitor* *F: vgl. le moniteur* *R: vgl. монитор*
admonēre	er„mahnen", erinnern *E: to admonish* *F: vgl. l'admonition*
verberāre	schlagen, peitschen, züchtigen
aegrōtus, a, um	krank; subst.: der, die Kranke
cūra, ae f.	(Für-)Sorge, Pflege, Behandlung[3] (*Kur*) *E: cure* *F: la cure*
cūrāre	(be)sorgen, pflegen, behandeln[4] (*kurieren, Kuratorium*) *E: to cure* *F: curer*

ML: [1] *Domäne, Meierei, Dorf;* [2] *bebauen, bestellen, sich kümmern (um);* [3] c. animarum *Seelsorge;* [4] *m. Inf.: sich bemühen.*

sānāre	heilen (*sanieren*, *Sanatorium*) *E: vgl. sanitary* *F: vgl. sanitaire* *R: vgl. санировать*
ēducāre	auf-, erziehen, ernähren (*Koedukation*) *E: to educate* *F: vgl. l'éducation*
grammatica, ae f. (gr.)	Sprachkunde, Philologie, Grammatik *E: grammar* *F: la grammaire* *R: грамматика*
nārrāre	erzählen, berichten, kundtun *E: to narrate* *F: narrer*
clārus, a, um	„klar", hell, berühmt (*Klara*, *Klarinette*) *E: clear* *F: clair*
poēta, ae m. (gr.)	Dichter (*Poet*) *E: poet* *F: le poète* *R: поэт*
tragoedia, ae f. (gr.)	Tragödie *E: tragedy* *F: la tragédie* *R: трагедия*
comoedia, ae f. (gr.)	Komödie *E: comedy* *F: la comédie* *R: комедия*
ōlim (Adv.)	ehemals, einst, vor Zeiten
prīmus, a, um	der vorderste, erste[1] (*Primel*) *E: prime* *F: prime* *R: vgl. прима, примат*
prīmum (Adv.)	zum erstenmal, zuerst
prīmō (Adv.)	anfangs, zuerst *F: primo*
imprīmīs (Adv.)	vor allem, hauptsächlich
prope (Adv.) (Präp. b. Akk.)	nahe, beinahe, fast nahe bei, in der Nähe von *F: vgl. proche*
fossa, ae f.	Graben, Grube, Kanal[2] (*Fossil*) *E: fosse* *F: la fosse*
tum (Adv.)	da, dann, darauf, damals
porta, ae f.	„Pforte", Tor, Tür (*Portal*, *Porta Westfalica*) *E: vgl. portal* *F: la porte* *R: vgl. портал*
tēgula, ae f.	(Dach-)„Ziegel" *E: tile* *F: la tuile*
fenestra, ae f.	„Fenster" *F: la fenêtre*
initium, ī n.	Eingang, Anfang, Beginn (*Initiative*, *Initiale*) *E: vgl. initial* *F: vgl. initial* *R: vgl. инициалы*
initiō (Adv.)	zu Anfang, anfänglich, anfangs
habitāre (*habēre*)	(be)wohnen *E: vgl. habitable, to inhabit* *F: habiter*
discrētus, a, um	abgesondert, getrennt[3] (*diskret*) *E: discrete* *F: discret*

ML: [1] primi *die Großen;* [2] *Bergwerk, Grab;* [3] *fein, vornehm, erlaucht, höflich*

placēre	gefallen (*Plazet*) *E: to please* *F: plaire, vgl. le plaisir*
cum (Präp. b. Abl.)	mit *E: con-* *F: con-*
reliquiae, ārum f.	Rest, Überreste[1] (*Reliquie*) *E: vgl. reliquary* *F: la relique* *R: реликвия*
gaudēre (Abl.)	sich freuen (über)[2] *E: vgl. to rejoice* *F: jouir, se réjouir*
basilica, ae f. (gr.)	mehrschiffige Halle, Basilika[3] *E: basilica* *F: la basilique* *R: базилика*
mōnstrāre	zeigen, hinweisen (*demonstrieren, Monstranz*) *E: to muster* *F: montrer*
libenter (Adv.)	gern
cupidus, a, um (Gen.)	begierig (nach), leidenschaftlich (Cupido) *E: vgl. Cupid* *F: cupide*
sine (Präp. b. Abl.)	ohne, „sonder" (*Sinekure*) *F: sans*

17. Rhenus **fluvius**	der Rhein
18. poet**a** clar**us**	der berühmte Dichter
19. mult**a**, pulchr**a** (Plur.)	viel**es**, Schön**es** (Sing.)
20. multa **et** pulchra	viel Schönes
21. etiam liberi servorum erant servi (Prädikatsnomen)	auch die Kinder der Sklaven waren Sklaven
22. servi curabant medici morbos Romanorum (prädikatives Zustandsattribut bei Substantiven, die eine Funktion oder Lebensalter bezeichnen)	die Sklaven behandelten **als** Ärzte die Krankheiten der Römer
23. Germani habitabant discreti (prädikatives Zustandsadjektiv bei räumlichen Angaben)	die Germanen wohnten abgesondert
24. verbum port**ae** (Gen. definitivus)	das Wort „porta"
25. cupidus libr**orum** (Gen. obiectivus)	begierig **nach** Büchern
26. prope Rhen**um** fluvi**um**	nahe **dem** Rhein, in der Nähe **des** Rheines
27. cum fili**o**	mit **dem** Sohn
28. **cum** studio magno (cum) studio (Abl. modi mit cum, wenn kein Attribut steht; bei Attribut Abl. mit oder ohne cum)	mit Eifer mit großem Eifer

ML: [1] *Reliquien;* [2] *sich erfreuen, besitzen;* [3] *Kirche, Dom.*

29. sine ir**a**	ohne Zorn
30. gaudere studi**o** laborare morb**o** (Abl. causae)	sich **über** den Eifer freuen **an** einer Krankheit leiden
31. libenter reliquias monstrabo, si cupidus **erit** (Consecutio temporum im indikativischen Nebensatz; futurischer Fall)	ich werde gern die Reste zeigen, wenn er es wünscht (begierig **ist**)
32. **servus,** nisi paret, dominum timere debet (Voranstellung des Subjekts bei gleichem Subjekt in Haupt- und Nebensatz)	wenn **der Sklave** nicht gehorcht, muß **er** den Herrn fürchten

III

abesse	abwesend, entfernt sein, fehlen *E: vgl. absent* *F: vgl. absent*
adesse	dasein, anwesend sein, helfen[1]
dēesse	wegsein, fehlen
officium, ī n.	Pflicht, Dienst[2] (*Offizier, offiziell*) *E: office* *F: l'office* *R: vgl. офицер*
officiō dēesse	seine Pflicht vernachlässigen, versäumen
inesse	darin sein, innewohnen
interesse (Dat.)	dazwischenliegen, teilnehmen (an) (*interessieren, Interesse*) *E: to interest* *F: intéresser* *R: vgl. интерес*
ob (Präp. b. Akk.)	(ent)gegen, wegen *F: ob-*
obesse	(entgegen) hinderlich sein, schaden
prae (Adv.)	vorn, voraus (*Präambel*)
(Präp. b. Abl.)	vor, vor-her *E: vgl. pre-* *F: vgl. pré-*
praeesse (Dat.)	(voransein) leiten, an der Spitze stehen (*Präsens*)
prō (Präp. b. Abl.)	vor, gemäß, für, zugunsten, anstatt (*progressiv*) *E: pro* *F: pro, pour*
prōdesse	nützen, nützlich sein (*Prosit*)
posse	können, vermögen[3] *R: vgl. потенция*
ipse, ipsa, ipsum	selbst[4] (*Ipsophon*)
herī (Adv.)	gestern *F: hier*
ūnus, a, um (ex)	einer (von) (*Uniform*) *E: vgl. unique*

ML: [1] *sein;* [2] *Amt, (Dienst-)Leistung, Gottesdienst;* [3] *bedeuten, Inf. subst.: das Können, Vermögen, Macht;* [4] *dieser, jener.*

	F: un
	R: один
ūnā cum (Abl.)	zusammen mit
bibliothēca, ae f. (gr.)	Büchersammlung, Bibliothek[1]
	F: la bibliothèque
	R: библиотека
cēterī, ae, a	die übrigen, die anderen (*etc. = et cetera*)
cēterum (Adv.)	übrigens, sonst
frūstrā (Adv.)	vergeblich, ohne Erfolg, grundlos
ibī (Adv.)	dort
ubī (Adv.)	wo
	F: où
ūsque ad (Präp. b. Akk.)	bis zu[2]
	F: jusqu'à (ūsque-ad)
vesper, vesperī m.	Abend (*Vesper*)
	E: vesper
	F: les vêpres
	R: вечер
crās (Adv.)	morgen
quidem (Adv.)	gewiß, sicher, wenigstens, allerdings
iterum (Adv.)	zum zweiten Male, abermals, wiederum (*Iterativ*)
	E: vgl. to iterate
	F: vgl. itératif
apud (Präp. b. Akk.)	bei, in der Nähe von, in Gegenwart von
quattuor	vier
	F: quatre
	R: четыре
quārtus, a, um	vierte (*Quarte, Quartal*)
	F: vgl. quatrième
	R: четвёртый
famulus, ī m. (*familia*)	Sklave, Diener, Helfer, Famulus[3]
cōnsilium, ī n.	Beratung, Beschluß, Plan, Rat(sversammlung) (*Konsilium*)
	E: counsel
	F: le conseil
	R: консилиум
consultare	beratschlagen, sich beraten, befragen (*konsultieren, Konsultation*)
	E: to consult
	F: consulter
	R: vgl. консультация
(ad)iuvāre (Akk.)	helfen, unterstützen (*Adjutant*)
	E: vgl. adjutant
	F: aider
	R: vgl. адъютант
post (Adv.)	nachher, hinten, zuletzt (*postnumerando*)
(Präp. b. Akk.)	hinter, nächst, nach
posteā (Adv.)	hernach, später
	F: puis
ante (Adv.)	vorn, vorher, früher (*antedatieren*)
(Präp. b. Akk.)	vor (räumlich und zeitlich)
	F: avant (ab-ante)
anteā (Adv.)	vorher, früher[4]
titulus, ī m.	Aufschrift, Buchtitel[5] (*Titel*)
	E: title
	F: le titre
	R: титул
explicāre	auseinanderfalten, entwickeln, ausführen, erklären (*explizieren, explizite*)
	E: to explicate
	F: expliquer

ML: [1] sancta b. *die heilige Schrift;* [2] *stets, sogar;* [3] *Ministeriale;* [4] in antea *künftig;* [5] *Rechtstitel, -anspruch.*

sīc (Adv.)	so, auf diese Weise *F: si*
sīcut(ī) (Adv.)	sowie, gleichwie, wie wenn
numquam (nunquam) (Adv.)	nie(mals)
enim (nachgestellt)	nämlich, denn, allerdings
vērus, a, um	echt, wahr, wirklich[1] (*Vera*) *E: vgl. veracious* *F: vrai* *R: vgl. Вера*
sententia, ae f.	Meinung, Gedanke[2] (*Sentenz*) *E: sentence* *F: la sentence* *R: сентенция*
bonus, a, um	gut, trefflich[3] (*Bon, Bonbon*) *E: boon* *F: bon* *R: vgl. бонбоньерка*
bene (Adv.)	gut (*Benediktion*) *F: bien* *R: vgl. бенефис*
optimus, a, um	beste, sehr gut (*optimal, Optimist*) *E: optimist* *F: l'optimiste* *R: vgl. оптимист*
optimē (Adv.)	am besten
laudāre	loben, preisen[4] *E: to laud* *F: louer*
valēre	stark, gesund sein, gelten, Einfluß haben[5] (*äquivalent*) *F: valoir* *R: vgl. валентность*
valē!	lebe wohl! *E: vgl. to avail*
cum (Ind.)	wenn; so oft; jedesmal, wenn
colloquium, ī n.	Unterredung, Gespräch (*Kolloquium*) *E: colloquy* *F: le colloque* R*: коллоквиум*
quod	weil[6]
domī (Lok.)	zu Hause
vīnum, ī n.	„Wein" (*Winzer*) *E: wine* *F: le vin* *R: вино*
ruber, rubra, rubrum	„rot" (*Rubin, Rubrik*) *E: vgl. rubric* *F: vgl. rouge*
fābula, ae f.	Gerede, Gespräch, Erzählung, Sage (*Fabel*) *E: fable* *F: la fable* *R: фабула*
sōlus, a, um (Gen. Sing.: sōlīus, Dat. Sing.: sōlī)	allein, einzig (*Solist*) *E: vgl. sole* *F: seul* *R: vgl. солист(ка)*
sōlum (Adv.)	allein, nur *F: vgl. seulement*
exemplum, ī n.	Beispiel, Probe, Abschrift[7] (*Exempel*) *E: sample, vgl. exemplar* *F: l'exemple* *R: vgl. экземпляр*
miser, misera, miserum	elend, unglücklich, erbärmlich (*miserabel, Misere*) *E: vgl. misery* *F: vgl. la misère* *R: vgl. мизерный*

ML: [1] in vero *in Wirklichkeit;* [2] *Lehre, Wort, (Urteils-)Spruch;* [3] *glaubwürdig, zuverlässig;* [4] *zustimmen, billigen, anerkennen, verkündigen;* [5] *können,* valens *im Wert von;* [6] *daß;* [7] *Geschichte, Gleichnis.*

nātus, a, um (*nātūra*)	geboren, entstammt, geschaffen (*Nativität, Renate*) *E: vgl. native* *F: né*
tamen (Adv.)	gleichwohl, dennoch[1]
animus, ī m.	Seele, Geist, Sinn, Mut, Herz (*Animosität, animieren*) *E: vgl. animosity* *F: vgl. l'animosité* *R: vgl. анимизм*
in animō habēre	im Sinn haben, beabsichtigen
per (Präp. b. Akk.)	(hin)durch, auf Veranlassung[2] (*perforieren*) *E: per* *F: par, per-* R: *пере-*
duo, duae, duo	zwei (*Dual, Dualismus*) *E: vgl. double* *F: deux* *R: два, две*
dubitāre	zaudern, zögern, an-, bezweifeln, ungewiß sein[3] (*Dubitativ*) *E: to doubt* *F: douter*
ergō (Adv.)	deshalb, folglich (*ergo*) *F: ergo*
vel	oder[4]
vel – vel	entweder – oder *R: vgl. zur Bedeutg. или – или, либо-либо*
-ve	oder
aut	oder
aut – aut	entweder – oder
agitāre	handeln, treiben, (heftig) bewegen (*agitieren, Agitation*) *E: to agitate* *F: agiter* *R: vgl. агитатор*
cōgitāre (dē)	bedenken, denken (an), überlegen *E: to cogitate* *F: vgl. la cogitation*
errāre	umher„irren", sich (ver)irren (*erratische Blöcke*) *E: to err* *F: errer*
hūmānus, a, um	menschlich, menschenfreundlich (*human*) *E: human* *F: humain* *R: vgl. гуманизм*

33. cura amici (Gen. subiectivus)	die Sorge des Freundes
34. cura amici (tui, nostri)	die Sorge **um** den Freund (**um** dich, **um** uns)
aber: cura tua (nostra)	deine (unsere) Sorge
studium lingu**arum** (Gen. obiectivus)	die Beschäftigung **mit** den Sprachen
35. optimus amic**orum** (nostr**um**) (Gen. partitivus)	der Beste **von** den Freunden (**von** uns)
36. verba nobis exempl**o** sunt (Dat. finalis)	die Worte sind für uns **zum** (**ein**) Beispiel, dienen uns **als** Beispiel, sind für uns **beispielhaft**

ML: [1] *freilich;* [2] per singulos *einzeln*, per se *selbst;* [3] *fürchten;* [4] *und, auch.*

37. **nobis** est cura (Dat. possessivus)	(uns ist Sorge) **wir** haben Sorge
38. offici**o** deesse bibliothec**ae** praeesse colloqui**o** interesse (Dat. nach einigen Komposita von esse)	**seine** Pflicht versäumen **die** Bibliothek leiten **an** dem Gespräch teilnehmen
39. apud amic**um** inter amic**os** ob miser**am** vit**am** per amic**um** per silv**am** post theatr**um**	bei **dem** Freund unter **den** Freunden wegen **des** unglücklichen Lebens durch den Freund (Mittelsperson) durch den Wald (hindurch) nach **dem** Theater, hinter **dem** Theater
ante theatr**um** usque ad vesper**um**	vor **dem** Theater bis **zum** Abend
40. amic**os** adiuvare	**den** Freunden helfen
41. mecum, tecum aber: cum amico una cum amico	mit mir, mit dir mit dem Freund zusammen mit dem Freund
42. prae **se** (portare) pro port**is** pro patri**a** pro numer**o** incolarum	vor **sich** her (tragen) vor **den** Toren für **das** Vaterland (= zum Schutze) für **die** Zahl der Einwohner (= im Verhältnis zu)
pro amic**o**	für **den** Freund (= anstatt, anstelle)
43. unus **ex** amicis	einer **von** den Freunden
44. quart**a** hor**a** (Abl. temporis)	**in** der vierten Stunde
45. **nos** aderamus, **vos** aberatis **vos** quoque (Nominativ der Personalpronomina bei Betonung)	**wir** waren da, **ihr** wart abwesend auch **ihr**
46. postea lauda**bi**t cras in bibliotheca **ero** (Futur bei postea, cras)	später lobt er morgen **bin** ich in der Bibliothek
47. cum aegrotus **eras** (Temporalsatz; cum iterativum mit Indikativ)	so oft (jedesmal, wenn) du krank warst
48. **sic** laborat (sic bei Verben)	so arbeitet er
49. quod in oppido sum (Kausalsatz)	weil ich in der Stadt bin

quis? quid?	wer? was? *R: кто, что*
tenēre	(fest)halten, besetzt halten[1] (*Tenor*) *E: vgl. lieutenant* *F: tenir, vgl. le lieutenant (locum tenere)* *R: vgl. тенор, лейтенант*
abstinēre (Abl.)	sich enthalten (*Abstinenz*) *E: to abstain* *F: s'abstenir*
continēre	zusammenhalten, zurückhalten[2] (*Kontinent*) *E: to contain* *F: contenir* *R: vgl. континент(альный)*
sē continēre (Abl.)	sich halten (in), bleiben
utinam (Konj.) (Adv.)	(o) daß doch, wenn doch
perīculum, ī n. (*perītus*)	Versuch, Probe, Ge„fahr" *E: peril* *F: le péril*
perīculōsus, a, um	mit Gefahr verbunden, gefährlich, gefahrvoll *E: perilous* *F: périlleux*
imperāre	befehlen, anordnen[3] (*Imperator*) *E: vgl. imperial* *F: vgl. impérieux*
imperium, ī n.	Befehl, Amt, Vorschrift, Herrschaft, Reich[4] (*Imperialismus*) *E: empire* *F: l'empire* *R: vgl. империя*
atque, ac (ad-que)	und (noch dazu)[5]
ut (Konj.)	daß, so daß, damit; um zu
nē (Konj.)	nicht; daß nicht, damit nicht; um nicht *F: ne* *R: не*
cum (Konj.)	da, als
cottīdiē (Adv.)	täglich, an jedem Tag *E: vgl. quotidian* *F: vgl. quotidien*
postulāre	fordern, verlangen, (gerichtlich) belangen (*Postulat*) *E: to postulate* *F: postuler* *R: vgl. постулировать*
nimis (Adv.)	zu sehr, zu viel, allzu[6]
diū (Adv.)	lange, seit langem
cubāre	liegen, ruhen (*Inkubation*) *E: vgl. to incubate* *F: couver* *R: vgl. инкубация*
sedēre	„sitz"en[7] (*Sessel, Session, Assessor*) *F: vgl. s'asseoir* *R: сидеть*
movēre	bewegen, in Bewegung setzen, veranlassen (*Motor, Lokomotive*)

ML: [1] *(Tafel) halten, halten für (mit dopp. Akk.);* [2] *behalten, im Besitz haben;* [3] *Kaiser sein;* [4] *Gebot, Regierung des Kaisers, Kaisertum;* [5] *als (nach Komparativ);* [6] *sehr;* [7] *ansässig sein.*

	E: to move
	F: mouvoir
	R: vgl. мотор
castra movēre	das Lager abbrechen
exercēre	üben, eifrig bewegen, bearbeiten (*exerzieren*)
	E: to exercise
	F: exercer
exercitāre	(tüchtig) üben
optāre	wünschen (*adoptieren, Optativ*)
	E: to opt
	F: opter
	R: vgl. оптация
fēstus, a, um	„fest"lich, feierlich
	E: vgl. feast
	F: vgl. la fête
	R: vgl. фестиваль
fēriae, ārum f.	Ruhe-, Feiertage, Ferien[1]
	E: fair
	F: la férie
migrāre	wandern[2]
	E: to migrate
	F: vgl. migrateur
	R: мигрировать
ēmigrāre	auswandern (*emigrieren, Emigration*)
	E: to emigrate
	F: émigrer
	R: эмигрировать
natāre	schwimmen
	E: vgl. natation
	F: vgl. la natation
causa, ae f.	Grund, Ursache, Prozeß[3] (*kausal, Kausalsatz*)
	E: cause
	F: la cause, la chose
causā (Gen.)	wegen, um – willen
tam (b. Adj. und Adv.)	so (sehr)
quam (b. Adj. und Adv.)	wie (sehr)
auxilium, ī n.	Hilfe, Beistand
auxilia, ōrum n.	Hilfstruppen
	E: vgl. auxiliary
	F: vgl. auxiliaire
vocāre	rufen, nennen (*Vokal, Vokativ, Vogt*)
	E: to vouch
	F: vgl. vocal
	R: vgl. вокальный
convocāre	zusammenrufen (*Konvokation*)
	E: to convoke
	F: convoquer
inimīcus, a, um (*amīcus*)	feindlich, verhaßt; subst.: Feind
	E: enemy
	F: l'ennemi
amīcitia, ae f.	Freundschaft[4]
	E: vgl. amicableness
	F: l'amitié
stultus, a, um	töricht, einfältig
	E: vgl. to stultify
pecūnia, ae f.	Vermögen, Geld(summe) (*pekuniär*)
	E: vgl. pecuniary
	F: vgl. pécuniaire
sapientia, ae f.	Weisheit, Einsicht, Klugheit
	E: vgl. sapience
	F: vgl. la sagesse
angīna, ae f. (gr.)	Angina
	E: angina
	F: l'angine
	R: ангина
angustus, a, um	„eng", schmal
lectus, ī m.	Lager, (Ruhe-)Bett, Speisesofa
	E: litter
	F: le lit

ML: [1] feria *Wochentag;* f. secunda *Montag;* [2] *sterben;* [3] *Sache, Ding;* [4] vestra a. (*Anrede*).

sūdāre	(aus)schwitzen[1] (*Exsudat*) *E: to sweat* *F: suer*
cibus, ī m.	Nahrung, Speise *F: vgl. cibaire*
(cōn)fīrmāre	befestigen, festmachen, (ver)stärken, ermutigen[2] (*konfirmieren*) *E: to confirm* *F: confirmer*
īnfīrmus, a, um	schwach, kraftlos, krank *E: infirm* *F: infirme*
ruīna, ae f.	Ruine, Trümmer *E: ruin* *F: les ruines* *R: руины*
Colossēum, ī n. (gr.)	Kolosseum *E: vgl. colossal* *F: vgl. le colosse* *R: vgl. колосс(альный)*
thermae, ārum f. (gr.)	warme Quellen, Warmbäder (*Thermen*) *E: vgl. thermal* *F: les thermes* *R: vgl. термос*
bellicōsus, a, um (*bellum*)	kriegerisch, streitlustig *E: bellicose* *F: belliqueux*
occupāre	in Besitz nehmen, besetzen, überfallen (*okkupieren, Okkupation*) *E: to occupy* *F: occuper* *R: vgl. оккупант*
inquit (eingeschoben)	sagt(e) er, sie; er, sie sagt(e)
frūmentum, ī n.	Getreide, Korn, Weizen *F: le froment*
iūmentum, ī n.	Zugtier, -vieh, Lasttier[3] *F: la jument*
carrus, ī m.	„Karren", (Last-)-Wagen *E: car* *F: le char, la charrue*
fīnitimus, a, um	angrenzend, benachbart, nahestehend, verwandt; subst.: (Grenz-)Nachbar
flamma, ae f.	„Flamme", Feuer *E: flame* *F: la flamme*
īnflammāre	anzünden, ent-„flammen" *E: to inflame* *F: enflammer*
omnīnō (Adv.)	gänzlich, ganz und gar
via, ae f.	Weg, Straße, Gasse (*Viadukt*) *F: la voie* *R: vgl. виадук*
alter, altera, alterum (*alius*)	der eine (von zweien), der andere, der zweite (*Altruismus, Alternative*) *F: autre*
alter – alter	der eine – der andere
prōvincia, ae f.	Amt, Provinz[4] (*Provence*) *E: province* *F: la province* *R: провинция*
putāre	ab-, berechnen, meinen, glauben, halten (für)[5] *E: vgl. putative* *F: vgl. putatif, compter*

ML: [1] *sieden, sich abmühen;* [2] *bestätigen, bekräftigen;* [3] *Stute;* [4] *Gebiet;* [5] p. de *etw. von jmd. erwarten.*

igitur (nachgestellt) (Adv.)	also, daher, folglich[1]		*E: vgl. annunciation* *F: vgl. annoncer* *R: vgl. нунций*
lēgātus, ī m.	Gesandter, Unterfeldherr, Legat[2] *E: legate* *F: le légat* *R: легат*	at	aber, dagegen
		perfidia, ae f.	Treulosigkeit, Unredlichkeit[4] (*Perfidie*) *E: perfidy* *F: la perfidie*
mandāre	übertragen, auf-, übergeben, anvertrauen[3] (*Mandat*, *Kommando*) *E: to mandate* *F: (com)mander* *R: vgl. мандат(ный)*	iniūria, ae f.	Unrecht, Gewalttätigkeit, Beleidigung (*Verbalinjurie*) *E: injury* *F: l'injure*
		venia, ae f.	Verzeihung, Nachsicht *E: vgl. venial* *F: vgl. véniel*
nūntiāre	verkünden, melden, anzeigen (*Annonce*)	veniam dare	nachsichtig sein

50. exempli causa	wegen des Beispiels, beispielshalber
51. auxili**o** vocare (Dat. finalis)	**zu** Hilfe rufen
52. vi**am** putare periculos**am** (dopp. Akk. b. putare)	den Weg **für** gefährlich halten
53. **per** Sequanos	**durch das Gebiet** der Sequaner
54. vi**a** migrare (Abl. instrumentalis)	**auf** einer Straße wandern, ziehen
55. vin**o** abstinere (Abl. separativus)	sich **des** Weines enthalten, keinen Wein trinken
56. inimic**o** anim**o** esse (Abl. modi)	**von** feindlicher Gesinnung sein, feindlich gesinnt sein
57. Rom**am**, Tarent**um**, Athen**as** (wohin?)	**nach** Rom, Tarent, Athen
Rom**a**, Tarent**o**, Athen**is** (woher?)	**aus** Rom, Tarent, Athen
Athen**is** (wo?)	**in** Athen
aber: Rom**ae**, Tarent**i** (wo?) (bei Städte- und Inselnamen der a- und o-Deklination im Sing. steht auf die Frage wo? der Lokativ)	**in** Rom, Tarent
58. speremus (adhortativer Konj.)	**laßt uns** hoffen, wir **wollen** hoffen
59. **ne** officiis desimus (prohibitiver Konj.)	wir **wollen** die Pflichten **nicht** vernachlässigen

---

ML: [1] *nun;* [2] *(kaiserlicher) Statthalter, päpstlicher Legat;* [3] *schicken;* [4] *Unglauben, Heidentum.*

60. utinam stude**a**tis!	**wenn** ihr euch **doch** bemüht
utinam **ne** aegroti sitis	wenn ihr doch **nicht** krank **seid**
(erfüllbarer Wunsch der Gegenwart; Negation : ne)	
61. utinam prode**ssent**	**wenn** sie **doch** nützt**en**
utinam **ne** obe**ssent**	wenn sie doch **nicht** schadet**en**
(unerfüllbarer Wunsch der Gegenwart; Negation : ne)	
62. gaude**rem**, si narr**aretis**	ich **würde** mich freuen, wenn ihr erzählt**et**
(Irrealis der Gegenwart; Negation : non)	
63. imperant, **ut** ambulemus	sie befehlen, **daß** wir spazierengehe**n**
postulant, **ne** diu cubemus	sie fordern, **daß** wir **nicht** lange liegenbleib**en**
Caesar **monet, ne** migrent	Cäsar **warnt** sie, **zu** ziehen
(Finalsätze: Begehrssätze; Negation : ne)	
64. ambulamus, **ut** nos recreemus	wir gehen spazieren, **damit** wir uns erhol**en, um** uns **zu** erhol**en**
(Finalsatz: Zwecksatz; Negation : ne)	
65. medici **tam** clari erant, **ut** Romani advoca**rent**	die Ärzte waren **so** berühmt, **daß** die Römer (sie) herbeirief**en**
tam inimici erant, **ut non** ad se voca**rent**	sie waren **so** feindlich, **daß** sie (sie) **nicht** zu sich rief**en**
(Konsekutivsatz; Negation: ut non)	
66. **cum** in Italia e**ssetis**	**als** ihr in Italien wart
(Temporalsatz; cum historicum; Negation:non)	
67. **cum** sibi comparare non poss**int**	**da** sie sich nicht verschaffen könne**n**
(Kausalsatz; cum causale; Negation:non)	
68. opto (opta**bam**), ut liberi nat**ent** (nata**rent**)	ich wünsche (wünschte), daß die Kinder schwimmen (schwammen)
(Consecutio temporum im Finalsatz)	
69. via **tam** angusta erat	der Weg war so eng
tam diu laborat	er arbeitet so lange
(tam b. Adj. und Adv.)	

V

sānāre – sān**ā**tus	movēre – mōtus
dēlēre – dēl**ē**tus	docēre – do**c**tus
habēre – hab**i**tus	vidēre – vīsus

rēs, reī f.	Sache, Ding, Lage (*real*, *Realismus*) *F: rien* *R: vgl. реализм*
pūblicus, a, um	öffentlich (*Publikum*, *publizieren*) *E: public* *F: public* *R: vgl. публика*
rēs pūblica, reī pūblicae f.	Staat (*Republik*) *E: republic* *F: la république* *R: республика*
secundus, a, um	zweite, günstig (*sekundär*, *Sekunde*) *E: second* *F: second* *R: vgl. секунда*
rēs secundae, rērum secundārum f.	(günstige Dinge) Glück
adversus, a, um	zugewendet, gegenüberliegend, feindlich, ungünstig *E: adverse* *F: adverse*
adversārius, a, um	entgegengewendet; subst.: Gegner, Feind *E: adversary* *F: l'adversaire*
rēs adversae, rērum adversārum f.	(widrige Dinge) Unglück
perniciēs, ēī f.	Verderben, Untergang (*perniziös*) *E: vgl. pernicious* *F: vgl. pernicieux*
fidēs, eī f. (*perfidia*)	Glaube, Treue, Vertrauen[1] *E: faith* *F: la foi* *R: vgl. фидеизм*
fidem habēre	Glauben, Vertrauen schenken
spēs, speī f. (*spērāre*)	Hoffnung, Erwartung *F: vgl. l'espérance*
aciēs, ēī f.	Schärfe, Schlacht(reihe) (*Ecke*, *Egge*) *F: l'acier* *R: vgl. острый*
diēs, diēī **m. f.**	Tag, Termin[2] (*Diarium*, *Diäten*) *E: vgl. diary* *F: vgl. le lundi, le mercredi* *R: vgl. диета*
medius, a, um	mitten, mittlere[3] (*Medium*, *mediterran*, *Intermezzo*) *E: vgl. medium, middle* *F: mi-* *R: vgl. между*
merīdiēs, ēī **m.** (*merīdiānus*)	Mittag, Süden (*Meridian*) *E: vgl. midday* *F: le midi* *R: vgl. меридиан*
aditus, ūs m.	das Herangehen, Zugang, Eingang[4] *E: adit*
exitus, ūs m.	Ausgang, Ende, Tod (*Exitus*) *E: exit*
interitus, ūs m.	Untergang
senātus, ūs m.	Senat (Rat der Alten)[5] *E: senate* *F: le sénat* *R: сенат*
magistrātus, ūs m. (*magister*)	Beamte, Amt, Behörde (*Magistrat*) *E: magistrate* *F: le magistrat* *R: магистрат*
exercitus, ūs m.	(geübte Mannschaft) Heer

ML: [1] *Treueversprechen, (Treue-)Eid, Glauben(sbekenntnis);* [2] *Tagewerk;* d. dominica *Sonntag;* in dies *tagtäglich;* [3] *halb;* [4] *Zugangsweg;* [5] *Rat (einer Stadt).*

(*exercēre*, *exercitāre*)	*E: vgl. exercise* *F: l'exercice*
domus, ūs **f.** (*domī*) (domō: Abl. Sing.; domōs: Akk. Plur.)	Haus[1] (*Dom*) *E: dome* *F: le dome* *R: дом*
domum	nach Hause
domō	von Hause
manus, ūs **f.**	Hand, Schar (*Manuskript*, *Manufaktur*) *E: vgl. manual* *F: la main, maintenant* *R: vgl. манускрипт*
cornu, ūs n.	„Horn", Flügel (des Heeres)[2] (*Kornett*) *F: le cor, la corne* *R: vgl. корнет(ист)*
equitātus, ūs m.	Reiterei
peditātus, ūs m.	Fußvolk, Infanterie
adventus, ūs m.	Ankunft[3] (*Advent*) *E: advent* *F: vgl. adventice*
sinus, ūs m.	Bausch, Bucht (*Sinus*) *E: vgl. sinuosity* *F: le sein* *R: синус*
portus, ūs m.	Hafen (*Furt*, *Port Arthur*, *Oxford*) *E: port* *F: le port* *R: порт*
passus, ūs m.	Schritt, Doppelschritt (1,5 *m*) (*Passus*, *Paß*, *Kompaß*) *E: pace, pass* *F: le pas, ne – pas* *R: vgl. паспорт*

deus, ī m.	Gott(heit) (*Deismus*) *E: vgl. deism* *F: Dieu, adieu (ad-deum)* *R: деизм*
dea, ae f.	Göttin
(cōn)servāre (*servus*)	behüten, retten, erhalten (*konservieren*, *Konservator*) *E: to conserve* *F: conserver* *R: консервировать*
cūnctus, a, um	gesamt, ganz
cūnctī, ae, a	alle (insgesamt), sämtliche
ōrnāre	ausstatten, schmücken (*Ornat*, *Ornament*) *E: vgl. to adorn* *F: orner* *R: vgl. орнамент*
certus, a, um	sicher, gewiß, zuverlässig (*Zertifikat*) *E: certain* *F: certain*
incertus, a, um	unsicher, ungewiß, unzuverlässig *E: uncertain* *F: incertain*
sīgnum, ī n.	(Kenn-)Zeichen, Feldzeichen[4] (*Signum*, *Signal*) *E: sign* *F: le signe* *R: vgl. сигнал*
nummus, ī m. (gr.)	Münze, Geldstück (*Numismatik*) *E: vgl. numismatic* *F: vgl. la numismatique* *R: vgl. нумизмат(ика)*
cōnsultum, ī n. (*cōnsultāre*)	Beschluß *F: vgl. la consulte* *R: vgl. консультация*
priusquam (*prius-quam*)	bevor

ML: [1] *Kirche;* [2] c. altaris *Altarecke;* [3] *das Hereinbrechen, Angriff, Adventszeit;* [4] *Wunderzeichen, Glocke.*

pūgna, ae f. Kampf
pūgnāre kämpfen
expūgnāre erobern
oppūgnāre bestürmen[1]
superāre überlegen sein, übertreffen, (be)siegen, noch vorhanden, übrig sein
incendium, ī n. Brand, Feuersbrunst[2]
E: vgl. incendiary
F: l'incendie
aurum, ī n. Gold[3] (*Aureole*)
F: l'or
aureus, a, um aus Gold, golden
E: vgl. auriferous
F: vgl. d'or
solēre pflegen, gewohnt sein
monumentum, ī n. (*monēre*) Denk-, Grabmal (*Monument, monumental*)
E: monument
F: le monument
R: монумент
ōra, ae f. Küste
situs, a, um gelegen (*situiert*)
E: vgl. situated
F: vgl. situé
R: vgl. ситуация
explōrāre ausforschen, erkunden (*explorieren*)
E: to explore
F: explorer
portāre (über)bringen, tragen (*Porto, Portemonnaie*)
E: vgl. portable
F: porter
R: vgl. портативный
trāns (Präp. b. Akk.) über - hin, jenseits (*transatlantisch, Transkription*)
E: trans-
F: très
R: транс-
trānsportāre hinüberschaffen, übersetzen (*transportieren, Transport*)
E: to transport
F: transporter
R: транспортировать
reportāre zurückbringen, -schaffen (*Reportage*)
E: to report
F: reporter
R: vgl. репортаж
forum, ī n. Markt[4] (*Forum*)
E: forum
F: le for
R: форум
statua, ae f. „Statue", Standbild, Bildsäule
E: statue
F: la statue
R: статуя
annus, ī m. Jahr(eszeit) (*Annalen*)
E: vgl. annual
F: l'an
R: vgl. анналы
dēlēre zerstören, vernichten
E: to delete
renovāre (*novus*) erneuern, wiederaufbauen (*renovieren*)
E: vgl. to renew
F: rénover
grātia, ae f. Dank, Gunst, Ansehen, Anmut[5] (*gratis, Grazie*)
E: grace
F: la grâce
R: грация
grātiam habēre Dank wissen, dankbar sein
quīnque fünf
F: cinq
R: пять

ML: [1] *erstürmen;* [2] *Brandstiftung;* [3] *Goldstück;* [4] *Gerichtsort;* [5] *(göttliche) Gnade*, **g. dei** *von Gottes Gnaden.*

quīntus, a, um — fünfte (*Quinte*)
R: пятый

intrāre — ein-, betreten, eindringen (*entern, Entree*)
E: to enter
F: entrer

turbāre — verwirren, in Aufruhr bringen (*turbulent*)
E: to trouble
F: troubler

ōrāre — reden, beten, ersuchen, bitten (*Orakel, Oratorium*)
E: to orate
F: vgl. oratoire
R: орать

terrēre (territum) — in Schrecken setzen, erschrecken (*terrorisieren*)
E: vgl. terrify, terrible
F: vgl. terrifier, terrible

respondēre (respōnsum) — antworten[1] (*Responsorium, korrespondieren*)
E: to respond
F: répondre
R: vgl. корреспондент

ubī (prīmum) (Ind. Perf.) — sobald (als) (Plusquamperf.)

occultāre — verbergen, verstecken (*Okkultismus*)
E: vgl. occult
F: vgl. occulte
R: vgl. оккультизм

nihil — nichts (*Nihilismus*)
E: vgl. nil, nihilism
F: vgl. le nihilisme
R: vgl. нигилизм

gaudium, ī n. (*gaudēre*) — Freude (*Gaudium*)
E: joy
F: la joie

mīlle — tausend (*Meile, Millimeter*)
E: mile
F: mille
R: vgl. миля

lavāre — waschen, baden (trans.)[2] (*Lavendel, Latrine*)
E: vgl. lavatory
F: laver

70. me**i**, meorum m.; tu**i**, tuorum m. me**a**, meorum n.; tu**a**, tuorum n.	die Meinen; die Deinen, **das** Meine, meine Habe; das Deine, deine Habe
71. deis dea**bus**que filiis filia**bus**que	den Göttern und Göttinnen den Söhnen und Töchtern
72. spes auxili**i** (Gen. obiectivus)	Hoffnung **auf** Hilfe
73. exercitui pericul**o** esse (Dat. finalis)	dem Heer eine Gefahr sein, **für** das Heer gefährlich sein
74. timent pericul**a**	sie fürchten die Gefahren, fürchten sich **vor** Gefahren
aber: timent su**is** re**bus** (Dat. commodi)	sie fürchten **für** ihren Besitz
75. mult**os** ann**os** (Akk. der Zeiterstreckung; wie lange?)	viele Jahre (lang)

ML.: [1] *offenbaren, verantwortlich sein;* [2] *taufen.*

76. di**em** medi**um** nominare meridi**em** (dopp. Akk. b. nominare)	die Tagesmitte Mittag nennen
77. trans Rhen**um**	jenseits **des** Rheines
78. exercitum Rhen**um** **trans**portare	das Heer **über** den Rhein bringen
79. in un**um** loc**um** convocare (wohin?)	an eine**m** Ort zusammenrufen (wo?)
80. aci**e** pugnare (superare) castr**is** continere (Abl. instrumentalis)	**in** einer Schlacht kämpfen (siegen) **im** Lager halten
81. ann**o** a. Chr. n. quint**o** = anno ante Christum natum quinto	**im** Jahre fünf vor Christi Geburt
bell**o** Punic**o** secund**o** (Abl. temporis ohne Präposition bei bestimmten Zeitangaben)	**im** 2. punischen Krieg
aber: **in** rebus secundis	**im** Glück
82. pauc**is** die**bus** post (ante) (Abl. mensurae)	wenige Tage später (vorher)
83. monere **de** officiis multis **de** causis	**an** die Pflichten erinnern **aus** vielen Gründen
84. videmus for**um** statuis ornat**um**	wir sehen den mit Statuen geschmückten Markt, wir sehen den Markt, **der** mit Statuen geschmückt ist
amic**us** officiis prohibit**us** colloquio non interest	der durch Pflichten verhinderte Freund nimmt an dem Gespräch nicht teil; der Freund nimmt an dem Gespräch nicht teil, **da** er durch Pflichten verhindert ist
amic**us** a nobis servat**us** gratiam non habet (Participium coniunctum)	**obwohl** der Freund von uns gerettet worden ist, ist er nicht dankbar
85. tum, cum in periculo **eras** (Temporalsatz; cum temporale; Indikativ)	damals, als du in Gefahr warst
86. ubi (primum) adventus **nuntiatus est** (Temporalsatz; Ind. Perf.)	sobald die Ankunft **gemeldet worden war**
87. priusquam Ariovistus pugnat (Temporalsatz; Ind. Präs. oder Perf. b. priusquam)	bevor Ariovist kämpft
88. Caesar portus explorat	Cäsar **läßt** die Häfen erforschen
89. anno a. Chr. n. **quinto** (Ordinalzahl)	im Jahre **fünf** vor Christi Geburt (Kardinalzahl)

a) **a-Konjugation**

sānāre	**sānō**	**sānāvī**	**sānātum**	heilen

Ebenso bilden die Stammformen die bisher gelernten Verben der a-Konjugation.

Andere Stammformen haben:

adiuvāre	**adiuvō**	**adiūvī**	**adiūtum**	helfen, unterstützen
cubāre	**cubō**	**cubuī**	**cubitum**	liegen
dare	**dō**	**dedī**	**datum**	geben
circumdare	circumdō	circumdedī	circumdatum	umgeben
stāre	**stō**	**stetī**	**statum**	stehen
cōnstāre	cōnstō	cōnstitī	–	(aus etw.) bestehen
	cōnstat	cōnstitit	–	es steht fest

b) **e-Konjugation**

dēlēre	**dēleō**	**dēlēvī**	**dēlētum**	zerstören
habēre	**habeō**	**habuī**	**habitum**	haben

Wie habēre bilden die bereits gelernten Komposita adhibēre, dēbēre die Stammformen.

praebēre (*prae-habēre*)	**praebeō**	**praebuī**	**praebitum**	hinhalten, darbieten, gewähren, verursachen (*Pfründe*) *E: vgl. prebend* *F: vgl. la prébende*
sē praebēre				sich zeigen
monēre	**moneō**	**monuī**	**monitum**	erinnern, ermahnen
nocēre	**noceō**	**nocuī**	**nocitum**	schaden (*Innozenz*) *E: vgl. noxius* *F: nuire*
placēre	**placeō**	**placuī**	**placitum**	gefallen
terrēre	**terreō**	**terruī**	**territum**	erschrecken
docēre	**doceō**	**docuī**	**doctum**	lehren
tenēre	**teneō**	**tenuī**	**tentum**	halten
egēre	**egeō**	**eguī**	– (Abl.)	entbehren (etw.), Mangel haben (an etw.)
valēre	**valeō**	**valuī**	–	gesund, stark sein, gelten
respondēre	**respondeō**	**respondī**	**respōnsum**	antworten
movēre	**moveō**	**mōvī**	**mōtum**	bewegen
sedēre	**sedeō**	**sēdī**	**sessum**	sitzen
vidēre	**videō**	**vīdī**	**vīsum**	sehen

c)

		esse		
esse	**sum**	**fuī**	–	sein *R: vgl. zu fui: быть*

Ebenso bilden die meisten Komposita von esse die Stammformen.
Abweichend davon:

abesse	**absum**	**āfuī**	–	abwesend sein
prōdesse	**prōsum**	**prōfuī**	–	nützen
posse	**possum**	**potuī**	–	können

is, ea, id	er, sie, es; dieser, diese, dieses; derjenige, diejenige, dasjenige
quī, quae, quod	der, die, das; welcher, welche, welches; welcher? welche? welches? (adj.) *F: qui*
propinquus, a, um (*prope*)	nahe, angrenzend, verwandt, subst.: Verwandte *E: vgl. propinquity*
proximus, a, um	nächste, vorige, letzte (*proximal, approximativ*) *E: vgl. proximate* *F: vgl. la proximité*
altus, a, um	hoch, tief[1] (*Alt, alt, Eltern, Altar*) *E: vgl. to enhance* *F: haut* *R: vgl. альт*
cūria, ae f.	Rathaus[2] (*Kurie*) *F: la curie* *R: курия*
mīrus, a, um	wunder-, sonderbar, bewundernswert (*Mirakel*) *E: vgl. miracle* *F: vgl. le miracle* *R: vgl. мираж*
cūr (Adv.)?	warum? weshalb?
tot (indekl.)	so viele
quot (indekl.)	wie viele

tantus, a, um	so groß, so bedeutend (*Tantieme, Tand*) *E: vgl. tantamount* *R: vgl. тантьема*
tantum (Adv.)	so viel, nur *F: tant*
nōndum (Adv.)	noch nicht
postquam (Ind. Perf.) (*post-quam*)	nachdem (Ind. Plusquamperf.)
contrā (Adv.) (Präp. b. Akk.)	gegenüber, dagegen gegen (feindlich), wider (*Kontrast, Kontrapunkt*) *E: counter* *F: contre* *R: vgl. контр(а)-*
prīncipātus, ūs m. (*prīmus*)	Vorrang, Machtstellung[3] (*Prinzipat*) *F: le principat* *R: vgl. принципал*
domicilium, ī n. (*domus*)	Wohnsitz (*Domizil*) *E: domicile* *F: le domicile*
necāre (*nocēre*)	umbringen, töten, vernichten[4] *F: noyer*
bellāre (*bellum*)	Krieg führen, kämpfen (*rebellieren*) *E: vgl. belligerent* *F: vgl. belligérer*
fugāre	in die Flucht schlagen, vertreiben[5]

ML: [1] *laut;* [2] *Königs-, Fürstenhof, Reichstag, päpstliche Kurie;* [3] *Verfügungs-, Regierungsgewalt, Adelsrang, fürstliche Würde;* [4] *ertränken;* [5] *jagen.*

vāstāre	ver„wüsten" *E: to waste* *F: gâter, vgl. dévaster*
glōria, ae f.	Ruhm(sucht), Ehrgeiz[1] (*Glorie, Gloriole*) *E: glory* *F: la gloire*
līberāre (ā) (*līber*)	befreien (von)[2] (*liefern, Livrée*) *E: vgl. to deliver from* *F: livrer, vgl. délivrer de* *R: vgl. либеральный*
meā (tuā, vestrā) sponte	aus eigenem Antrieb, freiwillig (*spontan, widerspenstig*) *E: vgl. spontaneous* *F: vgl. spontané*
proelium, ī n.	Kampf, Treffen, Gefecht
īnsula, ae f.	„Insel", Mietshaus, Häuserblock (*Insulin*) *E: isle* *F: l'île*
arēna, ae f.	Sand, Kampfplatz (*Arena*) *E: arena* *F: l'arène* *R: арена*
fōrma, ae f.	„Form", Figur, Gestalt[3] (*formal, Format*) *E: form* *F: la forme* *R: форма*
geōmetricus, a, um (gr.)	geometrisch *E: geometric* *F: géométrique* *R: vgl. геометрия*
clāmāre (*clārus*)	rufen, schreien[4] (*deklamieren, proklamieren*) *E: to claim* *F: clamer* *R: vgl. колокол*
exclāmāre	ausrufen *E: to exclaim* *F: exclamer*
vestīgium, ī n.	Fußsohle, (Fuß-)Spur[5] *E: vestige* *F: le vestige*
statim (Adv.) (*stāre*)	(stehenden Fußes) sofort, sogleich
rēctus, a, um	„recht", gerade, in gerader Richtung, richtig[6] (*rektal*) *E: right* *F: vgl. rectifier* *R: vgl. ректификация*
properāre	eilen, sich beeilen
gymnasium, ī n. (gr.)	Turn-, Ringschule[7] (*Gymnasium*) *E: gymnasium* *F: le gymnase* *R: гимназия*
disputāre (*putāre*)	sprechen, auseinandersetzen, erörtern[8] (*disputieren*) *E: to dispute* *F: disputer* *R: vgl. диспут*
dōnum, ī n.	Geschenk, Gabe *E: vgl. donor* *F: le don* *R: дань*
dōnāre	(be)schenken[9] (*Donator*) *F: donner*

ML: [1] *Ehrerweisung*, vestra g. *Ehrentitel;* [2] *(aus)liefern;* [3] *Siegel, Rechtsspruch, Lebensnorm;* [4] *schimpfen;* [5] vestigiis provolvi *sich zu Füßen werfen;* [6] *rechtgläubig, gesetzlich; subst. n.: das Recht, Rechtsverpflichtung;* [7] *Schule, geistige Übung;* [8] *predigen;* [9] *geben.*

vestītus, ūs m.	Kleidung (*Investition, Investitur*) *E: vgl. to invest* *F: vgl. investir* *R: vgl. инвестиция*
vīctus, ūs m.	Lebensunterhalt, -weise, Nahrung (*Viktualien*) *E: vgl. victuals* *F: la victuaille*
nāvigāre	schiffen, segeln, zu Schiff fahren (*navigieren, Navigation*) *E: to navigate* *F: naviguer, nager* *R: vgl. навигация*
renāvigāre	zurücksegeln, -fahren
interrogāre	(be)fragen (*Interrogativpronomen*) *E: to interrogate* *F: interroger*
praesidium, ī n.	Schutz, Besatzung, Vorsitz (*Präsidium*) *E: vgl. to preside* *F: vgl. présider* *R: президиум*
neque (nec)	und nicht *F: ni*
neque - neque	weder - noch *F: ni – ni*
neque enim	denn nicht
mūtāre	verändern, vertauschen (*mutieren, Mutation*) *E: to mew, vgl. mutable* *F: muer* *R: vgl. мутация*
excūsāre (*causa*)	entschuldigen, rechtfertigen, vorschützen[1] *E: to excuse* *F: excuser*
accūsāre	(vor Gericht) anklagen, Vorwürfe machen *E: to accuse* *F: accuser*
beātus, a, um	glücklich, zufrieden, gesegnet[2] (*Beate*) *E: vgl. to beatify* *F: béat*

90. curia maxime aedifici**orum** placet (Gen. partitivus)	das Rathaus gefällt am meisten **von** den Gebäuden
91. cupidus glori**ae** (Gen. obiectivus)	begierig **nach** Ruhm, ruhmsüchtig
92. exercitui glori**ae** est (Dat. finalis)	dem Heer ist es **zum** Ruhm, für das Heer ist es ein Ruhm, ist es rühmlich
93. contra German**os**	gegen die Germanen
94. **me amicum** habes (dopp. Akk. b. habere)	du hast mich **zum** Freund
95. rect**a** vi**a** (Abl. instrumentalis)	**auf** geradem Weg, geradewegs
96. auxili**o** egere (Abl. separativus)	**der** Hilfe bedürfen, Hilfe brauchen
97. **ab** Ariovisto liberare aber: cur**a** liberare (Abl. separativus)	**von** Ariovist befreien **von** der Sorge befreien

---

ML: [1] *ablehnen, Straflosigkeit erhalten;* [2] *selig.*

98. **de** principatu pugnare	**um** die Vorherrschaft kämpfen
99. Caesar oppidum oppugna**bat** (wiederholte Handlung)	Cäsar bestürm**te** die Stadt (**immer wieder**)
Caesar oppidum expugna**bat** (versuchte Handlung: Imperfectum de conatu)	Cäsar **versuchte,** die Stadt zu erobern
100. Caesar oppidum expugna**vit**	
a) feststellendes (konstatierendes) Perfekt	Cäsar hat die Stadt (damals) erobert
b) erzählendes (historisches) Perfekt	Cäsar eroberte die Stadt (im Verlauf seiner Feldzüge)
101. me amicum habe**bis,** si exercitum tuum revoca**veris** (Consecutio temporum bei Futur im Hauptsatz und Vorzeitigkeit)	du **wirst** mich zum Freund haben, wenn du dein Heer zurückruf**st**
102. Galliam non intra**vissem,** nisi auxilio meo e**guissent** (Irrealis der Vergangenheit)	ich **hätte** Gallien nicht betreten, wenn sie nicht meine Hilfe gebraucht **hätten**
103. postquam Caesar supera**vit** (Ind. Perf.)	nachdem Cäsar gesiegt **hatte** (Ind. Plusquamperfekt)
104. quae noce**nt** (Plur.)	was schadet (Sing.)
105. Aristippus ad oram agitatus est. **Qui** ibi in arena formas geometricas spectavit. (relativischer Anschluß)	Aristipp wurde an die Küste getrieben. **Er** hat dort im Sand geometrische Formen gesehen.
106. **Caesar** exercitum **suum** in Galliam transportavit (Possessivpronomen der 3. Person bezieht sich auf das Subjekt des Satzes: Reflexivpronomen)	**Cäsar** hat **sein** Heer nach Gallien herübergebracht
Exercitus **eius** ibi pugnavit (keine Rückbeziehung des Possessivpronomens der 3. Person auf das Subjekt)	dort hat **sein** Heer gekämpft

VII

hic, haec, hoc	dieser, diese, dieses[1] *F: vgl. avec (apud-hoc)*	**īdem,** eadem, idem	derselbe, dieselbe, dasselbe[3]
ille, illa, illud	jener, jene, jenes[2] *F: le, la*	salūtāre	(be)grüßen (*salutieren, Salut*) *E: to salute*

ML: [1] haec vita *das irdische Leben;* [2] illa vita *das jenseitige Leben;* [3] *dieser, jener.*

	F: saluer *R: салютовать*
inopia, ae f. (*cōpia*)	Mangel, Not
aestimāre	(ab)schätzen, würdigen (*ästimieren*) *E: to estimate* *F: estimer*
māgnī aestimāre	hoch schätzen
excitāre	heraus-, antreiben, anspornen, anfeuern[1] (*exzitieren*) *E: to excite* *F: exciter*
incitāre	anfeuern, antreiben (*inzitatorisch*) *E: to incite* *F: inciter*
memoria, ae f.	Erinnerung, Gedenken, Erzählung[2] (*Memoiren*) *E: memory* *F: la mémoire* *R: vgl. мемориал*
memoriā tenēre	im Gedächtnis haben, behalten
longus, a, um	„lang", entlegen, lange dauernd (*prolongieren*) *E: long* *F: long* *R: vgl. пролонгировать*
vexāre	quälen, plagen, verheeren[3] (*vexieren*) *E: to vex* *F: vexer*
mox (Adv.)	bald, später[4]
sānē (Adv.)	freilich, allerdings
septem	sieben (*September*) *E: seven* *F: sept* *R: семь*
nōtus, a, um	bekannt (*notieren*) *E: vgl. to note* *F: vgl. noter* *R: vgl. нота, нотация*
īgnōrāre (*nōtus*)	nicht kennen, nicht wissen (*ignorieren, Ignorant*) *E: to ignore* *F: ignorer* *R: игнорировать*
nōn īgnōrāre	genau, wohl wissen
ēminēre ēmineō ēminuī –	hervor-, herausragen, hervorstehen, sichtbar sein (*eminent, Eminenz*) *E: vgl. eminent* *F: vgl. éminent*
ubicumque (Adv.) (*ubi*)	wo auch immer, überall
dictum, ī n.	Wort, Ausspruch (*Diktion*) *E: dictum* *F: le dicton* *R: vgl. дикта(н)т*
ūsus, ūs m.	Nutzen, Gebrauch, Übung, Erfahrung (*Usus*)[5] *E: use* *F: vgl. l'usage*
bis	zweimal (*Bigamie, Bilanz*) *F: bis*
columna, ae f.	Säule (*Kolumne, Kolonne*) *E: column* *F: la colonne* *R: vgl. колонна*

ML: [1] *aus dem Schlafe aufwecken;* [2] *Totenmesse, Grabdenkmal, Gedächtnisaltar für einen Heiligen;* [3] *strafen;* [4] *sogleich,* mox ut *sobald als;* [5] *Nutzung(srecht).*

arcus, ūs m.	Bogen (*Arkade*) *E: arch* *F: l'arc* *R: vgl. арка, аркада*
dolēre doleō doluī –	schmerzen, Schmerz empfinden, bedauern, ärgerlich sein (*kondolieren*)
hodiē (Adv.)	heute *F: vgl. aujourd'hui*
ostentāre	zeigen (*ostentativ*) *E: vgl. ostentation* *F: vgl. l'ostentation*
meritō (Adv.)	nach Verdienst, mit Recht *E: merit* *F: le mérite*
aeternus, a, um	ewig[1] *E: eternal* *F: éternel*
iussū	auf Befehl
amphitheātrum, ī n. (gr.)	Amphitheater *E: amphitheatre* *F: l'amphithéâtre* *R: амфитеатр*
appellāre (ex)	anreden, ansprechen, nennen (nach)[2] (*appellieren, Appell, Appellativum*) *E: vgl. appellant* *F: appeler* *R: апеллировать*
hīc (Adv.)	hier[3]
sīgnificāre (*sīgnum*)	bezeichnen, anzeigen (*signifikant*) *E: to signify* *F: signifier*
i. e. = id est	d. h. = das heißt *R: vgl. т. е. = то есть*
centum	hundert (*Zentner, Zentifolie*) *E: cent* *F: cent* *R: сто*
lūdus, ī m.	Spiel, Schule (*Präludium, Illusion*) *E: vgl. prelude* *F: vgl. le prélude* *R: vgl. прелюд(ия)*
māgnificus, a, um (*māgnus*)	großartig, glänzend (*Magnifizenz*) *E: magnificent* *F: magnifique*
vulgus, ī n.	Volk(smasse)[4] (*vulgär*) *E: vgl. vulgar* *F: vgl. vulgaire* *R: vgl. вульгарный*
aspectus, ūs m.	Anblick (*Aspekt*) *E: aspect* *F: l'aspect* *R: аспект*
appropinquāre (*prope, propinquus*)	sich nähern, herannahen *E: to approach* *F: s'approcher*
ōvum, ī n.	Ei (*oval*) *E: vgl. oval* *F: l'œuf* *R: vgl. овал(ьный)*
amplus, a, um	weit, umfangreich, groß, bedeutend (*Amplitude*) *E: ample* *F: ample* *R: vgl. амплитуда*
complēre compleō complēvī complētum (*plēnus*)	anfüllen, ergänzen[5] (*komplett, Komplement*) *E: to complete* *F: compléter*
introitus, ūs m. (*aditus*)	Eingang[6] *F: l'introït*

ML: [1] vita aeterna *das ewige Leben;* [2] *sich an jmd. wenden, Berufung einlegen;* [3] *hier (auf Erden);* [4] vulgo *in der Volks-, Landessprache;* [5] *ausführen, erfüllen, das Schlußgebet sprechen;* [6] *Eintritt in ein Amt, Eingangsgebet.*

tōtus, a, um	ganz[1] (*total*) *E: vgl. total* *F: tout* *R: vgl. тотальный*
ferē (nachgestellt)	fast, beinahe, ungefähr
summus, a, um	höchste, sehr hoch[2] (*Summe*) *E: vgl. sum* *R: vgl. сумма*
spectāculum, ī n. (*spectāre*)	Schauspiel (*Spektakel*, *Spektrum*) *E: spectacle* *F: le spectacle* *R: спектакль*
sub (Präp. b. Akk.: wohin?) (Präp. b. Abl.: wo?)	unter (*subaltern*, *subordinieren*, *subtrahieren*) *E: sub-* *F: vgl. sous* (subtus) *R: суб-*
postrēmus, a, um (*post*)	hinterste, letzte
postrēmō (Adv.)	zuletzt, schließlich
iūxtā (Präp. b. Akk.)	dicht daneben (*Juxtaposition*) *E: vgl. juxtaposition* *F: vgl. juxtaposer*
humus, ī f.	Erde (*Humus*) *F: humus* *R: земля; гумус*
humī (Lok.)	auf der Erde, auf dem Boden
iacēre iaceō iacuī –	liegen *F: gésir*
modus, ī m. (*modo*)	Maß, Art und Weise[3] (*modal*, *Mode*) *E: mode* *F: le mode* *R: модус; vgl. мода*
nēmō, nēminis	niemand
obligāre	verpflichten[4] (*obligatorisch*, *Liga*) *E: to oblige* *F: obliger* *R: vgl. облигация*
tamquam	sowie, gleichwie, gleich als ob
prīncipium, ī n. (*prīncipātus*)	Anfang, Grundlage (*Prinzip*) *E: principle* *F: le principe* *R: принцип*
obstāre	entgegenstehen (*Obstakel*) *E: vgl. obstacle* *F: vgl. l'obstacle*
sērō (Adv.)	(zu) spät[5]

107. primi **eorum** (Gen. partitivus)	die Ersten **von** ihnen
108. magn**i** aestimare (Gen. pretii)	**hoch** schätzen
109. reliquiae nobis gaudi**o** sunt (Dat. finalis)	die Überreste sind uns **zur** Freude, sind **eine** Freude für uns, erfreuen uns
110. Rom**am** nominant Rom**am** aeter**nam**	sie nennen **Rom das** ewige Rom
Rom**a** nominatur Rom**a** aetern**a** (b. nominare im Aktiv dopp. Akk., im Passiv dopp. Nom.)	**Rom** wird **das** ewige Rom genannt

---

ML: [1] in totum *überhaupt;* [2] *oberster;* [3] *in Strophen gefaßter Gesang, Inhalt;* [4] *(durch den Bann) binden, exkommunizieren;* [5] *subst. (indekl.) später Abend.*

111.	iuxta bsti**as** inter besti**as**	neben **den** Tieren (mitten) unter **den** Tieren
112.	sub aren**am** (wohin?) sub aren**a** (wo?)	unter **die** Arena unter **der** Arena
113.	nominare, appellare **ex** Vespasiano	nennen **nach** Vespasian
114.	memori**a** tenere (Abl. instrumentalis)	**im** Gedächtnis behalten
115.	aspectus pulcher praebe**tur**	ein schöner Anblick wird geboten, **bietet sich**
	lava**ntur**	sie werden gewaschen, sie waschen **sich**
	salutor	ich werde gegrüßt, **man** grüßt **mich**
	adiuva**ris**	du wirst unterstützt, **dir** wird geholfen, **man** hilft **dir**
116.	narra**nt**	sie erzählen, **man** erzählt
117.	cuncti, **qui adsunt**	alle, die anwesend sind; alle **Anwesenden**
118.	**ille** philosophus	jener (der) **bekannte (berühmte)** Philosoph
119.	**hae** res	diese Dinge, **folgende** Dinge, **folgendes**
120.	totus **fere** populus (fere nachgestellt)	**fast** das ganze Volk
121.	humi (Lokativ)	auf **der** Erde, auf **dem** Boden
122.	amic**um** ambul**are** video (puto, non ignoro)	ich sehe den Freund spazierengehen ich sehe (glaube, weiß genau), **daß der** Freund spazierengeht
		der Freund geht, **wie ich sehe (glaube, genau weiß)**, spazieren
	Rom**am** a Romulo aedificat**am esse** constat (notum est)	es ist bekannt, **daß Rom** von Romulus **gebaut worden ist;** bekanntlich wurde Rom von Romulus gebaut
	amicum non ambula**turum esse** spero	ich hoffe, daß der Freund nicht spazierengehen wird, daß der Freund nicht spazieren**geht**; hoffentlich geht der Freund nicht spazieren
	eos (scil. amicos) domum navigaturos esse **Aristippus** putat	**Aristipp** glaubt, daß **sie** (die Freunde) nach Hause fahren werden
	se (scil. amicos) domum navigaturos esse Aristippo narra**nt** (scil. amici)	**sie** (die Freunde) erzählen dem Aristipp, daß **sie** (die Freunde) nach Hause fahren werden

(Accusativus cum infinitivo = A. c. I. steht nach Verben des Fühlens, Meinens, Denkens, Sagens, wenn eine Aussage folgt, und nach unpersönlichen Ausdrücken; A. c. I. Fut. nach sperare; Reflexivpronomen bei Rückbeziehung auf das übergeordnete Subjekt)

VIII

clāmor, ōris m. (*clāmāre*)	Geschrei[1] *E: clamour* *F: la clameur*
spectātor, ōris m. (*spectāre, spectāculum*)	Zuschauer *E: spectator* *F: le spectateur*
victor, ōris m.	Sieger; adj.: siegreich (*Viktor*) *E: victor* *F: vgl. victorieux* *R: Виктор (Eigenname)*
honor, ōris m.	Ehre(nstelle), Ansehen[2] (*Honorar*) *E: honour* *F: l'honneur* *R: онёр*
honōrem habēre	Ehre erweisen
labor, ōris m. (*labōrāre*)	Anstrengung, Mühe, Arbeit[3] (*Laboratorium, Labour Party*) *E: labour* *F: le labeur* *R: vgl. лаборант*
homō, hominis m. (*hūmānus, nēmō*)	Mensch (*Homunculus, Bräuti„gam"*) *F: l'homme, on*
scrīptor, ōris m.	Schriftsteller *E: vgl. script* *F: le scripteur*
scrīptor rērum, scrīptōris rērum m.	Geschichtsschreiber
dux, ducis m. f.	Führer, Führerin[4] (*Doge*) *E: duke* *F: le duc*
līberātor, ōris m. (*līberāre, līber*)	Befreier *E: liberator* *F: le libérateur*
rēx, rēgis m.	König (*Regalien*) *E: vgl. regal, royal* *F: le roi* *R: vgl. регалия*
cōnsul, cōnsulis m. (*cōnsilium, cōnsultāre*)	Konsul[5] *E: consul* *F: le consul* *R: консул*
imperātor, ōris m. (*imperāre, imperium*)	Feldherr, Befehlshaber, Kaiser *E: emperor* *F: l'empereur* *R: император*
mōs, mōris m.	Sitte; pl.: Denkart, Charakter, Lebenswandel (*Moral*) *E: vgl. moral* *F: les mœurs* *R.: vgl. мораль*

ML: [1] *Klage, Beschwerde;* [2] *Ehrengabe, Rang, Recht, Lehen;* [3] *Arbeitsertrag, Gewinn;* [4] *Herzog, Herzogin; pl. die Großen;* [5] *Bürgermeister.*

māior, ius (*māgnus*)	größer, älter[1] (*Major, Majorität*) *E: major* *F: majeur, le maire* *R: майор*
māiōrēs, um m.	Vorfahren
hospes, itis m.	„Gast"freund, Wirt, Fremdling[2] (*Hospiz*) *E: vgl. hospital* *F: l'hôte* *R: vgl. господин*
mīles, itis m.	Soldat[3] (*Miliz, Militär*) *R: vgl. милитарист*
orīgō, inis f.	Ursprung (*Original*) *E: origin* *F: l'origine* *R: vgl. оригинал*
mercātor, ōris m.	Kaufmann (*Merkantilismus*) *E: merchant* *F: vgl. mercantile* *R: vgl. меркантильный*
custōs, ōdis m.	Wächter, Beschützer[4] (*Kustos, Küster*) *E: vgl. custody* *F: le custode* *R: кустос*
opiniō, ōnis f.	Meinung, Vermutung, Vorstellung[5] *E: opinion* *F: l'opinion*
cīvitās, ātis f.	Bürgerrecht, -schaft, Staat[6] (*Zitadelle, City*) *E: city* *F: la cité* *R: vgl. семья*

religiō, ōnis f.	Rücksicht, religiöses Gefühl[7] (*Religion*) *E: religion* *F: la religion* *R: религия*
sermō, ōnis m.	Gespräch, Mundart, Redeweise[8] (*Sermon*) *E: sermon* *F: le sermon* *R: свара, свора*
sermōnem habēre	ein Gespräch führen
pariēs, etis m.	Wand *E: vgl. parietal* *F: la paroi*
dīcere dīcō Imperativ: dīc (*dictum*)	sagen, reden, nennen, festsetzen *E: vgl. diction* *F: dire* *R: vgl. диктовать*
trahere trahō	ziehen, schleppen (*extrahieren, subtrahieren, tragen*) *E: vgl. to extract* *F: traire, vgl. extraire* *R: vgl. экстракт*
vīvere vīvō (*vīta, vīctus*)	leben[9] (*Vivarium, erquicken*) *E: to quicken* *F: vivre* *R: жить*
edere edō	„ess"en, (auf)fressen *R: есть*
regere regō	„rich"ten, lenken, leiten (*regieren, Regent*) *E: vgl. regent* *F: vgl. le régent* *R: vgl. регент, ректор*

ML: [1] maior domus *Hausmeier;* [2] *Ansiedler, Pächter;* [3] *Vasall, Ritter;* [4] *Küster, Verwalter;* [5] *Ruf;* [6] *Diözese, Bischofsstadt, Burg;* [7] *mönchisches Leben;* [8] *Predigt;* [9] (*trans.*) *erleben.*

canere canō	(be)singen[1] (*Kanzone, Kantilene*) *E: vgl. to chant* *F: vgl. chanter* *R: vgl. кантата*
gerere gerō	tragen, vollbringen, hervorbringen (*Gerundium, suggerieren*) *E: vgl. gesture* *F: vgl. le geste* *R: vgl. жест*
bellum gerere	Krieg führen
magistrātum gerere	ein Amt bekleiden, verwalten
rem gerere	eine Tat ausführen, vollbringen
congerere congerō	zusammenbringen, -tragen, aufhäufen *E: to congest* *F: vgl. congestionner*
scrībere scrībō (*scrīptor*)	„schreib"en (*subskribieren*) *F: écrire*
cōnscrībere cōnscrībō	zusammenschreiben, (Truppen) ausheben (*Konskription*) *E: to conscribe* *F: vgl. la conscription*
īnscrībere īnscrībō	(auf etw.) schreiben, zuschreiben, betiteln[2] (*inskribieren*) *E: to inscribe* *F: inscrire*
minuere minuō	ver„mindern", verringern, schwächen[3] (*Minuend, Minute*) *E: vgl. to diminish* *F: vgl. diminuer* *R: vgl. минус, минута*

vādere vādō	gehen (*waten*) *F: vgl. je vais, ils vont*
invādere invādō	eindringen, angreifen[4] (*Invasion*) *E: to invade* *F: envahir*
cēdere cēdō (*necessārius*)	gehen, weichen, nachstehen[5] (*zedieren*) *E: to cede* *F: céder*
abscēdere abscēdō	weggehen, sich entfernen (*Abszeß*) *R: vgl. абсцесс*
concēdere concēdō	nachgeben, erlauben, zugestehen[6] (*konzedieren, Konzession*) *E: to concede* *F: concéder* *R: vgl. концессия*
dēcēdere dēcēdō	ausweichen, weggehen *E: to decease* *F: décéder*
discēdere discēdō	sich entfernen, weggehen, sich zerstreuen (*Diszession*)
ē vītā dē-, discēdere	aus dem Leben scheiden, sterben
prōcēdere prōcēdō	hervorgehen, vorrücken, Fortschritte machen[7] (*Prozeß, Prozedur*)
pōnere pōnō	setzen, legen, stellen, errichten (*transponieren*) *E: to pose* *F: pondre* *R: vgl. транспонировать*
castra pōnere	das Lager aufschlagen

ML: [1] *feierlich singen, Messe abhalten;* [2] *niederschreiben, verklagen;* [3] *zur Ader lassen;* [4] *b. Akk.: an-, überfallen;* [5] *einwilligen, überlassen, zufallen;* [6] *verleihen, überlassen;* [7] *sich ereignen, eine Prozession führen.*

expōnere expōnō	aussetzen, an Land setzen, auseinandersetzen, darstellen[1] (*exponieren, Exponat, Exposé*) *E: to expose* *F: exposer* *R: vgl. экспонат*
colere colō (*incola*)	bebauen, bestellen, bewohnen, pflegen, verehren (*Kolonie, Kultus, Kultur*) *E: vgl. culture* *F: vgl. le culte* *R: vgl. колония*
crēdere crēdō	glauben, (an)vertrauen (*akkreditieren, Kredit*) *E: vgl. credit, creed* *F: croire* *R: vgl. кредит*
pellere pellō	(ver)treiben, zurückschlagen, besiegen (*pulsieren, Puls*) *E: vgl. to pulsate* *F: vgl. la pulsation* *R: vgl. пульс*
dēpellere dēpellō	herab-, vertreiben
trādere trādō	übergeben, preisgeben, überliefern[2] (*tradieren, Tradition*) *E: vgl. to betray* *F: trahir* *R: vgl. традиция*
tegere tegō (*tēctum, tēgula*)	„deck"en, be-, verdecken (*Toga*)
prōtegere prōtegō	(vorn) bedecken, schützen (*protegieren*) *E: to protect* *F: protéger* *R: vgl. протектор(ат)*
mittere mittō	schicken, senden[3] (*Mission, Messe*) *E: vgl. mission* *F: mettre* *R: vgl. миссия*
committere committō	zusammenfügen, beginnen, begehen, anvertrauen[4] (*Kommission*) *E: to commit* *F: commettre* *R: vgl. комиссия*
proelium committere	Kampf beginnen
prōmittere prōmittō	lang wachsen lassen; versprechen (*kompromittieren, Kompromiß*) *E: to promise* *F: promettre* *R: vgl. компрометировать*
struere struō	(auf)schichten, erbauen (*Struma*) *E: vgl. structure* *F: vgl. la structure* *R: vgl. структура*
cōnstruere cōnstruō	zusammen-, aufschichten, erbauen[5] (*konstruieren, Konstruktion*) *E: to construct* *F: construire* *R: конструировать*
exstruere exstruō	aufschichten, aufbauen
laedere laedō	verletzen, beschädigen, beleidigen (*lädieren, kollidieren, Elision*) *E: vgl. lesion* *F: léser* *R: vgl. коллизия*

ML: [1] *verpfänden;* [2] *übereignen;* [3] *verfügen, ernennen;* [4] *vergleichen;* [5] *Feld bestellen.*

neglegere neglegō	vernachlässigen, sich nicht kümmern, nicht achten (*Negligé*) *E: to neglect* *F: négliger* *R: vgl. неглижировать, неглиже*
contemnere contemnō	verachten[1] *E: vgl. contempt* *F: vgl. le contempteur*
dūcere dūcō Imperativ: dūc (*dux*)	(ziehen) führen, zählen (zu etw.), halten (für), ableiten (von) (*Aquädukt*, *Viadukt*) *E: vgl. duct* *F: vgl. ductile* *R: vgl. акведук*
in numerō dūcere	zur Zahl rechnen
mūrum dūcere	eine Mauer ziehen, errichten
cernere cernō	sehen, wahrnehmen
intellegere intellegō	einsehen, verstehen, erkennen (*intelligent*) *E: vgl. intellect* *F: vgl. l'intelligence* *R: vgl. интеллигент*
claudere claudō	schließen (*Klausur*, *Klausner*) *E: to close* *F: clore, vgl. conclure* *R: vgl. ключ*
inclūdere inclūdō	einschließen[2] (*inklusive*) *E: to include, inclose* *F: vgl. inclus*
fingere fingō	bilden, formen, erdichten[3] (*fingieren*, *Fiktion*) *E: to feign* *F: feindre* *R: vgl. фикция*
dīvidere dīvidō	(ab)teilen, zuteilen (*dividieren*, *Dividend*) *E: to divide* *F: diviser* *R: vgl. дивиденд*
dēfendere dēfendō	abwehren, verteidigen, schützen (*Defensive*) *E: to defend* *F: défendre*
satira, ae f.	Satire *E: satire* *F: la satire* *R: сатира*
mortuus, a, um	tot; subst.: der, die Tote *E: vgl. mortal* *F: mort* *R: мёртвый*
deinde (Adv.)	danach, ferner, von dort an[4]
creāre	wählen, schaffen (*kreieren*, *Kreatur*) *E: to create* *F: créer* *R: vgl. креатура*
quō (Adv.)	wohin?
rūs (Akk.: wohin?)	auf das Land (*rustikal*) *E: vgl. rural* *F: vgl. rural* *R: vgl. ровный*
rūrī (Lok.: wo?)	auf dem Lande
rūre (Abl.: von wo?)	vom Lande
oportēre oportet oportuit	in Ordnung, nötig sein

ML: [1] *unberücksichtigt lassen;* [2] inclusus *Klausner;* [3] *schaffen;* [4] *von jetzt an.*

commentārius, ī m.	Tagebuch, Aufzeichnung[1] (*Kommentar*) *E: commentary* *F: le commentaire* *R: комментарий*
īnstitūtum, ī n.	Einrichtung, Sitte[2] (*Institut, Institution*) *E: institute* *F: l'institut* *R: институт*
situs, ūs m. (*situs, a, um*)	Lage, Stellung *E: site* *F: le site* *R: vgl. ситуация*
reliquus, a, um (*reliquiae*)	übrig, zurückgelassen *R: vgl. реликт*
artificium, ī n.	Handwerk, Gewerbe, Kunst(werk) *E: artifice* *F: l'artifice*
plērīque, plēraeque, plēraque	die meisten
plērumque (Adv.)	meistens, gewöhnlich
praeda, ae f.	Beute, Plünderung *E: prey* *F: la proie*
tumulus, ī m.	Hügel, Haufe *F: le tumulus*
sōl, sōlis m.	Sonne, Sonnenschein, -wärme (*Solar-*) *E: vgl. solar* *F: le soleil* *R: солнце*
lūna, ae f.	Mond *E: vgl. lunar* *F: la lune* R*: луна*
speciēs, ēī f. (*spectāre*)	Aussehen, Anblick, Äußere[3] (*Spezies, Spezialist*) *E: spice* *F: l'épice, l'espèce* *R: специя*
licēre licet licuit	erlaubt sein[4] (*Lizenz*) *E: vgl. leisure* *F: vgl. le loisir* *R: vgl. лицензия*

123. nihil humani (Gen. partitivus)	nichts Menschliches
124. Ciceronem dicunt liberatorem (dopp. Akk. b. dicere)	sie nennen Cicero den Befreier
125. in **unum** locu**m** congerere (wohin?)	an eine**r** Stelle zusammentragen (wo?)
126. pariet**ibus** includere (Abl. instrumentalis)	**in** Wänden einschließen
127. **in** numer**o** deorum ducere	**zur** Zahl der Götter rechnen, **unter** die Götter rechnen
128. **de** via decedere	**aus** dem Wege gehen
129. non vivis, ut edas	du lebst nicht, damit du ißt; **man** lebt nicht, damit **man** ißt

---

ML: [1] *Erläuterungsschrift;* [2] *Anweisung, Vorschrift;* [3] *Gewürz, Ware;* [4] licenter (*Adv.*) *erlaubtermaßen.*

IX

e-Konjugation

augēre (*Augustus*)	**augeō**	**auxī**	**auctum**	vermehren, vergrößern, erweitern (*Augment*) *E: vgl. to augment* *F: vgl. augmenter* *R: vgl. аукцион*
manēre	**maneō**	**mānsī**	**mānsum**	bleiben, fortbestehen[1] (*permanent*) *E: vgl. to remain* *F: vgl. remanent* *R: vgl. перманентный*

Konsonantische Konjugation

premere	**premō**	**pressī**	**pressum**	drücken, pressen, bedrängen (*pressen, Presse, Kompresse*) *E: to press* *F: presser* *R: vgl. пресс(а)*
opprimere	opprimō	oppressī	oppressum	bedrängen, unterdrücken, überfallen *E: to oppress* *F: oppresser*
fīgere	**fīgō**	**fīxī**	**fīxum**	stechen, heften, durchbohren (*Fixstern, Präfix*) *E: to fix* *F: fixer* *R: vgl. фиксировать*
affīgere	affīgō	affīxī	affīxum	anheften (*Affix*) *E: to affix* *F: vgl. affixe* *R: vgl. аффикс*
dēscrībere	dēscrībō	dēscrīpsī	dēscrīptum	be-, abschreiben[2] (*deskriptiv*) *E: to describe* *F: décrire*

ML: [1] *sich aufhalten, wohnen;* [2] *ver-, aufzeichnen.*

exscrībere	exscrībō	exscrīpsī	exscrīptum	ab-, aufschreiben, abzeichnen
dētegere	**dētegō**	**dētēxī**	**dētēctum**	auf-, entdecken (*Detektiv*) *E: to detect* *F: vgl. le détective* *R: vgl. детектив*
prōcēdere	**prōcēdō**	**prōcessī**	**prōcessum**	hervorgehen, vorrücken, Fortschritte machen *E: to proceed, process* *F: procéder* *R: vgl. процесс(ия)*

epistula, ae f.	Brief[1] (*Epistel*) *E: epistle* *F: l'épître* *R: vgl. эпистолярный*
frāter, tris m. (Gen. pl.: um)	Bruder[2] (*Fraternität*) *F: le frère* *R: брат*
saeculum, ī n.	Jahrhundert[3] (*Säkularfeier, säkularisieren*) *E: vgl. secular* *F: le siècle* *R: vgl. секуляризация*
suprā (Adv.) (Präp. b. Akk.)	oben, vorher oberhalb, über–hinaus
legiō, ōnis f.	Legion[4] (*Legionär*) *E: vgl. legionary* *F: la légion* *R: легион*
passim (Adv.) (*passus*)	weit und breit, verstreut *F: passim*
tabula, ae f.	„Tafel", Brett, Verzeichnis[5] (*Tabelle*) *E: table* *F: la table* *R: vgl. табель, таблица*
rēs gestae, rērum gestārum f. (*gerere*)	Taten
dīvus, a, um	göttlich[6] *E: vgl. divine* *F: vgl. divin* *R: vgl. диво, дивный*
sub dīvō	unter freiem Himmel
īnscrīptiō, ōnis f. (*īnscrībere*)	Aufschrift, Inschrift[7] (*Inskription, inskribieren*) *E: inscription* *F: l'inscription*
rēgīna, ae f. (*rēx*)	Königin *F: la reine*
prīvātus, a, um	abgesondert, einer einzelnen Person gehörig, persönlich, privat[8] *E: private* *E: privé* *R: приватный*
prīvātim (Adv.)	persönlich, für seine Person
dominātiō, ōnis f.	(Gewalt-)Herrschaft, Einfluß[9]

ML: [1] *Niederschrift, Urkunde;* [2] *Klosterbruder, Mönch;* [3] *Zeitlichkeit,* in saecula saeculorum *in alle Ewigkeit;* [4] *Heerschar, -bann;* [5] *Spielbrett;* [6] *heilig;* [7] *Anklageschrift, Urkunde, Anschrift;* [8] homines privati *Mannschaften;* [9] *Herrschaftsbezirk.*

(*dominus*)	*E: domination* *F: la domination*	cēnsēre cēnseō (cēnsuī) cēnsum	(ein)schätzen, meinen, beschließen[6] (*zensieren*) *F: vgl. censé* *R: vgl. цензор*
factiō, ōnis f.	politische Partei[1] *E: faction* *F: la faction, la façon*	cēnsus, ūs m.	„Zensus", Schätzung[7] (*Zins*) *E: census* *F: le cens* *R: ценз*
lībertās, ātis f. (*līber, līberāre*)	Freiheit[2] *E: liberty* *F: la liberté*	cēnsum habēre	eine Schätzung durchführen
vindicāre	befreien, retten; bestrafen[3] *E: vgl. vengeance* *F: venger*	lūstrum, ī n.	Reinigungs-, Sühneopfer, Jahrfünft, Steuerperiode (*Lustrum*) *E: lustre* *F: le lustre*
in lībertātem vindicāre	zur Freiheit verhelfen, befreien	auspicium, ī n.	Vogelschau, Vorzeichen, (Ober-)Leitung[8] (*Auspizien*) *E: auspice* *F: l'auspice* *R: ауспиций*
triumphus, ī m.	Triumph(zug), Siegeseinzug[4] *E: triumph* *F: le triomphe* *R: триумф*		
currus, ūs m.	(Triumph-)Wagen, Rennwagen		
cōnsulātus, ūs m. (*cōnsul*)	Konsulat[5] *E: consulate* *F: le consulat*		

130. exercitus quattuor legion**um** (Gen. qualitatis; attributiv)	ein Heer **von** vier Legionen
exercitus quattuor legion**um** erat (Gen. qualitatis; prädikativ)	das Heer bestand **aus** vier Legionen
131. viginti ann**os** **natus** (Akk. der Zeiterstreckung)	20 Jahre **alt**
132. Tiberius exscribit	Tiberius **läßt** abschreiben

X

vōx, vōcis f. (*vocāre*)	Stimme, Laut, Wort *E: voice* *F: la voix*	**virtus,** ūtis f. (*vir*)	Mannhaftigkeit, Tapferkeit, Tugend, Tüchtigkeit[9] (*virtuos*)

ML: [1] *Parteiung, Machenschaft;* [2] *Privileg;* [3] *rügen;* [4] Märtyrertum; [5] *städtischer Rat, Ratsherrenamt;* [6] *zur Zahlung eines Zinses verpflichten;* [7] *Abgabe, Tribut;* [8] *verheißungsvoller Anfang, Hoffnung;* [9] *Macht, Wunderkraft; pl. Wundertaten.*

E: virtue
F: la vertu
R: vgl. виртуоз

nātiō, ōnis f. (*nātus*) — Volksstamm[1] (*Nation*)
E: nation
F: la nation
R: нация

pāx, pācis f. — Frieden[2] (*Pazifist, Pazifik*)
E: peace
F: la paix
R: vgl. пацифист

mūnītiō, ōnis f. — Schanzarbeit, Befestigung, Verschanzung[3] (*Munition*)
E: munition
F: la munition

aetās, aetātis f. — Leben(szeit), Lebensalter, Zeit(alter)[4]

nōbilitās, ātis f. — Adel[5] (*Nobilität*)
E: nobility
F: vgl. la noblesse

admīrātiō, ōnis f. (*mīrus*) — Bewunderung
E: admiration
F: l'admiration

māter, tris f. (Gen. pl.: um) — „Mutter"[6] (*Matrize, Matriarchat*)
E: mother
F: la mère
R: мать

pater, tris m. (Gen. pl.: um) — „Vater"[7] (*Patriarchat, Patron*)
E: father
F: le père
R: namep

nūtrīx, īcis f. — Amme
E: nurse
F: la nourrice

quaestor, ōris m. (*quaerere*) — Quästor

ōrātiō, ōnis f. (*ōrāre*) — Rede(gabe), -weise
E: oration
F: l'oraison

ōrātiōnem habēre — eine Rede halten

ōrātor, ōris m. — Redner, Unterhändler[8]
E: orator
F: l'orateur
R: оратор

ōrāculum, ī n. — Orakel(spruch)[9]
R: оракул

coniūrātiō, ōnis f. — Verschwörung[10]
E: conjuration
F: la conjuration

praetor, ōris m. — Prätor[11] (*Prätorianer*)
R: vgl. преторианец

prōpraetor, ōris m. — Proprätor, Stellvertreter eines Prätors, Statthalter

calamitās, ātis f. — Schaden, Unglück, Niederlage (*Kalamität*)
E: calamity
F: la calamité

centuriō, ōnis m. (*centum*) — Zenturio, Anführer einer Zenturie[12]
R: центурион

fortitūdō, inis f. — Tapferkeit
E: fortitude
F: la fortitude

auctōritās, ātis f. (*augēre*) — Ansehen[13] (*Autorität*)
E: authority
F: l'autorité
R: авторитет

ML: [1] *Stand.; pl.: Heiden;* [2] *Friedensgeld, Urfehde;* [3] *Burg, Schutz(urkunde), Bekräftigung;* [4] *Volljährigkeit;* [5] *= höfische Anrede;* [6] prima m. = *Eva;* [7] *geistl. Würdenträger, Abt;* patres veteres *Kirchenväter;* [8] *Beter, Pilger, Gelehrter;* [9] *Betraum, Kapelle, Urkunde;* [10] *Beschwörung, Vereidigung;* [11] p. urbis *Burgvogt;* [12] *staatlicher Verwalter;* [13] *Beschluß, Vollmacht, Vorbildlichkeit.*

auctor, ōris m. — Urheber, Anstifter, Verfasser (*Autor*)
E: author
F: l'auteur
R: автор

commīlitō, ōnis m. (*mīles*) — Gefährte, Kampfgenosse[1] (*Kommilitone*)

cupiditās, ātis f. (*cupidus*) — Begierde, Leidenschaft (*Cupido*)
E: cupidity
F: la cupidité

occāsiō, ōnis f. — Gelegenheit[2] (*okkasionell*)
E: occasion
F: l'occasion
R: оказия

timor, ōris m. (*timēre*) — Furcht, Schrecken

multitūdō, inis f. (*multī*) — Menge, große Anzahl
E: multitude
F: la multitude
R: vgl. мультипликация

facultās, ātis f. (*factiō*) — Gelegenheit, Möglichkeit, Fähigkeit[3] (*Fakultät, fakultativ*)
E: faculty
F: la faculté
R: факультет

salūs, ūtis f. (*salūtāre*) — Heil, Wohl, Rettung, Sicherheit[4] (*Salut*)
E: vgl. salute
F: le salut
R: салют

laus, laudis f. (*laudāre*) — Lob, Ruhm[5]
E: laud, vgl. laudation
F: vgl. la louange

repetītiō, ōnis f. — Wiederholung[6] (*Repetition*)
E: repetition
F: la répétition
R: репетиция

imāgō, inis f. — Bild[7] (*imaginär*)
E: image
F: l'image

regiō, ōnis f. (*regere*) — Richtung, Gegend[8] (*Region, regional*)
E: region
F: la région
R: vgl. региональный

lēx, lēgis f. — Gesetz, Bestimmung[9] (*Legislative, legal, loyal*)
E: law
F: la loi
R: vgl. легитимист

cōnsuētūdō, inis f. (*cōnsuēscere*) — Gewohnheit[10] (*Kostüm*)
E: custom
F: la coutume
R: vgl. костюм

simplicitās, ātis f. — Einfachheit, Natürlichkeit[11]
E: simplicity
F: la simplicité

a-Konjugation

vetāre **vetō** **vetuī** **vetitum** — verbieten (*Veto*)
E: veto
F: veto
R: вето

ML: [1] *Glaubensgenosse;* [2] *Grund, Vorwand;* [3] *wissenschaftliche Disziplin, Vermögen;* [4] *pl.: Heilwirkungen;* [5] *Billigung, Zustimmung;* [6] *Rückforderung, Klage;* [7] *Gebilde, Form;* [8] *Gebiet, Land;* [9] l. nova *neues Testament;* [10] *Gewohnheitsrecht, Abgabe;* [11] *Einfalt (als Tugend).*

e-Konjugation

sustinēre (*sub-tenēre*)	**sustineō**	**sustinuī**	–	aushalten, ertragen[1] *E: to sustain* *F: soutenir*
silēre	**sileō**	**siluī**	–	(ver)schweigen (*Silentium*) *E: vgl. silence* *F: vgl. le silence*
flōrēre	**flōreō**	**flōruī**	–	„blühen" (*florieren, Flora, Floskel*) *E: to flourish* *F: fleurir* *R: vgl. Флора*

Konsonantische Konjugation

cōnsulere (*cōnsul, cōnsultāre*)	**cōnsulō**	**cōnsuluī**	**cōnsultum**	um Rat fragen, befragen, sorgen[2] (*Konsulent*)
antepōnere	**antepōnō**	**anteposuī**	**antepositum**	voranstellen, vorziehen
compōnere	compōnō	composuī	compositum	zusammensetzen, beilegen, schlichten[3] (*komponieren, Komposition*) *E: to compound* *F: composer* *R: vgl. компоновать*
pācem compōnere				Frieden stiften, schließen
oppōnere	oppōnō	opposuī	oppositum	entgegensetzen, -stellen, aussetzen (einer Gefahr) (*opponieren, Opposition*) *E: to oppose* *F: opposer* *R: оппонировать*
adolēscere	**adolēscō**	**adolēvī**	**adultum**	heranwachsen *E: vgl. adolescent* *F: vgl. adolescent*

ML: [1] *(er)warten;* [2] *m. A. c. I. raten;* [3] *wiedergutmachen, Buße zahlen.*

crēscere	**crēscō**	**crēvī**	**crētum**	wachsen (*Crescendo, Kreszenz, konkret*) *E: vgl. crescent* *F: croître* *R: vgl. крещендо*
alere (*altus*)	**alō**	**aluī**	**altum**	ernähren (*Alumnat, Alimente*) *F: vgl. alimenter* *R: vgl. алименты*
cōnsuēscere (*cōnsuētūdō*)	**cōnsuēscō**	**cōnsuēvī**	**cōnsuētum**	sich gewöhnen
cōnsuēvī				ich habe mich gewöhnt, ich pflege
dēcernere	**dēcernō**	**dēcrēvī**	**dēcrētum**	entscheiden, beschließen (*Dekret, Dezernent*) *E: to decree* *F: décerner* *R: vgl. декрет*
discernere (*discrētus*)	discernō	discrēvī	discrētum	absondern, unterscheiden (*Diskretion*) *F: discerner*
quaerere (*quaestor*)	**quaerō**	**quaesīvī**	**quaesītum**	suchen, forschen, fragen[1] (*Quästur, Inquisition, Requisiten*) *E: to query* *F: quérir* *R: vgl. инквизиция*
petere (*repetītiō*)	**petō**	**petīvī**	**petītum**	erstreben, aufsuchen, angreifen, bitten (*Petition, repetieren*) *E: vgl. petition* *F: vgl. la pétition* *R: vgl. петиция*
appetere	appetō	appetīvī	appetītum	aufsuchen, verlangen, streben (*Appetit*) *E: vgl. appetite* *F: appéter, l'appétit*
nōscere (*nōtus*)	**nōscō**	**nōvī**	**nōtum**	kennenlernen, erkennen[2]
nōvī				ich habe kennengelernt, ich kenne *R: знать*

ML: [1] *als Eigentum beanspruchen, vor Gericht bringen;* [2] noscitur *es steht fest.*

cōgnōscere	cōgnōscō	cōgnōvī	cōgnitum	kennenlernen, erkennen, erfahren (*rekognoszieren*) *E: vgl. to recognize* *F: connaître*
sinere	**sinō**	**sīvī**	**situm**	(zu)lassen
dēsinere	dēsinō	dēsiī	dēsitum	ablassen, aufhören, unterlassen

ūllus, a, um (*nūllus*)	irgendeiner
uter, utra, utrum	wer (von beiden) *R: vgl. который*
uterque, utraque, utrumque	jeder (von beiden), beide
neuter, neutra, neutrum	keiner (von beiden) (*Neutrum*) *E: neuter* *F: neutre* *R: vgl. нейтральный*
quidam, quaedam, quoddam	ein gewisser; pl. manche, einige
āra, ae f.	Altar
fortūna, ae f.	Zufall, Schicksal, Glück *E: fortune* *F: la fortune* *R: фортуна*
sūmere sūmō sūmpsī sūmptum	(über)nehmen, sich anmaßen (*konsumieren, Konsum, Resumé*) *E: vgl. to consume* *F: vgl. consumer* *R: vgl. резюме*
nūdus, a, um	nackt, unbekleidet, unbedeckt, kahl *E: nude* *F: nu* *R: нагой*

sordidus, a, um	schmutzig, niedrig, verächtlich *E: sordid* *F: sordide*
membrum, ī n.	Gliedmaß, Teil (*Membrane*) *E: member* *F: le membre* *R: vgl. мембрана*
aerārium, ī n.	Schatzkammer, Staatskasse
prōcūrāre	besorgen, verwalten (*Prokurator, Prokurist*) *E: to procure* *F: procurer* *R: vgl. прокурор*
mīlitāre (*mīles*)	Kriegsdienst tun, Soldat sein[1] *E: vgl. militant* *F: vgl. militant* *R: vgl. милитарист*
perpetuus, a, um (*petere*)	beständig, immerwährend (*Perpetuum mobile*) *E: perpetual* *F: perpétuel* *R: vgl. перпетуум мобиле*
contrōversia, ae f.	Streit (*Kontroverse*) *E: controversy* *F: la controverse* *R: контроверза*

ML: [1] *als Lehnsmann dienen.*

extrā (Adv.) (Präp. b. Akk.)	außerhalb[1] außer, über – hinaus *E: extra* *F: extra* *R: vgl. экстра-вагантный*
intrā (Adv.) (Präp. b. Akk.)	inwendig innerhalb, binnen[2] (zeitlich) *E: intra-* *F: intra-*
nē – quidem	nicht einmal, auch nicht
pīlum, ī n.	Wurfspeer
scūtum, ī n.	Schild *F: l'écu*
impetus, ūs m. (*petere*)	Angriff, Andrang *E: vgl. impetuous* *F: vgl. impétueux*
gladius, ī m.	Schwert (*Gladiator, Gladiole*) *E: vgl. gladiator* *F: le glaive* *R: vgl. гладиатор*
paulum (Adv.)	ein wenig
paululum (Adv.)	ein klein wenig
rūrsus (Adv.)	rückwärts, wiederum
ambō, ambae, ambō	beide (zusammen) *F: l'ambe* *R: оба*

integer, integra, integrum	unversehrt, ungeschwächt, vollständig[3] (*integral, Integrität*) *E: entire* *F: intègre, entier* *R: vgl. интеграл*
suprēmus, a, um (*suprā*)	oberste, höchste, letzte (*Supremat*) *E: supreme* *F: suprême*
quasi (Adv.)	gleichwie, als ob, gewissermaßen[4] *E: quasi* *F: quasi* *R: квази-*
sānctus, a, um	heilig, sittenrein[5] (*Sankt . . ., sanktifizieren*) *E: saint* *F: saint* *R: vgl. санкция*
dīligere dīligō dīlēxī dīlēctum	hochachten, lieben *E: vgl. la dilection*
arma, ōrum n.	Waffen (*Armee, Armada*) *E: arm* *F: l'arme* *R: vgl. армия*
rīsus, ūs m.	das Lachen *E: vgl. risible* *F: le ris*

133. quaestor**um** est	es ist die Pflicht, Aufgabe der Quästoren
prudenti**ae** est (Gen. possessivus)	es ist ein Zeichen von, Beweis für Klugheit
aber: me**um**, tu**um** est	es ist meine, deine Pflicht
134. multis admiration**i** esse (Dat. finalis)	vielen **zur** Bewunderung sein, von vielen bewundert werden
135. amic**o** consulere	**für** den Freund sorgen
amic**um** consulere	den Freund um Rat fragen

ML: [1] ab extra *von außen;* [2] *unter(halb);* [3] *ganz;* [4] *(vor Zahlen) etwa;* [5] *subst.: der, die Heilige.*

136. extra munition**em**	außerhalb **der** Befestigung
intra munition**em**	innerhalb **der** Befestigung
137. medi**os** in hostes invadere	**mitten** in die Feinde eindringen
138. Caesar**em** petiverunt	sie griffen Cäsar an
a Caesare auxili**um** petiverunt	(sie erbaten von Cäsar Hilfe) sie baten **Cäsar um** Hilfe
139. liber**os** quaesiverunt	sie suchten die Kinder
ex liberis vi**am** quaesiverunt	sie fragten **die** Kinder **nach** dem Weg
140. viri magn**a** fortitudine (Abl. qualitatis; attributiv)	Männer **von** großer Tapferkeit, sehr tapfere Männer
viri magn**a** fortitudine **erant** (Abl. qualitatis; prädikativ)	(die Männer waren von großer Tapferkeit) die Männer zeigten große Tapferkeit
141. in Caesare spem posuerunt (wo?)	sie setzten **auf** Cäsar ihre Hoffnung (wohin?)
142. Caesar vetat milites discedere (A. c. I. nach vetare)	Cäsar verbietet **den** Soldaten, **daß sie** weggehen, wegzugehen
143. timore **adductus** (Abl. causae)	von Furcht veranlaßt, **aus** Furcht

XI

caput, itis n. Haupt(stadt), Kopf[1] (*Kapitel, Kapital*)
E: chief
F: le chef
R: vgl. капитал

iūs, iūris n. Recht[2] (*Jura, Jurist*)
R: vgl. юрист

iūdex, icis m. (*iūs-dīcere*) Richter
E: judge
F: le juge

corpus, oris n. „Körper", Leichnam[3] (*Korporation, korpulent*)
E: corpse
F: le corps
R: корпус

pecus, oris n. (*pecūnia*) Vieh, Kleinvieh
E: vgl. to peculate
F: vgl. le pécule

onus, eris n. Last
E: vgl. onerous
F: vgl. onéreux

carmen, inis n. Lied, Gedicht (*Carmen, Charme*)
E: charm
F: le charme

tempus, oris n. Zeit(punkt), Zeitalter[4] (*temporal, Tempo, extemporieren*)
E: tense
F: le temps
R: темп

ML: [1] *Hauptort, Zentrum, Kapitel, Abschnitt;* [2] *Rechtstitel, Eigentum;* in iure esse *abhängig sein;* [3] (*Rechts-*)*Person;* manere in corpore *am Leben sein;* [4] in temporibus *zeitweise.*

medicāmen, inis n. (*medicīna*) — Heilmittel (*Medikament*)
E: vgl. medicamentum
F: vgl. le médicament
R: vgl. медикамент

lac, lactis n. — Milch (*Laktometer, Laktalbumin*)
E: vgl. lacteal
F: le lait
R: vgl. лактация

genus, eris n. — Geschlecht, Abkunft, Stamm, Art und Weise
E: gender
F: le genre
R: vgl. жанр

flūmen, inis n. — Strömung, Strom, Fluß
E: flume

frīgus, oris n. — Kälte, Kühle
F: vgl. le froid

frīgidus, a, um — kalt, kühl, frostig
E: frigid
F: froid

nōmen, inis n. (*nōmināre*) — „Name"[1] (*nominell, Nominativ*)
E: name
F: le nom
R: имя

ōmen, inis n. — Vor-, Wahrzeichen (*Omen*)
E: omen
F: vgl. omineux

cadere	**cadō**	**cecidī**	**cāsum**	fallen, widerfahren, begegnen[2] (*Kadenz, Kaskade, Chance*) *F: choir* *R: vgl. каденция*
accidere	accidit	accidit	–	sich ereignen[3] *E: vgl. accident* *F: vgl. l'accident* *R: vgl. акциденция*
concidere	concidō	concidī	–	zusammenfallen, -stürzen, zugrunde gehen
occidere (*occāsiō*)	occidō	occidī	occāsum	untergehen, umkommen (*Okzident*) *E: vgl. occident* *F: vgl. l'occident*
caedere	**caedō**	**cecīdī**	**caesum**	töten, fällen, (Steine) brechen, zerschlagen (*Zäsur, Zement*) *E: vgl. homicide* *F: vgl. l'homicide* *R: vgl. цезура*
tangere	**tangō**	**tetigī**	**tāctum**	berühren[4] (*Tangente, Takt*) *E: vgl. tact* *F: vgl. le tact* *R: vgl. такт, тангенс*

ML: [1] *Rang, Würde, Rechtstitel;* hoc nomine *in diesem Sinne;* [2] cadere a *abfallen von;* [3] *anfallen, einkommen;* [4] *zufallen, gehören.*

contingere	contingō	contigī	contāctum	berühren, glücken (*Kontakt*) *E: vgl. contingent* *F: vgl. contingent* *R: vgl. контингент*
meminisse Imperative: mementō, mementōte (*monēre*)	**meminī**	–	– (Gen.)	sich erinnern (an), gedenken *R: vgl. помнить*
currere	**currō**	**cucurrī**	**cursum**	laufen, eilen (*kursieren, kursorisch, Kurs*) *E: vgl. current* *F: courir* *R: vgl. курс*
discere (*discipulus, disciplīna*)	**discō**	**didicī**	–	lernen
poscere	**poscō**	**poposcī**	**(postulātum)**	fordern, verlangen *R: просить*
tendere (*tenēre*)	**tendō**	**tetendī**	**tentum**	spannen, strecken (*tendieren, Tendenz*) *E: to tend* *F: tendre* *R: vgl. тенденция*
contendere	contendō	contendī	contentum	kämpfen, eilen, sich anstrengen, sich eifrig bemühen[1] *E: to contend* *F: vgl. la contention*
ostendere (*ostentāre*)	ostendō	ostendī	ostentum	entgegenstrecken, zeigen, darlegen *E: vgl. ostensible* *F: vgl. ostensible*
parcere	**parcō**	**pepercī**	**(temperātum)** (Dat.)	schonen, sparen
cōnsistere	**cōnsistō**	**cōnstitī**	–	sich aufstellen, haltmachen, stehen bleiben, sich niederlassen, bestehen (*Konsistenz, Konsistorium*) *E: to consist* *F: consister* *R: vgl. консистенция*

ML: [1] *streitig machen.*

exsistere	exsistō	exstitī	–	heraus-, hervortreten, entstehen[1] (*existieren*) *E: to exist* *F: exister*
impellere	**impellō**	**impulī**	**impulsum**	in Bewegung setzen, antreiben, verleiten (*Impuls*) *E: to impel* *F: vgl. impulsif* *R: vgl. импульс*
perdere	**perdō**	**perdidī**	**perditum**	zugrunde richten, verderben, verlieren[2] *E: vgl. perdition* *F: perdre*
condere	**condō**	**condidī**	**conditum**	(be)gründen, bergen, begraben[3]
reddere (*dare*)	reddō	reddidī	redditum	zurückgeben[4] (*Rente*) *E: to render, F: rendre*
bibere	**bibō**	**bibī**	–	trinken *F: boire, R: пить*

agricultūra, ae f. (*agercolere*)	Ackerbau[5] (*Agrikultur*) *E: agriculture* *F: l'agriculture* *R: агрикультура*	alimentum, ī n. (*alere*)	Nahrung(smittel)[7] (*Alimente*) *E: aliment* *F: l'aliment* *R: алименты*
sānus, a, um (*sānāre*)	gesund, vernünftig *E: sane* *F: sain* *R: vgl. санировать*	captīvus, a, um	(kriegs)gefangen, erbeutet, erobert; subst.: der, die Gefangene[8] *E: captive* *F: chétif*
sānitās, ātis f.	Gesundheit, gesunder Menschenverstand[6] (*sanitär, Sanitätsrat*) *E: sanity* *F: la santé* *R: vgl. санитарный*	trīduum, ī n. (*diēs*)	Zeitraum von drei Tagen, drei Tage
		tempestās, ātis f.	Sturm, (Un-)Wetter *E: tempest* *F: la tempête*
		arbor, ŏris f.	Baum[9] (*Arboretum*) *E: vgl. arboriculture* *F: l'arbre*

ML: [1] = *esse;* [2] *verurteilen;* [3] *(er)schaffen;* [4] *abgeben, bezahlen,* spiritum r. *sterben;* [5] *Ackerland, Landgut;* [6] *Heilung;* [7] *Ernährung, Unterhaltskosten;* [8] *elend;* [9] *Stamm, Holz.*

hortus, ī m.	„Garten" (*Stuttgart, Hortensie*) *R: город*
hiems, hiemis f.	Winter, stürmisches Wetter *E: vgl. to hibernate* *F: vgl. l'hiver* *R: зима*
rāmus, ī m.	Zweig[1] *E: vgl. to ramify* *F: le ramage, le rameau*
nix, nivis f.	Schnee *F: la neige* *R: снег*
dēnuō (*dē-novō*)	von neuem *F: de nouveau*
socius, ī m.	Gefährte, (Bundes-) Genosse[2] (*sozial, Sozialismus*) *E: vgl. social* *F: vgl. social* *R: vgl. социальный*
tabella, ae f. (*tabula*)	Schreiben, Brief, Stimmtäfelchen, Urkunde, Bericht (*Tabelle*) *F: vgl. tabellaire* *R: табель*
quantus, a, um (*tantus*)	wie groß (*Quantität*) *F: quant* *R: vgl. квант(а)*
quantum (*tantum*)	wieviel[3]
tribūnus, ī m.	Tribun, Vorsteher einer römischen Tribus *E: tribune* *F: le tribun* *R: трибун*
tribuere tribuō tribuī tribūtum	(zu)teilen, erweisen (*Tribut*) *E: vgl. tribute* *F: vgl. le tribut*
attribuere attribuō attribuī attribūtum	zuteilen (*Attribut*) *E: to attribute* *F: attribuer* *R: vgl. атрибут*
prīstinus, a, um	früher, ehemalig *E: pristine*
cāseus, ī m.	„Käse" *E: cheese* *R: vgl. квас*
carō, carnis f.	Fleisch[4] (*Inkarnation, Karneval, Karneol*) *F: la chair*
vēnātiō, ōnis f.	Jagd *E: venison* *F: vgl. la vénerie* *R: vgl. война*
exercitātiō, ōnis f. (*exercēre*)	Übung, Geübtheit *E: exercise* *F: l'exercice*
immēnsus, a, um	unermeßlich, ungeheuer groß (*immens*) *E: immense* *F: immense*
gignere gignō genuī genitum (*genus*)	zeugen, gebären, hervorbringen
potestās, ātis f. (*posse*)	Kraft, Macht, Gewalt *E: vgl. power* *F: vgl. pouvoir*
nex, necis f. (*necāre, perniciēs*)	(gewaltsamer) Tod, Mord
prīnceps, cipis m. (*prīmus, prīncipātus*)	erste, vornehmste; Fürst; pl.: die Vornehmen[5] (*Prinz*) *E: prince* *F: le prince* *R: принц*
pāgus, ī m.	Gau, Kanton[6] *F: le pays*

ML: [1] r. crucis *Kreuzbalken;* [2] *Hilfsgeistlicher;* [3] in quantum *soweit;* [4] *Leib, irdisches Dasein;* [5] *Vorsteher, Chef, Herr;* [6] *Landgebiet, Grafschaft.*

proprius, a, um	gehörig, eigen(tümlich)[1] (*Expropriation*) *E: proper* *F: propre* *R: vgl. экспроприация*
inde (Adv.) (*dē*)	von da, von dort, von da an (zeitl.)[2] *F: en, vgl. souvent (aus: sub-inde)*
possessiō, ōnis f.	Besitz(tum), Grundstück (*Possessivpronomen*) *E: possession* *F: la possession*
aestus, ūs m.	Hitze, Glut, Flut, Brandung[3] *E: vgl. estuary*
vītāre	(ver)meiden, ausweichen *E: vgl. to avoid* *F: éviter*
incolere incolō incoluī incultum (*incola*)	(be)wohnen
iungere iungō iūnxī iūnctum	verbinden, verknüpfen[4] (*Junktion*) *E: to join* *F: joindre*
coniungere coniungō coniūnxī coniūnctum	verbinden, verknüpfen[5] (*Konjunktiv, Konjunktion*) *E: to conjunct* *F: conjoindre* *R: vgl. конъюнктура*
sēnsus, ūs m.	Sinn, Empfindung, Gefühl (*sensibel, Sensualismus*) *E: sense* *F: le sens* *R: vgl. сенсуалист*

144. Caesar Helveti**is** pepercit	Cäsar hat **die** Helvetier geschont
145. exercitum pecor**e** alere (Abl. instrumentalis)	das Heer **mit (von)** Vieh ernähren
146. corpora immens**a** magnitudin**e** (Abl. qualitatis)	Körper **von** ungeheurer Größe, sehr große Körper
147. ann**o** post (Abl. mensurae)	**im** Jahr darauf
148. loc**is** frigid**is** (Abl. loci ohne Präposition bei locus auf die Frage wo?)	**an** kalten Orten
149. possession**ibus** expellere (Abl. separativus)	**aus** den Besitzungen heraustreiben
150. accidit, **ut** recurr**a**nt (Konsekutivsatz nach Verben des Geschehens)	es geschieht, **daß** sie zurückkehr**en**
151. magistratus creantur, qui bello prae**si**nt (= ut praesint) (Relativsatz mit finalem Sinn)	Beamte werden gewählt, die den Krieg leiten **sollen**

ML: [1] *subst.: Lehnsmann;* [2] abinde *von dort;* [3] *Erregung, Verwirrung;* [4] se iungere ad *sich wohin begeben;* [5] se coniungere *sich versammeln.*

152. dic, quo curras (cucurreris) dixit, quo curreret (cucurrisset) (indirekter Fragesatz; Consecutio temporum)	sage, wohin du eilst (geeilt bist) er sagte, wohin er eilte (geeilt war)

XII

cīvis, cīvis m. f. (*cīvitās*)	Bürger, Bürgerin[1] (*Zivilist*) *E: vgl. civil* *F: vgl. civil, civique* *R: vgl. семья*
nāvis, nāvis f. (*nāvigāre*)	Schiff[2] *E: navy* *F: vgl. naval* *R: vgl. навигация*
nāvis longa, nāvis longae f.	Kriegsschiff
iuvenis, iuvenis m. (Gen. pl.: um)	junger Mann, Jüngling (*juvenile Quellen*) *E: young* *F: jeune* *R: юный*
vestis, vestis f. (*vestītus*)	Kleid, Decke, Teppich (*Weste*) *E: vest* *F: la veste* *R: vgl. инвестировать*
pellis, pellis f.	„Pelz", „Fell", Haut (*Pelle*) *E: peel* *F: la peau*
avis, avis f. (*auspicium*)	Vogel, Wahrzeichen, Vorbedeutung (*Aviatik*) *E: vgl. aviary* *F: vgl. l'oiseau* *R: vgl. авиатор, авиа-*
pars, partis f.	Teil, Seite, Abteilung[3] (*partiell, Partikel*) *E: part* *F: la part* *R: vgl. партия*
ars, artis f.	Kunst, Eigenschaft[4] (*Art*) *E: art* *F: l'art* *R: vgl. артист*
gēns, gentis f. (*gīgnere, genus*)	Geschlecht, Sippe, Völkerschaft (*Gentilname*) *E: vgl. gentleman* *F: les gens*
urbs, urbis f.	Stadt (*Urban, urban*) *E: vgl. urban* *F: vgl. urbain* *R: vgl. урбанизм*
mōns, montis **m.**	Berg, Gebirge, Fels (*montan*) *E: mount* *F: le mont*
ops, opis f. (*opulentus*)	Kraft, Macht, Hilfe; pl.: Streitkräfte, Reichtümer[5]
venter, ventris m.	Unterleib, Bauch *E: venter, vgl. ventricle* *F: le ventre*
mors, mortis f. (*mortuus*)	Tod; pl.: Todesfälle, -arten[6] (*Mord*) *E: vgl. to mortify* *F: la mort* *R: смерть*

ML: [1] *der Einheimische;* [2] *Kirchenschiff;* [3] p. publica *öffentliche Hand;* [4] a. mechanica *Handwerk;* [5] *Landgüter;* [6] *Todesstrafe.*

sors, sortis f.	Los(stäbchen), Schicksal, Weissagung[1] (*Sorte, Konsorten*) *E: sort* *F: le sort, la sorte* *R: vgl. copm*
mēns, mentis f.	Verstand, Gesinnung, Ansicht (*Mentalität*) *E: mind* *F: vgl. mental* *R: vgl. память*
vīs, - (vim, vī) f.	Gewalt, Kraft, Stärke
vīrēs, vīrium f.	(Streit-)Kräfte, Vermögen, Macht
mare, maris n.	„Meer" (*Marine, Rosmarin*) *E: vgl. marine* *F: la mer* *R: море*
animal, ālis n. (*animus*)	Lebewesen[2] *F: vgl. l'aumaille* *R: vgl. анималист*
mīlia, ium n. (*mīlle*)	Tausende *R: миля*
fīnis, fīnis m.	Grenze, Ende, Ziel[3] (*final*) *E: fine* *F: la fin* *R: vgl. финал(ьный)*
fīnēs, ium m.	Grenzen, Gebiet
nefās n. (indekl.)	Frevel, Sünde *E: vgl. nefarious* *F: vgl. néfaste*
necessitās, ātis f. (*necessārius*)	Notwendigkeit[4] *E: necessity* *F: la nécessité*
remedium, ī n.	Arznei, Heilmittel[5] *E: remedy* *F: le remède*
vulnus, eris n.	Wunde *E: vgl. vulnerable* *F: vgl. le vulnéraire*
vulnerāre	verwunden, kränken
opus, eris n. (*ops*)	(Bau-)Werk, Befestigungsarbeit, -werk[6] (*Opus*) *F: l'œuvre* *R: onyc*
rōstrum, ī n.	„Rüssel", (Schiffs-)Schnabel; pl.: mit Schiffsschnäbeln geschmückte Rednerbühne *E: rostrum* *F: le rostre* *R: ростра*
antecēdere antecēdō antecessī antecessum	vorangehen, übertreffen (*Antezedenz*) *E: vgl. antecedent* *F: vgl. antécédent*
decēre decet decuit	sich geziemen (*dezent*) *E: vgl. decent* *F: vgl. décent*
laetitia, ae f.	Fruchtbarkeit, Freude
laetus, a, um	üppig, fruchtbar, froh
soror, ōris f.	Schwester *F: la sœur* *R: сестра*
maledīcere maledīcō maledīxī maledictum (Dat.)	schmähen, lästern[7] *E: vgl. malediction* *F: maudire*
carcer, eris m.	„Kerker", Gefängnis; pl.: Schranken (*Karzer*) *F: la chartre* *R: карцер*
quōmodo (Adv.) (*modus*)	auf welche Weise, wie[8] *F: comme*

ML: [1] *pl.: Würfel, Erfolg;* [2] *Haus-, Nutztier;* [3] *(Grenz-)Mark;* [4] *Bedarf;* [5] r. animae *Seelenheil;* [6] *Fronarbeit;* [7] *verfluchen;* [8] *daß.*

dum (Ind. bzw. Konj.)	solange bis
dum, dummodo (Konj.)	wenn nur
probāre	anerkennen, gutheißen, „prüfen“[1] (*probieren, Approbation*) *E: to prove* *F: prouver* *R: vgl. пробировать*
nūmen, inis n.	Wink, Wille (einer Gottheit), Gottheit (*Numinose*)
frūgifer, -fera, -ferum	fruchttragend, -bringend *E: vgl. to fructify* *F: frugifère*
dēcīdere dēcīdō dēcīdī dēcīsum (*caedere*)	abschneiden (*dezidieren*) *E: to decide* *F: décider*
amputāre (*putāre*)	(ringsum berechnen) abschneiden[2] (*amputieren*) *E: to amputate* *F: amputer* *R: vgl. ампутировать*
nota, ae f. (*nōtus*)	(Schrift-)Zeichen, Merkmal (*Note*) *E: note* *F: la note* *R: нота*
super (Adv.) (Präp. b. Akk.) (*superāre*)	oben über – hinaus, oberhalb (*Superlativ, Superintendent*) *E: super-* *F: sur* *R: супер-*
candidus, a, um	strahlend, schneeweiß, lauter[3] (*Kandidat*) *E: candid* *F: candide* *R: vgl. кандидат*
temere (Adv.)	blindlings, zufällig, aufs Geratewohl, unbesonnen *E: vgl. temerity* *F: vgl. téméraire*
spargere spargō sparsī sparsum	„sprengen“, streuen, spritzen
pūblicē (Adv.) (*pūblicus*)	öffentlich, im Interesse des Staates *F: vgl. publiquement* *R: vgl. публика*
sacer, sacra, sacrum	heilig, verflucht *E: vgl. sacred* *F: vgl. le sacre* *R: vgl. сакраментальный*
sacerdōs, dōtis m. f.	Priester[4], Priesterin *E: vgl. sacerdotal* *F: vgl. le sacerdoce*
sīn, sīn autem	wenn aber
ter	dreimal
secundum (Präp. b. Akk.) (*secundus*)	dicht hinter, entlang, gemäß
prohibēre prohibeō prohibuī prohibitum	fernhalten, (ver)hindern, schützen (*Prohibitivzölle*) *E: to prohibit* *F: prohiber*
volātus, ūs m.	das Fliegen, Flug (*Volant*) *E: vgl. volatile* *F: vgl. la volée, voler* *R: vgl. волан*
equus, ī m. (*equitātus*)	Pferd
vehere vehō vēxī vectum	be„wegen“, fahren (trans.), mit sich führen (*Vehikel*) *E: vgl. vehicle* *F: vgl. le véhicule* *R: везти, возить*

ML: [1] *überführen;* [2] *beseitigen;* [3] *blond;* [4] *Bischof.*

ēligere ēligō (ēlēgī) ēlēctum	herauslesen, -holen, auslesen, -wählen[1] (*elegant*) *E: to elect* *F: élire* *R: vgl. элегантный*
quisque, quidque (subst.)	ein jeder, ein jedes[2]
victōria, ae f. (*victor*)	Sieg, Siegesruhm (*Viktoria*) *E: victory* *F: la victoire* *R: Виктория (Eigenname)*
iūdicium, ī n. (*iūs-dīcere*)	Gericht, Urteil, Entscheidung[3] *E: vgl. judgement* *F: vgl. le jugement*
praeiūdicium, ī n.	Vorentscheidung (*Präjudiz*) *E: prejudice* *F: le préjudice*
āgnōscere āgnōscō āgnōvī āgnitum	(an)erkennen[4] (*agnoszieren*) *E: vgl. to recognize* *F: vgl. reconnaître* *R: vgl. рекогносцировать*
dēnique (Adv.)	zuletzt, endlich, schließlich
rārus, a, um	selten[5] (*rar*) *E: rare* *F: rare*
aequus, a, um	gleich, eben, gerecht, gelassen[6] (*Äquivalent*, *Äquator*, *eichen*) *E: vgl. equal* *F: vgl. égal* *R: vgl. экватор*
ultimus, a, um	äußerste, letzte (*Ultimatum*, *Ultimo*) *E: vgl. ultimate* *F: ultime* *R: vgl. ультиматум*
caelum, ī n.	Himmel(shöhe), Luft, Klima[7] *F: le ciel*

153. maledicere vir**o**	**den** Mann schmähen
154. antecedere ceter**is** animali**bus** oder: a. ceter**a** animali**a**	**die** übrigen Lebewesen übertreffen
155. quattuor hor**as** abesse (Akk. der Zeiterstreckung; wie lange?)	vier Stunden entfernt sein
156. super vest**em**	über eine Decke hin
157. consultationem **in** eundem diem indicere	eine Befragung **für** den gleichen Tag ansetzen
158. terr**a** marique (Abl. loci)	**zu** Wasser und **zu** Lande (zu Lande und auf dem Meer)
159. a) dum in carcere est (dum während mit Ind. Präs.)	während er im Gefängnis ist (war)
b) dum vivit, vivet, vixit (dum solange mit Ind.)	solange er lebt, leben wird, gelebt hat

ML: [1] *vorziehen*, e. ad *wählen zu etw.*; [2] *jeder beliebige;* [3] i. Dei *Gottesurteil;* minora iudicia *niedere Gerichtsbarkeit;* [4] *erfahren, verstehen;* [5] *klein;* [6] ex aequo *im gleichen Verhältnis;* [7] in caelo *im Himmel.*

c) Caesar in curia iacuit, dum servi eum exportaverunt (dum so lange bis mit Ind. Präs., Perf., Fut. II)	Cäsar blieb im Rathaus liegen, bis die Diener ihn hinaustrugen
d) Socrati maledicebant, dum eum in ius vocarent (dum so lange bis mit finalem Sinn mit Konj.)	sie schmähten Sokrates so lange, bis sie ihn vor Gericht brachten (damit sie ihn . . .)
e) maledicant mihi, dummodo Apollo me probet (dummodo wenn nur mit Konj.)	sie mögen mich schmähen, wenn nur Apollo mich billigt

XIII

aliquis, aliquid (subst.)	irgendeiner, irgend etwas
aliquī, aliqua, aliquod (adj.)	irgendein, irgendeine, irgendein
quisquam, quicquam (quidquam)	irgendeiner, irgend etwas
fēlīx, īcis	fruchtbar, glücklich (*Felix, Felizitas*) *E: vgl. felicitous* *F: vgl. la félicité*
cōnstāns, antis (*cōnstāre*)	ruhig, stetig, standhaft, ausdauernd, charakterfest[1] (*konstant*) *E: constant* *F: constant* *R: константный*
cōnstantia, ae f.	Festigkeit, Ruhe, Stetigkeit, Ausdauer *E: constancy* *F: la constance*
ingēns, entis (*in-gīgnere*)	ungeheuer groß, sehr groß
potēns, entis (*potestās, posse*)	mächtig, einflußreich[2] (*potent, Potentat*)
potentia, ae f.	Kraft, Wirksamkeit, (polit.) Macht, Einfluß *E: potency* *F: la puissance* *R: потенция*
pār, paris	gleich[3] (*paritätisch, Paar, Komparativ*) *E: vgl. peer* *F: vgl. une paire, comparer* *R: vgl. пара*
omnis, e (*omnīnō*)	jeder, ganz
omnēs, ium	alle (*Omnibus*) *E: omni-* *F: omni-* *R: vgl. омнибус*
brevis, e	kurz, klein[4] (*Brief, Brevier*) *E: brief* *F: bref*

ML: [1] *feststehend;* [2] potentem esse = posse; [3] *subst.: (Standes-)Genosse, Waffengefährte;* [4] in brevi *in kurzem.*

mortālis, e (*mors, mortuus*)	sterblich, vergänglich; subst.: Mensch[1] (*Mortalität*) *E: mortal* *F: mortel* *R: смертный*
immortālis, e	unsterblich (*Immortellen*) *E: immortal* *F: immortel* *R: vgl. бессмертный*
nōbilis, e (*nōbilitās*)	adlig, edel, vornehm (*nobel*) *E: noble* *F: noble*
gravis, e	schwer (zu tragen), gewaltig, ehrwürdig (*gravitätisch, gravieren*) *E: grave* *F: grave, grief*
commūnis, e	„gemein"sam, gemeinschaftlich[2] (*Kommuniqué, Kommune, kommunal*) *E: common* *F: commun* *R: vgl. коммуна(льный)*
incrēdibilis, e (*crēdere*)	unglaublich, unglaubwürdig *E: incredible* *F: incroyable*
turpis, e	schimpflich, schändlich, häßlich *E: vgl. turpitude* *F: vgl. la turpitude*
trīstis, e	betrübt, traurig, trübe (*trist*) *F: triste*
innumerābilis, e (*numerus*)	unzählig, zahllos *E: innumerable* *F: innombrable*
singulāris, e (*singulī*)	einzeln, außerordentlich, hervorragend (*Singular, singulär*) *E: singular* *F: singulier*
crūdēlis, e	grausam, schrecklich *E: cruel* *F: cruel*
plūrēs, a (-ium)	mehr, mehrere (*Plural*) *E: vgl. plural* *F: vgl. le pluriel* *R: vgl. плюрализм*
fortis, e	stark, kräftig, rüstig, tapfer[3] *E: forte* *F: fort* *R: vgl. форте*
dulcis, e	süß (*Dulzin*) *F: doux*
levis, e	leicht (zu tragen), leichtsinnig *E: vgl. light* *F: léger* *R: лёгкий*
puerīlis, e (*puer, puella*)	kindlich, knabenhaft *E: puerile* *F: puéril*
facilis, e	leicht (zu tun), beweglich[4] *E: facile* *F: facile*
difficilis, e	schwierig, schwer (zu tun) (*diffizil*) *E: vgl. difficult* *F: difficile*
nātūrālis, e (*nātūra*)	natürlich (*naturell*) *E: natural* *F: naturel* *R: натуральный*
celeber, celebris, celebre	volkreich, viel besucht, berühmt *E: vgl. celebrity* *F: célèbre*

ML: [1] *tödlich, todeswürdig;* [2] in commune *insgemein;* [3] *Adv. auch:* forte *stark;* [4] f. ad *empfänglich für.*

celer, celeris, celere	schnell (*accelerando*) *E: vgl. celerity* *F: vgl. la célérité*
dīves, itis (e, a, um)	reich, prächtig
pauper, eris (e, a, um) (*paucī, paulum*)	arm, ärmlich[1] *E: poor* *F: pauvre* *R: vgl. пауперизм*
iter, itineris n.	Weg, Marsch, (Tage-) Reise[2] (*Itinerar*) *E: vgl. itinerary* *F: vgl. l'itinéraire*
praeceptum, ī n.	Vorschrift, Befehl, Lehre[3] *E: precept* *F: le précepte*
anima, ae f. (*animus*)	Luft(hauch), Seele, Leben *E: vgl. to animate* *F: l'âme* *R: vgl. анимизм*
plēbs, plēbis f. (*plēnus*)	Menge, großer Haufen[4] (*Plebejer, Plebiszit*) *E: vgl. plebiscite* *F: la plèbe* *R: vgl. плебей*
vectīgal, ālis n. (*vehere*)	Fuhrzoll, Weggeld, Abgabe, Steuer
tribūtum, ī n. (*tribuere*)	„Tribut“, Steuer, Abgabe *E: tribute* *F: le tribut*
arcēre arceō arcuī – (ā) (*exercēre*)	(einschließen) abwehren, fernhalten (von)
īnstruere īnstruō īnstrūxī īnstrūctum	hineinbauen, unterweisen, -richten (*instruieren, Instruktion*) *E: to instruct* *F: instruire* *R: vgl. инструктировать*
aciem īnstruere	eine Schlachtreihe aufstellen
occurrere occurrō occurrī occursum	entgegenkommen, -gehen, -treten, geraten (in), stoßen (auf) *E: to occur* *F: vgl. l'occurrence*
vitium, ī n.	Fehler, Mangel, Vergehen, Laster *E: vice* *F: le vice*
facinus, oris n. (*facilis*)	(Un-)Tat, Verbrechen
facinus committere	ein Verbrechen begehen
vix (Adv.)	kaum, eben erst
iste, ista, istud	dieser da *R: mom (2. Bestandteil von is-te)*
incōgnitus, a, um (*cōgnōscere*)	unbekannt, nicht anerkannt[5] (*Inkognito*) *E: vgl. incognito* *F: vgl. incognito* *R: vgl. инкогнито*
praeter (Adv.)	darüber hinaus, ausgenommen
(Präp. b. Akk.)	an – vorbei, über – hinaus, abgesehen von, außer (*Präteritum*)
eō (Adv.) (*quō*)	dorthin, dahin
eō (b. Kompar.)	desto, um so
ingenium, ī n.	Naturanlage, Begabung, Fähigkeit[6] (*Genie, Ingenieur*)

ML: [1] *politisch rechtlos;* [2] *Heereszug, Heerfahrt;* [3] *Königsurkunde, päpstl. Privileg;* [4] *Christen(volk), Gemeinde, Parochie;* [5] incognitis causis *ohne Untersuchung;* [6] *Art und Weise, Verhalten, Vorwand, Machenschaft.*

	E: vgl. ingenious *F: vgl. ingénieux*
ōrdō, inis m.	„Ordnung", Reihe, Stand, Klasse[1] (*Orden*) *F: vgl. ordinaire* *R: vgl. ординарный*
druidēs, um m.	Druiden (Priester in Gallien) *E: druid* *F: le druide*
eques, itis m. (*equus, equitātus*)	Reiter, Ritter[2]
audēre	wagen, sich erdreisten *F: oser*
paene (Adv.)	beinahe, fast
aes, aeris n. (*aerārium*)	Erz, Kupfer(geld)
aliēnus, a, um	fremd, unpassend
aes aliēnum, aeris aliēnī n.	Schulden
dēdere dēdō dēdidī dēditum	übergeben, ausliefern
sē dēdere	sich ergeben, sich ausliefern, sich widmen
servitūs, ūtis f. (*servus*)	Sklaverei, Knechtschaft *E: servitude* *F: la servitude*
dīvīnus, a, um (*dīvus*)	göttlich[3] *E: divine* *F: divin*
rēs dīvīnae, rērum dīvīnārum f.	Gottesdienst, Opfer
sacrificium, ī n. (*sacer, sacerdōs*)	Opfer[4] *E: sacrifice* *F: le sacrifice*

adulēscēns, entis (adolēscēns) (*adolēscere*)	jung; subst.: m. f. Jüngling, junges Mädchen *E: adolescent* *F: l'adolescent*
scelus, eris n.	Verbrechen, Frevel *F: scélérat*
scelus committere	ein Verbrechen begehen
caedēs, caedis f. (*caedere*)	Mord, Blutbad
caedem committere	einen Mord begehen
praemium, ī n.	Vorteil, Vorrecht, Belohnung (*Prämie*) *E: premium* *F: la prime* *R: премия*
poena, ae f.	„Pein", Strafe *E: pain* *F: la peine*
dīgnitās, ātis f.	Würde, Ansehen, Achtung (*Dignität, indigniert*) *E: dignity, dainty* *F: la dignité*
succēdere succēdō successī successum	(als Nächster) (nach-)folgen (*sukzessive*) *E: to succeed* *F: succéder*
legere legō lēgī lēctum	zusammenlesen, sammeln, lesen (*Lektüre, Lektor*) *E: vgl. lecture* *F: lire* *R: vgl. лектор*
dēligere dēligō dēlēgī dēlēctum	auswählen, auslesen
quotannīs (Adv.) (*quot-annus*)	jährlich, alle Jahre

ML: [1] *Orden(sregel)*; [2] *Pferd;* [3] disciplina d. *Theologie;* [4] *Meßopfer, Messe.*

cliēns, entis m.	Höriger, Klient[1] *E: client* *F: le client* *R: клиент*		*F: vgl. lucide* *R: луч, люк*
somnium, ī n.	Traum(bild) *F: le songe* *R: vgl. сон*	tractāre (*trahere*)	betasten, handhaben, behandeln[2] (*traktieren, Traktat*) *E: to treat* *F: traiter* *R: vgl. трактат*
lūx, lūcis f.	Licht (*Luke, Sollux*)		

160. aliquid boni oder: aliquid bonum (b. Adj. der a- und o-Dekl. Gen. partitivus oder Nom. bzw. Akk.) aber nur: aliquid turpe (b. Adj. der i-Dekl.)	irgend etwas Gutes
161. **loco** servorum habere (Abl. loci)	(an Stelle von Sklaven halten) **wie** Sklaven behandeln
162. incolis sacrifici**is** interdicere (Abl. separativus)	die Einwohner **von** den Opfern ausschließen
163. liber tribut**is** (Abl. separativus)	frei **von** Abgaben
164. lingu**a** nostr**a** Galli nominantur (Abl. instrumentalis)	**in** unserer Sprache werden sie Gallier genannt
165. **de** principatu contendere	**um** die Führung streiten
166. a) aliquis quaerit (subst.) aliqui vir quaerit (adj.) b) si quis quaerit (subst.) si qui vir quaerit (adj.) (nach si, ne, nisi, num fällt ali- weg)	irgendeiner fragt irgendein Mann fragt wenn irgendeiner fragt wenn irgendein Mann fragt
c) vix quisquam probat (subst.) sine ullo studio (adj.) (quisquam, quicquam bzw. ullus, a, um stehen in Sätzen mit Verneinung bzw. Einschränkung)	kaum irgendeiner billigt ohne irgendwelchen Eifer

ML: [1] *Vasall, Lehnsmann;* [2] *mißhandeln.*

XIV

ẹ-Konjugation

prōvidēre	**prōvideō**	**prōvīdī**	**prōvīsum** (Dat.)	vorhersehen, sorgen (für) (*Provisor, provisorisch, improvisieren*) ***E: to provide, to purvey*** ***F: pourvoir*** ***R: vgl. провизия***

Konsonantische Konjugation

vincere (*victor, victōria*)	**vincō**	**vīcī**	**victum**	(be)siegen (*Vinzenz*) ***E: to vanquish*** ***F: vaincre***
agere (*agitāre*)	**agō**	**ēgī**	**āctum**	(be)treiben, (be)handeln, verhandeln, tun (*agieren, Agent*) ***E: to act*** ***F: agir*** ***R: vgl. агент(ура)***
vītam agere				das Leben verbringen, ein Leben führen, leben
grātiās agere				Dank sagen
cōgere (*cōgitāre*)	cōgō	coēgī	coāctum	zusammentreiben, zwingen[1]
relinquere (*reliquus, reliquiae*)	**relinquō**	**relīquī**	**relictum**	zurück-, verlassen, übrig lassen (*Relikt*) ***E: to relinquish*** ***R: vgl. реликвия***
rumpere	**rumpō**	**rūpī**	**ruptum**	brechen, zerreißen (*Rotte, Route, abrupt*) ***E: vgl. abrupt*** ***F: rompre***
corrumpere	corrumpō	corrūpī	corruptum	beschädigen, verderben, bestechen (*korrumpieren*) ***E: to corrupt*** ***F: corrompre***

ML: [1] ***Part.*** **cogens *dringend.***

corruptiō, ōnis f.				Zerrüttung, Bestechung[1] (*Korruption*) *E: corruption* *F: la corruption* *R: коррупция*
irrumpere	irrumpō	irrūpī	irruptum	einbrechen, eindringen, -stürzen *E: vgl. irruption* *F: vgl. l'irruption*
cōnsīdere (*sedēre*)	**cōnsīdō**	**cōnsēdī**	**cōnsessum**	sich niederlassen, sich ansiedeln[2]
ōdisse	**ōdī**	–	–	(Haß gefaßt haben) hassen
odium, ī n.				Haß, Widerwärtigkeit *E: vgl. odious* *F: vgl. odieux* *R: vgl. одиозный*
emere (*sūmere, exemplum*)	**emō**	**ēmī**	**ēmptum**	nehmen, kaufen *R: вз-ять*
frangere	**frangō**	**frēgī**	**frāctum**	„brechen“ (*Fragment, Fraktion, Refrain*) *E: to break* *F: vgl. frangible* *R: vgl. фрагмент*

cārus, a, um	teuer, lieb, wert (*Charité*) *E: care* *F: cher*

fīdus, a, um (*fidēs, perfidia*)	treu, zuverlässig[3]
canis, canis m. f. (Gen. pl.: um)	Hund, Hündin (*Kanaille, kanarische Inseln*) *E: vgl. canine* *F: le chien* *R: сука, собака*
mel, mellis n.	Honig *E: vgl. mellifluous* *F: vgl. mellifique*

fluere fluō flūxī – (*fluvius, flūmen*)	fließen, strömen (*Fluidum*) *F: vgl. fluent* *R: vgl. флюид*
īnfluere īnfluō īnflūxī –	hineinströmen, münden (*Influenz*) *E: vgl. to influence* *F: vgl. influencer* *R: vgl. инфлюэнца*
prōfluere prōfluō prōflūxi –	hervorströmen

ML: [1] *Zerstörung;* [2] *zu Gericht sitzen;* [3] *vertraulich.*

quō – eō	je – desto
tūtus, a, um (ā)	sicher (vor), geschützt (gegen) (*Tutor*) *E: vgl. tutelary* *F: vgl. tutélaire*
tūtō (Adv.)	sicher
interior, ius (*intrā*)	innere (*Internist*) *E: interior* *F: intérieur*
exterior, ius (*extrā*)	äußere *E: exterior* *F: extérieur* *R: vgl. экстерн*
īnferior, ius	untere, niedriger gelegen (*Inferno*) *E: inferior* *F: inférieur* *R: vgl. инфернальный*
prior, prius (*prae, prīmus*)	früher[1] (*Prior, Priorität*) *E: prior* *F: prieur* *R: vgl. приор(итет)*
colōnia, ae f. (*colere*)	Kolonie[2] (*Köln*) *E: colony* *F: la colonie* *R: колония*
colōniam dēdūcere	eine Kolonie gründen
iūcundus, a, um (*iuvāre*)	erfreulich, angenehm
longē (Adv.)	weit, weitaus, bei weitem
longē lātēque	weit und breit (lang und breit)
undique (Adv.)	von, auf allen Seiten
damnāre	ver„dammen", verurteilen[3] *E: vgl. to condemn* *F: vgl. condamner*

sēdēs, sēdis f. (*sedēre, praesidium*)	(Wohn-)Sitz[4]
rīpa, ae f.	Ufer, Fluß-, Meeresufer *E: vgl. river* *F: la rive*
īnstrūmentum, ī n. (*īnstruere*)	Gerät, Werk-, Rüstzeug[5] (*Instrument*) *E: instrument* *F: l'instrument* *R: инструмент*
ignārus, a, um (Gen.) (*ignōrāre*)	unwissend, unkundig (in etw.) *F: ignare*
opportūnus, a, um (*portus*)	geeignet, günstig (*opportun, Opportunist*) *E: opportune* *F: opportun* *R: vgl. оппортунист*
excellēns, entis	vortrefflich, ausgezeichnet (*exzellent, Exzellenz*) *E: excellent* *F: excellent*
prūdentia, ae f. (*prōvidēre*)	Klugheit, Erfahrung, Einsicht (*Jurisprudenz*) *E: prudence* *F: la prudence* *R: vgl. юрис-пруденция*
prūdēns, entis	wissentlich, vorsichtig, klug *E: prudent* *F: prudent*
idōneus, a, um	geeignet, tauglich, fähig, tüchtig[6]
admovēre admoveō admōvī admōtum	heranbewegen, -legen, nahebringen

---

ML: [1] *Prior, Abt; pl.: die führenden Männer;* [2] *Grundstück eines Kolonen;* [3] *Unrecht tun, beschädigen;* [4] *Bischofs-, Fürstensitz;* [5] i. musicum *Musikinstrument;* [6] *unschuldig, glaubwürdig.*

ōstium, ī n.	Mündung, Tür (*Ostia*) *R: уста, устье*
maritimus, a, um (*mare*)	Meeres-, See-, Küsten- (*Marine*) *E: maritime* *F: maritime* *R: vgl. маринист*
caecus, a, um	blind, unsichtbar
hostis, hostis m.	(Kriegs-, Staats-) Feind[1] *E: vgl. hostility* *F: vgl. l'hostilité* *R: гость*
repentīnus, a, um	plötzlich, unvermutet
repente (Adv.)	plötzlich[2]
indicium, ī n. (*indīcere, indictiō*)	Anzeige, Anzeichen (*Indiz*) *E: vgl. indication* *F: l'indice* *R: vgl. индикатор*
dēnūntiāre	ankündigen, vor Gericht anzeigen[3] (*denunzieren, Denunziation*) *E: vgl. denunciation* *F: dénoncer*
vērō (Adv.)	wahrlich, aber, vollends
neque vērō	aber nicht
miscēre misceō miscuī mixtum	„mischen", vereinigen[4] (*Mixtur*) *E: to mix* *F: vgl. mixte* *R: месить*
merx, mercis f. (*mercātor*)	Ware, Kram (*kommerziell*) *E: vgl. (article of) commerce* *F: vgl. le commerce* *R: vgl. коммерция*

redundāre (Abl.)	überströmen, Überfluß haben (an)
posterus, a, um (*post, posteā*)	folgend
posterī, ōrum m.	Nachkommen, Nachwelt *E: vgl. posterity* *F: la postérité*
posterior, ius	letztere, hintere, spätere *E: posterior* *F: postérieur*
vacāre (Abl.)	frei sein (von), leer sein, unbebaut sein (*Vakanz, evakuieren*) *E: to vacate* *F: vgl. les vacances* *R: vgl. вакантный*
culpa, ae f.	Schuld, Verschuldung *E: vgl. culpability* *F: vgl. la culpabilité*
sōlācium, ī n.	Trost(spruch), Entschädigung[5] *E: vgl. consolation* *F: vgl. la consolation*
ārdēre ārdeō ārsī ārsum	(ver)brennen, glühen, funkeln[6] *E: vgl. ardour* *F: vgl. l'ardeur*
ārdēns, entis	brennend heiß, glühend, leidenschaftlich[7] *E: ardent* *F: ardent*
amor, ōris m. (*amāre*)	Liebe[8] (*Amor, Amorette*) *E: vgl. amorous* *F: l'amour* *R: vgl. амур*

ML: [1] *Kriegsheer, Feldzug;* h. antiquus *Teufel;* [2] *schnell;* [3] *anreden;* [4] *pass.: verwickelt sein (in);* [5] *Hilfe, Unterstützung;* [6] *entbrennen, brennen (auf); trans.: verbrennen;* [7] *feurig, eifrig;* [8] *Liebhaberei.*

pectus, oris n.	Brust, Sinn, Geist (*in petto*) *E: vgl. pectoral* *F: la poitrine*
famēs, is f.	Hunger(snot) *E: vgl. famine* *F: la faim*
vivus, a, um (*vīvere*)	lebendig (*Vivisektion*) *E: vgl. to vivify* *F: vif* *R: живой*

167. providere civi**bus**	**für** die Bürger sorgen
providere fine**m**	das Ende voraussehen
168. vacare culp**a** (Abl. separativus)	frei **von** Schuld sein
169. nullum animal fidius cane (= quam canis) (Abl. comparationis)	kein Lebewesen ist treuer **als** der Hund
170. mult**o** clarior	**viel** berühmter
etiam melior	**noch** besser
eo melior	**um so** besser
171. **longe** nobilissimus	**weitaus** der Vornehmste
quam optimus	**möglichst** gut, so gut **wie möglich**
potentissimus **quisque**	**gerade** der Mächtigste
172. proelio ad Alliam **commisso**	in der Schlacht an der Allia
173. Romani servos instrumenta habebant, **quibus** agri colerentur (= ut eis colerentur) (Relativsatz mit finalem Sinn)	die Römer benutzten (hatten) die Sklaven als Werkzeuge, mit denen die Äcker bestellt wurden (= damit mit ihnen die Äcker bestellt wurden)
174. ita contingit, **ut** omnia emere possint (Konsekutivsatz nach Verben des Glückens und Gelingens)	so gelingt es, daß sie alles kaufen können
175. aegrot**ior** est, quam ut sanari possit (Konsekutivsatz)	er ist **zu** krank, als daß er geheilt werden kann

XV

vertere vertō vertī versum (*adversārius, contrōversia*)	wenden (*Vers, Version, heimwärts*) *E: vgl. verse* *F: vgl. verser, le vers* *R: vgl. вертеть, версия*
animadvertere animadvertō animadvertī animadversum (*animus-advertere*)	den Sinn richten (auf), bemerken, bestrafen *E: vgl. to advert* *F: vgl. l'animadversion*

convertere	convertō	convertī	conversum	wenden, richten[1] (*konvertieren, konvertibel*) *E: to convert* *F: convertir* *R: конвертировать*
statuere	**statuō**	**statuī**	**statūtum**	aufstellen, festsetzen, beschließen (*statuieren, Statut*) *E: vgl. statute* *F: statuer* *R: vgl. статут*
cōnstituere	cōnstituō	cōnstituī	cōnstitūtum	aufstellen, beschließen[2] (*konstituieren, Konstitution*) *E: to constitute* *F: constituer* *R: vgl. конституция*
īnstituere (*īnstitūtum*)	īnstituō	īnstituī	īnstitūtum	einrichten, unterrichten, -weisen (*Institut, Institution*) *E: to institute* *F: instituer* *R: vgl. институт*
restituere	restituō	restituī	restitūtum	wiedereinsetzen, wiederherstellen, zurückführen (*Restitution*) *E: vgl. restitution* *F: restituer*
prehendere	**prehendō**	**prehendī**	**prehēnsum**	ergreifen, (ein)nehmen, besetzen[3] (*Prise*) *E: vgl. prehensible* *F: prendre*
reprehendere	reprehendō	reprehendī	reprehēnsum	zurück-, festhalten, tadeln (*Reprise*) *E: to reprehend* *F: reprendre*
accendere	**accendō**	**accendī**	**accēnsum**	anzünden, entflammen, erregen

ML: [1] *intr. und pass.: ins Kloster eintreten;* [2] constitutus *befindlich;* [3] (*Abgabe*) *erheben.*

incendere (*incendium*)	incendō	incendī	incēnsum	anzünden, entflammen, erregen[1] *E: to incense* *F: vgl. incendier*
metuere	**metuō**	**metuī**	–	(sich) fürchten, befürchten
ascendere	**ascendō**	**ascendī**	**ascēnsum**	hinauf-, besteigen[2] (*aszendierend*) *E: to ascend* *F: vgl. l'ascension*

intrepidus, a, um	unerschrocken, ruhig *E: intrepid* *F: intrépide* *R: vgl. трепетать*
sēcūrus, a, um (*cūra*)	sorglos, sicher (*Sekurit*) *E: sure* *F: sûr*
īrātus, a, um (*īra*)	zornig *E: irate* *F: vgl. irascible*
īrācundia, ae f.	Jähzorn, Zornesausbruch
dīligēns, entis (*dīligere*)	sorgfältig, gewissenhaft, umsichtig *E: diligent* *F: diligent*
quamquam	obgleich, obwohl; im Hauptsatz: indessen, freilich
audāx, ācis (*audēre*)	kühn, mutig, frech *E: audacious* *F: audacieux*
resistere resistō restitī –	sich widersetzen, Widerstand leisten (*Resistenz, resistent*) *E: to resist* *F: résister*
occīdere occīdō occīdī occīsum (*caedere*)	töten *F: occire*

iubēre iubeō iussī iussum (A. c. I.) (*iussū*)	befehlen *F: vgl. lettres de jussion*
agricola, ae m. (*ager-colere, agricultūra*)	Landmann, Bauer *E: agriculturist* *F: l'agricole*
colōnus, ī m. (*colōnia*)	Landwirt, (An-)Siedler[3] (*Kolonist*) *E: vgl. colonist* *F: le colon* *R: vgl. колонист*
suādēre suādeō suāsī suāsum	(an)raten, ein-, zureden (*suasorisch*)
suāvis, e	süß, angenehm, lieblich *E: sweet* *F: suave*
persuādēre persuādeō persuāsī persuāsum (Dat.)	überreden, überzeugen *E: to persuade* *F: persuader*
ācer, ācris, ācre (*aciēs*)	spitz, scharf, hitzig, leidenschaftlich *E: eager* *F: aigre* *R: острый*

ML: [1] *anreizen;* [2] *sich erheben, aufschwingen, gelangen;* [3] *Kolone, Unfreier.*

fāma, ae f. (*nefās*)	Sage, öffentliche Meinung, Kunde, Ruf (*Fama*) *E: fame* *F: vgl. famé*
semel	einmal
artus, a, um	dicht gedrängt, eng, straff[1]
accūrātus, a, um (*cūra*)	sorgfältig, genau (*akkurat*) *E: accurate* *R: аккуратный*
cūriōsus, a, um (*cūra*)	sorgfältig, wißbegierig, neugierig (*kurios, Kuriosität*). *E: curious* *F: curieux* *R: курьёзный*
adnotāre (annotāre) (*nōtus, nota*)	an-, bemerken[2] (*ad notam nehmen*) *E: to annotate* *F: annoter* *R: аннотировать*
adnotātiō, ōnis f. (annotātiō)	An-, Bemerkung[3] (*Annotation*) *E: annotation* *F: vgl. l'annotateur* *R: аннотация*
eximere eximō exēmī exēmptum (*emere, exemplum*)	herausnehmen, freimachen *E: to exempt* *F: exempter* *R: vgl. экземпляр*
patiēns, entis	erduldend, geduldig (*Patient*) *E: patient* *F: patient* *R: пациент*
merēre mereō meruī meritum (*meritō*)	verdienen, erwerben, sich verdient machen (*emeritieren*) *E: vgl. merit* *F: mériter*

vicēs (Nom. und Akk. Plur., vicibus Dat. und Abl. Plur.) f.	„Wechsel", Abwechslung, Amt, Stelle[4] (*Vize-*) *E: vice* *F: vice-* *R: вице-*
tantopere (Adv.) (*tanto-opere*)	so sehr
quantopere (Adv.)	in wie hohem Grade, wie sehr
quod	daß (nach Verben der Gemütsbewegung)
quandō (Adv.)	wann? *F: quand?*
aliquandō (Adv.)	irgendwann, einst, einmal[5]
concordia, ae f.	Eintracht (*Konkordanz, Konkordat*) *E: concord* *F: la concorde* *R: vgl. конкордат*
concors, -cordis	einträchtig *E: concordant* *F: concordant*
simplex, icis (*simplicitās*)	einfach, schlicht, ehrlich[6] (*simpel*) *E: simple* *F: simple*
fidēlis, e (*fīdus, fidēs*)	getreu, zuverlässig, aufrichtig (*fidel*) *E: vgl. fidelity* *F: fidèle*
īnsīgnis, e (*sīgnum*)	kenntlich, auffallend, hervorstechend *E: vgl. insignificant* *F: insigne*
īnsīgne, is n.	Kenn-, Abzeichen (*Insignien*) *E: insignia* *F: l'enseigne*

ML: [1] *kärglich, knapp;* [2] *auf-, nieder-, unterschreiben;* [3] *Verzeichnis, Aufzeichnung, Vermerk;* [4] una vice *einmal*, invicem *abwechselnd;* [5] *jemals, bisweilen;* [6] *einfältig.*

fovēre foveō fōvī fōtum	(er)wärmen, begünstigen[1]
equidem (Adv.)	ich meinerseits
intervallum, ī n.	Zwischenraum, Entfernung, Abstand (*Intervall*) *E: interval* *F: l'intervalle* *R: интервал*
imitābilis, e	nachahmbar, nachahmenswert *E: imitable* *F: imitable* *R: vgl. имитатор*
vinculum, ī n.	Fessel *F: vgl. vinculé*
cōnstringere cōnstringō cōnstrīnxī cōnstrictum	zusammenschnüren, fesseln, zusammenfassen[2] *E: to constrain* *F: contraindre*
cito (Adv.)	schnell[3]
congregāre	zusammenhäufen, versammeln; pass.: sich gesellen[4] *E: to congregate* *F: vgl. la congrégation* *R: vgl. конгрегация*
festīnāre	eilen, sich sputen, etw. beschleunigen
lentus, a, um	zäh, langsam (*Lento*) *F: lent*
distinguere distinguō distīnxī distīnctum	bunt verzieren, unterscheiden, genau bezeichnen (*distinguiert*) *E: to distinguish* *F: distinguer*

176. amicis persuadere	**die** Freunde überreden, überzeugen
177. o iucund**as** vic**es**! (Akk. des Ausrufs; zu ergänzen ist dico)	(o) **welch ein** erfreulicher Austausch!
178. **in** cives animadvertere	gegen Bürger einschreiten, Bürger bestrafen
179. gaudeo, **quod** una nominamur = gaudeo nos una nominari (quod „daß" nach Verben der Gemütsbewegung)	ich freue mich, daß wir zusammen genannt werden
180. metuunt, **ne** Cimbri Romam incendant	sie fürchten, **daß** die Cimbern Rom anzünden
metuit, **ut** (= **ne non**) senatus filio parcat	sie fürchtet, **daß** der Senat den Sohn **nicht** verschont
periculum est, **ut** sustineas (nach Verben des Fürchtens und der Gefahr heißt ne daß, ne non oder ut daß nicht)	es besteht die Gefahr, **daß** du **nicht** aushältst
181. non desunt, qui praeponantur (Konjunkt. im Relativsatz mit konsekutivem Sinn nach Ausdrücken wie sunt, qui; desunt, qui u. ä.)	es fehlt nicht an Leuten, die vorgezogen **werden**

ML: [1] *erquicken, fördern;* [2] *gerichtlich verfolgen, bestrafen, zwingen;* [3] quam cito *sobald als;* [4] *(Mönche) vereinigen.*

facere Imperativ: fac! (*facilis, facinus*)	**faciō**	**fēcī**	**factum**	tun, machen, ausführen[1] (*Faktor, Petrefakt, qualifizieren*) *F: faire* *R: делать*
iter facere				marschieren, reisen
facultātem facere				Gelegenheit geben
certiōrem facere				benachrichtigen
afficere	afficiō	affēcī	affectum (Abl.)	antun, versehen (mit) (*Affekt, affektiert*) *E: to affect* *F: vgl. affecter* *R: vgl. аффект*
cōnficere	cōnficiō	cōnfēcī	cōnfectum	zusammenbringen, verfertigen, ausführen (*Konfekt, Konfektion*) *E: vgl. confection* *F: confire*
dēficere	dēficiō	dēfēcī	dēfectum (Akk.)	fehlen, abnehmen, schwinden, abfallen[2] (*Defekt, Defizit*) *E: vgl. defective, defect* *F: vgl. défectionner* *R: vgl. дефект*
efficere	efficiō	effēcī	effectum	hervorbringen, bewirken[3] (*Effekt, Effekten, effektiv*) *E: to effect* *F: vgl. effectuer* *R: vgl. эффект*
interficere	interficiō	interfēcī	interfectum	niedermachen, töten
perficere	perficiō	perfēcī	perfectum	vollenden, verfertigen, ausführen (*Perfekt, perfekt*) *E: to perfect* *F: vgl. perfectionner* *R: vgl. перфект*

ML: [1] *m. Inf.: lassen;* aliquem securum facere *jmd. versichern, daß;* [2] *sterben, versagen;* [3] = facere; *pass.: werden.*

reficere	reficiō	refēcī	refectum	wiederherstellen, erquicken[1] (*Refektorium*) ***E: vgl. refectory*** ***F: vgl. le réfectoire***
sē reficere				sich erholen
capere (*captīvus, discipulus*)	**capiō**	**cēpī**	**captum**	nehmen, fangen, fassen[2] (*Kapazität, emanzipieren, Partizip*) ***E: vgl. to captivate*** ***F: vgl. capter, captiver*** ***R: vgl. эмансипация***
cōnsilium capere				einen Plan schmieden, Entschluß fassen
accipere	accipiō	accēpī	acceptum	annehmen, empfangen, geistig aufnehmen (*akzeptieren*) ***E: to accept*** ***F: accepter*** ***R: акцептовать***
dēcipere	dēcipiō	dēcēpī	dēceptum	täuschen, betören[3] ***E: to deceive*** ***F: décevoir***
incipere	incipiō	incēpī coepī	inceptum	anfangen, beginnen[4] ***E: vgl. inception***
recipere	recipiō	recēpī	receptum	zurücknehmen, -holen, auf-, übernehmen[5] (*Rezeption, Rezept*) ***E: to receive*** ***F: recevoir*** ***R: vgl. рецепт, рецепция***
sē recipere				sich zurückziehen
īnspicere (*spectāre*)	**īnspiciō**	**īnspēxī**	**īnspectum**	hineinsehen, besichtigen (*inspizieren, Inspektion*) ***E: to inspect*** ***F: vgl. inspecter*** ***R: инспектировать***

ML: [1] *intrans.: essen;* [2] (auribus) capere *vernehmen;* [3] *ertappen;* [4] *Hilfsverb: müssen, im Begriff sein;* [5] *aufbewahren, auffassen als.*

perspicere	perspiciō	perspēxī	perspectum	durchschauen, hindurchsehen, genau erkennen (*Perspektive*) *E: vgl. perspicuous* *F: vgl. la perspicuité* *R: vgl. перспектива*
prōspicere	prōspiciō	prōspēxī	prōspectum	vorhersehen, sorgen (für) (*Prospekt*) *E: vgl. prospect* *F: vgl. le prospect* *R: vgl. проспект*
respicere	respiciō	respēxī	respectum	zurückblicken, berücksichtigen[1] (*respizieren, respektieren, Respekt*) *E: to respect* *F: vgl. respecter* *R: vgl. респектабельный*
cupere (*cupidus*)	**cupiō**	**cupīvī**	**cupītum**	begehren, wünschen *E: vgl. to covet* *F: vgl. convoiter*
rapere	**rapiō**	**rapuī**	**raptum**	„raffen", rauben (*rapid, Usurpator*) *E: to ravish* *F: ravir*
dīripere	dīripiō	dīripuī	dīreptum	auseinanderreißen, plündern[2]
iacere (*iacēre*)	**iaciō**	**iēcī**	**iactum**	werfen *F: vgl. jeter*
dēicere	dēiciō	dēiēcī	dēiectum	herab-, zu Boden werfen[3] *E: to deject* *F: vgl. déjeter*
ēicere	ēiciō	ēiēcī	ēiectum	(hin)auswerfen, herauswerfen (*Ejektion*) *E: vgl. to ejaculate* *F: vgl. l'éjection*
fugere (*fugāre*)	**fugiō**	**fūgī**	**fugitūrus** (Akk.)	fliehen (vor), entschwinden *F: fuir*

ML: [1] *angehen, betreffen;* [2] *rauben;* [3] *(den Wert) senken.*

fuga, ae f.	Flucht *E: vgl. fugacious* *F: la fuite*
collēgium, ī n.	Kollegium, Gemeinschaft[1] (*Kolleg*) *E: college* *F: le collège* *R: коллегия*
dētrīmentum, ī n.	Verlust, Schaden, Unglück[2] *E: detriment* *F: le détriment*
beneficium, ī n. (*benefacere*)	Wohltat[3] *E: benefit* *F: le bienfait* *R: бенефис*
tacēre taceō tacuī tacitum	schweigen, still sein (*Tacitus*) *E: vgl. tacit* *F: se taire*
metere metō messuī messum	„mähen", ernten *F: vgl. moissonner*
parum (Adv.)	zu wenig, nicht genug[4]
virgō, inis f.	junges Mädchen[5] (*Virginität*) *E: virgin* *F: la vierge*
spoliāre	(be)rauben, ausplündern *E: to spoil* *F: vgl. dépouiller* *R: полоть*
rogāre (*regere*)	bitten, fragen *E: vgl. rogation* *F: vgl. la rogation*
potius (Adv.)	vielmehr, lieber, eher
flēre fleō flēvī flētum	(be)weinen *R: блеять*
inīquus, a, um (*aequus*)	ungünstig, feindlich, ungerecht *E: vgl. iniquitous* *F: inique*

aliquamdiū (Adv.)	eine Zeitlang
temperāre (ā)	sich mäßigen, sich enthalten (*Temperatur, Temperament*) *E: to temper* *F: tempérer* *R: vgl. темперамент*
dolor, ōris m. (*dolēre*)	Schmerz, Bedauern, Kummer *E: vgl. doleful* *F: la douleur*
vehemēns, entis	heftig, stürmisch, gewaltig (*Vehemenz*) *E: vehement* *F: véhément*
pōns, pontis m.	Brücke (*Pontifex, Pontifikat*) *E: vgl. pontoon* *F: le pont* *R: путь*
ultrā (Adv.) (Präp. b. Akk.)	jenseits, weiterhin über – hinaus, jenseits (*Ultras*) *E: ultra-* *F: outre* *R: ультра-*
quīn	daß (nach Verben des Zweifelns)
excīdere excīdō excīdī excīsum (*caedere*)	aushauen, zerstören, sprengen[6] *E: to excise* *F: exciser*
dēspērāre (dē) (*spērāre, spēs*)	(Hoffnung) aufgeben, verzweifeln (an) (*desperat*) *E: vgl. desperate* *F: désespérer*
quoniam (*cum-iam*)	als nun, da nun

ML: [1] c. militare *Ritterstand;* [2] *das Schwinden, Tod;* [3] *Amt, Lehen, Pfründe;* [4] *wenig, etwas;* [5] *Nonne; m.: Jüngling;* [6] *herausschneiden.*

simul (Adv.)	zugleich, zusammen[1] (*simultan*) *F: vgl. ensemble (aus in-simul)* *R: vgl. ансамбль*
succurrere succurrō succurrī succursum	zu Hilfe eilen *E: to succour* *F: secourir*
sanguis, inis m.	Blut[2] (*Sanguiniker*) *E: vgl. sanguineous* *F: le sang* *R: vgl. сангвиник*
proinde (Adv.) (*inde*)	demgemäß, folglich[3]
possidēre possideō possēdī possessum (*possessiō*)	besitzen, in Besitz haben *E: to possess* *F: posséder*
quisquis, quidquid (quicquid) (subst.)	wer, was auch immer; jeder, der; alles, was
quīcumque, quaecumque, quodcumque (meist adj.)	wer, was auch immer; jeder, der; alles, was
ferus, a, um	wild, ungezähmt *F: fier*
fera, ae f.	wildes Tier *R: зверь*
agrestis, e (*ager*)	wild(wachsend), ländlich, bäuerisch[4] *F: agreste*
rīdēre rīdeō rīsī rīsum (*rīsus*)	(aus)lachen, belachen, strahlen *E: vgl. risible, riant* *F: rire*

182. aliquid detrimenti (Gen. partitivus)	irgendein Schaden
183. saluti prospicere (Dat. commodi)	**für** das Wohl, die Rettung sorgen
184. dono dare	**zum** Geschenk geben
mihi curae est (Dat. finalis)	(es ist mir zur Sorge) es macht mir Sorge, liegt mir am Herzen
185. vires **me** deficiunt	die Kräfte verlassen mich, es fehlt **mir an** Kräften
186. host**em** fugere	**vor** dem Feind fliehen
187. ultra Rhen**um**	jenseits **des** Rheines
188. **se** iniqu**um** praebere (dopp. Akk. b. se praebere)	sich feindlich zeigen
189. Caesar**em** certior**em** fecit	er hat Cäsar benachrichtigt
Caesar certior factus est (Akt.: dopp. Akk.; Pass.: dopp. Nom.)	Cäsar ist benachrichtigt worden
190. poen**a** afficere aliquem (Abl. instrumentalis)	(jemanden mit einer Strafe versehen) jemanden bestrafen
191. temperare **ab** iniuri**a**	sich eine**s** Unrechtes enthalten
192. desperare **de** salute	**an** der Rettung verzweifeln

ML: [1] insimul *gleichzeitig;* [2] *Blutvergießen;* [3] *darauf;* [4] *ungebildet, roh.*

193. a) cupio **vos** iter factu**ros esse** (A. c. I. Fut.)	ich wünsche, daß ihr reisen werdet
b) iter factu**ri estis** (umschreibendes Futur: Conjugatio periphrastica)	ihr habt die **Absicht zu** verreisen, seid **im Begriff,** seid **willens zu** verreisen
c) nescio (nesciebam), quando iter factu**ri sitis** (essetis) (indirekter Fragesatz; Nachzeitigkeit)	ich weiß (wußte) nicht, wann ihr reisen **werdet**
194. non dubito, **quin** iter factu**ri sitis** (quin m. Konj.; Nachzeitigkeit)	ich zweifle nicht, daß ihr reisen **werdet**
195. homine**s** omnia credente**s** decipiuntur (Part. coniunctum)	die alles glaubenden Menschen werden getäuscht, Menschen, **die** alles glauben, werden getäuscht
196. milites (ad)**monet** maioribus patri**am** car**am fuisse**	er **erinnert** die Soldaten daran, **daß** den Vorfahren die Heimat teuer war
milites (ad)**monet,** **ut** se defend**a**nt	er **ermahnt** die Soldaten, **daß** sie sich verteidigen, sich zu verteidigen
(monere, admonere erinnern: A. c. I. monere, admonere ermahnen: ut; ebenso: persuadere überzeugen: A. c. I. persuadere überreden: ut)	

XVII

sentīre (*sēnsus*)	**sentiō**	**sēnsī**	**sēnsum**	fühlen, wahrnehmen, meinen (*sentimental*) *E: vgl. sentient* *F: sentir* *R: vgl. сенсуальный*
scīre (*scientia*)	**sciō**	**scīvī**	**scītum**	wissen, verstehen (*ge„scheit“*)
nescīre	nesciō	nescīvī	nescītum	nicht wissen *E: vgl. nescient*
īnscius, a, um				unwissend, ohne Wissen
venīre (*adventus*)	**veniō**	**vēnī**	**ventum**	kommen[1] *F: venir*

ML: [1] v. contra *Einwendungen erheben gegen, einschreiten.*

circumvenīre	circumveniō	circumvēnī	circumventum	umgeben, umzingeln, einschließen[1] *E: to circumvent* *F: circonvenir*
convenīre	conveniō	convēnī	conventum	zusammenkommen, eintreffen, vereinbart werden[2] (*Konvent, konventionell*) *E: to convene* *F: convenir* *R: vgl. конвент*
ēvenīre	ēveniō	ēvēnī	ēventum	hervorkommen, sich ereignen, widerfahren, enden[3] (*eventuell*) *E: vgl. event* *F: vgl. l'événement*
pervenīre	perveniō	pervēnī	perventum	hinkommen, gelangen, in etw. geraten
audīre	**audiō**	**audīvī**	**audītum**	(an)hören (*Audienz, Auditorium*) *E: vgl. auditory* *F: vgl. ouï-dire* *R: vgl. аудиенция*
dormīre	**dormiō**	**dormīvī**	**dormītum**	schlafen[4] (*Dormitorium*) *E: vgl. dormant* *F: dormir*
salīre	**saliō**	**saluī**	–	springen (*Salto, resultieren*) *E: vgl. salient* *F: saillir* *R: vgl. сальто*
dēsilīre	dēsiliō	dēsiluī	–	herabspringen
mūnīre (*mūnītiō, mūrus*)	**mūniō**	**mūnīvī**	**mūnītum**	mauern, befestigen, schützen *F: munir*
aperīre	**aperiō**	**aperuī**	**apertum**	(er)öffnen, aufdecken (*Aperitif*) *F: ouvrir*
apertus, a, um				offen *E: vgl. aperture* *F: ouvert*

ML: [1] *einengen, hindern;* [2] *gerichtlich belangen, sich wenden (an);* [3] *werden, anheimfallen;* [4] *einschlafen, sterben.*

sitīre	**sitiō**	**sitīvī (sitiī)**	**sitītum**	dürsten *F: vgl. soiffer*
impedīre	**impediō**	**impedīvī**	**impedītum**	ver-, umwickeln, hindern *E: to impede*
pēs, pĕdis m.				Fuß (*Pedal*) *F: le pied* *R: vgl. пешеход*
reperīre	**reperiō**	**repperī**	**repertum**	wiederfinden, auffinden (*Repertorium, Repertoire*) *E: vgl. repertory* *F: vgl. le répertoire* *R: vgl. репертуар*

equester, equestris, equestre (*eques, equus*)	die Reiter betreffend, Reiter-[1] *E: vgl. equestrian* *F: équestre*
assuēfacere assuēfaciō assuēfēcī assuēfactum	gewöhnen
calefacere calefaciō calefēcī calefactum	erwärmen (*Chauffeur*) *F: échauffer*
expetere expetō expetīvī expetītum	erstreben, herbeisehnen, verlangen, fordern[2]
quiēscere quiēscō quiēvī quiētum	(aus)ruhen, schlafen[3] (*Requiem*) *E: to quiet* *F: vgl. quitte* *R: vgl. реквием*
invītāre	einladen, bewirten *E: to invite* *F: inviter*
cohors, -hortis f. (*hortus*)	Gehege (für Vieh); Kohorte *E: court* *F: la cour*
abdere abdō abdidī abditum	verbergen
sē abdere (in b. Akk.)	sich verbergen (in)
ēgregius, a, um (*congregāre*)	auserlesen, ausgezeichnet *E: egregious*
obsidēre obsideō obsēdī obsessum (*sedēre*)	belagern, besetzt halten[4] (*Obsession*) *E: to obsess* *F: obséder*
invītus, a, um	wider Willen, ungern[5]
propter (Adv.)	in der Nähe
(Präp. b. Akk.)	nahe bei, wegen (*präter propter*)
angustiae, ārum f. (*angustus, angīna*)	Enge, Engpaß[6] *E: anguish* *F: l'angoisse* *R: vgl. узкий*
dēprecātor, ōris m.	Fürbitter, -sprecher *E: deprecatory* *F: vgl. la déprécation*
impetrāre	(durch Bitten) erlangen, durchsetzen *F: impétrer*
exiguus, a, um	knapp, klein, gering[7] *F: exigu*

ML: [1] *ritterlich;* [2] *(mit Bitten) angehen, (einen Ort) aufsuchen;* [3] *von etw. abstehen;* in domino qu. *entschlafen;* [4] obsessus *besessen;* [5] *unangenehm, lästig;* [6] *Sing.: Enge, Bedrükkung;* [7] *demütig.*

aestās, ātis f. (*aestus*)	Sommer *F: l'été*
administrāre	leiten, besorgen, ausführen[1] (*Administration, administrativ*) *E: to administer* *F: administrer* *R: администрировать*
solvere solvō solvī solūtum	los-, aufbinden, bezahlen (*absolvieren, Absolutismus*) *E: to solve* *F: vgl. solvable, absolu* *R: vgl. абсолютный*
ancora, ae f. (gr.)	„Anker" *E: anchor* *F: l'ancre* *R: якорь*
circiter (Adv.) (Präp. b. Akk.) (*circum*)	ringsumher, ungefähr nahe bei, ungefähr um
plānus, a, um	flach, eben, glatt (*planieren, Frauenplan*) *E: plain* *F: plain* *R: vgl. план(ировать)*
lītus, oris n.	(Meeres-)Ufer, Strand, Gestade
barbarus, a, um (gr.)	ausländisch, fremd, ungebildet; subst.: Ausländer, Fremde, Barbar *E: vgl. barbarian* *F: barbare* *R: варвар*
aquila, ae f.	(Legions-)Adler, Feldzeichen *E: eagle* *F: l'aigle*
ūniversus, a, um (*ūnus-vertere*)	sämtlich, ganz, allgemein (*Universum, Universität*) *E: universe* *F: vgl. l'univers* *R: vgl. универсальный*

197. auxilio venire (Dat. finalis)	zu Hilfe kommen
198. propter angustias	wegen des Engpasses
199. diem dicunt, qua conveniant (dies als Termin: f.)	sie setzen einen Tag (= Termin) fest, an dem sie zusammenkommen sollen
200. pedibus pugnare (Abl. instrumentalis)	zu Fuß kämpfen
201. impediunt, ne desiliant (Finalsatz; ne m. Konj. nach Verben des Hinderns und Hemmens)	sie hindern (sie), daß sie herabspringen, herabzuspringen
202. petiverunt, ne se hostibus dederent (Finalsatz; reflexiv)	sie baten, daß sie sie nicht den Feinden ausliefern
203. medicus venit aegroto dormiente (Abl. absolutus; Gleichzeitigkeit)	der Arzt kam, während (als) der Kranke schlief. Der Kranke schlief; da kam der Arzt

---

ML: [1] *darreichen, entrichten, gewähren.*

oppido **deleto** incolae in inopia erant (Abl. absolutus; Vorzeitigkeit)	**nachdem (als, da)** die Stadt zerstört worden war, waren die Einwohner in Not. Die Stadt war zerstört worden; daher waren die Einwohner in Not
204. Cicero **consul** coniurationem detexit	Cicero hat als Konsul die Verschwörung aufgedeckt
Cicerone **consule** coniuratio detecta est	als Cicero Konsul war, **unter** dem **Konsulat** Ciceros ist die Verschwörung aufgedeckt worden
Vercingetorige **duce**	als Vercingetorix führte, **unter** der **Führung** des Vercingetorix
Caesare **auctore**	**auf** Cäsars **Veranlassung**
Caesare **deprecatore**	**durch** Cäsars **Fürsprache**
Hannibale **vivo**	**zu** Hannibals **Lebzeiten**
Caesare **inscio**	**ohne** Cäsars **Wissen**
Caesare **invito** (Abl. m. prädikativem Subst. od. Adj.)	**gegen** Cäsars **Willen**

XVIII

parātus, a, um (*parāre*)	bereit, wohlgerüstet (*parat*) *E: vgl. prepared* *F: vgl. préparé*
necesse est (*necessārius*)	es ist notwendig, nötig
tēlum, ī n.	Waffe, Wurfgeschoß[1]
ūtilis, e (*ūsus*)	brauchbar, nützlich, vorteilhaft (*Utilität, utilitaristisch*) *E: vgl. utility* *F: utile* *R: vgl. утилитарист*
salūber, salūbris, salūbre (*salūs*)	gesund, heilsam (*Salubrität*) *E: salubrious* *F: salubre*
adhortātiō, ōnis f.	Ermahnung, Aufmunterung (*adhortativ*) *E: vgl. hortative* *F: vgl. l'exhortation*
oculus, ī m.	Auge (*Okular, Okulist, okulieren*) *E: vgl. ocular, ocularly* *F: l'œil* *R: око; vgl. окно, очки*
commeātus, ūs m.	Transport, Zufuhr[2] *E: congee* *F: le congé*
nōnne	doch wohl?
num	etwa? doch wohl nicht?
(utrum) – an	(ob) – oder
collis, is m.	Hügel
subitō (Adv.)	plötzlich, unvermutet[3] *F: subit*
prōturbāre (*turbāre*)	fort-, vertreiben
vexillum, ī n.	Fahne, Fähnlein, Abteilung

ML: [1] *Axt;* [2] *Erlaubnis;* [3] *schnell.*

prōpōnere prōpōnō prōposuī prōpositum	öffentlich vorlegen, ausstellen *E: to propose* *F: proposer*
vexillum prōpōnere	Fahne (auf dem Feldherrnzelt) aufstecken
agger, eris m. (*gerere*)	Damm(erde), Erdwall[1]
arcessere arcessō arcessīvī arcessītum	herbeiholen, -rufen
tuba, ae f.	Trompete, Tuba[2] (*Tube*) *E: tube* *F: le tube* *R: туба*
difficultās, ātis f. (*difficilis*)	Schwierigkeit, schwierige Lage *E: difficulty* *F: la difficulté*
subsidium, ī n.	Reserve, Hilfe, Zuflucht (*Subsidien*) *E: subsidy* *F: le subside* *R: субсидия*
superior, ius (*suprā*)	obere, frühere *E: superior* *F: supérieur*
accommodāre	anpassen, anlegen[3] (*akkommodieren*) *E: to accommodate* *F: accommoder* *R: vgl. аккомодация*
galea, ae f.	(Leder-)Helm
induere induō induī indūtum	anziehen, -legen, aufsetzen *E: to indue, endue* *R: vgl. обуть*
tegimentum, ī n. (*tegere*)	Decke, Schutz *F: le tégument*

anceps, cipitis (*caput*)	doppelköpfig, zweiseitig, schwankend
tardāre	hemmen, verlangsamen (*retardieren*) *F: tarder*
tardus, a, um	langsam, zögernd *E: vgl. tardy, tardiness* *F: tard*
extrēmus, a, um (*extrā, exterior*)	äußerste, letzte[4] (*extrem*) *E: extreme* *F: extrême* *R: vgl. экстремист*
praestāre praestō praestitī praestātūrus	überlegen sein, verrichten, zeigen *F: prêter*
sē praestāre	sich zeigen
praestat	es ist besser
superesse supersum superfuī –	überflüssig sein, übrig sein, -bleiben
cōnsēnsus, ūs m. (*sentīre*)	Übereinstimmung, Zustimmung, Verabredung *E: consent* *F: vgl. le consentement*
voluntās, ātis f.	Wille, Wunsch, Vorhaben (*Volontär*) *E: vgl. voluntary* *F: la volonté* *R: vgl. воля*
cavāre	aushöhlen *E: to cave* *F: caver*
gutta, ae f.	Tropfen, Flecken (*Guttapercha*) *E: gout* *F: la goutte*
lapis, idis m.	(Grenz-)Stein (*lapidar*) *E: vgl. lapidary* *F: vgl. lapidaire* *R: vgl. лапидарный*

ML: [1] *Aufschüttung, Grabhügel;* [2] *Jagdhorn;* [3] *gewähren, erweisen, annehmen;* [4] dies extremus *das Jüngste Gericht.*

205.	plus detrimenti (Gen. partitivus)	mehr Schaden
206.	mirum **in** modum	**auf** wunderbare Weise
207.	in silv**am** se abdere	sich **im** Wald verbergen
208.	aequ**o** iure (Abl. modi)	**mit (unter)** gleichem Recht
209.	commeat**u** prohibere (Abl. separativus)	**an** der Zufuhr hindern, die Zufuhr abschneiden
210.	(**cum**) omnibus copiis (Abl. comitativus b. Truppen, verbunden mit allgemeinem Attribut, mit und ohne cum)	**mit** allen Truppen
211.	assuefacere frigore (Abl. instrumentalis)	**an** Kälte gewöhnen
212.	ne quando (Wegfall des ali- nach ne)	damit nicht einmal
213.	paene interitui fu**erunt** (Ind. Perf. b. paene)	sie **hätten** beinahe den Untergang gebracht
214.	**milites** ipsi sibi praescripserunt, quid **sibi** faciendum esset (indir. Fragesatz; reflexiv)	die **Soldaten** schrieben sich selbst vor, was **sie** tun mußten
215.	ars scrib**endi**	die Kunst des Schreibens, Schreibkunst, die Kunst **zu schreiben**
	scrib**endi causa**	(des Schreibens wegen) **um zu** schrei**ben**
	scrib**endo** studere	sich **mit dem** Schreiben beschäftigen
	paratus **ad** scrib**endum**	bereit **zu schreiben**
	diligen**ter** scribendo (Gerundium)	durch sorgfältig**es** Schreiben
216.	epistula scrib**enda est**	(der Brief ist ein zu schreibender) der Brief **muß** geschrieben werden
	epistula scrib**enda non est**	der Brief **muß nicht** geschrieben werden, der Brief **darf nicht** geschrieben werden
	mihi epistula scrib**enda** est	**ich muß den** Brief schreiben
	scrib**endum** est	es muß geschrieben werden, **man** muß schreiben
	mihi scribendum est	**ich** muß schreiben
	epist**ulam** legen**dam** mihi dat (Gerundivum)	er gibt mir den Brief **zu lesen**
217.	venit orat**um**	er kommt, **um zu** bitten
	mittit legatos nuntia**tum** (Supinum I nach Verben der Bewegung und mittere)	er schickt Gesandte, **um zu** melden

218. facile, difficile, incredibile, optimum est factu (Supinum II nach einigen unpersönlichen Ausdrücken)	es ist leicht, schwer, unglaublich, am besten **zu** tun
219. **nonne** ambulabis?	du wirst **doch wohl** spazierengehen? (ja)
num domi manebis?	du wirst **doch nicht etwa** zu Hause bleiben? (nein)
(**utrum**) ambulabis **an** leges?	wirst du spazierengehen **oder** lesen?

XIX

lavārī (*lavāre*)	**lavor**	**lautus sum**	sich waschen, baden (intr.)
laetārī (*laetitia, laetus*)	**laetor**	**laetātus sum** (Abl.)	sich freuen (über)
glōriārī (*glōria*)	**glōrior**	**glōriātus sum** (Abl.)	sich rühmen (Gen.) (*glorifizieren*) *E: to glory* *F: vgl. glorifier*
proeliārī (*proelium*)	**proelior**	**proeliātus sum**	kämpfen, streiten
versārī (*vertere*)	**versor**	**versātus sum**	(sich hin und her wenden) sich befinden, sich aufhalten[1] (*versiert*) *E: vgl. versed* *F: vgl. verser*
populārī	**populor**	**populātus sum**	verwüsten, zerstören
hortārī	**hortor**	**hortātus sum**	ermahnen
adhortārī (*adhortātiō*)	adhortor	adhortātus sum	ermahnen (*adhortativ*)[2] *E: vgl. to exhort* *F: vgl. exhorter*
cohortārī	cohortor	cohortātus sum	ermahnen
grātulārī (*grātia*)	**grātulor**	**grātulātus sum**	Glück wünschen (*gratulieren, Gratulant*) *E: vgl. to congratulate* *F: vgl. congratuler*
mīrārī (*mīrus*)	**mīror**	**mīrātus sum**	sich wundern *F: mirer* *R: vgl. мираж*

ML: [1] v. super *sich beschäftigen mit*; [2] *auch Akt.* adhortare, *was in gleicher Weise auch bei zahlreichen anderen Deponentien im Mittelalter der Fall ist.*

admīrārī (*admīrātiō*)	admīror	admīrātus sum	bewundern[1] *E: to admire* *F: admirer*
recordārī (*cor*)	**recordor**	**recordātus sum**	sich erinnern (*Rekord*) *E: to record* *F: recorder* *R: vgl. рекорд*
cūnctārī	**cūnctor**	**cūnctātus sum**	zögern, zaudern
vagārī	**vagor**	**vagātus sum**	umherschweifen, -streifen (*Vagant*, *Vagabund*) *E: vgl. vagabond* *F: vaguer*
lāmentārī	**lāmentor**	**lāmentātus sum**	wehklagen[2] (*lamentieren*, *Lamento*) *E: to lament* *F: lamenter* *R: лаять*
precārī (*dēprecātor*)	**precor**	**precātus sum**	bitten, beten[3] (*prekär*) *E: to pray* *F: prier*
vēnārī (*vēnātiō*)	**vēnor**	**vēnātus sum**	jagen *F: vener*
fatērī (*nefās*, *fāma*)	**fateor**	**fassus sum**	bekennen, gestehen[4] (*Konfession*) *E: vgl. to confess* *F: vgl. confesser* *R: vgl. конфессиональный*
pollicērī	**polliceor**	**pollicitus sum**	anbieten, versprechen
verērī	**vereor**	**veritus sum**	sich scheuen, fürchten (*Reverenz*) *E: vgl. to revere* *F: vgl. révérer* *R: vgl. реверанс*
medērī (*medicus*, *medicīna*)	**medeor** (Dat.)	(**sānāvi**)	heilen, abhelfen *F: vgl. médeciner* *R: vgl. медик, медицина*
vidērī (*vidēre*)	**videor**	**vīsus sum**	sichtbar, offenbar werden, scheinen
tuērī (*tūtus*)	**tueor**	(**tutātus sum**)	schützen

ML: [1] = mirari; [2] *vor Gericht Klage erheben;* [3] *m. dopp. Akk.: bitten um;* [4] *(den Glauben) bekennen.*

intuērī	**intueor**	**(contemplātus sum)**	betrachten, beachten (*Intuition, intuitiv*) *E: vgl. intuition* *F: vgl. l'intuition* *R: vgl. интуиция*
miserērī (*miser*)	**misereor**	**miseritus sum** (Gen.)	sich erbarmen, Mitleid haben (mit) *E: vgl. to commiserate* *F: vgl. la misère* *R: vgl. мизерный*

fallere fallō fefellī (dēceptum)	täuschen, betrügen *E: to fail* *F: faillir*
umbra, ae f.	Schatten (*Umbra*) *E: vgl. umbrella* *F: l'ombre* *R: умбра*
vīcus, ī m.	Gehöft, Dorf (*Weichbild*) *E: vgl. vicinity* *F: vgl. vicinal, voisin* *R: весь*
cōnspicere cōnspiciō cōnspēxī cōnspectum	erblicken, anschauen, betrachten (*Konspekt*) *R: vgl. конспектировать*
cōnspectus, ūs m.	das Erblicken, Gesichtskreis[1] *E: vgl. conspicuous* *R: конспект*
removēre removeō remōvī remōtum	entfernen, wegschaffen[2] *E: to remove* *F: vgl. le remous*
redigere redigō redēgī redāctum	zurücktreiben, -führen (*redigieren, Redaktion*) *E: to redact* *F: rédiger* *R: vgl. редакция*
in potestātem redigere	unterwerfen
armātus, a, um (*arma*)	bewaffnet, gerüstet (*Armatur*) *E: vgl. armature* *F: armé, armée* *R: vgl. арматура*
vulgāre (*vulgus*)	veröffentlichen (*vulgarisieren, Vulgata*) *E: vgl. to vulgarize* *F: vgl. vulgariser* *R: vgl. вульгаризировать*
leō, ōnis m.	Löwe (*Leo, Leu*) *E: lion* *F: le lion* *R: лев*
circus, ī m. (*circum*)	Kreislinie, Rennbahn, Zirkus *E: circus* *F: le cirque* *R: цирк*
intrōdūcere intrōdūcō intrōdūxī intrōductum	(hin)einführen, anführen (*Introduktion*) *E: to introduce* *F: introduire* *R: vgl. интродукция*
vir cōnsulāris, virī cōnsulāris m.	gewesener Konsul
procul (Adv.)	fern, in der Ferne
cauda, ae f.	Schwanz (*Coda*) *E: vgl. caudate* *F: la queue*

ML: [1] *Besichtigung;* [2] *absetzen.*

rītus, ūs m.	(heiliger) Brauch, Feierlichkeit (*Ritus*) *E: rite* *F: le rit* *R: vgl. ритуал*
adiungere adiungō adiūnxī adiūnctum	anbinden, -fügen, verbinden (*Adjunkt*) *E: to adjoin* *F: adjoindre* *R: vgl. адъюнкт*
sē adiungere (Dat.)	sich anschmiegen (an)
crūs, crūris n.	Schenkel, Schienbein
lēnis, e	gelind, sanft, mild *E: vgl. lenient* *F: vgl. lénifier* *R: лень, ленивый*
blandīmentum, ī n.	Schmeichelei, Liebkosung *E: vgl. to blandish*
āmittere āmittō āmīsī āmissum	verlieren[1] *F: vgl. amissible*
recuperāre (*recipere*)	sich wieder verschaffen, wiedererlangen[2] (*Rekuperation, Rekuperator*) *E: to recover* *F: recouvrer*
tandem (Adv.)	endlich, schließlich (*Tandem*) *E: tandem* *F: tandem* *R: тандем*
spēlunca, ae f.	Höhle (*Spelunke*)
spīna, ae f.	Dorn, Stachel, Gräte, Rückgrat (*spinal*) *E: spine* *F: l'épine* *R: спина*
haerēre haereō haesī haesum	hängenbleiben, haften, festsitzen (*adhärieren, Adhäsion*) *E: vgl. to adhere* *F: vgl. adhérer*
siccāre	(aus)trocknen, leeren (*Sikkativ*) *F: sécher*
levāre (*levis*)	erleichtern, lindern, mildern, (er)heben[3] (*Levante*) *E: vgl. levee* *F: lever* *R: vgl. лёгкий*
tolerāre	ertragen, aushalten (*tolerant, Toleranz*) *E: to tolerate* *F: tolérer*
clam (Adv.)	heimlich
manūmittere manūmittō manūmīsī manūmissum	(einen Sklaven aus seiner Gewalt) freilassen[4] *E: vgl. manumission* *F: vgl. la manumission*

220. leoni**s** miseritus est	er erbarmte sich des Löwen, er hatte Mitleid **mit** dem Löwen
221. morbi**s** medetur morbi**s** mede**ndum est**	er heilt **die** Krankheiten **die** Krankheiten müssen geheilt werden
222. serv**o** nomen est Androcl**o** (=Androcl**us**) (Dat. possessivus)	der Sklave heißt Androklus

---

ML: [1] *aufgeben, beseitigen, unterlassen;* [2] *wiederherstellen, wiedergutmachen;* [3] *errichten;* de fonte l. *aus der Taufe heben;* [4] *aufgeben.*

223. libr**is** laetamur verb**is** gloriatur (Abl. causae)	wir freuen uns **über** Bücher er rühmt sich seiner Worte
224. pollicentur se interfect**uros** **esse** (A. c. I. Fut. nach polliceri)	sie versprechen, daß sie töt**en**, sie versprechen zu töten
225. a) Caesar veretur, **ne** Helvetii noceant	Cäsar fürchtet, daß die Helvetier schaden
b) Caesar veretur condicionem accip**ere** (vereri fürchten: ne vereri sich scheuen: Inf.)	Cäsar scheut sich, die Bedingung anzunehmen
226. Caesar milites cohorta**tus** proelium commisit (Part. coniunctum; Vorzeitigkeit)	Cäsar begann den Kampf, **nachdem** (**als**) er die Soldaten ermahnt **hatte**. Nach Ermahnung seiner Soldaten begann Cäsar den Kampf. Cäsar ermahnte seine Soldaten und begann darauf den Kampf
227. Home**rus** caec**us** **fuisse** dicitur	**es** wird gesagt, **Homer sei** blind **gewesen**. Homer war, **wie man sagt**, blind. **Es heißt**, Homer sei blind gewesen. Homer **soll** blind gewesen sein
Homerus caecus fuisse traditur	es wird überliefert, Homer sei blind gewesen
Caesar discessisse auditur (putatur, narratur, videtur) (Nominativus cum infinitivo = N. c. I.)	wie man hört (glaubt, erzählt, wie es scheint), ist Cäsar abgezogen

XX

lābī	**lābor**	**lāpsus sum**	fallen, gleiten, sinken (*labil*, *Lawine*) *E: to lapse* *F: vgl. labile* *R: vgl. лабильный*
lāpsus, ūs m.			das Fallen, Gleiten[1] (*Lapsus*) *E: lapse* *F: le laps (de temps)*
dēlābī	dēlābor	dēlāpsus sum	herabgleiten, -fallen
dīlābī	dīlābor	dīlāpsus sum	zerfallen, -fließen, vergehen

ML: [1] *Sündenfall; Wehr zum Fischfang.*

prōlābī	prōlābor	prōlāpsus sum	vorwärtsgleiten, einstürzen, straucheln (*Prolaps*) *F: vgl. prolapsus*
nāscī (*nātūra, nātus*)	**nāscor**	**nātus sum**	geboren werden, erzeugt werden (*Nativität, Renaissance*) *E: vgl. nascent, native* *F: naître*
sequī (*secundus*)	**sequor**	**secūtus sum** (Akk.)	folgen[1] (*Sequenz, Konsequenz*) *E: to sue, vgl. sequence* *F: suivre*
assequī	assequor	assecūtus sum	einholen, erreichen
obsequī	obsequor	obsecūtus sum	gehorchen, willfahren (*obsequente Flüsse*) *E: vgl. obsequious* *F: obséquieux*
fungī	**fungor**	**fūnctus sum** (Abl.)	verwalten, verrichten[2] (*fungieren, Funktion, Funktionär*) *E: vgl. function* *F: vgl. fonctionner* *R: vgl. функция*
officiō fungī			die Pflicht erfüllen
perfungī	perfungor	perfūnctus sum	verwalten, verrichten, durchstehen *E: vgl. perfunctory*
loquī	**loquor**	**locūtus sum**	sprechen, reden (*Eloquenz*) *E: vgl. loquacious* *F: vgl. loquace*
ūtī (*ūsus, ūtilis*)	**ūtor**	**ūsus sum** (Abl.)	gebrauchen, benutzen (*Utensilien*) *E: to use* *F: vgl. user* *R: vgl. утилизация*
ulcīscī	**ulcīscor**	**ultus sum** (Akk.)	(sich) rächen (an, für) *F: vgl. les déesses ultrices*
querī	**queror**	**questus sum**	klagen, sich beklagen (*Querulant*) *E: vgl. quarrel, querulous* *F: vgl. la querelle*

ML: [1] *einwilligen, gerichtlich verfolgen;* [2] functi *die Toten.*

nancīscī	**nancīscor**	**nanctus (nactus) sum**	(zufällig) erreichen, erlangen *R: нести, носить*
proficīscī (*facere*)	**proficīscor**	**profectus sum**	aufbrechen, reisen, marschieren
vehī (vehere)	**vehor**	**vectus sum**	fahren (intrans.) *R: vgl. везти, возить*
morī Part. Fut.: moritūrus (*mors, mortuus*)	**morior**	**mortuus sum**	sterben (*morden*) *F: mourir* *R: умереть*
aggredī	**aggredior**	**aggressus sum**	herangehen, -kommen, angreifen[1] (*Aggression, aggressiv*) *E: vgl. aggression* *F: vgl. l'aggression* *R: vgl. агрессия*
dīgredī	dīgredior	dīgressus sum	sich entfernen, sich trennen, weggehen (*Digression*) *E: to digress* *F: digresser*
ingredī	ingredior	ingressus sum	einhergehen, betreten[2] (*Ingredienz*) *E: vgl. ingress* *F: vgl. l'ingrédient* *R: vgl. ингредиент*
praegredī	praegredior	praegressus sum	vorangehen, entlanggehen
prōgredī	prōgredior	prōgressus sum	vorrücken, vorwärtsgehen (*progressiv, Progression*) *E: to progress* *F: progresser* *R: vgl. прогресс*
trānsgredī	trānsgredior	trānsgressus sum	hinübergehen, überschreiten[3] (*Transgression*) *E: to transgress* *F: transgresser* *R: vgl. трансгрессия*

ML: [1] *ansprechen;* [2] (*einen Besitz*) *übernehmen;* [3] *vernachlässigen.*

patī (*patiēns*)	**patior**	**passus sum**	(er)dulden, leiden, zulassen[1] (*Patient, Passiv, passiv*) *E: vgl. patience* *F: vgl. la patience* *R: vgl. пассив, пациент*

senex, senis (*senātus*)	alt; subst. m. f.: Greis, Greisin[2] (*Senior, senil*) *E: vgl. senile* *F: vgl. sénile* *R: vgl. сеньор(ия)*
auris, auris f.	Ohr, Gehör *E: vgl. aurist, auricle* *F: vgl. l'oreille* *R: ухо*
ōs, ōris n. (*ōrāre*)	Mund, Mündung, Öffnung, Gesicht (*oral*) *E: vgl. oral* *F: vgl. oral* *R: vgl. уста, устье*
opus est (Abl.) (*opus*)	es ist nötig (etw.)
rīvus, ī m.	Bach, Kanal (*Rivale*) *R: река*
cavēre caveō cāvī cautum (Akk.)	sich hüten (vor) (*Kaution*) *E: vgl. caution* *F: vgl. la caution*
luxuria, ae f.	üppiges Wachstum, Üppigkeit, Ausschweifung (*Luxus*) *E: luxury* *F: la luxure* *R: vgl. вагон-люкс*
pertinēre pertineō pertinuī –	sich erstrecken, ausdehnen, sich beziehen[3] (*Pertinenz*) *E: to pertain* *F: vgl. pertinent*
effēmināre (*fēmina*)	verweichlichen (*effeminieren*) *E: vgl. effeminate* *F: efféminer*
arbitrārī arbitror arbitrātus sum	meinen, glauben[4] (*arbiträr*) *E: to arbitrate* *F: vgl. l'arbitre* *R: vgl. арбитр(аж)*
iugum, ī n. (*iungere, iūmentum*)	„Joch", Gebirgskamm, Bergrücken *E: vgl. to subiugate* *F: le joug* *R: иго*
invius, a, um (*via*)	unwegsam, ungangbar
bīduum, ī n. (*bis-diēs*)	Zeit von zwei Tagen
fessus, a, um	ermüdet, ermattet
quiēs, quiētis f. (*quiēscere*)	Ruhe, Rast, Erholung, Schlaf (*Quietismus, Requiem*) *E: vgl. quiet, quiescence* *F: vgl. quiet, la quiétude* *R: по-кой*
aliquot (indekl.) (*quot*)	einige
rūpēs, rūpis f.	Fels(hang), Klippe *F: vgl. rupestre*
agmen, inis n. (*agere*)	(Heeres-)Zug, Marsch[5]
pigritia, ae f.	Verdrossenheit, Trägheit
vultus, ūs m.	Gesicht(sausdruck), Miene, Blick

ML: [1] *Märtyrertod erleiden;* [2] senior *Herr, Lehnsherr;* [3] *abhängig sein;* [4] *beurteilen, entscheiden;* [5] *himmlische Heerschar.*

prōmuntu- rium, ī n. (*mōns*)	Vorgebirge, Berg- vorsprung *E: promontory* *F: le promontoire*
unde (Adv.) (*inde*)	von wo, woher, wo- von[1] *F: dont (aus: dē-unde)*
subicere subi- ciō subiēcī subiectum	darunterwerfen, unter- breiten, darunter stellen
subiectus, a, um	unterhalb liegend, unterwürfig[2] (*Sub- jekt, subjektiv*) *E: subject* *F: sujet* *R: субъект*
moenia, ium n. (*mūnīre*)	(Stadt-)Mauer
arx, arcis f. (*arcēre*)	Burg
praeceps, cipi- tis (*prae- caput*)	kopfüber, sich neigend, abschüssig[3] *E: vgl. precipitous* *F: vgl. précipiter*
lūbricus, a, um	glatt, schlüpfrig, gefährlich[4] *E: vgl. lubricity* *F: lubrique*
recēns, entis	neu, frisch, jung, so- eben erst entstanden *E: recent* *F: récent* *R: vgl. начать, на- чинать*
morārī moror morātus sum	sich aufhalten, säumen (intr.); aufhalten, hindern (trans.) *F: vgl. demeurer*
parere pariō peperī par- tum (*pauper, reperīre*)	hervorbringen, ge- bären, erwerben *E: vgl. parental* *F: vgl. le part*
mūtus, a, um	stumm (*Muta*) *E: mute* *F: muet*
avē!	Heil! sei gegrüßt! lebe wohl! *F: Avé*

228. amic**um** sequitur	er folgt **dem** Freund
229. ulciscitur Helveti**os**	er rächt sich **an** den Helvetiern
ulciscitur iniuri**am** Helvetiorum	er rächt sich **für** das Unrecht der Helvetier
ulcisitur Helveti**os** **pro** iniuria	er rächt sich **an** den Helvetiern **für** das Unrecht
230. fungitur offici**o**	er erfüllt seine Pflicht
fungitur consulat**u**	er verwaltet **das** Konsulat
utitur auri**bus**	er gebraucht seine Ohren
mihi opus est pecuni**a** (Abl. instrumentalis)	**ich** brauche **Geld**
231. prim**a** luce (Abl. temporis)	**bei** Tagesanbruch
232. nobili loco **natus** (Abl. originis)	**von** vornehmer Herkunft, Abstammung

---

ML: [1] *daher, so daß;* [2] *subst.: Unterworfene, Untertan; subst. n.: (Unter-)Begriff, Gegenstand;* [3] *schnell, rasch, bereit (zu etw.);* [4] *hinfällig, vergänglich.*

233. cave canem cave, **ne** labaris (cavere sich hüten vor: Akk. cavere sich hüten zu: ne m. Konj.)	hüte dich **vor** dem Hund hüte dich **zu** fallen
234. non patiuntur vin**um** importari (pati zulassen: A. c. I.)	sie lassen nicht zu, **daß** Wein eingeführt **wird**

XXI

assentīrī (*sentīre*)	**assentior**	**assēnsus sum**	zustimmen, beipflichten[1] ***E: to assent*** ***F: assentir***
blandīrī (*blandīmentum*)	**blandior**	**blandītus sum**	schmeicheln, reizen, locken ***E: to blandish***
mentīrī (*mēns*)	**mentior**	**mentītus sum**	lügen (*dementieren*) ***F: mentir***
partīrī (*pars*)	**partior**	**partītus sum**	teilen[2] (*partitiv*) ***F: partir***
largīrī	**largior**	**largītus sum**	schenken, spenden[3] (*Largo*) ***E: vgl. large*** ***F: vgl. large, la largesse***
potīrī (*potēns, potentia*)	**potior**	**potītus sum** (Abl.)	sich bemächtigen (einer Sache)
sortīrī (*sors*)	**sortior**	**sortītus sum**	erlosen, auswählen (*sortieren*) ***E: vgl. to assort*** ***F: vgl. assortir*** ***R: vgl. сорт(ировать)***
mētīrī (*immēnsus*)	**mētior**	**mēnsus sum**	(zu)messen, zuteilen (*Mensa, Dimension*) ***E: vgl. to measure*** ***F: vgl. mesurer*** ***R: vgl. мера, мерить***

ML: [1] *(einer Sache) trauen;* [2] *mitteilen;* [3] *weggeben, leihen, verkaufen.*

experīrī (*perītus*)	**experior**	**expertus sum**	versuchen, erproben[1] (*Experte, Experiment*) *E: to experience* *F: vgl. expérimenter* *R: vgl. эксперт*
orīrī (*orīgō*)	**orior**	**ortus sum**	sich erheben, aufgehen, entstehen, abstammen (*Orient, orientieren*) *E: vgl. orient* *F: vgl. orienter, l'orient* *R: vgl. ориентальный*
adorīrī	adorior	adortus sum	angreifen
fīdere (*fīdus, fidēs*)	**fīdō**	**fīsus sum**	(ver)trauen
cōnfīdere	cōnfīdō	cōnfīsus sum (Dat. oder Abl.)	(ver)trauen (auf) *E: to confide* *F: confier* *R: vgl. конфиденциальный*
fierī	**fīō**	**factus sum**	werden, gemacht werden, geschehen *R: vgl. быть*
patefacere	patefaciō	patefēcī patefactum	öffnen, enthüllen[2]
patefierī	patefīō	patefactus sum	geöffnet werden
assuēfierī (*assuēfacere*)	assuēfīō	assuēfactus sum	gewöhnt werden
revertī (*vertere*)	**revertor**	**revertī** Part. Perf.: reversus	zurückkehren, umkehren (*Reversion, reversibel, reversieren*) *E: to revert* *F: vgl. le revers* *R: vgl. реверс*

mūnus, eris n. (*commūnis*)	Verpflichtung, Aufgabe, Amt, Geschenk[3] *E: vgl. munificent* *F: vgl. la munificence*	trānāre	durchschwimmen, hinüberschwimmen
mūnere fungī	ein Amt verwalten	vetus, eris (e, a, um)	alt[4] (*Veteran*) *E: vgl. veteran* *F: vgl. le vétéran* *R: ветхий*
sēditiō, ōnis f.	Zwiespalt, Aufstand *E: sedition* *F: la sédition*	onerāre (*onus*)	beladen, belasten *E: vgl. onerous* *F: vgl. onéreux*

ML: [1] e. adversus *Klage erheben gegen;* [2] *m. A. c. I.: be-, nachweisen;* [3] *Belehnung;* [4] *pl.: die Alten (= die griechischen und römischen Klassiker).*

humilis, e (*humus*)	niedrig, einfach, unbedeutend *E: humble* *F: humble*
flūctus, ūs m. (*fluere, fluvius*)	Flut, Woge, Welle *E: vgl. to fluctuate* *F: vgl. fluctuer* *R: vgl. флюктуация*
comperīre comperiō comperī compertum (*perītus, experīrī*)	(genau) erfahren, ertappen
glaciēs, ēī f.	(Eis-)Glätte (*Glacé*) *E: vgl. glacial* *F: la glace*
fatīgāre	zermürben, ermüden, quälen[1] *E: to fatigue* *F: fatiguer*
aegrē (Adv.)	mit Mühe, kaum
pūrgāre	reinigen, säubern, rechtfertigen, entschuldigen (*purgieren, Purgatorium*) *E: to purge, purgatory* *F: purger, le purgatoire*
saxum, ī n.	Fels *F: vgl. saxatile*
struēs, struis f. (*struere*)	(geschichteter)Haufen
lignum, ī n.	Holz[2] (*Lignikultur, Lignin*) *E: vgl. ligneous* *F: vgl. ligneux* *R: vgl. лигнин, лигнит*
ventus, ī m.	Wind (*Ventilator*) *F: le vent* *R: ветер; vgl. веять*

aptus, a, um	passend, geeignet, befestigt[3] (*adaptieren*) *E: apt* *F: apte*
īgnis, is m.	Feuer[4] *E: vgl. igneous* *F: vgl. igné* *R: огонь*
fundere fundō fūdī fūsum	(aus)gießen, vergießen, überströmen lassen (*konfus*) *E: to found* *F: fondre* *R: vgl. конфуз(ный)*
īnfundere īnfundō īnfūdī īnfūsum	hinein-, daraufgießen[5] (*Infusion*) *E: vgl. to infuse* *F: vgl. infuser* *R: vgl. инфузория*
acētum, ī n. (*ācer*)	„Essig" (*Azetyl*) *E: vgl. vinegar* *F: vgl. le vinaigre*
torridus, a, um	gedörrt, ausgetrocknet, brennend, glühend *E: torrid* *F: torride*
ferrum, ī n.	Eisen, Waffe[6] *E: vgl. ferriferous* *F: le fer*
pandere pandō pandī passum (pānsum)	ausbreiten, aufreißen, sprengen, eröffnen[7] (*Expansion*) *E: vgl. to expand* *F: vgl. l'expansion* *R: vgl. экспансивный*
elephantus, ī m. (gr.)	Elefant *E: elephant* *F: l'éléphant* *R: vgl. элефантиаз(ис)*

ML: [1] *einen Prozeß anstrengen;* [2] *Galgen, Kreuz;* [3] *ergeben, freundlich, trefflich;* [4] i. aeternus *Hölle;* [5] *einflößen;* se i. *sich hingeben;* [6] *Eisengerät;* [7] *erklären.*

absūmere absūmō absūmpsī absūmptum — verbrauchen, vernichten[1]

cacūmen, inis n. — Spitze, Gipfel[2]

pābulum, ī n. — Futter
E: pabulum

obruere obruō obruī obrutum — überschütten, vergraben (*obruieren*)

vallis, vallis f. — Tal
E: vale
F: le val

aprīcus, a, um — sonnenbeschienen, besonnt

cultus, ūs m. (*colere*) — Anbau, Pflege, Lebensart[3] (*Kultur, Kult*)
E: cult
F: le culte
R: культ

fruī fruor – (Abl.) (*frugifer*) — genießen

mēnsis, mēnsis m. (gr.) — „Monat"
F: le mois
R: месяц

dēsistere dēsistō dēstitī – (ā) — ablassen (von)
E: to desist
F: se désister

cāsus, ūs m. (*cadere*) — (Zu-)Fall, Sturz (*Kasus, Kasuistik*)
E: case
F: vgl. casuel
R: казус

235. nix modic**ae** altitudin**is** (Gen. qualitatis)	Schnee **von** mäßiger Höhe, mäßig hoher Schnee
236. **in** Nantuate**s** proficisci	**gegen** die Nantuaten, **in das Gebiet** der Nantuaten aufbrechen
237. Itali**a** potitur	er bemächtigt sich Italiens
aber: rer**um** potiri	sich der Herrschaft bemächtigen
quiet**e** fruitur	er genießt **die** Ruhe
viri**bus** confidit (Abl. instrumentalis)	er vertraut **auf** die Kräfte
238. **ex** ancilla nascitur	er wird **von** einer Magd geboren
239. re infect**a**	unverrichteter Dinge
240. (a) bello desistere (Abl. separativus mit und ohne a bei desistere)	vom Krieg ablassen
241. Caesar nave**s** aedifican**das** curat (Gerundiv nach curare)	Cäsar läßt Schiffe bauen
242. ita fit, **ut** degredi possint (Konsekutivsatz nach fit)	so kommt es, daß sie herabgehen können
243. experitur, **si** agmen circumduci possit (nach Verben des Versuchens, Erwartens heißt si ob)	er versucht, **ob** das Heer herumgeführt werden kann
244. **ut** nix dilapsa **est** (Temporalsatz; ut m. Ind. Perf.)	sobald der Schnee zerronnen **war** (Plusquamperf.)

ML: [1] *wegschaffen;* [2] *Giebel, Dach;* [3] *Gottesdienst.*

245. quinto mense, postquam profecti **erant** (Ind. Plusquamperf. nach postquam bei genauer Zeitangabe)	im fünften Monat, nachdem sie aufgebrochen waren

XXII

ferre	**ferō**	**tulī**	**lātum**	(er)tragen, bringen[1] (*Konifere, Legislative*) *E: to bear* *R: брать, 1. Sg. Präs. беру*
opem ferre				Hilfe bringen
afferre	afferō	attulī	allātum	herbeibringen, -führen, überbringen
anteferre	anteferō	antetulī	antelātum	vorantragen, vorziehen
auferre	auferō	abstulī	ablātum	wegtragen, -bringen (*Ablativ*)
dēferre	dēferō	dētulī	dēlātum	überbringen, -tragen[2]
differre	differō	distulī	dīlātum	auseinanderbringen, trennen, (unter)-scheiden; aufschieben, verzögern (*differieren, Differenz*) *E: to differ* *F: différer* *R: vgl. дифференцировать*
īnferre	īnferō	intulī	illātum	hineinbringen, -tragen, zufügen
bellum īnferre	(Dat.)			(jmd.) bekriegen
offerre	offerō	obtulī	oblātum	anbieten, preisgeben[3] (*offerieren, Offerte*) *E: to offer* *F: offrir* *R: vgl. облатка*
perferre	perferō	pertulī	perlātum	an das Ziel tragen, übertragen, -bringen

ML: [1] *verbreiten, ausstreuen;* [2] *darreichen, Ehre erweisen;* officium d. *den Dienst antragen;* [3] *spenden, opfern.*

referre	referō	rettulī	relātum	zurückbringen,-tragen, berichten (*referieren, Referat, relativ*) *E: to relate* *F: référer* *R: vgl. референдум*
tollere	tollō	sustulī	sublātum	auf-, erheben, beseitigen *E: to suffer* *F: souffrir*
īre	**eō**		**itum**	gehen[1] *F: vgl. j'irai* *R: идти и итти*
abīre (*abitus*)	abeō	abiī	abitum	weggehen (*Abitur*) *R: vgl. абитуриент*
adīre (*aditus*)	adeō	adiī	aditum	herankommen, betreten, besuchen
exīre (*exitus*)	exeō	exiī	exitum	herausgehen, sterben
perīre	pereō	periī	peritūrum	zugrunde gehen, vergehen (Pass. zu perdere) *E: to perish* *F: périr*
praeterīre	praetereō	praeteriī	praeteritum	vorübergehen, überholen, vergehen (*Präteritum*) *E: vgl. preterit* *F: vgl. le prétérit*
trānsīre (*trānsitus*)	trānseō	trānsiī	trānsitum	hinübergehen, überschreiten[2] (*Transit, Trance, transitiv*) *E: vgl. transit* *F: transir, transiter* *R: vgl. транзит*
velle (*voluntās*)	**volō**	**voluī**		wollen *F: vouloir* *R: vgl. воля*
nōlle	nōlō	nōluī		nicht wollen
mālle (*māgis-velle*)	mālō	māluī		lieber wollen

ML: [1] *werden;* i. in placitum *beschließen;* [2] *übertreffen, sterben.*

sapiēns, entis (*sapientia*)	weise, verständig *E: vgl. sage* *F: vgl. sage*
uxor, ōris f.	Ehefrau
marītus, ī m.	Gatte *E: vgl. to marry* *F: le mari*
cursus, ūs m. (*currere*)	Lauf, Richtung[1] *E: course* *F: le cours* *R: курс*
versus, ūs m. (*vertere*)	Wendung, Reihe, Zeile, Vers *E: verse* *F: le vers*
dēmum (Adv.)	endlich, erst, vollends
cēnsor, ōris m. (*cēnsēre, cēnsus*)	Zensor[2] *E: censor* *F: le censeur* *R: цензор*
senectūs, ūtis f. (*senex, senātus*)	hohes Alter, Greisenalter
age (*agere*)	wohlan! auf! es sei!
minārī minor minātus sum	drohen, an-, bedrohen *E: vgl. to menace* *F: menacer*
immō (Adv.)	fürwahr, im Gegenteil
cōnservus, ī m.	Mitsklave
cēnāre	zu Mittag speisen
cēna, ae f.	Mahlzeit, Essen
superbus, a, um (*super*)	hochragend, erhaben, stolz, hochmütig *E: superb* *F: superbe*
turba, ae f. (*turbāre*)	Schar, Lärm (*Turbine, turbulent*) *E: vgl. turbulent* *F: la turbe*

tussis, tussis f.	Husten *F: la toux*
nox, noctis f.	Nacht *F: la nuit* *R: ночь*
iēiūnus, a, um	nüchtern *E: jejune* *F: jejune, déjeuner*
pōtiō, ōnis f.	Getränk, (Heil-)Trank *E: poison* *F: le poison*
cōram (Abl.)	im Angesicht, in Gegenwart (von) (*coram publico*)
cervīx, īcis f. (meist pl.)	Hals, Nacken *E: vgl. cervical* *F: vgl. cervical*
imminēre immineō imminuī – (*mōns*)	drohen, bevorstehen[3] *E: vgl. imminent* *F: vgl. imminent*
sēmen, inis n.	„Samen" (*Seminar*) *E: semen, vgl. seminal* *F: vgl. la semence* *R: семя*
ingenuus, a, um (*gīgnere*)	eingeboren, freigeboren, edel[4] *E: ingenuous* *F: ingénieux*
pāstor, ōris m.	Hirt[5] (*Pastor*) *E: pastor* *F: le pasteur* *R: пастор*
casa, ae f.	Hütte, Haus[6] (*Kaserne*) *F: chez*
clēmēns, entis	mild, nachsichtig, ruhig (*Klemens*) *E: clement* *F: clément* *R: Клементий (Eigenname)*

ML: [1] *Wasserlauf; die täglichen liturgischen Gebete, Gottesdienst; Satzschluß;* [2] *zinspflichtiger Leibeigener;* [3] *erwarten;* imminet *es ist nötig;* in imminenti *in bedrohlicher Nähe;* [4] *freigelassen; pl.: die (städtischen) Geschlechter;* [5] *Seelsorger;* [6] *Gotteshaus, Kirche.*

convīctus, ūs m. (vīvere)	Geselligkeit, Gelage[1] (*Konvikt*) *E: vgl. convivial* *F: vgl. convier*	rosa, ae f.	Rose (*Rosarium, Rosalie*) *E: rose* *F: la rose* *R: роза*
mundus, ī m.	Welt(all), Weltordnung[2] (*mondän*) *E: vgl. mundane* *F: le monde*	circulus, ī m. (*circus*)	Kreis(bahn)[3] (*Zirkel*) *E: circle* *F: le cercle* *R: циркуль*
māne (Adv.)	früh, am Morgen *F: demain*		

246. memento fortun**ae** (fortun**am**) Croesi (nach meminisse Gen. oder b. Sachen auch Akk.)	erinnere dich **an** das Schicksal des Crösus
247. prudenti**am** tu**am** decet (Akk. nach einigen unpersönlichen Ausdrücken wie decet es ziemt sich, iuvat es freut, fugit es entgeht)	es ziemt sich **für** deine Klugheit
248. vir**os** rident (Akk. b. einigen Verben der Gemütsbewegung; so auch dolere Schmerz empfinden über, sperare hoffen auf)	sie lachen **über** die Männer
249. Cenab**i** (Lokativ) Cenab**i**, **in** oppido Gallorum	in Cenabum **in** Cenabum, einer Stadt der Gallier
250. coram domin**o**	in Gegenwart **des** Herrn
251. aequ**o** anim**o** ferre (Abl. modi)	**mit** Gleichmut ertragen
252. lingu**a** se differre (Abl. instrumentalis)	sich **in** der Sprache unterscheiden
253. se differre **a** consuetudine	sich **von** der Gewohnheit unterscheiden
254. Catilina minatus est urb**em** dele**tum iri** (minari m. A. c. I. Fut.)	Catilina drohte, **daß** die Stadt vernichtet **werde**
255. vol**o** memoriam exerc**ere** vol**o** **te** memoriam exerc**ere** (nach velle bei gleichem Subjekt: Inf.; bei Subjektswechsel: A.c.I.)	**ich** will das Gedächtnis üben (= daß **ich** übe) **ich** will, daß **du** das Gedächtnis übst

ML: [1] *Lebensweise;* [2] *irdische Welt;* [3] *Kreislauf, Verlauf.*

256. **velim** exerceas (= utinam exerceas)! (Wunschsatz; erfüllbar)	wenn du doch übst!
vellem exerceres (= utinam exerceres)! (Wunschsatz; unerfüllbar)	wenn du doch übtest
257. noli (nolite) quiescere = ne quieveris (quieveritis)! (Verbot an 2. Pers. Sing. und Plur. mit noli (nolite) und Infinitiv oder ne m. Konj. Perf.)	ruhe (ruht) nicht!
258. reperiuntur, qui se offerant (Konj. im Relativsatz mit konsekutivem Sinn b. allgemeinen Wendungen wie sunt, reperiuntur)	es finden sich Leute, die sich anbieten

5. TEIL: ZUSAMMENSTELLUNG DER WICHTIGSTEN IN DEN LEKTIONEN BEHANDELTEN ERSCHEINUNGEN DER SATZLEHRE

(Die Zahl nach dem Beispiel gibt die Nummer an, unter der es im Anschluß an die Vokabellektion geführt wird.)

Genetiv

(Kasus des Bereiches)

1. Gen. subiectivus:	
cura amici (33)	die Sorge des Freundes
2. Gen. obiectivus:	
scientia linguarum antiquarum (2)	Kenntnis in den alten Sprachen
studium linguarum (34)	die Beschäftigung mit Sprachen
cura amici (tui, nostri) (34)	die Sorge um den Freund (um dich, um uns)
spes auxilii (72)	die Hoffnung auf Hilfe
peritus linguae (2)	kundig in einer Sprache, sprachkundig
cupidus librorum (25, 91)	begierig nach Büchern
3. Gen. partitivus:	
copia bacarum (1)	eine Menge (von) Beeren
plenus bacarum (1)	voll von Beeren
optimus amicorum (nostrum) (35)	der Beste von den Freunden (von uns)
curia maxime aedificiorum placet (90)	das Rathaus gefällt am meisten von den Gebäuden
primi eorum (107)	die Ersten von ihnen
nihil humani (123)	nichts Menschliches
aliquid boni (160, 182)	etwas Gutes
plus detrimenti (205)	mehr Schaden
4. Gen. possessivus:	
quaestorum est (133)	es ist Pflicht, Aufgabe der Quästoren
prudentiae est (133)	es ist ein Zeichen von, Beweis für Klugheit
5. Gen. pretii:	
magni aestimare (108)	hoch schätzen
6. Gen. definitivus:	
verbum portae (24)	das Wort „porta"
7. Gen. qualitatis:	
a) exercitus quattuor legionum (130)	ein Heer von vier Legionen
exercitus erat quattuor legionum (130)	das Heer bestand aus vier Legionen

8. Gen. bei Verben:

fortunae Croesi meminisse (246)	sich an das Schicksal des Crösus erinnern
leonis misereri (220)	sich des Löwen erbarmen, Mitleid mit dem Löwen haben

9. Gen. bei einer Präposition:

exempli causa (50)	wegen des Beispiels, beispielshalber

Dativ

(Kasus der beteiligten Person oder Sache, des Zweckes und der Wirkung)

1. Dat. commodi:

non scholae, sed vitae (4)	nicht für die Schule, sondern für das Leben
suis rebus timere (74)	für seinen Besitz fürchten, in Furcht um seinen Besitz sein
amico consulere (135)	für den Freund sorgen
civibus providere, prospicere (167, 183)	für die Bürger sorgen

2. Dat. possessivus:

nobis est cura (37)	wir haben Sorge
servo nomen Androclo est (222)	der Sklave hat den Namen Androklus, der Sklave heißt Androklus

3. Dat. finalis:

exemplo esse (36)	zum Beispiel dienen, ein Beispiel sein, beispielhaft sein
periculo esse (73)	eine Gefahr sein, gefährlich sein
gloriae esse (92)	zum Ruhm dienen, ein Ruhm sein, ruhmvoll sein
gaudio esse (109)	eine Freude sein
admirationi esse (134)	bewundert werden
curae esse (184)	eine Sorge sein, am Herzen liegen
auxilio vocare (51)	zu Hilfe rufen
auxilio venire (197)	zu Hilfe kommen
dono dare (184)	zum Geschenk geben

4. Dat. bei Verben:

linguis studere (3)	sich mit Sprachen beschäftigen
officio deesse (38)	die Pflicht vernachlässigen
bibliothecae praeesse (38)	die Bibliothek leiten
colloquio interesse (38)	an dem Gespräch teilnehmen

Helvetiis parcere (144)	die Helvetier schonen
viro maledicere (153)	den Mann schmähen
ceteris animalibus antecedere (154)	die übrigen Lebewesen übertreffen
morbis mederi (221)	Krankheiten heilen

5. Dat. beim Gerundivum:

mihi epistula scribenda est (216)	ich muß den Brief schreiben

6. Dat. beim Supinum II:

facile est factu (218)	es ist leicht zu tun

Akkusativ

(Kasus des Zieles)

1. Akk. bei Raum- und Zeitfragen:

a) wohin?:

Romam, Tarentum, Athenas (57)	nach Rom, Tarent, Athen

b) wie lange?:

multos annos (75, 155)	viele Jahre (lang)

c) wie alt?:

viginti annos natus (131)	zwanzig Jahre alt

2. Akk. bei Verben:

amicos adiuvare (40)	den Freunden helfen
(amicus adiuvatur) (115)	(dem Freund wird geholfen)
vires me deficiunt (185)	es fehlt mir an Kräften, die Kräfte verlassen mich
amicum sequi (228)	dem Freund folgen
Helvetios ulcisci (229)	sich an den Helvetiern rächen
iniuriam ulcisci (229)	sich für das Unrecht rächen
Helvetios pro iniuria ulcisci (229)	sich an den Helvetiern für das Unrecht rächen
canem cavere (233)	sich vor dem Hund hüten, sich in acht nehmen vor dem Hund
hostem fugere (186)	vor dem Feind fliehen
prudentiam decere (247)	der Klugheit geziemen, der Klugheit zukommen

3. doppelter Akkusativ:

linguam nominare linguam novam Graecam (5, 76)	die Sprache die neugriechische Sprache nennen
studiosas linguam docere (5)	die Studentinnen die Sprache lehren
viam periculosam putare (52)	den Weg für gefährlich halten
Ariovistum amicum habere (94)	Ariovist zum Freund haben
Romam nominare Romam aeternam (110)	Rom das ewige Rom nennen

(Roma nominatur Roma aeterna (110)	Rom wird das ewige Rom genannt)
se iniquum praebere (188)	sich feindlich zeigen
Caesarem certiorem facere (189)	Cäsar benachrichtigen
(Caesar certior factus est (189)	Cäsar wurde benachrichtigt)

4. Akk. des Ausrufes:

o iucundas vices (177)	(o) welch erfreulicher Austausch

5. Akk. bei Präpositionen:

ad silvam (6)	zum Wald
ante theatrum (39)	vor dem Theater
apud amicum (39)	bei dem Freund
circum (circa) silvam (6)	rings um den Wald herum
contra Germanos (93)	gegen die Germanen
extra munitionem (136)	außerhalb der Befestigung
in aquam (7)	in, an, auf das Wasser
in Nantuates (236)	gegen die Nantuaten, in das Gebiet der Nantuaten
mirum in modum (206)	auf wunderbare Weise
inter silvam et aquam (6)	zwischen dem Wald und dem Wasser
inter amicos (39, 111)	(mitten) unter den Freunden
intra munitionem (136)	innerhalb der Befestigung
iuxta bestias (111)	neben den Tieren
ob vitam (39)	wegen des Lebens
per amicum (39)	durch den Freund, durch Vermittlung des Freundes
per silvam (39)	durch den Wald (hindurch)
per Sequanos (53)	durch das Gebiet der Sequaner
post theatrum (39)	nach, hinter dem Theater
prope Rhenum (26)	nahe dem Rhein, in der Nähe des Rheines
propter angustias (198)	wegen des Engpasses
sub arenam (112)	unter die Arena
super vestem (156)	über die Decke hin
trans Rhenum (77)	jenseits des Rheines, über den Rhein hinüber
ultra Rhenum (187)	jenseits des Rheines
usque ad vesperum (39)	bis zum Abend

6. Akk. in Verbindung mit Präpositionen bei einigen Verben:

in unum locum convocare (79)	an einem Ort zusammenrufen
in unum locum congerere (125)	an einem Ort zusammenbringen
medios in hostes invadere (137)	mitten in die Feinde eindringen
in cives animadvertere (178)	gegen die Bürger einschreiten, die Bürger bestrafen
in silvas se abdere (207)	sich in den Wäldern verbergen

Ablativ

(Kasus der Trennung und Herkunft, der Begleitung und des Mittels)

1. Abl. separativus:

vino abstinere (55)	sich des Weines enthalten, keinen Wein trinken
Athenis, Roma, Tarento (57)	aus Athen, Rom, Tarent
ab Ariovisto liberare (97)	von Ariovist befreien
cura liberare (97)	von der Sorge befreien
tributis liber (163)	frei von Abgaben
auxilio egere (96)	der Hilfe bedürfen
possessionibus expellere (149)	aus den Besitzungen heraustreiben
sacrificiis interdicere (162)	von den Opferhandlungen ausschließen
culpa vacare (168)	frei von Schuld sein
commeatu prohibere (209)	an der Zufuhr hindern
(a) bello desistere (240)	vom Krieg ablassen

2. Abl. originis:

nobili loco natus (232)	von vornehmer Herkunft

3. Abl. comparationis:

fidior cane (169)	treuer als der Hund

4. Abl. comitativus:

(cum) omnibus copiis (210)	mit allen Truppen

5. Abl. modi:

inimico animo esse (56)	von feindlicher Gesinnung sein, feindlich gesinnt sein
cum studio (28)	mit Eifer
magno (cum) studio (28)	mit großem Eifer
aequo iure (208)	mit gleichem Recht
aequo animo ferre (251)	mit Gleichmut ertragen

6. Abl. instrumentalis:

copia bacarum delectare (10)	durch die Fülle von Beeren erfreuen
via migrare (54)	auf der Straße wandern, ziehen
acie pugnare (80)	in der Schlacht kämpfen
pedibus pugnare (200)	zu Fuß kämpfen
recta via (95)	geradewegs
parietibus includere (126)	in Wänden einschließen
pecore alere (145)	von Vieh ernähren
memoria tenere (114)	im Gedächtnis haben
lingua nostra nominare (164)	in unserer Sprache nennen
poena afficere (190)	bestrafen

frigore assuefacere (211)	an Kälte gewöhnen
officio fungi (230)	die Pflicht tun
consulatu fungi (230)	das Konsulat verwalten
auribus uti (230)	die Ohren gebrauchen
Italia potiri (237)	sich Italiens bemächtigen
quiete frui (237)	Ruhe genießen
viribus confidere (237)	auf die Kräfte vertrauen
lingua se differre (252)	sich durch die Sprache unterscheiden

7. Abl. causae:

studio gaudere (30)	sich über den Eifer freuen
libris laetari (223)	sich über Bücher freuen
morbo laborare (30)	an einer Krankheit leiden
timore adductus (143)	von Furcht getrieben, aus Furcht
verbis gloriari (223)	sich der Worte rühmen

8. Abl. mensurae:

paucis diebus post (ante) (82, 147)	wenige Tage später (früher)
multo clarior (170)	viel berühmter

9. Abl. qualitatis:

viri magna fortitudine (140)	Männer von großer Tapferkeit, sehr tapfere Männer
viri erant magna fortitudine (140, 146)	die Männer waren von großer Tapferkeit, waren sehr tapfer

10. Abl. temporis:

quarta hora (44)	in der vierten Stunde
anno a. Chr. n. quinto (81)	im Jahre fünf vor Christi Geburt
bello Punico secundo (81)	im zweiten punischen Krieg
aber: in rebus adversis (81)	im Unglück
prima luce (231)	bei Tagesanbruch

11. Abl. loci:

Athenis (57)	in Athen
locis frigidis (148)	an kalten Orten, in einer kalten Gegend
loco servorum habere (161)	wie Sklaven behandeln
terra marique (158)	zu Wasser und zu Lande

12. Abl. bei Präpositionen:

a silva (8)	vom Wald (her)
ab incola (8)	vom Einwohner
coram domino (250)	in Gegenwart des Herrn
cum filio (27)	mit dem Sohn
una cum filio (41)	zusammen mit dem Sohn
mecum, tecum (41)	mit mir, mit dir

de silva (narrare) (8)	über den Wald (erzählen)
multis de causis (83)	aus vielen Gründen
e (ex) silva (8)	aus dem Wald
in aqua (7)	in, an, auf dem Wasser
prae se (portare) (42)	vor sich (hertragen)
pro portis (42)	vor den Toren
pro patria (42)	für das Vaterland
pro numero (42)	für die Anzahl
pro amico (42)	für den Freund
sine ira (29)	ohne Zorn
sub arena (112)	unter der Arena

13. Abl. mit Präpositionen bei Verben:

a Caesare auxilium petere (138)	Cäsar um Hilfe bitten
ab iniuria temperare (191)	sich eines Unrechtes enthalten, kein Unrecht tun
de officiis monere (83)	an die Pflichten erinnern
de principatu pugnare (98), contendere (165)	um die Führung kämpfen
de via decedere (128)	aus dem Wege gehen
de salute desperare (192)	an der Rettung verzweifeln
ex Vespasiano nominare, appellare (113)	nach Vespasian nennen
ex liberis viam quaerere (139)	die Kinder nach dem Weg fragen
ex ancilla nasci (238)	von einer Magd geboren werden
(in) numero ducere (127)	zur Zahl zählen
in Caesare spem ponere (141)	auf Cäsar die Hoffnung setzen

14. Abl. mit Präpositionen bei Adjektiven:

diversus a lingua Latina (9)	verschieden von der lateinischen Sprache
unus ex amicis (43)	einer von den Freunden

Lokativ

Romae, Tarenti (57, 249)	in Rom, in Tarent
humi (121)	auf dem Boden

Prädikatsnomen

liberi servorum erant servi (21)	die Kinder von Sklaven waren Sklaven

Prädikative Zustandsattribute

servi curabant medici morbos (22)	die Sklaven behandelten als Ärzte die Krankheiten
Germani habitabant discreti (23)	die Germanen wohnten abgesondert

Accusativus cum infinitivo (A. c. I.)

1. Der A. c. I. steht:

a) nach den Verba sentiendi und dicendi (putare, credere, sentire, intellegere, dicere u. a.), wenn eine Aussage folgt:

amicum ambulare video (puto, non ignoro, dico) (122)	ich sehe (glaube, weiß genau, sage), daß der Freund spazierengeht

b) nach unpersönlichen Ausdrücken (constat, notum est, fama est):

Romam a Romulo aedificatam esse constat (notum est) (122)	es steht fest (ist bekannt), daß Rom von Romulus erbaut worden ist

c) nach iubere, vetare, pati:

non patiuntur vinum importari (142, 234)	sie dulden nicht, daß Wein eingeführt wird

d) nach cupere, velle bei Subjektswechsel:

cupio vos iter facturos esse (193)	ich wünsche, daß ihr verreisen werdet

e) A. c. I. Fut. steht nach promittere, polliceri, iurare, minari, sperare:

amicum ambulaturum esse spero (122)	ich hoffe, daß der Freund spazierengeht

2. im A. c. I. steht bei Rückbeziehung auf das Subjekt des Hauptsatzes das Reflexivpronomen:

narrant Aristippo se domum navigaturos esse (122)	sie erzählen Aristipp, daß sie nach Hause segeln werden

Nominativus cum infinitivo (N. c. I.)

Der N. c. I. steht nach audiri, dici, narrari, tradi, videri u.a.:

Homerus caecus fuisse dicitur (putatur, traditur, videtur) (227)	es wird gesagt (geglaubt, überliefert, es scheint), daß Homer blind gewesen ist

Partizipialkonstruktionen

1. Participium coniunctum:

homines omnia credentes decipiuntur (195) (Gleichzeitigkeit)	Menschen, die alles glauben, werden getäuscht
Caesar milites cohortatus proelium commisit (226)	Cäsar begann, nachdem er seine Soldaten ermahnt hatte, den Kampf
amicus prohibitus colloquio non interest (84) (Vorzeitigkeit)	da der Freund verhindert worden ist, nimmt er am Gespräch nicht teil

2. Ablativus absolutus:

aegroto dormiente medicus venit (Gleichzeitigkeit) (203)	der Arzt kam, während der Kranke schlief
oppido deleto incolae in inopia erant (Vorzeitigkeit) (203)	da (nachdem) die Stadt vernichtet worden war, waren die Einwohner in Not

3. Ablativ mit prädikativem Substantiv oder Adjektiv:

Cicerone consule (204)	unter dem Konsulat des Cicero
Vercingetorige duce (204)	unter der Führung des Vercingetorix
Caesare auctore (204)	auf Cäsars Veranlassung
Caesare deprecatore (204)	auf Cäsars Fürsprache hin
Hannibale vivo (204)	zu Hannibals Lebzeiten
Caesare inscio (204)	ohne Cäsars Wissen
Caesare invito (204)	gegen Cäsars Willen

Gerundium

ars scribendi (215)	die Kunst zu schreiben, Schreibkunst
scribendi causa (215)	um zu schreiben
scribendo studere (215)	sich mit dem Schreiben beschäftigen
paratus ad scribendum (215)	bereit zu schreiben
diligenter scribendo (215)	durch sorgfältiges Schreiben

Gerundivum

epistula scribenda est (216)	der Brief muß geschrieben werden
scribendum est (216)	es muß geschrieben werden, man muß schreiben
mihi scribendum est (216)	ich muß schreiben
Caesar naves aedificandas curat (241)	Cäsar sorgt für den Bau von Schiffen

Supinum I

venit (mittit) oratum (217)	er kommt (schickt), um zu bitten

Supinum II

facile est factu (218)	es ist leicht zu tun

Gebrauch der Tempora

postea (cras) ero in bibliotheca (46)	später (morgen) bin ich in der Bibliothek
Caesar oppidum oppugnabat (99)	Cäsar bestürmte (immer wieder) die Stadt
Caesar oppidum expugnabat (99)	Cäsar versuchte, die Stadt zu erobern
Caesar oppidum expugnavit:	
a) konstatierendes Perfekt	Cäsar hat die Stadt (damals) erobert
b) historisches Perfekt (100)	Cäsar eroberte die Stadt (im Verlauf seiner Feldzüge)
paene interitui fuerunt (213)	beinahe hätten sie den Untergang bereitet

Consecutio temporum im indikativischen Nebensatz

libenter monstrabo, si cupidus erit (Gleichzeitigkeit) (31)	gern werde ich zeigen, wenn er es wünscht
me amicum habebis, si exercitum tuum revocaveris (Vorzeitigkeit) (101)	du wirst mich zum Freund haben, wenn du dein Heer zurückgerufen hast

Konjunktiv in Hauptsätzen

1. adhortativer Konjunktiv:	
speremus (58)	wir wollen hoffen, laßt uns hoffen
2. prohibitiver Konjunktiv:	
ne officiis desimus (59)	wir wollen unsere Pflichten nicht vernachlässigen
ne quieveris (quieveritis) (257)	ruhe (ruht) nicht
3. Irreal der Gegenwart:	
gauderem (si narraretis) (62)	ich würde mich freuen (wenn ihr erzähltet)
4. Irreal der Vergangenheit:	
Galliam non intravissem (nisi auxilio meo eguissent) (102)	ich hätte Gallien nicht betreten (wenn sie nicht meine Hilfe gebraucht hätten)

Wunschsätze

1. erfüllbar:	
utinam studeatis (60)	wenn ihr euch doch bemüht
utinam ne aegroti sitis (60)	wenn ihr doch nicht krank seid
velim exerceas (256)	wenn du doch übst
2. unerfüllbar:	
utinam prodessent (61)	wenn sie doch nützten
utinam ne obessent (61)	wenn sie doch nicht schadeten
vellem exerceres (256)	wenn du doch übtest
3. einschränkend:	
maledicant mihi, dum(modo) Apollo me probet (159)	mögen sie mich schmähen, wenn mich nur Apollo gutheißt

Consecutio temporum im konjunktivischen Nebensatz

opto (optabo), ut liberi natent (68)	ich wünsche (werde wünschen), daß die Kinder schwimmen
optabam (optavi, optaveram), ut liberi natarent (68)	ich wünschte (habe, hatte gewünscht), daß die Kinder schwammen
dic, quo cucurreris (152)	sage, wohin du geeilt bist
dixit, quo cucurrisset (152)	er sagte, wohin er geeilt war

nescio, quando iter facturi sitis (193)	ich weiß nicht, wann ihr reisen werdet
nesciebam, quando iter facturi essetis (193)	ich wußte nicht, wann ihr reisen werdet

Finalsätze

1. Begehrssatz:

imperare (postulare), ut (63)	fordern (befehlen), zu . .
postulare, ne (63)	fordern, nicht zu . . .
monere, ut (196)	ermahnen, zu . . .
monere, ne (63)	warnen, zu . . .
persuadere, ut (196)	überreden, zu . . .
impedire, ne (201)	hindern, zu . . .
cavere, ne (233)	sich hüten, zu . . .
metuere, ne (180); vereri, ne (225)	fürchten, daß
metuere, ut (ne non) (180)	fürchten, daß nicht
periculum est, ne (180)	es besteht die Gefahr, daß
periculum est, ut (ne non) (180)	es besteht die Gefahr, daß nicht

2. Zwecksatz:

ambulamus, ut nos recreemus (64)	wir gehen spazieren, um uns zu erholen

Konsekutivsätze

1. nach vorausgehendem „so“:

tam clari erant, ut Romani auxilio vocarent (65)	sie waren so berühmt, daß die Römer (sie) zu Hilfe riefen
tam inimici erant, ut non ad se vocarent (65)	sie waren so feindlich, daß sie (sie) nicht zu sich riefen

2. nach Ausdrücken des Geschehens, Glückens, Gelingens:

accidit, ut (150)	es ereignet sich, geschieht, daß
fit, ut (242)	es geschieht, daß
contingit, ut (174)	es gelingt, daß

3. nach vorausgehendem Komparativ und quam:

aegrotior est, quam ut sanari possit (175)	er ist zu krank, als daß er geheilt werden kann

Kausalsätze

quod in oppido sum (49)	weil ich in der Stadt bin
cum sibi comparare non possint (67)	da sie sich nicht verschaffen können
gaudeo, quod una nominamur (179)	ich freue mich, daß wir zusammen genannt werden

Temporalsätze

1. dum:	
dum spiro (16, 159) (Ind. Präs.)	während ich atme
dum spiro (16, 159) (Ind. aller Tempora)	solange ich atme
dum eum exportaverunt (159) (Ind. Präs., Perf., Fut. II)	solange, bis sie ihn hinaustrugen
maledicebant ei, dum eum in ius vocarent (159) (Konj.: finaler Sinn)	sie schmähten ihn, bis (= damit) sie ihn vor Gericht brächten
2. cum:	
a) mit Indikativ:	
cum aegrotus eras (47) (cum iterativum)	jedesmal, wenn (so oft) du krank warst
tum, cum aegrotus eras (85) (cum temporale)	damals, als du krank warst
b) mit Konjunktiv:	
cum in Italia essetis (66) (cum historicum)	als ihr in Italien wart
3. ubi (primum), ut (primum):	
ubi adventus nuntiatus est (86)	sobald die Ankunft gemeldet worden war
ut (primum) nix dilapsa est (244)	sobald der Schnee geschmolzen war
4. priusquam:	
priusquam Ariovistus pugnat (87) (pugnavit)	bevor Ariovist kämpft (gekämpft hat)
5. postquam:	
postquam Caesar superavit (103)	nachdem Cäsar besiegt hatte
quinto mense, postquam profecti erant (245)	im fünften Monat, nachdem sie aufgebrochen waren

Relativsätze im Konjunktiv

1. mit finalem Sinn:	
magistratus creantur, qui bello praesint (151, 173)	Beamte werden gewählt, die den Krieg leiten sollen
2. mit konsekutivem Sinn:	
non desunt, qui praeponantur (181)	es fehlt nicht an Leuten, die vorgezogen werden
reperiuntur, qui se offerant (258)	es finden sich Leute, die sich anbieten

Fragesätze

1. direkte Fragesätze:	
amasne bestias (14)	liebst du die Tiere?
nonne ambulabis (219)	du wirst doch spazierengehen?

num domi manebis (219)	du wirst doch nicht zu Hause bleiben?
(utrum) ambulabis an leges (219)	wirst du spazierengehen oder lesen?
2. indirekte Fragesätze:	
dic, quo curras (cucurreris) (152)	sage, wohin du eilst (geeilt bist)
dixit, quo curreret (cucurrisset)	er sagte, wohin er eilt (geeilt ist)
nescio (nesciebam), quando iter facturi sitis (essetis) (193c)	ich weiß nicht (wußte nicht), wann ihr reisen werdet (reisen würdet)
non dubito, quin iter facturi sitis (194)	ich zweifle nicht, daß ihr reisen werdet
Reflexivpronomen bei Rückbeziehung auf das übergeordnete Subjekt:	
milites sibi praescribunt, quid sibi faciendum sit (214)	die Soldaten schreiben sich vor, was sie tun müssen

Pronomina

1. Possessivpronomina:	
mei, tui (70)	die Meinen, die Deinen
mea, tua n. pl. (70)	meine Habe, deine Habe
2. Personalpronomina:	
nos aderamus, vos aberatis (45)	wir waren da, ihr fehltet
vos quoque (45)	auch ihr
3. Gebrauch von suus und eius (eorum, earum):	
Caesar exercitum suum in Galliam transportavit (106)	Cäsar führte sein Heer nach Gallien hinüber
exercitus eius ibi pugnavit (106)	dort kämpfte sein Heer
4. Demonstrativpronomina:	
hae res (119)	diese (folgende) Dinge
ille philosophus (118)	jener berühmte Philosoph
5. Relativpronomen:	
Aristippus ad oram agitatus est. Qui ibi in arena formas spectavit (105)	Aristipp wurde an die Küste getrieben. Dieser (er) sah dort im Sand Figuren
6. quisque:	
potentissimus quisque (171)	gerade der Mächtigste
7. Indefinitpronomina:	
aliquis quaerit (166)	irgendeiner fragt
aliqui vir quaerit (166)	irgendein Mann fragt
si quis quaerit (166)	wenn irgendeiner fragt
si qui vir quaerit (166)	wenn irgendein Mann fragt
vix quisquam probat (166)	kaum irgendeiner billigt
sine ullo studio (166)	ohne irgendwelchen Eifer

Syntaktische Einzelheiten

1. Graecia et Gallia et Italia Graecia, Gallia, Italia Graecia, Gallia Italiaque (11)	Griechenland, Gallien und Italien

2. multae silvae sunt (12)	es gibt viele Wälder
3. horas non numero nisi serenas (15)	ich zähle nur die heiteren Stunden
4. Rhenus fluvius (17)	der Rhein
5. poeta clarus (18)	der berühmte Dichter
6. multa, pulchra (19)	vieles, Schönes
7. multa et pulchra (20)	viel Schönes
8. sic laborat (48)	so arbeitet er
tam angustus (diu) (69)	so eng (lange)
9. deis deabusque (71)	den Göttern und Göttinnen
filiis filiabusque (71)	den Söhnen und Töchtern
10. Caesar portus explorat (88)	Cäsar läßt die Häfen erkunden
11. anno quinto (89)	im Jahr fünf
12. cuncti, qui aderant (117)	alle Anwesenden
13. „man“:	
salutor (115)	man grüßt mich
narrant (116)	man erzählt
non vivis, ut edas (129)	man lebt nicht, damit man ißt
14. Wortstellung:	
tu quoque (13)	auch du
totus fere populus (120)	fast das ganze Volk
servus, nisi paret, iram timere debet (32)	der Sklave muß den Zorn fürchten, wenn er nicht gehorcht.

6. TEIL: GRAMMATISCHER ANHANG

Vorbemerkungen

1. Der grammatische Anhang soll weder eine vollständige Grammatik noch eine Kurzgrammatik ersetzen. Er gibt nur die für die Benutzung der Lectiones Latinae notwendigen Erklärungen zur Formenlehre sowie die der Übersicht über die Deklinationen und Konjugationen dienenden Tabellen. Die wichtigsten Erscheinungen der Satzlehre sind in den einzelnen Lektionen behandelt und im 5. Teil systematisch zusammengestellt.

2. Die Kenntnis der grammatischen Termini wird vorausgesetzt.

3. Aus technischen Gründen mußte bei den Tabellen auf die Angabe der Endungen des Femininums und des Neutrums, auf die Kennzeichnung der Modus- und Tempuszeichen durch Trennstrich und auf die Hervorhebung einzelner Buchstaben durch Fettdruck bisweilen verzichtet werden.

Einführung

1. Die Römer verwendeten ursprünglich große Buchstaben, die Majuskeln, aus denen sich dann die kleinen Buchstaben, die Minuskeln, entwickelten. Große Buchstaben werden verwendet am Satz- und Versanfang, bei Eigennamen und von diesen abgeleiteten Adjektiven und Adverbien sowie bei Adjektiven in Beinamen: Rōmānī die Römer, populus Rōmānus das römische Volk, Latīnē loquī lateinisch sprechen, Alexander Māgnus Alexander der Große.

2. Das lateinische Alphabet bestand in republikanischer Zeit aus 21 Buchstaben. Zur Zeit des Augustus kamen die Buchstaben y und z hinzu, die für griechische Eigennamen und Lehnwörter nötig waren.

3. Die Aussprache der Buchstaben entspricht i. allg. der deutschen. Doppellaute (Diphthonge) sind ae = ä, oe = ö, au, eu. Nur in einigen wenigen Wörtern werden ae, oe und au getrennt ausgesprochen, z. B. bei ā-ēr Luft, po-ēta Dichter, Menelā-us Menelaus. Die Buchstaben j, k, w gibt es im Lateinischen nicht, dafür treten i, c, v ein. Der Buchstabe i wird vor allen Vokalen als j ausgesprochen: iam (sprich: jam) schon, iōta (sprich: jōta) Jota, iuvenis (sprich: juvenis) junger Mann. K hat sich nur noch in Kalendae Kalenden, der Bezeichnung für den ersten Tag im Monat, erhalten. Die Funktion des k hat der Buchstabe c übernommen: carcer (sprich: karker) Kerker, cista (sprich: kista) Kiste. So wird auch heute i. allg. c als k ausgesprochen. Im Mittelalter und auch heute in der medizinischen Terminologie wird c vor einem hellen Laut (e, i, ae) als z ausgesprochen. Das zeigen auch die seinerzeit entstandenen Lehnwörter im Deutschen: aus carcer wurde Karzer, aus Caesar Zar, aus circus Zirkus. In italischer Zeit hatte c noch den Lautwert des g, wie die Abkürzungen C. für Gaius und Cn. für Gnaeus noch erkennen lassen. Beim Buchstaben u ist die Aussprache wie w nötig in Verbindungen mit ng, q und s vor Vokalen: lingua (sprich: lingwa) Sprache, equus (sprich: eqwus) Pferd, Suēbī (sprich: Swēbī) Sueben. Die Buchstabenverbindungen sp und st werden getrennt ausgesprochen: spēs (sprich: s-pēs) Hoffnung, status (sprich:

s-tatus) Lage. Ebenso wird t vor i rein ausgesprochen: nātiō (sprich: nāti-ō) Volksstamm. Vokale können von Natur aus lang oder kurz sein: populus Volk, pōpulus Pappel. Lang ausgesprochen wird ein an sich kurzer Vokal vor nf und ns: īnfāns kleines Kind. In der Dichtung gilt eine Silbe auch als lang, wenn auf einen kurzen Vokal zwei oder mehr Konsonanten folgen (Positionslänge): fenĕ̄stra. Nur die Verbindungen gr und br können kurz oder lang gewertet werden: mĭ̄grāre wandern, vertĕ̄bra Wirbel.

Zweisilbige Wörter werden auf der vorletzten Silbe betont, dreisilbige auf der drittletzten, wenn die vorletzte Silbe kurz ist: pópŭlus Volk, aber amícus Freund.

Die Wortarten

Es gibt im Lateinischen, wie im Deutschen, flektierbare und unflektierbare Wörter. Flektierbare Wörter sind die Nomina, die dekliniert werden: die Substantive, Adjektive, Pronomina und Numeralia sowie die Verben, die konjugiert werden und auch deklinierbare Formen haben, nämlich Partizipien, Gerundium und Gerundivum. Unflektierbare Wörter sind die Adverbien, Präpositionen, Konjunktionen und Interjektionen.

Die Nomina

Beim Nomen unterscheidet man Genus, Numerus und Kasus.

1. Es gibt drei Genera: Maskulinum (m.), Femininum (f.) und Neutrum (n.). Das Genus wird bestimmt durch das natürliche Geschlecht des bezeichneten Wesens oder durch das grammatische Geschlecht.
2. Es gibt zwei Numeri: Singular und Plural. Einige Wörter kommen nur im Singular vor (Singularia tantum) wie indolēs Begabung, andere nur im Plural (Pluralia tantum) wie dīvitiae Reichtum.
3. Es gibt sechs Kasus: vier wie im Deutschen, nämlich Nominativ (wer? was?), Genetiv (wessen?), Dativ (wem?), Akkusativ (wen? was?). Dazu kommen der Ablativ und der Vokativ. Der Ablativ vereinigt in sich den Instrumentalis (womit? wodurch?), den Separativ (woher? wovon?) und den Lokativ (zur Ortsangabe wo?, zur Zeitangabe wann?). Ferner steht der Ablativ in Verbindung mit einigen Präpositionen. Der Vokativ ist der Kasus der Anrede und des Ausrufs. Er hat in allen Deklinationen die gleiche Endung wie der entsprechende Nominativ mit Ausnahme des Vokativs im Singular der Substantive der o-Deklination auf -us, die den Vokativ mit -e bilden: amīce! mein Freund!

Die Substantive

Vorbemerkungen: Die Substantive werden dekliniert.

Den Wortstamm eines Substantivs erkennt man, indem man vom Genetiv des Plurals die Endungen -um oder -rum streicht: plantā-rum, numerō-rum, passu-um, rē-rum, labōr-um, mari-um.

Den stets gleichbleibenden Wortstock findet man, indem man die Endung des Genetivs des Singulars streicht: plant-ae, numer-ī, pass-ūs, re-ī, labōr-is, mar-is.

Es gibt sechs Deklinationen, die nach der Verschiedenheit des Stammes unterschieden werden: die a-, o-, u-, e-, i- und die konsonantische Deklination. Zu dieser rechnet man die gemischte Deklination, die im Singular die Endungen der konsonantischen Deklination, im Plural die der i-Deklination hat.

Die Deklinationen

1. Substantive der a-, o-, u- und e-Deklination

	a-Dekl.	o-Dekl.		u-Dekl.		e-Dekl.
	planta Pflanze	numerus Zahl	verbum Wort	passus Schritt	cornū Horn	rēs Sache
Sing.						
Nom.	plant**a**	numer**us**	verb**um**	pass**us**	corn**ū**	r**ēs**
Gen.	plant**ae**	numer**ī**	verb**ī**	pass**ūs**	corn**ūs**	r**eī**
Dat.	plant**ae**	numer**ō**	verb**ō**	pass**uī**	corn**uī**	r**eī**
Akk.	plant**am**	numer**um**	verb**um**	pass**um**	corn**ū**	r**em**
Abl.	plant**ā**	numer**ō**	verb**ō**	pass**ū**	corn**ū**	r**ē**
Plur.						
Nom.	plant**ae**	numer**ī**	verb**a**	pass**ūs**	corn**ua**	r**ēs**
Gen.	plant**ārum**	numer**ōrum**	verb**ōrum**	pass**uum**	corn**uum**	r**ērum**
Dat.	plant**īs**	numer**īs**	verb**īs**	pass**ibus**	corn**ibus**	r**ēbus**
Akk.	plant**ās**	numer**ōs**	verb**a**	pass**ūs**	corn**ua**	r**ēs**
Abl.	plant**īs**	numer**īs**	verb**īs**	pass**ibus**	corn**ibus**	r**ēbus**

2. Substantive der i-, konsonantischen und gemischten Deklination

	konson. Dekl.		i-Dekl.		gem. Dekl.	
	labor Arbeit	nōmen Namen	turris Turm	mare Meer	nāvis Schiff	urbs Stadt
Sing.						
Nom.	labor	nōmen	turr**is**	mar**e**	nāv**is**	urb**s**
Gen.	labōr**is**	nōmin**is**	turr**is**	mar**is**	nāv**is**	urb**is**
Dat.	labōr**ī**	nōmin**ī**	turr**ī**	mar**ī**	nāv**ī**	urb**ī**
Akk.	labōr**em**	nōmen	turr**im**	mar**e**	nāv**em**	urb**em**
Abl.	labōr**e**	nōmin**e**	turr**ī**	mar**ī**	nāv**e**	urb**e**
Plur.						
Nom.	labōr**ēs**	nōmin**a**	turr**ēs**	mar**ia**	nāv**ēs**	urb**ēs**
Gen.	labōr**um**	nōmin**um**	turr**ium**	mar**ium**	nāv**ium**	urb**ium**
Dat.	labōr**ibus**	nōmin**ibus**	turr**ibus**	mar**ibus**	nāv**ibus**	urb**ibus**
Akk.	labōr**ēs**	nōmin**a**	turr**ēs**	mar**ia**	nāv**ēs**	urb**ēs**
Abl.	labōr**ibus**	nōmin**ibus**	turr**ibus**	mar**ibus**	nāv**ibus**	urb**ibus**

Die Genera

1. Die Substantive der **a-Deklination** sind **Feminina.** Maskulina sind dem natürlichen Geschlecht nach männliche Personen wie poēta Dichter, incola Einwohner sowie die Namen von Völkern wie Persae Perser und Flüssen wie Sēquana Sequana (Seine).
2. Die Substantive der **o-Deklination** auf **-us** sind **Maskulina.** Dazu gehören auch Substantive auf **-r:** die mit zum Stamm gehörendem -e- wie puer, puerī (Stamm: puero-, Wortstock: puer-) und die mit eingeschobenem -e- wie ager, agrī (Stamm: agro-, Wortstock: agr-), ferner gehört dazu vir, virī Mann.
   Ausnahmen: Feminina sind die Namen von Ländern (Aegyptus), Städten (Corinthus), Inseln (Rhodus), Bäumen (fāgus Buche) sowie das Wort humus Erdboden. Neutra auf -us sind vulgus Volksmasse und vīrus Gift.
   Die Substantive der **o-Deklination** auf **-um** sind **Neutra.** Bei den Neutra lautet der Akk. Sing. stets wie der Nom. Sing.; Nom. u. Akk. Plur. enden stets auf **-a.**
   Bei der o-Deklination bildet nur der Singular der Substantive auf -us eine besondere Vokativform: (ō) amīce! (mein) Freund! Stets heißt es: mī fīlī! mein Sohn!
3. Die Substantive der **u-Deklination** auf **-us** sind **Maskulina,** die auf **-u Neutra.** *Ausnahmen* sind die Feminina manus, ūs Hand, porticus, ūs Säulenhalle, tribus, ūs Bezirk, quercus, ūs Eiche, Īdūs, uum Iden und domus, ūs Haus. Domus bildet den Abl. Sing. auf -ō, den Akk. Plur. auf -ōs, der Lokativ heißt domī zu Hause.
4. Die Substantive der **e-Deklination** sind **Feminina.** *Ausnahmen* sind die Maskulina merīdiēs, eī Mittag und diēs, eī Tag. In der Bedeutung „Frist, Termin“ ist diēs Femininum.
5. Die Substantive der **konsonantischen Deklination** haben im Abl. Sing. **-e,** im Nom. u. Akk. Plur. n. **-a,** im Gen. Plur. **-um.**
   Das Genus dieser Substantive ist i. allg. am Nom. Sing. zu erkennen.
   a) **Maskulina** sind dem grammatischen Geschlecht nach die Substantive auf -or wie labor, ōris Arbeit, auf -ōs wie mōs, mōris Sitte, auf -er wie carcer, eris Kerker, auf -es, itis mit ungleicher Silbenzahl im Nom. u. Gen. Sing. wie mīles, itis Soldat. *Ausnahmen* sind arbor, oris f. Baum, uxor, ōris f. Ehefrau, soror, ōris f. Schwester (natürliches Geschlecht), cor, cordis n. Herz, ōs, ōris n. Mund, os, ossis n. Knochen, vēr, vēris n. Frühling, cadāver, eris n. Leichnam, iter, itineris n. Marsch u.a.
   b) **Feminina** sind die Substantive auf -ās wie lībertās, ātis Freiheit, auf -x (aus g+s und c+s) wie lēx, lēgis Gesetz und pāx, pācis Frieden, auf -aus wie laus, laudis Lob, auf -dō wie cōnsuētūdō, inis Gewohnheit, auf -gō wie orīgō, inis Ursprung, auf -iō wie regiō, ōnis Gegend, auf -ūs, ūtis wie virtūs, ūtis Tugend. *Ausnahmen* sind rēx, rēgis m. König und dux, ducis m. Führer (natürliches Geschlecht), ōrdō, inis m. Ordnung u.a.
   c) **Neutra** sind die Substantive auf -men wie nōmen, inis Namen, auf -ma wie poēma, atis Gedicht, auf -us, oris wie corpus, oris Körper, auf -us, eris wie genus, eris Geschlecht, auf -ur, oris wie rōbur, oris Kraft, auf -c wie lac, lactis Milch, auf -l wie mel, mellis Honig, auf -t wie caput,

itis Kopf. *Ausnahmen* sind die Maskulina sōl, sōlis Sonne und sāl, salis Salz.

6. Die Substantive der **i-Deklination** haben im Akk. Sing. f. **-im,** im Abl. Sing. **-ī**, im Nom. u. Akk. Plur. n. **-ia,** im Gen. Plur. **-ium.**
   Zur i-Deklination gehören:
   a) die **Feminina** turris, is Turm, febris, is Fieber, puppis, is Achterdeck, sitis, is Durst, secūris, is Beil, vīs, vim, vī Kraft, Gewalt.
   b) die **Neutra** auf -ar wie exemplar, āris Beispiel, auf -e wie mare, maris Meer, auf **-al** wie animal, ālis Lebewesen.
7. Die Substantive der **gemischten Deklination** haben im Abl. Sing. **-e,** im Gen. Plur. **-ium.**
   Zur gemischten Deklination gehören:
   a) die Substantive auf -ēs und -is mit gleicher Silbenzahl im Nom. u. Gen. Sing. wie caedēs, is Mord und nāvis, is Schiff. Sie sind in der Regel **Feminina.** *Ausnahmen* sind die Maskulina cīvis, is Bürger und hostis, is Feind (natürliches Geschlecht), fīnis, is Ende, īgnis, is Feuer, mēnsis, is Monat, collis, is Hügel, orbis, is Kreis u. a.
   b) die Substantive mit zwei oder mehr Konsonanten vor der Endung des Gen. Sing. wie urbs, urbis Stadt. Diese sind in der Regel **Feminina.** *Ausnahmen* sind die Maskulina dēns, dentis Zahn, mōns, montis Berg, fōns, fontis Quelle, pōns, pontis Brücke. Der Gen. Plur. von pater, tris Vater, māter, tris Mutter, frāter, tris Bruder, ebenso von iuvenis, is junger Mann, cānis, us Hund ist **-um.**

Die Adjektive

Die Deklination der Adjektive

Die Deklination der Adjektive folgt der a- und o-Deklination, der i-Deklination und der konsonantischen Deklination der Substantive.

1. Zur **a-** und **o-Deklination** gehören die Adjektive auf -us, -a, -um wie dūrus, dūra, dūrum hart und die auf -er, -(e)ra, -(e)rum wie līber, lībera, līberum frei bzw. pulcher, pulchra, pulchrum schön, die ab Gen. Sing. die gleichen Endungen wie die auf -us, -a, -um haben.

dūrus, dūra, dūrum hart (Stämme: dūro-, dūrā-)

	Singular			Plural		
	m.	f.	n.	m.	f.	n.
Nom.	dūr**us**	dūr**a**	dūr**um**	dūr**ī**	dūr**ae**	dūr**a**
Gen.	dūr**ī**	dūr**ae**	dūr**ī**	dūr**ōrum**	dūr**ārum**	dūr**ōrum**
Dat.	dūr**ō**	dūr**ae**	dūr**ō**	dūr**īs**	dūr**īs**	dūr**īs**
Akk.	dūr**um**	dūr**am**	dūr**um**	dūr**ōs**	dūr**ās**	dūr**a**
Abl.	dūr**ō**	dūr**ā**	dūr**ō**	dūr**īs**	dūr**īs**	dūr**īs**
Vok.	dūr**e**	dūr**a**	dūr**um**	dūr**ī**	dūr**ae**	dūr**a**

Bemerkung: Zur a- und o-Deklination gehören auch folgende adjektivische Nominalformen des Verbs:

a) Part. Perf. Pass.: sānātus, a, um — geheilt
b) Part. Fut. Akt.: sānātūrus, a, um — heilen werdend, einer der heilen wird
c) Gerundivum: sānandus, a, um — ein zu Heilender, einer der geheilt werden muß.

2. Zur **i-Deklination** gehören die Adjektive dreier Endungen wie ācer m., ācris f., ācre n. scharf, die zweier Endungen wie brevis m.f., breve n. kurz und die einer Endung wie fēlīx m.f.n. glücklich.

ācer, ācris, ācre scharf, hitzig (Stamm: ācri-)

	Singular			Plural		
	m.	f.	n.	m.	f.	n.
Nom. Vok.	ācer	ācris	ācre	ācrēs	ācrēs	ācria
Gen.		ācris			ācrium	
Dat.		ācrī			ācribus	
Akk.	ācrem	ācrem	ācre	ācrēs	ācrēs	ācria
Abl.		ācrī			ācribus	

brevis m.f., breve n. kurz (Stamm: brevi-)

	Singular			Plural		
	m.	f.	n.	m.	f.	n.
Nom. Vok.	brevis		breve	brevēs		brevia
Gen.		brevis			brevium	
Dat.		brevī			brevibus	
Akk.	brevem		breve	brevēs		brevia
Abl.		brevī			brevibus	

fēlīx m.f.n. glücklich (Stamm: fēlīci-)

	Singular			Plural		
	m.	f.	n.	m.	f.	n.
Nom. Vok.		fēlīx		fēlīcēs		fēlīcia
Gen.		fēlīcis			fēlīcium	
Dat.		fēlīcī			fēlīcibus	
Akk.	fēlīcem		fēlīx	fēlīcēs		fēlīcia
Abl.		fēlīcī			fēlīcibus	

Die Adjektive der i-Deklination haben im Abl. Sing. m.f.n. **-ī**, im Nom. u. Akk. Plur. n. **-ia**, im Gen. Plur. m.f.n. **-ium**. Im Akk. Sing. m.f. ist die Endung **-em**.

3. Zur **konsonantischen Deklination** gehören die Adjektive dīves, dīvitis reich; pauper, pauperis arm; vetus, veteris alt; prīnceps, prīncipis der erste; particeps, participis teilhaftig.

vetus m.f.n. alt (Stamm: veter-)

	Singular			Plural		
	m.	f.	n.	m.	f.	n.
Nom. Vok.		vetus		veterēs		vetera
Gen.		veteris			veterum	
Dat.		veterī			veteribus	
Akk.	veterem		vetus	veterēs		vetera
Abl.		vetere			veteribus	

Die Adjektive der konsonantischen Deklination werden wie die Substantive der konsonantischen Deklination dekliniert und haben folglich im Abl. Sing. **-e**, im Nom. u. Akk. Plur. n. **-a**, im Gen. Plur. **-um**. Sie sind einendig: vetus m.f.n.

Bemerkung: Zur konsonantischen Deklination gehört auch das **Part. Präs. Akt.** der Verben im Singular wie **sānāns**, sānantis heilend. Im Plural folgt das Part. Präs. Akt. der i-Deklination. Es hat also im Abl. Sing. **-e**, im Nom. u. Akk. Plur. n. **-ia**, im Gen. Plur. **-ium**.

sānāns, ntis heilend m. f. n. (Stamm: sānant-)

	Singular			Plural		
	m.	f.	n.	m.	f.	n.
Nom. Vok.		sānāns		sānantēs		sānantia
Gen.		sānantis			sānantium	
Dat.		sānantī			sānantibus	
Akk.	sānantem		sānāns	sānantēs		sānantia
Abl.		sānante			sānantibus	

Die Steigerung der Adjektive

Die Komparative werden gebildet, indem an den Wortstock für das Maskulinum und das Femininum **-ior** und für das Neutrum **-ius** angehängt werden. Sie werden nach der konsonantischen Deklination dekliniert, haben folglich im Abl. Sing. die Endung **-e**, im Nom. u. Akk. Plur. n. **-a**, im Gen. Plur. **-um**.

Die Superlative werden durch Beifügung von **-issimus, a, um** an den Wortstock gebildet. Bei Adjektiven auf -er wird **-rimus, a, um** an den Nom. Sing. angehängt.

a) Steigerung der Adjektive mit dem Superlativ **-issimus**

Positiv	Wortstock	Komparativ	Superlativ
hoch		höher	höchste, sehr hoch
altus, a, um brevis, e sapiēns fēlīx	alt- brev- sapient- fēlīc-	alt**ior, ius** brev**ior, ius** sapient**ior, ius** fēlīc**ior, ius**	alt**issimus, a, um** brev**issimus, a, um** sapient**issimus, a, um** fēlīc**issimus, a, um**

b) Steigerung der Adjektive mit dem Superlativ **-rimus**

Positiv	Wortstock	Komparativ	Superlativ
schön		schöner	schönste, sehr schön
pulcher, chra, chrum asper, era, erum celer, eris, ere ācer, ācris, ācre salūber, bris, bre	pulchr- asper- celer- ācr- salūbr-	pulchr**ior, ius** asper**ior, ius** celer**ior, ius** ācr**ior, ius** salūbr**ior, ius**	pulcher**rimus, a, um** asper**rimus, a, um** celer**rimus, a, um** ācer**rimus, a, um** salūber**rimus, a, um**

Ausnahmen: a) Folgende Adjektive auf **-ilis** bilden den Superlativ auf **-limus:** facilis, e leicht, difficilis, e schwierig, similis, e ähnlich, dissimilis, e unähnlich, humilis, e niedrig, gracilis, e schlank. Es heißt folglich: facilis, e, facilior, ius, facillimus, a, um. Alle anderen Adjektive auf -ilis bilden die Steigerungsformen regelmäßig: nōbilis, e, nōbilior, ius, nōbilissimus, a, um.

b) Adjektive mit **vokalisch** auslautendem Wortstock umschreiben den Komparativ mit **magis** mehr, den Superlativ mit **māximē** am meisten: idōneus, a, um geeignet, magis idōneus, a, um, māximē idōneus, a, um; necessārius, a, um nötig, magis necessārius, a, um, māximē necessārius, a, um. Dagegen ist die Steigerung von antīquus, a, um alt regelmäßig.

c) Steigerung der Adjektive mit verschiedenen Stämmen:

Positiv		Komparativ		Superlativ	
bonus	gut	**melior, ius**	besser	**optimus**	beste, sehr gut
malus	schlecht	**pēior, ius**	schlechter	**pessimus**	schlechteste, sehr schlecht
māgnus	groß	**māior, ius**	größer	**māximus**	größte, sehr groß
parvus	klein	**minor, us**	kleiner	**minimus**	kleinste, sehr klein
multum	viel	**plūs**	mehr	**plūrimum**	das meiste, sehr viel
multī	viele	**plūrēs, a** (Gen. plūrium)	mehr	**plūrimī**	die meisten, sehr viele
		complūrēs, a (Gen. complūrium)	mehrere	**plērīque**	die meisten

d) Unvollständige Steigerung

		Komparativ		Superlativ	
intrā b. Akk.	innerhalb	interior	innere	intimus	innerste
extrā b. Akk.	außerhalb	exterior	äußere	extrēmus	äußerste
(exterus	auswärtige)				
ultrā b. Akk.	jenseits	ulterior	jenseitige	ultimus	letzte, entfernteste
citrā b. Akk.	diesseits	citerior	diesseitige		–
suprā b. Akk.	oberhalb	superior	obere	suprēmus	oberste
(superus	oben befindliche)			summus	oberste, höchste
īnfrā b. Akk.	unterhalb	īnferior	untere, unterlegene	īnfimus	unterste
(īnferus	unten befindliche)				
prae b. Abl.	vor	prior	frühere	prīmus	erste
post b. Akk.	nach	posterior	spätere	postrēmus	letzte
(posterus	nachfolgende)				
prope b. Akk.	nahe	propior	nähere	proximus	nächste
(propinquus	nahe)				
dē b. Abl.	von – herab	dēterior	schlechtere	dēterrimus	schlechteste
ante b. Akk.	vor	anterior	vordere		
(senex	alt, Greis)	senior	ältere		
(iuvenis	jung, Jüngling)	iūnior	jüngere		

Bemerkung: a) der Komparativ kann verstärkt werden durch etiam: etiam minor noch kleiner; durch multō: multō minor viel kleiner; durch paulō: paulō minor etwas kleiner; nihilō: nihilō minor um nichts kleiner.

b) der Superlativ kann durch longē oder quam verstärkt werden: longē nōbilissimus bei weitem der Vornehmste, weitaus der Vornehmste, quam minimus möglichst klein, so klein wie möglich.

Der Superlativ kann auch als Elativ übersetzt werden: prūdentissimus sehr klug.

Die Adverbien

1. **Die Bildung des Adverbs:**

Die Adverbien werden gebildet, indem an den Wortstock der Adjektive der a- und o-Deklination **-ē** angefügt wird: rēctē richtig, an den Wortstock der ī-Deklination **-iter:** fortiter tapfer. Die Adjektive auf -āns, antis und -ēns, entis fügen an den Wortstock statt -iter nur **-er** an: cōnstāns standhaft: Adverb cōnstanter, prūdēns klug: Adverb prūdenter.

2. **Die Steigerung des Adverbs:**

Der Komparativ des Adverbs ist der Form des Komparativs des Adjektivs im Akk. Sing. n. gleich **(-ius)**, der Superlativ wird wie der entsprechende Superlativ des Adjektivs gebildet, wobei statt des Genetivausgangs auf -ī ein **-ē** eintritt.

Adjektiv	Adverb		
	Positiv	Komparativ	Superlativ
gerecht	gerecht	gerechter	am gerechtesten, sehr gerecht
iūstus	iūstē	iūst**ius**	iūstissimē
miser	miserē	miser**ius**	miserrimē
pulcher	pulchrē	pulchr**ius**	pulcherrimē
brevis	brev**iter**	brev**ius**	brevissimē
celer	celer**iter**	celer**ius**	celerrimē
ācer	ācr**iter**	ācr**ius**	ācerrimē
prūdēns	prūdent**er**	prūdent**ius**	prūdentissimē
audāx	audacter	audāc**ius**	audācissimē

Besonderheiten sind: benĕ gut, malĕ schlecht, facile leicht, difficulter schwer, audacter kühn, aliter anders.

Abweichende Steigerungsformen haben:
diū lange, diūtius länger, diūtissimē am längsten
saepe oft, saepius öfter, saepissimē sehr oft
māgnopere sehr, magis mehr, māximē am meisten
multum viel, plūs mehr, plūrimum am meisten.

Die Pronomina

Die Pronomina stehen an Stelle eines Nomens.
Man unterscheidet:

Personalpronomina, Reflexivpronomina,
Possessivpronomina, Demonstrativpronomina,
Interrogativpronomina, Relativpronomina,
Indefinitpronomina, Korrelativpronomina,
Pronominaladjektive, Pronominaladverbien.

Die Personal- und Reflexivpronomina

	Singular					
	1. Person		2. Person		3. Person (reflexiv)	
Nom.	egŏ	ich	tū	du	–	
Gen.	meī	meiner	tuī	deiner	suī	seiner, ihrer
Dat.	mihĭ	mir	tibĭ	dir	sibĭ	sich
Akk.	me	mich	te	dich	sē	sich
Abl.	ā mē	von mir	ā tē	von dir	ā sē	von sich
	mēcum	mit mir	tēcum	mit dir	sēcum	mit sich
	Plural					
	1. Person		2. Person		3. Person (reflexiv)	
Nom.	nōs	wir	vōs	ihr	–	
Gen.	nostrī	unser	vestrī	euer	suī	ihrer
	nostrum	von (unter) uns	vestrum	von (unter) euch		
Dat.	nōbīs	uns	vōbīs	euch	sibĭ	sich
Akk.	nōs	uns	vōs	euch	sē	sich
Abl.	ā nōbīs	von uns	ā vōbīs	von euch	ā sē	von sich
	nōbīscum	mit uns	vōbīscum	mit euch	sēcum	mit sich

Während die Personalpronomina der ersten und zweiten Person sowohl nichtreflexiv als auch reflexiv gebraucht werden, ist das Personalpronomen der dritten Person nur reflexiv gebraucht, im nichtreflexiven Fall steht das Demonstrativpronomen is, ea, id.

laudat mē	er lobt mich
laudō mē	ich lobe mich
laudat sē	er lobt sich

Die Nominative der Personalpronomina werden nur bei besonderem Nachdruck, bei Gegenüberstellungen oder bei Hervorhebung der Person, verwendet: nōs labōrāmus, vōs ambulātis – wir arbeiten, ihr geht spazieren; egō quoque auch ich.

Die Genetive meī, tuī, suī, nostrī, vestrī stehen im Sinn eines objektiven Genetivs und müssen im Deutschen in Verbindung mit einer Präposition wiedergegeben werden: amor tuī die Liebe zu dir, aber: amor tuus deine Liebe; dēsīderium vestrī die Sehnsucht nach euch, aber: dēsīderium vestrum eure Sehnsucht. Stets heißt es: nēmō (multī) nostrum niemand (viele) von uns (Gen. partitivus). Die Präposition cum wird an das Pronomen angehängt: mēcum, tēcum, nōbīscum.

Die Possessivpronomina

	1. Person	2. Person	3. Person (reflexiv)
Sing.	meus, a, um mein	tuus, a, um dein	suus, a, um sein, ihr
Plur.	noster, nostra, nostrum unser	vester, vestra, vestrum euer	suus, a, um ihr

Die Possessivpronomina pflegen nach dem Substantiv, zu dem sie gehören, zu stehen: fīlius meus mein Sohn; nur bei Betonung stehen sie vor dem Substantiv: meīs oculīs mit meinen (eigenen) Augen.

Das Possessivpronomen der dritten Person wird nur reflexiv verwendet: amat fīlium suum er liebt seinen (eigenen) Sohn.

Zu merken ist der Vokativ mī fīlī! mein Sohn!

Die Demonstrativpronomina

a) hic, haec, hoc dieser, diese, dieses

	Singular			Plural		
	m.	f.	n.	m.	f.	n.
Nom.	hi-c	hae-c	ho-c	hī	hae	hae-c
Gen.		huius		hōrum	hārum	hōrum
Dat.		hui-c			hīs	
Akk.	hun-c	han-c	ho-c	hōs	hās	hae-c
Abl.	hō-c	hā-c	hō-c		hīs	

hic, haec, hoc im Sinn von „der hier, der bei mir, dieser mein" deutet auf eine Person oder Sache, die sich im Bereich oder in der Gegenwart des Redenden befinden: hōc tempore in dieser (unserer) Zeit, hic diēs dieser (der heutige) Tag, haec dīxit er sagte folgendes.

b) ille, illa, illud jener, jene, jenes

	Singular			Plural		
	m.	f.	n.	m.	f.	n.
Nom.	ille	illa	illud	illī	illae	illa
Gen.		illīus		illōrum	illārum	illōrum
Dat.		illī			illīs	
Akk.	illum	illam	illud	illōs	illās	illa
Abl.	illō	illā	illō		illīs	

ille, illa, illud steht zu hic im Gegensatz. Es deutet im Sinn von „der dort" als Pronomen der dritten Person auf etwas räumlich oder zeitlich entfernter Liegendes.

Es kann auch die Bedeutung „berühmt, bekannt" erhalten: ille Sōcratēs jener berühmte Sokrates.

Der Nom. u. Akk. Sing. n. haben bei ille wie bei den meisten anderen Pronomina die Endung **-d**, nicht -m.

c) is, ea, id der (betont), derjenige, dieser; er, sie, es

	Singular			Plural		
	m.	f.	n.	m.	f.	n.
Nom.	is	ea	id	eī (iī)	eae	ea
Gen.		eius		eōrum	eārum	eōrum
Dat.		eī			eīs (iīs)	
Akk.	eum	eam	id	eōs	eās	ea
Abl.	eō	eā	eō		eīs (iīs)	

1. **is, ea, id** ist das schwächste unter den Demonstrativpronomina; es steht zwischen Personal- und Demonstrativpronomen: videō eum ich sehe ihn.

2. es wird oft im Hauptsatz verwendet, wenn ein Relativsatz folgt: eum librum, quem postulāveras, tibī apportāvī das(jenige) Buch, das du gefordert hattest, habe ich dir gebracht; ea, quae dīcit, vēra nōn sunt das, was er sagt, ist nicht wahr.

3. in der Form des Genetivs wird es als nichtreflexives Possessivpronomen verwendet: amō līberōs eius ich liebe seine (des Freundes) bzw. ihre (der Freundin) Kinder; amō līberōs eōrum (eārum) ich liebe ihre (der Freunde, Freundinnen) Kinder.

d) īdem, eadem, idem (eben)derselbe, der nämliche

Es wird wie is, ea, id dekliniert mit Ausnahme des Akk. Sing. m.f.: eundem, eandem und des Gen. Plur.: eōrundem, eārundem, eōrundem.

e) iste, ista, istud dieser, diese, dieses (da)

Die Deklination von iste, ista, istud ist wie die von ille, illa, illud. Es wird im Sinn von „der da (bei dir), dieser dein" verwendet. Bisweilen hat es sogar verächtlichen Sinn: ista īra tua dieser dein (verwerflicher) Zorn.

f) ipse, ipsa, ipsum selbst

Die Deklination von ipse, ipsa, ipsum ist wie die von ille, illa, illud außer im Nom. u. Akk. Sing. n., wo ipse ipsum hat.

Die Interrogativpronomina

Es gibt substantivisch und adjektivisch verwendete Interrogativpronomina.

a) substantivisch: quis? quid? wer? was?

Nom.	quis?		quid?
Gen.		cuius?	
Dat.		cuī?	
Akk.	quem?		quid?
Abl.	ā quō? quōcum?		

Quis haec dīcit? Wer sagt dieses? Quid dīcit? Was sagt er?

b) adjektivisch: quī? quae? quod? welcher? welche? welches?

	Singular			Plural		
	m.	f.	n.	m.	f.	n.
Nom.	quī?	quae?	quod?	quī?	quae?	quae?
Gen.		cuius?		quōrum?	quārum?	quōrum?
Dat.		cuī?			quibus?	
Akk.	quem?	quam?	quod?	quōs?	quās?	quae?
Abl.	quō?	quā?	quō?		quibus?	

Quī vir haec dīcit? Welcher Mann sagt das?
Quod dōnum tibī placet? Welches Geschenk gefällt dir?

Die Relativpronomina

quī, quae, quod welcher, welche, welches; der, die, das

Die Relativpronomina werden wie die adjektivischen Interrogativpronomina dekliniert.

is, quī derjenige, welcher; id, quod od. ea, quae das, was.

Die Relativpronomina werden verallgemeinert durch angehängtes -cumque: quīcumque, quaecumque, quodcumque wer auch immer, was auch immer, jeder, der (adjektivisch oder substantivisch verwendet) oder auch, doch nur substantivisch, durch Verdoppelung: quisquis, quidquid wer auch immer, was auch immer. Gewöhnlich sind nur die beiden Formen quisquis und quidquid üblich außer quōquō modō auf welche Weise auch immer.

Die Indefinitpronomina

Indefinitpronomina sind unbestimmte Fürwörter. Dazu gehören folgende Pronomina:

substantivisch		**adjektivisch**	
aliquis, aliquid	jemand, irgendeiner, etwas	aliquī, aliqua (aliquae), aliquod	irgendein

quisquam, quidquam (quicquam)	jemand, irgendeiner, etwas	ūllus, ūlla, ūllum	irgendein
quīdam, quaedam, quiddam	ein gewisser	quīdam, quaedam, quoddam	ein gewisser (Plur.: manche)
quisque, quaeque, quidque	jeder	quisque, quaeque, quodque	jeder
quīvīs, quaevīs, quidvīs	jeder beliebige	quīvīs, quaevīs, quodvīs	jeder beliebige
quīlibet, quaelibet, quidlibet	jeder beliebige	quīlibet, quaelibet quodlibet.	jeder beliebige

Statt aliquis, aliquid und aliquī, aliqua(ae), aliquod stehen nach sī, nisi, nē, num, quō, quantō nur quis, quid und quī, qua(ae), quod: sī quis dīcit wenn einer sagt.

quisquam, quicquam stehen nur in negierten Sätzen: neque quisquam dīcat und niemand könnte sagen, vix quisquam kaum einer, ebenso ūllus, a, um.

quīdam bildet den Akk. Sing. m.f. quendam, quandam, den Gen. Plur. m.f.n. quōrundam, quārundam, quōrundam.

quisque steht nach Pronomina, Superlativen od. Ordnungszahlen: suae quisque fortūnae faber est ein jeder ist seines Glückes Schmied, optimus quisque gerade der (die) Beste(n), quartō quōque annō in jedem vierten Jahr.

Bei den zusammengesetzten Indefinitpronomina wird nur der pronominale Bestandteil dekliniert: alicuius, cuiusdam, cuiuslibet.

Den Indefinitpronomina stehen nahe nēmō niemand, nihil nichts sowie das Pronominaladjektiv nūllus, a, um kein.

	substantivisch		adjektivisch		
Nom.	nēmō niemand	nihil nichts	nūllus	nūlla	nūllum
Gen.	nūllīus	nūllīus reī		nūllīus	
Dat.	nēminī	nūllī reī		nūllī	
Akk.	nēminem	nihil	nūllum	nūllam	nūllum
Abl.	ā nūllō	nūllā rē	nūllō	nūllā	nūllō

Die Korrelativpronomina

Die Korrelativpronomina sind Fürwörter der Wechselbeziehung.

tantus, a, um	so groß	quantus, a, um	wie (groß)
tantum	so viel	quantum	wie (viel)
tālis, e	so beschaffen	quālis, e	wie (beschaffen)
tot (indekl.)	so viele	quot (indekl.)	wie (viele).

Die Pronominaladjektive

Die Pronominaladjektive ūnus, a, um ein, sōlus, a, um allein, tōtus, a, um ganz, ūllus, a, um irgendein, uter, utra, utrum wer (von zweien), alter, altera, alterum der eine (von beiden), neuter, tra, trum keiner (von beiden), nūllus, a, um kein stehen ihrer Bedeutung nach den Pronomina nahe und bilden wie diese den Gen. Sing. auf -īus, den Dat. Sing. auf -ī. In den übrigen Kasus flektieren sie wie die Adjektive der a- und o-Deklination. Alius, alia, aliud hat für den fehlenden Gen. Sing. den von alter übernommen: alterīus. Der Dat. Sing. heißt normal aliī. Alter – alter der eine – der andere; aliī-aliī die einen – die anderen. Das wiederholte alter kann ein reziprokes (wechselbezügliches) Verhältnis ausdrücken: alter alterī auxiliō fuit der eine half dem anderen, die beiden halfen einander (von zweien gesagt); alius aliud dīcit der eine sagt dieses, der andere jenes (von mehreren gesagt). Uterque, utraque, utrumque jeder von beiden, beide; uterque cōnsul cecidit beide Konsuln sind gefallen.

Die Pronominaladverbien

	Demonstrativa	Relativa	Interrogativa	Indefinita
des Ortes: wo?	hīc hier ibī da, dort illīc dort ibīdem ebendort	ubī wo	ubī? wo?	alicubī irgendwo ūsquam irgendwo nūsquam nirgends ubīque überall
woher?	hinc von hier inde von da illinc von dort	unde (von) wo, woher undecumque woher auch immer	unde? von wo? woher?	alicunde irgendwoher undique von allen Seiten
wohin?	hūc hierher eō dahin illūc dorthin eōdem ebendahin	quō wohin quōcumque wohin auch immer	quō? wohin?	aliquō irgendwohin
der Zeit: wann?	tum damals	cum als, wenn	quandō? wann?	quondam einstmals umquam jemals numquam niemals aliquandō einstmals

Die Numeralia

Die Numeralia zerfallen in 1. adjektivische Zahlwörter: Cardinalia (wie viele?), Ordinalia (der wievielte?), Distributiva (wie viele jedesmal?), Multiplicativa (wievielfach?) 2. Adverbia numeralia (wie oft? zum wievielten Male?).

Die Cardinalia und Ordinalia

Zahlzeichen	Cardinalia	Ordinalia
1 I	ūnus, a, um ein	prīmus, a, um der erste
2 II	duo, ae, o zwei	secundus, a, um (alter, era, erum) der zweite
3 III	trēs, tria drei	tertius, a, um der dritte
4 IV (IIII)	quattuor	quārtus
5 V	quīnque	quīntus
6 VI	sex	sextus
7 VII	septem	septimus
8 VIII	octō	octāvus
9 IX	novem	nōnus
10 X	decem	decimus
11 XI	ūndecim	ūndecimus
12 XII	duodecim	duodecimus
13 XIII	trēdecim	tertius decimus
14 XIV	quattuordecim	quārtus decimus
15 XV	quīndecim	quīntus decimus
16 XVI	sēdecim	sextus decimus
17 XVII	septendecim	septimus decimus
18 XVIII	duodēvīgintī	duodēvīcēsimus
19 XIX	ūndēvīgintī	ūndēvīcēsimus
20 XX	vīgintī	vīcēsimus
21 XXI	vīgintī ūnus oder ūnus et vīgintī	vīcēsimus prīmus oder ūnus et vīcēsimus
28 XXVIII	duodētrīgintā	duodētrīcēsimus
30 XXX	trīgintā	trīcēsimus
40 XL	quadrāgintā	quadrāgēsimus
50 L	quīnquāgintā	quīnquāgēsimus
60 LX	sexāgintā	sexāgēsimus
70 LXX	septuāgintā	septuāgēsimus
80 LXXX	octōgintā	octōgēsimus
90 XC	nōnāgintā	nōnāgēsimus
98 IIC	duodēcentum (nōnāgintā octō)	duodēcentēsimus (nōnāgēsimus octāvus)
99 IC	ūndēcentum (nōnāgintā novem)	ūndēcentēsimus (nōnāgēsimus nōnus)
100 C	centum	centēsimus
101 CI	centum ūnus	centēsimus prīmus
200 CC	ducentī, ae, a	ducentēsimus
300 CCC	trecentī, ae, a	trecentēsimus
400 CCCC (CD)	quadringentī, ae, a	quadringentēsimus
500 D	quīngentī, ae, a	quīngentēsimus
600 DC	sescentī, ae, a	sescentēsimus
700 DCC	septingentī, ae, a	septingentēsimus
800 DCCC	octingentī, ae, a	octingentēsimus
900 DCCCC (CM)	nōngentī, ae, a	nōngentēsimus
1000 M	mīlle	mīllēsimus
2000 MM	duo mīlia	bis mīllēsimus

Bemerkungen: Die Verbindungen von 8 und 9 mit einem Zehner werden gewöhnlich durch Subtraktion vom nächsten Zehner gebildet: duodēvīgintī 18, ūndēvīgintī 19, duodētrīgintā 28, ūndētrīgintā 29.

Bei zusammengesetzten Zahlen steht, gewöhnlich ohne et, die größere vor der kleineren: tria mīlia trecentī trīgintā quīnque 3335. Bei Zahlen unter 100 kann auch die kleinere Zahl, dann durch et verbunden, voranstehen: quīnquāgintā sex oder sex et quīnquāginta 56.

Von den **Cardinalia** werden dekliniert: die Zahlen 1–3, die Hunderte ab 200 (nach der a- und o-Deklination) sowie mīlia, der Plural von mīlle, wie tria nach dem Plural der i-Deklination.

Deklination von ūnus, duo, trēs

	m.	f.	n.	m.	f.	n.	m.	f.	n.
Nom.	ūnus	ūna	ūnum	duo	duae	duo	trēs	trēs	tria
Gen.		ūnīus		duōrum	duārum	duōrum		trium	
Dat.		ūnī		duōbus	duābus	duōbus		tribus	
Akk.	ūnum	ūnam	ūnum	duōs	duās	duo	trēs	trēs	tria
Abl.	ūnō	ūnā	ūnō	duōbus	duābus	duōbus		tribus	

M ī l i a wird als Substantiv („Tausende") verwendet, das darauffolgende Wort steht folglich im Genetiv: cum tribus mīlibus mīlitum mit 3000 Soldaten; dagegen heißt es, wenn nach mīlia noch eine Zahl folgt: cum tribus mīlibus quīngentīs mīlitibus mit 3500 Soldaten.

Die **Ordinalia** werden nach der a- und o-Deklination dekliniert. Neben secundus wird auch alter verwendet: alter egō mein zweites (anderes) Ich.

Bei Z e i t b e s t i m m u n g e n werden abweichend vom Deutschen die Ordinalia verwendet: annō ducentēsimō quārtō a.u.c. (ab urbe conditā) im Jahre 204 nach der Gründung der Stadt (Rom); annō p. Chr. n. (post Christum nātum) mīllēsimō nōngentēsimō quīnquāgēsimō im Jahre 1950 n. Chr. G.; hōrā tertiā zur dritten Stunde (= 9^h, da bei den Römern der Tag von morgens 6^h gerechnet wurde).

Die Distributiva und Adverbia numeralia

Distributiva		Adverbia numeralia	Distributiva		Adverbia numeralia
1	singulī, ae, a je ein	semel einmal	20	vīcēnī	vīciēs
2	bīnī je zwei	bis zweimal	21	singulī et vīcēnī	semel et vīciēs
3	ternī (trīnī) je drei	ter dreimal	30	trīcēnī	trīciēs
4	quaternī	quater	40	quadrāgēnī	quadrāgiēs
5	quīnī	quīnquiēs	50	quīnquāgēnī	quīnquāgiēs
6	sēnī	sexiēs	60	sexāgēnī	sexāgiēs
7	septēnī	septiēs	70	septuāgēnī	septuāgiēs
8	octōnī	octiēs	80	octōgēnī	octōgiēs
9	novēnī	noviēs	90	nōnāgēnī	nōnāgiēs
10	dēnī	deciēs	100	centēnī	centiēs
11	ūndēnī	ūndeciēs	200	ducēnī	ducentiēs
12	duodēnī	duodeciēs	300	trecēnī	trecentiēs
13	ternī dēnī	ter deciēs	400	quadringēnī	quadringentiēs
14	quaternī dēnī	quater deciēs	500	quīngēnī	quīngentiēs
15	quīnī dēnī	quīnquiēs deciēs	600	sescēnī	sescentiēs
16	sēnī dēnī	sexiēs deciēs	700	septingēnī	septingentiēs
17	septēnī dēnī	septiēs deciēs	800	octingēnī	octingentiēs
18	duodēvīcēnī	duodēvīciēs	900	nōngēnī	nōngentiēs
19	ūndēvīcēnī	ūndēvīciēs	1000	singula mīlia	mīliēs
			2000	bīna mīlia	bis mīliēs

Die **Distributiva** bilden den Gen. Plur. auf -um: bīnī, ae, a: bīnum je zwei; ternī,ae,a: ternum je drei; quaternī, ae, a: quaternum je vier. Dagegen hat singulī den Gen. singulōrum.

Die **Multiplicativa** drücken das Wievielfache aus. Sie sind mit -plex, plicis zusammengesetzt: simplex einfach, duplex zweifach, doppelt, decemplex zehnfach.

Die **Adverbia numeralia** antworten auf die Frage wie oft?: semel einmal, bis zweimal, ter dreimal, quater viermal. Ab fünfmal werden die Zahladverbien mit -iēs gebildet: quīnquiēs fünfmal, sexiēs sechsmal.

Auf die Frage zum wievielten Male? wird das Neutrum Sing. der Ordinalia verwendet: prīmum zum ersten Mal, iterum zum zweiten Mal, tertium zum dritten Mal, postrēmum zum letzten Mal. Bei Aufzählungen stehen prīmum, deinde, tum, postrēmō erstens, zweitens (dann), drittens (ferner), zuletzt (schließlich).

Die Verben

Vorbemerkungen: Die Verben werden konjugiert.

In der lateinischen Sprache unterscheidet man die vollbestimmte Verbalform, das Verbum finitum, und die Nominalform, das Verbum infinitum.

Beim **Verbum finitum** unterscheidet man:

a) drei Personen: 1., 2., 3. Person des Singulars und des Plurals
b) zwei Numeri: Singular und Plural
c) drei Modi: Indikativ, Konjunktiv, Imperativ
d) sechs Tempora: Präsens, Imperfekt, Futur I, Perfekt, Plusquamperfekt, Futur II
e) zwei Genera: Aktiv und Passiv

Beim **Verbum infinitum** gibt es zwei Gruppen:

a) die substantivische Gruppe: Infinitive, Gerundium, Supinum
b) die adjektivische Gruppe: Partizipien, Gerundivum.

Die Formenbildung der Konjugationen

Die Verbalformen bestehen aus Stamm, Tempus- und Moduszeichen sowie Personalendungen.

Die Stammbildung

Es gibt drei Stämme: den Präsensstamm, den Perfektstamm, den Supinstamm.

Der Präsensstamm:

Mit dem Präsensstamm werden gebildet die aktiven und passiven Formen des Präsens, Imperfekts und Futurs I, die des aktiven und passiven Präsensinfinitivs sowie die Formen der Imperative, des Partizipium Präsens, des Gerundiums und des Gerundivums.

Nach dem Auslaut vor der Infinitivendung -re unterscheidet man drei langvokalische Konjugationen und eine konsonantische:
die a-Konjugation (1. Konjug.): sānāre (heilen): Stamm sānā-
die e-Konjugation (2. Konjug.): monēre (ermahnen): Stamm monē-
die i-Konjugation (4. Konjug.): audīre (hören): Stamm audī-
die konsonantische Konjugation (3. Konjug.), bei der zwischen Stamm und Infinitivendung -re ein -e- eingeschoben ist: reg-e-re: Stamm reg-
und die zu dieser Konjugation gehörende konsonantische Konjugation mit kurzvokalischem i: cap-e-re (nehmen): Stämme cap-, capi-.

Der Perfektstamm:

Mit dem Perfektstamm, der mit -v- (sānāre sānō sānāv-ī heilen), mit -u- (monēre moneō monu-ī ermahnen), mit -s- (regere regō rēx-ī leiten), durch Reduplikation (currere currō cu-curr-ī eilen), Ablaut (agere agō ēg-ī handeln) oder ohne Stammveränderung (dēfendere dēfendō dēfend-ī verteidigen) gebildet wird, erhält man die aktiven Formen des Perfekts, des Plusquamperfekts und des Futurs II sowie den Infinitiv des Perfekts.

Der Supinstamm:

Der Supinstamm wird gebildet durch Anhängen von -t- bzw. -s- an den Verbalstamm oder Wortstock: sānāre sānā-t-um, monēre moni-t-um, regere rēc-t-um, cēdere ces-s-um (bei Dentalstämmen wird bei vorausgehendem kurzen Vokal -d- assimiliert), lūdere lū-s-um (bei Dentalstämmen steht bei vorausgehendem langen Vokal nur -s-), currere cur-s-um (Analogiebildung). Mit dem Supinstamm werden gebildet: das passive Perfekt, Plusquamperfekt, Futur II, der passive Infinitiv und das Partizip des Perfekts, ferner der aktive Infinitiv und das Partizip des Futurs sowie das Supinum.

Da die Stämme der Verben verschieden sind, müssen bei jedem Verb die sogenannten Stammformen gelernt werden. (Die Stammformen der Verben sind in den Lectiones Latinae ab Lektion X aufgeführt).

Die Tempus- und Moduszeichen und Personalendungen

Die Tempora und Modi werden gebildet, indem an die Stämme oder zwischen die Stämme und die Personalendungen besondere Tempus- und Moduszeichen treten.

Die Tempus- und Moduszeichen

	Indikativ		Konjunktiv	
	a-, e- Konj.	kons. u. i- Konj.	a-Konj.	e-, i-, konson. Konj.
Präs. Akt. u. Pass.			-e-	-a-
Imperf. Akt. u. Pass.	-ba-	-e-ba-	-re-	
Fut. I Akt. u. Pass.	-b-	-e- (1. Sing. -a-)		
Perf. Akt.	-i- (-s-) (3. Plur. -er-)		-er-i-	
Plusquamperf. Akt.	-er-a-		-is-se-	
Fut. II Akt.	-er-			

Die Personalendungen

	Ind. u. Konj.		Imperativ			Indikativ Perf. Akt.
	Aktiv	Passiv	I	II	Depon.	
1. Pers. Sing.	-ō, -m	-or, -r				-ī
2. Pers. Sing.	-s	-ris, -re	-, -e	-tō	-re	-istī
3. Pers. Sing.	-t	-tur	–	-tō		-it
1. Pers. Plur.	-mus	-mur	–	–	-minī	-imus
2. Pers. Plur.	-tis	-minī	-te	-tōte		-istis
3. Pers. Plur.	-nt	-ntur	–	-ntō		-ērunt

Übersicht über die Bedeutung der Tempora und Modi

Beispiel: sānāre

sānāre sānō sānāvī sānātum heilen

Die Formen des Präsensstammes (Stamm: sānā-)		
Aktiv		
	1. Indikativ	2. Konjunktiv
Präsens	sān-**ō** ich heile sānā-**s** du heilst sāna-**t** er, sie, es heilt sānā-**mus** wir heilen sānā-**tis** ihr heilt sāna-**nt** sie heilen	sān-**e-m** ich möge, soll heilen sān-**ē-s** sān-**e-t** sān-**ē-mus** sān-**ē-tis** sān-**e-nt**
Imperfekt	sānā-**ba-m** ich heilte sānā-**bā-s** du heiltest sānā-**ba-t** er, sie, es heilte sānā-**bā-mus** wir heilten sānā-**bā-tis** ihr heiltet sānā-**ba-nt** sie heilten	sānā-**re-m** ich würde heilen sānā-**rē-s** sānā-**re-t** sān-ā-**rē-mus** sānā-**rē-tis** sānā-**re-nt**
Futur I	sānā-**b-ō** ich werde heilen sānā-**b-i-s** du wirst heilen sānā-**b-i-t** er, sie, es wird heilen sānā-**b-i-mus** wir werden heilen sānā-**b-i-tis** ihr werdet heilen sānā-**b-u-nt** sie werden heilen	
Imperativ I	Imperativ II	Gerundium
sānā heile! sānā-**te** heilt!	sānā-**tō** du sollst heilen sānā-**tō** er soll heilen sānā-**tō-te** ihr sollt heilen sāna-**ntō** sie sollen heilen	(Nom. sānāre das Heilen) Gen. sāna-**ndī** des Heilens Dat. sāna-**ndō** dem Heilen Akk. ad sāna-**ndum** zum Heilen Abl. sāna-**ndō** durch das H.
	Infinitiv	Partizip
Präsens Futur	sānā-**re** heilen sānāt-**ūrum** heilen **am, um** esse (zu) werden	sānā-**ns,** ntis heilend sānāt-**ūrus** einer, der **a, um** heilen wird

Aus Gründen der Übersichtlichkeit sind in den Tabellen auf den Seiten 210 und 216 die Formen des Inf. und Part. Fut. Akt. unter den Präsens- bzw. Perfektstämmen angeführt.

Passiv				
	1. Indikativ		2. Konjunktiv	
Präsens	sān-**or** sānā-**ris** sānā-**tur** sānā-**mur** sānā-**minī** sāna-**ntur**	ich werde geheilt du wirst geheilt er, sie, es wird geh. wir werden geheilt ihr werdet geheilt sie werden geheilt	sān-**e-r** sān-**ē-ris** sān-**ē-tur** sān-**ē-mur** sān-**ē-minī** sān-**e-ntur**	ich möge, soll geheilt werden
Imperfekt	sānā-**ba-r** sānā-**bā-ris** sānā-**bā-tur** sānā-**bā-mur** sānā-**bā-minī** sānā-**ba-ntur**	ich wurde du wurdest er, sie, es wurde wir wurden ihr wurdet sie wurden (geheilt)	sānā-**re-r** sānā-**rē-ris** sānā-**rē-tur** sānā-**rē-mur** sānā-**rē-minī** sānā-**re-ntur**	ich würde geheilt werden
Futur I	sānā-**b-or** sānā-**b-e-ris** sānā-**b-i-tur** sānā-**b-i-mur** sānā-**b-i-minī** sānā-**b-u-ntur**	ich werde du wirst er, sie, es wird wir werden ihr werdet sie werden (geheilt werden)		
	Infinitiv		Gerundivum	
Präsens	sānā-**rī**	geheilt (zu) werden	sāna-**ndus, a, um**	ein zu Heilender; einer, der geheilt werden muß

Die Formen des Perfektstammes (Stamm: sānāv-)		
Aktiv		
	1. Indikativ	2. Konjunktiv
Perfekt	**sānāv-i** ich habe geheilt, heilte **sānāv-is-tī** **sānāv-i-t** **sānāv-i-mus** **sānāv-is-tis** **sānāv-ēr-u-nt**	**sānāv-er-i-m** ich möge geheilt haben **sānāv-er-i-s** **sānāv-er-i-t** **sānāv-er-i-mus** **sānāv-er-i-tis** **sānāv-er-i-nt**
Plusquamperfekt	**sānāv-er-a-m** ich hatte geheilt **sānāv-er-ā-s** **sānāv-er-a-t** **sānāv-er-ā-mus** **sānāv-er-ā-tis** **sānāv-er-a-nt**	**sānāv-is-se-m** ich hätte geheilt, würde geheilt haben **sānāv-is-sē-s** **sānāv-is-se-t** **sānāv-is-sē-mus** **sānāv-is-sē-tis** **sānāv-is-se-nt**
Futur II	**sānāv-er-ō** ich werde geheilt haben **sānāv-er-i-s** **sānāv-er-i-t** **sānāv-er-i-mus** **sānāv-er-i-tis** **sānāv-er-i-nt**	
Infinitiv	**sānāv-is-se** geheilt (zu) haben	

Die Formen des Supinstammes (Stamm: sānāt-)		
Passiv		
	1. Indikativ	2. Konjunktiv
Perfekt	sānāt-us sum ich bin geheilt a, um es worden, ich est wurde geheilt sānāt-ī sumus ae, a estis sunt	sānāt-us sim ich sei geheilt a, um sīs worden, möge ge- sit heilt worden sein sānāt-ī sīmus ae, a sītis sint
Plusquam-perfekt	sānāt-us eram ich war geheilt a, um erās worden erat sānāt-ī erāmus ae, a erātis erant	sānāt-us essem ich wäre geheilt a, um essēs worden, würde ge- esset heilt worden sein sānāt-ī essēmus ae, a essētis essent
Futur II	sānāt-us erō ich werde geheilt a, um eris worden sein erit sānāt-ī erimus ae, a eritis erunt	
	Infinitiv	Partizip
Perfekt	sānāt-um geheilt worden am, um esse (zu) sein	sānāt-us, a, um geheilt
		Supinum
Futur	sānāt-um geheilt werden īrī (zu) werden	I sānāt-um um zu heilen II sānāt-ū zu heilen

	sānāre heilen	monēre ermahnen	regere leiten	capere nehmen	audīre hören
Die Aktivformen des Präsensstammes					
Stamm	sānā-	monē-	reg-	cap(ī)-	audī-
Ind. Präs.	sān **ō** sānā **s** sāna **t** sānā **mus** sānā **tis** sāna **nt**	mone ō monē s mone t monē mus monē tis mone nt	reg ō reg **i** s reg **i** t reg **i** mus reg **i** tis reg **u** nt	capi ō capi s capi t capi mus capi tis capi **u** nt	audi ō audī s audi t audī mus audī tis audi **u** nt
Ind. Imperf.	sānā **ba** m sānā **bā** s sānā **ba** t sānā **bā** mus sānā **bā** tis sānā **ba** nt	monē **ba** m monē **bā** s monē **ba** t monē **bā** mus monē **bā** tis monē **ba** nt	reg **ēba** m reg **ēbā** s reg **ēba** t reg **ēbā** mus reg **ēbā** tis reg **ēba** nt	capi **ēba** m capi **ēbā** s capi **ēba** t capi **ēbā** mus capi **ēbā** tis capi **ēba** nt	audi **ēba** m audi **ēbā** s audi **ēba** t audi **ēbā** mus audi **ēbā** tis audi **ēba** nt
Futur I	sānā **b** ō sānā **bi** s sānā **bi** t sānā **bi** mus sānā **bi** tis sānā **bu** nt	monē **b** ō monē **bi** s monē **bi** t monē **bi** mus monē **bi** tis monē **bu** nt	reg **a** m reg **ē** s reg **e** t reg **ē** mus reg **ē** tis reg **e** nt	capi **a** m capi **ē** s capi **e** t capi **ē** mus capi **ē** tis capi **e** nt	audi **a** m audi **ē** s audi **e** t audi **ē** mus audi **ē** tis audi **e** nt
Konj. Präs.	sān **e** m sān **ē** s sān **e** t sān **ē** mus sān **ē** tis sān **e** nt	mone **a** m mone **ā** s mone **a** t mone **ā** mus mone **ā** tis mone **a** nt	reg **a** m reg **ā** s reg **a** t reg **ā** mus reg **ā** tis reg **a** nt	capi **a** m capi **ā** s capi **a** t capi **ā** mus capi **ā** tis capi **a** nt	audi **a** m audi **ā** s audī **a** t audī **ā** mus audī **ā** tis audī **a** nt
Konj. Imperf.	sānā **re** m sānā **rē** s sānā **re** t sānā **rē** mus sānā **rē** tis sānā **re** nt	monē **re** m monē **rē** s monē **re** t monē **rē** mus monē **rē** tis monē **re** nt	reg **ere** m reg **erē** s reg **ere** t reg **erē** mus reg **erē** tis reg **ere** nt	cap **ere** m cap **erē** s cap **ere** t cap **erē** mus cap **erē** tis cap **ere** nt	audī **re** m audī **rē** s audī **re** t audī **rē** mus audī **rē** tis audī **re** nt
Imp. I	sānā sānā te	monē monē te	reg e reg **i** te	cap e capi te	audī audī te
Imp. II	sānātō, sānātō, sānātōte, sānantō; entsprechend: monētō, regitō, capitō, audītō				
Inf. Präs.	sānā re	monē re	reg e re	cap e re	audī re
Part. Präs.	sānā ns, ntis	monē ns, ntis	reg ēns, entis	capi ēns, entis	audi ēns, entis
Gerundium	sāna ndī, ō, um, ō	mone ndī, ō, um, ō	reg endī, ō, um, ō	capi endī, ō, um, ō	audi endī, ō, um, ō

Formen aller Konjugationen

Die Passivformen des Präsensstammes					
Stamm	sanā-	monē-	reg-	cap(i)-	audī-
Ind. Präs.	sān **or** sānā ris sānā tur sānā mur sānā minī sāna ntur	mone **or** monē ris monē tur monē mur monē minī mone ntur	reg **or** reg **e** ris reg **i** tur reg **i** mur reg **i** minī reg **u** ntur	capi **or** cap **e** ris capi tur capi mur capi minī capi **u** ntur	audi **or** audī ris audī tur audī mur audī minī audi **u** ntur
Ind. Imperf.	sānā **ba** r sānā **bā** ris sānā **bā** tur sānā **bā** mur sānā **bā** minī sānā **ba** ntur	monē **ba** r monē **bā** ris monē **bā** tur monē **bā** mur monē **bā** minī monē **ba** ntur	reg **ēba** r reg **ēbā** ris reg **ēbā** tur reg **ēbā** mur reg **ēbā** minī reg **ēba** ntur	capi **ēba** r capi **ēbā** ris capi **ēbā** tur capi **ēbā** mur capi **ēbā** minī capi **ēba** ntur	audi **ēba** r audi **ēbā** ris audi **ēbā** tur audi **ēbā** mur audi **ēbā** minī audi **ēba** ntur
Futur I	sānā **b** or sānā **b** e ris sānā **b** i tur sānā **b** i mur sānā **b** i minī sānā **b** u ntur	monē **b** or monē **b** e ris monē **b** i tur monē **b** i mur monē **b** i minī monē **b** u ntur	reg **a** r reg ē ris reg ē tur reg ē mur reg ē minī reg e ntur	capi **a** r capi ē ris capi ē tur capi ē mur capi ē minī capi e ntur	audi **a** r audi ē ris audi ē tur audi ē mur audi ē minī audi e ntur
Konj. Präs.	sān **e** r sān **ē** ris sān **ē** tur sān **ē** mur sān **ē** minī sān **e** ntur	mone **a** r mone **ā** ris mone **ā** tur mone **ā** mur mone **ā** minī mone **a** ntur	reg **a** r reg **ā** ris reg **ā** tur reg **ā** mur reg **ā** minī reg **a** ntur	capi **a** r capi **ā** ris capi **ā** tur capi **ā** mur capi **ā** minī capi **a** ntur	audi **a** r audi **ā** ris audi **ā** tur audi **ā** mur audi **ā** minī audi **a** ntur
Konj. Imperf.	sānā **re** r sānā **rē** ris sānā **rē** tur sānā **rē** mur sānā **rē** minī sānā **re** ntur	monē **re** r monē **rē** ris monē **rē** tur monē **rē** mur monē **rē** minī monē **re** ntur	reg **ere** r reg **erē** ris reg **erē** tur reg **erē** mur reg **erē** minī reg **ere** ntur	cap **ere** r cap **erē** ris cap **erē** tur cap **erē** mur cap **erē** minī cap **ere** ntur	audī **re** r audī **rē** ris audī **rē** tur audī **rē** mur audī **rē** minī audī **re** ntur
Inf. Präs.	sānā rī	monē rī	reg ī	cap ī	audī rī
Gerundivum	sāna ndus, a, um	mone ndus, a, um	reg endus, a, um	capi endus, a, um	audi endus, a, um

Die Formen des Perfektstammes

Stamm	sānāv-	monu-	rēx-	cēp-	audīv-
			Indikativ		
Perf.	sānāvī sānāvistī sānāvit sānāvimus sānāvistis sānāvērunt	monuī monuistī monuit monuimus monuistis monuērunt	rēxī rēxistī rēxit rēximus rēxistis rēxērunt	cēpī cēpistī cēpit cēpimus cēpistis cēpērunt	audīvī audīvistī audīvit audīvimus audīvistis audīvērunt
Plusquam- perf.	sānāveram sānāverās sānāverat sānāverāmus sānāverātis sānāverant	monueram monuerās monuerat monuerāmus monuerātis monuerant	rēxeram rēxerās rēxerat rēxerāmus rēxerātis rēxerant	cēperam cēperās cēperat cēperāmus cēperātis cēperant	audīveram audīverās audīverat audīverāmus audīverātis audīverant
Fut. II	sānāverō sānāveris sānāverit sānāverimus sānāveritis sānāverint	monuerō monueris monuerit monuerimus monueritis monuerint	rēxerō rēxeris rēxerit rēxerimus rēxeritis rēxerint	cēperō cēperis cēperit cēperimus cēperitis cēperint	audīverō audīveris audīverit audīverimus audīveritis audīverint
			Konjunktiv		
Perf.	sānāverim sānāveris sānāverit sānāverimus sānāveritis sānāverint	monuerim monueris monuerit monuerimus monueritis monuerint	rēxerim rēxeris rēxerit rēxerimus rēxeritis rēxerint	cēperim cēperis cēperit cēperimus cēperitis cēperint	audīverim audīveris audīverit audīverimus audīveritis audīverint
Plusquam- perf.	sānāvissem sānāvissēs sānāvisset sānāvissēmus sānāvissētis sānāvissent	monuissem monuissēs monuisset monuissēmus monuissētis monuissent	rēxissem rēxissēs rēxisset rēxissēmus rēxissētis rēxissent	cēpissem cēpissēs cēpisset cēpissēmus cēpissētis cēpissent	audīvissem audīvissēs audīvisset audīvissēmus audīvissētis audīvissent
			Infinitiv		
Perf.	sānāvisse	monuisse	rēxisse	cēpisse	audīvisse
Fut.	sānātūrum, am, um esse	monitūrum, am, um esse	rēctūrum, am, um esse	captūrum, am, um esse	audītūrum, am, um esse
			Partizip		
Fut.	sānātūrus, a, um	monitūrus, a, um	rēctūrus, a, um	captūrus, a, um	audītūrus, a, um

Die Formen des Supinstammes

Stamm	sānāt-	monit-	rēct-	capt-	audīt-
	1. Indikativ			2. Konjunktiv	
	Perf.	Plusquamperf.	Fut. II	Perf.	Plusquamperf.
sānātus, a,um sānātī, ae, a	sum es est sumus estis sunt	eram erās erat erāmus erātis erant	erō eris erit erimus eritis erunt	sim sīs sit sīmus sītis sint	essem essēs esset essēmus essētis essent
monitus, a, um monitī, ae, a	sum es est sumus estis sunt	eram erās erat erāmus erātis erant	erō eris erit erimus eritis erunt	sim sīs sit sīmus sītis sint	essem essēs esset essēmus essētis essent
rēctus, a, um rēctī, ae, a	sum es est sumus estis sunt	eram erās erat erāmus erātis erant	erō eris erit erimus eritis erunt	sim sīs sit sīmus sītis sint	essem essēs esset essēmus essētis essent
captus, a, um captī, ae, a	sum es est sumus estis sunt	eram erās erat erāmus erātis erant	erō eris erit erimus eritis erunt	sim sīs sit sīmus sītis sint	essem essēs esset essēmus essētis essent
audītus, a, um audītī, ae, a	sum es est sumus estis sunt	eram erās erat erāmus erātis erant	erō eris erit erimus eritis erunt	sim sīs sit sīmus sītis sint	essem essēs esset essēmus essētis essent
Inf. Perf.	sānātum, am, um esse	monitum, am, um esse	rēctum, am, um esse	captum, am, um esse	audītum, am, um esse
Inf. Fut.	sānātum īrī	monitum īrī	rēctum īrī	captum īrī	audītum īrī
Part. Perf.	sānātus, a, um	monitus, a, um	rēctus, a, um	captus, a, um	audītus, a, um
Sup. I Sup. II	sānātum sānātū	monitum monitū	rēctum rēctū	captum captū	audītum audītū

Die Deponentien

Vorbemerkungen: Im Lateinischen gibt es Verben, die passive Endungen, aber aktive Bedeutung haben. Diese Verba deponentia haben ihre aktiven Endungen weitgehend abgelegt.

Aktive Formen haben: das Part. Präs., das Part. Fut. und der Inf. Fut., das Gerundium und das Supinum.

Passive Bedeutung hat als einzige Form nur das Gerundivum.

Die Deponentien haben oft reflexive Bedeutung: laetārī sich freuen, oder es liegt ihnen eine reflexive Bedeutung zugrunde: proficīscī sich aufmachen, aufbrechen.

Die Deponentien sind in allen Konjugationen vertreten:

a-Konjugation: imitārī (Stamm: imitā-) nachahmen, imitor ich ahme nach, imitātus sum ich habe nachgeahmt, ich ahmte nach

e-Konjugation: fatērī (Stamm: fatē-) bekennen, fateor ich bekenne, fassus sum ich habe bekannt, ich bekannte

i-Konjugation: partīrī (Stamm: partī-) teilen, partior ich teile, partītus sum ich habe geteilt, ich teilte

konsonantische Konjugation: ūtī (Stamm: ūt-): benutzen, ūtor ich benutze, ūsus sum ich habe benutzt, ich benutzte

konsonantische Konjugation mit kurzvokalischem i: patī (Stamm: pat-, pati): leiden, patior ich leide, passus sum ich habe gelitten, ich litt.

Das fehlende Passiv ersetzen andere Verben, z. B. admonērī ermahnt werden für hortārī, dīvidī geteilt werden für partīrī u. a.

Die Semideponentien

Zur e- und konsonantischen Konjugation gehören einige Semideponentien, d. h. halbe Deponentien. Es sind Verben, die nur im Perfektstamm passive, im Präsensstamm dagegen aktive Endungen haben:

e-Konjugation:

audēre audeō ausus sum wagen
gaudēre gaudeō gavīsus sum sich freuen
solēre soleō solitus sum pflegen, gewohnt sein

konsonantische Konjugation:

fīdere fīdō fīsus sum vertrauen
cōnfīdere cōnfīdō cōnfīsus sum vertrauen
diffīdere diffīdō diffīsus sum mißtrauen.

Bei revertī hat der Präsensstamm passive, der Perfektstamm aktive Endungen: revertī revertor revertī zurückkehren.

Übersicht über die Bedeutung der Tempora und Modi der Deponentien

Beispiel: imitārī

imitārī imitor imitātus sum nachahmen

Die Formen des Präsensstammes (Stamm: imitā-)				
	1. Indikativ		2. Konjunktiv	
Präsens	imit-**or**	ich ahme nach	imit-**e-r**	ich möge, soll nachahmen
	imitā-**ris**	du ahmst nach	imit-**ē-ris**	
	imitā-**tur**	er, sie, es ahmt nach	imit-**ē-tur**	
	imitā-**mur**	wir ahmen nach	imit-**ē-mur**	
	imitā-**minī**	ihr ahmt nach	imit-**ē-mini**	
	imita-**ntur**	sie ahmen nach	imit-**e-ntur**	
Imperfekt	imitā-**ba-r**	ich ahmte nach	imitā-**re-r**	ich würde nachahmen
	imitā-**bā-ris**	du ahmtest nach	imitā-**rē-ris**	
	imitā-**bā-tur**	er, sie, es ahmte nach	imitā-**rē-tur**	
	imitā-**bā-mur**	wir ahmten nach	imitā-**rē-mur**	
	imitā-**bā-mini**	ihr ahmtet nach	imitā-**rē-minī**	
	imitā-**ba-ntur**	sie ahmten nach	imitā-**re-ntur**	
Futur I	imitā-**b-o-r**	ich werde (nachahmen)		
	imitā-**b-e-ris**	du wirst		
	imitā-**b-i-tur**	er, sie, es wird		
	imitā-**b-i-mur**	wir werden		
	imitā-**b-i-minī**	ihr werdet		
	imitā-**b-u-ntur**	sie werden		
	Infinitiv		Partizip	
Präsens	imitā-**rī**	nachahmen	imitā-**ns, ntis**	nachahmend
	Imperativ		Gerundium	
	imitā-**re**	ahme nach!	(Nom. imitā-**rī**	das N.)
	imitā-**minī**	ahmt nach!	Gen. imita-**ndī**	des N.
	Gerundivum		Dat. imita-**ndō**	dem N.
	imita-**ndus, a, um** ein Nachzuahmender; einer, der nachgeahmt werden muß		Akk. ad imita-**ndum**	zum N.
			Abl. imita-**ndō**	durch das Nachahmen

Die Formen des Supinstammes (Stamm: imitāt-)				
	1. Indikativ		2. Konjunktiv	
Perfekt	imitāt-us sum a, um es est imitāt-ī sumus ae, a estis sunt	ich habe nachgeahmt, ahmte nach	imitāt-us sim a, um sīs sit imitāt-ī sīmus ae, a sītis sint	ich möge nachgeahmt haben
Plusquamperfekt	imitāt-us eram a, um erās erat imitāt-ī erāmus ae, a erātis erant	ich hatte nachgeahmt	imitāt-us essem a, um essēs esset imitāt-ī essēmus ae, a essētis essent	ich hätte nachgeahmt, würde nachgeahmt haben
Futur II	imitāt-us erō a, um eris erit imitāt-ī erimus ae, a eritis erunt	ich werde nachgeahmt haben		
	Infinitiv		Partizipium	
Perfekt	imitāt-um am, um esse	nachgeahmt (zu) haben	imitāt-us, a, um	einer, der nachgeahmt hat
Futur	imitāt-ūrum am, um esse	nachahmen (zu) werden	imitāt-ūrus a, um	nachahmen werdend; einer, der nachahmen wird
	Supinum			
	I imitāt-um II imitāt-ū	um nachzuahmen nachzuahmen		

	imitārī nachahmen	fatērī bekennen	ūtī gebrauchen	patī leiden	partīrī teilen
Stämme	imitā- imitāt-	fatē- fass-	ūt- ūs-	pat(i)- pass-	partī- partīt-

Die Formen des Präsensstammes

Ind. Präs.	imitor imitāris imitātur imitāmur imitāminī imitantur	fateor fatēris fatētur fatēmur fatēminī fatentur	ūtor ūteris ūtitur ūtimur ūtiminī ūtuntur	patior pateris patitur patimur patiminī patiuntur	partior partīris partītur partīmur partīminī partiuntur
Ind. Imperf.	imitābar imitābāris imitābātur imitābāmur imitābāminī imitābantur	fatēbar fatēbāris fatēbātur fatēbāmur fatēbāminī fatēbantur	ūtēbar ūtēbāris ūtēbātur ūtēbāmur ūtēbāminī ūtēbantur	patiēbar patiēbāris patiēbātur patiēbāmur patiēbāminī patiēbantur	partiēbar partiēbāris partiēbātur partiēbāmur partiēbāminī partiēbantur
Futur I	imitābor imitāberis imitābitur imitābimur imitābiminī imitābuntur	fatēbor fatēberis fatēbitur fatēbimur fatēbiminī fatēbuntur	ūtar ūtēris ūtētur ūtēmur ūtēminī ūtentur	patiar patiēris patiētur patiēmur patiēminī patientur	partiar partiēris partiētur partiēmur partiēminī partientur
Konj. Präs.	imiter imitēris imitētur imitēmur imitēminī imitentur	fatear fateāris fateātur fateāmur fateāminī fateantur	ūtar ūtāris ūtātur ūtāmur ūtāminī ūtantur	patiar patiāris patiātur patiāmur patiāminī patiantur	partiar partiāris partiātur partiāmur partiāminī partiantur
Konj. Imperf.	imitārer imitārēris imitārētur imitārēmur imitārēminī imitārentur	fatērer fatērēris fatērētur fatērēmur fatērēminī fatērentur	ūterer ūterēris ūterētur ūterēmur ūterēminī ūterentur	paterer paterēris paterētur paterēmur paterēminī paterentur	partīrer partīrēris partīrētur partīrēmur partīrēminī partīrentur
Imperativ	imitāre imitāminī	fatēre fatēminī	ūtere ūtiminī	patere patiminī	partīre partīminī
Inf. Präs.	imitārī	fatērī	ūtī	patī	partīrī
Part. Präs.	imitāns, ntis	fatēns, ntis	ūtēns, ntis	patiēns, ntis	partiēns, ntis
Gerundivum	imitandus a, um	fatendus a, um	ūtendus a, um	patiendus a, um	partiendus a, um
Gerundium	imitandī ō, (ad) um, ō	fatendī ō, (ad) um, ō	ūtendī ō, (ad) um, ō	patiendī ō, (ad) um, ō	partiendī ō, (ad) um, ō

Deponentien aller Konjugationen

Die Formen des Supinstammes					
	1. Indikativ			2. Konjunktiv	
	Perf.	Plusquam-perf.	Fut. II	Perf.	Plusquam-perf.
imitātus, a, um	sum	eram	erō	sim	essem
	es	erās	eris	sīs	essēs
	est	erat	erit	sit	esset
imitātī, ae, a	sumus	erāmus	erimus	sīmus	essēmus
	estis	erātis	eritis	sītis	essētis
	sunt	erant	erunt	sint	essent
fassus, a, um	sum	eram	erō	sim	essem
	es	erās	eris	sīs	essēs
	est	erat	erit	sit	esset
fassī, ae, a	sumus	erāmus	erimus	sīmus	essēmus
	estis	erātis	eritis	sītis	essētis
	sunt	erant	erunt	sint	essent
ūsus, a, um	sum	eram	erō	sim	essem
	es	erās	eris	sīs	essēs
	est	erat	erit	sit	esset
ūsī, ae, a	sumus	erāmus	erimus	sīmus	essēmus
	estis	erātis	eritis	sītis	essētis
	sunt	erant	erunt	sint	essent
passus, a, um	sum	eram	erō	sim	essem
	es	erās	eris	sīs	essēs
	est	erat	erit	sit	esset
passī, ae, a	sumus	erāmus	erimus	sīmus	essēmus
	estis	erātis	eritis	sītis	essētis
	sunt	erant	erunt	sint	essent
partītus, a, um	sum	eram	erō	sim	essem
	es	erās	eris	sīs	essēs
	est	erat	erit	sit	esset
partītī, ae, a	sumus	erāmus	erimus	sīmus	essēmus
	estis	erātis	eritis	sītis	essētis
	sunt	erant	erunt	sint	essent
Inf. Perf.	imitātum, am, um esse	fassum, am, um esse	ūsum, am, um esse	passum, am, um esse	partītum, am, um esse
Inf. Fut.	imitātūrum, am, um esse	fassūrum, am, um esse	ūsūrum, am, um esse	passūrum, am, um esse	partītūrum, am, um esse
Part. Perf.	imitātus, a, um	fassus, a, um	ūsus, a, um	passus, a, um	partītus, a, um
Part. Fut.	imitātūrus, a, um	fassūrus, a, um	ūsūrus, a, um	passūrus, a, um	partītūrus, a, um
Supinum I Supinum II	imitātum imitātū	fassum fassū	ūsum ūsū	passum passū	partītum partītū

Verba anomala

Zur Gruppe der Verba anomala gehören Verben, deren Präsensformen ohne vermittelnden Vokal zwischen Wurzel und Endung gebildet sind und keinen vokalisch auslautenden Verbalstamm schaffen. Deshalb heißt diese Bildung athematisch.

1. esse sum fuī sein

Die Formen des Präsensstammes (Stamm: es- oder Schwundstufe s-)				
	1. Indikativ		2. Konjunktiv	
Präsens	**s-u-m**	ich bin	**s-i-m**	ich sei, soll, möge sein
	es	du bist	**s-i-s**	
	es-t	er, sie, es ist	**s-i-t**	
	s-u-mus	wir sind	**s-ī-mus**	
	es-tis	ihr seid	**s-ī-tis**	
	s-u-nt	sie sind	**s-i-nt**	
Imperfekt	**er-a-m**	ich war	**es-se-m**	ich wäre, würde sein
	er-ā-s	du warst	**es-sē-s**	
	er-a-t	er, sie, es war	**es-se-t**	
	er-ā-mus	wir waren	**es-sē-mus**	
	er-ā-tis	ihr wart	**es-sē-tis**	
	er-a-nt	sie waren	**es-se-nt**	
Futur I	**er-ō**	ich werde sein		
	er-i-s	du wirst sein		
	er-i-t	er, sie, es wird sein		
	er-i-mus	wir werden sein		
	er-i-tis	ihr werdet sein		
	er-u-nt	sie werden sein		
	Imperativ I		Imperativ II	
	es	sei!	**es-tō**	du sollst sein
			es-tō	er, sie, es soll sein
	es-te	seid!	**es-tō-te**	ihr sollt sein
			s-u-ntō	sie sollen sein
	Infinitiv		Partizip	
Präsens	**es-se**	sein	nur: **ab-s-ēns, entis**	abwesend
			prae-s-ēns, entis	anwesend
Futur	**fu-tūr-um, am, um esse**	sein (zu) werden	**fu-tūr-us, a, um**	einer, der sein wird

Die Formen des Perfektstammes (Stamm: fu-)				
	1. Indikativ		2. Konjunktiv	
Perfekt	**fu-ī** **fu-istī** **fu-it** **fu-imus** **fu-istis** **fu-ērunt**	ich bin gewesen, ich war	**fu-er-i-m** **fu-er-i-s** **fu-er-i-t** **fu-er-i-mus** **fu-er-i-tis** **fu-er-i-nt**	ich sei gewesen, möge, soll gewesen sein
Plusquam-perfekt	**fu-er-a-m** **fu-er-ā-s** **fu-er-a-t** **fu-er-ā-mus** **fu-er-ā-tis** **fu-er-a-nt**	ich war gewesen	**fu-is-se-m** **fu-is-sē-s** **fu-is-se-t** **fu-is-sē-mus** **fu-is-sē-tis** **fu-is-se-nt**	ich wäre gewesen, würde gewesen sein
Futur II	**fu-er-ō** **fu-er-i-s** **fu-er-i-t** **fu-er-i-mus** **fu-er-i-tis** **fu-er-i-nt**	ich werde gewesen sein		
Infinitiv	**fu-is-se**	gewesen (zu) sein		

Bei prōdesse prōsum prōfuī nützen bleibt prōd- nur vor dem Vokal e, vor Konsonant fällt d weg: prōsum – prōdes, prōsumus – prōdestis.

Bei posse (aus pot-se entstanden) possum potuī können wird t zu s vor folgendem -s assimiliert: possum – potes, possumus – potestis. (Weitere Komposita von esse s. Lectiones Latinae S. 82)

Das Part. Präs. bilden nur die Komposita abesse abwesend sein und praesse leiten: absēns, entis und praesēns, entis.

2. fierī

fierī fīō factus sum werden, gemacht werden, geschehen

Die Formen des Präsensstammes (Stamm: fī-)				
	1. Indikativ		2. Konjunktiv	
Präsens	fī-ō fī-s fi-t fī-mus fī-tis fī-unt	ich werde (gemacht) (es geschieht)	fī-a-m fī-ā-s fī-a-t fī-ā-mus fī-ā-tis fī-a-nt	ich möge, soll (gemacht) werden (es geschehe, soll, möge geschehen) (laßt uns werden)
Imperfekt	fī-ē-ba-m fī-ē-bā-s fī-ē-ba-t fī-ē-bā-mus fī-ē-bā-tis fī-ē-ba-nt	ich wurde (gemacht) (es geschah)	fi-e-re-m fi-e-rē-s fi-e-re-t fi-e-rē-mus fi-e-rē-tis fi-e-re-nt	ich würde (gemacht) werden (es würde geschehen)
Futur I	fī-a-m fī-ē-s fī-e-t fī-ē-mus fī-ē-tis fī-e-nt	ich werde (gemacht) werden (es wird geschehen)		
Infinitiv	fi-er-ī			

Die Perfektformen werden vom Supinstamm von facere gebildet. Neben der Grundbedeutung von fierī „werden, geschehen" wird es auch als Passiv zu facere verwendet, von den Komposita jedoch nur bei assuēfacere gewöhnen: assuēfierī, patefacere öffnen: patefierī und satisfacere Genugtuung leisten: satisfierī. Die anderen Komposita von facere bilden ein normales Passiv: reficere wiederherstellen: reficī (s. Lectiones Latinae S. 145/6)

Die Bedeutung „geschehen" hat fierī nur in der 3. Pers. Sing. u. Plur. n.

Zu merken sind folgende Wendungen:
saepe fit, ut oft kommt es vor, daß;
ita factum est, ut so kam es, daß;
fierī potest, ut es kann geschehen, daß;
certior fierī benachrichtigt werden.

Gegen die Regel Vocalis ante vocalem brevis est ist bei fierī vor Vokalen i lang außer vor -er: fīēbat, aber fieret.

3. ferre

ferre ferō tulī lātum tragen, ertragen, bringen

Die Formen des Präsensstammes (Stamm: fer-)				
	Aktiv		Passiv	
	1. Indikativ	2. Konjunktiv	1. Indikativ	2. Konjunktiv
Präsens	fer-ō **fer-s** **fer-t** fer-i-mus **fer-tis** fer-u-nt	fer-a-m fer-ā-s fer-a-t fer-ā-mus fer-ā-tis fer-a-nt	fer-or **fer-ris** **fer-tur** fer-i-mur fer-i-minī fer-u-ntur	fer-a-r fer-ā-ris fer-ā-tur fer-ā-mur fer-ā-minī fer-a-ntur
Imperfekt	fer-ē-ba-m fer-ē-bā-s fer-ē-ba-t fer-ē-bā-mus fer-ē-bā-tis fer-ē-ba-nt	**fer-re-m** **fer-rē-s** **fer-re-t** **fer-rē-mus** **fer-rē-tis** **fer-re-nt**	fer-ē-ba-r fer-ē-bā-ris fer-ē-bā-tur fer-ē-bā-mur fer-ē-bā-minī fer-ē-ba-ntur	**fer-re-r** **fer-rē-ris** **fer-rē-tur** **fer-rē-mur** **fer-rē-minī** **fer-re-ntur**
Futur I	fer-a-m fer-ē-s fer-e-t fer-ē-mus fer-ē-tis fer-ent		fer-a-r fer-ē-ris fer-ē-tur fer-ē-mur fer-ē-minī fer-e-ntur	
Imperativ	I	II		
	fer **fer-te**	**fer-tō** **fer-tō** **fer-tō-te** **fer-u-ntō**		
Infinitiv	**fer-re**		**fer-rī**	
Partizip	fer-ē-ns, entis			
Gerundium	fer-e-ndī, ndō, ndum, ndō			
Gerundivum			fer-e-ndus, a, um	

Der Präsensstamm wird nach der konsonantischen Konjugation gebildet. Vor r, s, t fällt der Bildevokal weg (Synkope): fers, fert, ferte, ferris.

Die Formen des Perfekt- und Supinstammes werden regelmäßig gebildet: tulī tulistī; lātus sum, lātus es.

(Komposita s. Lectiones Latinae S. 170/1).

4. īre

īre eō iī itum gehen

Die Formen des Präsensstammes (Stämme: e-, i-)			Die Formen des Perfektstammes (Stamm: i-)		
	1. Ind.	2. Konj.		1. Ind.	2. Konj.
Präsens	e-ō ī-s i-t ī-mus ī-tis e-u-nt	e-a-m e-ā-s e-a-t e-ā-mus e-ā-tis e-a-nt	Perfekt	i-ī **ī-stī** i-it i-imus **ī-stis** i-ērunt	i-er-i-m i-er-i-s i-er-i-t i-er-i-mus i-er-i-tis i-er-i-nt
Imperfekt	ī-ba-m ī-bā-s ī-ba-t ī-bā-mus ī-bā-tis ī-ba-nt	ī-re-m ī-rē-s ī-re-t ī-rē-mus ī-rē-tis ī-re-nt	Plusquamperfekt	i-era-m i-erā-s i-era-t i-erā-mus i-erā-tis i-era-nt	**ī-sse-m** **ī-ssē-s** **ī-sse-t** **ī-ssē-mus** **ī-ssē-tis** **ī-sse-nt**
Futur I	ī-**b**-ō ī-**b**-i-s ī-**b**-i-t ī-**b**-i-mus ī-**b**-i-tis ī-**b**-u-nt		Futur II	i-er-ō i-er-i-s i-er-i-t i-er-i-mus i-er-i-tis i-er-i-nt	
Imperativ	I		II		
	ī ī-te		ī-tō ī-tō ī-tō-te **e-u-ntō**		
	Präsens		Futur		Perfekt
Infinitiv	Akt. īre, Pass. īrī		i-tūr-um, am, um esse		**ī-sse**
Partizip	i-ē-ns, **e-u-ntis**		i-tūr-us, a, um		
Gerundium	**e-u-ndī, ndō, ndum, ndō**				
Gerundivum	**e-u-ndum**				

Mit īrī und dem Supinum der Verben wird der Inf. Fut. Pass. gebildet: sānātum īrī geheilt werden (zu) werden.

Im Perfektstamm wird iī vor s zu ī: īstī, īssem, īsse.

Īre bildet nur ein unpersönliches Passiv: ītur man geht, itum est man ist gegangen, eundum est man muß gehen. Ein persönliches Passiv bilden nur einige Komposita von īre wie circumīre umzingeln: circumītī sunt sie sind umzingelt worden; trānsīre überschreiten: Rhēnus trānsītur der Rhein wird überschritten.

5. velle, nōlle, mālle

velle volō voluī wollen
nōlle nōlō nōluī nicht wollen
mālle mālō māluī lieber wollen

Die Formen des Präsensstammes (Stämme: vel- (vol-, vul-) und vī)						
	1. Ind.	2. Konj.	1. Ind.	2. Konj.	1. Ind.	2. Konj.
Präsens	vol-ō **vī-s** **vul-t** vol-u-mus **vul-tis** vol-u-nt	**vel-i-m** **vel-ī-s** **vel-i-t** **vel-ī-mus** **vel-ī-tis** **vel-int**	nōl-ō **nōn vī-s** **nōn vul-t** nōl-u-mus **nōn vul-tis** nōl-u-nt	**nōl-i-m** **nōl-ī-s** **nōl-i-t** **nōl-ī-mus** **nōl-ī-tis** **nōl-i-nt**	māl-ō **mā-vī-s** **mā-vul-t** māl-u-mus **mā-vul-tis** māl-u-nt	**māl-i-m** **māl-ī-s** **māl-i-t** **māl-ī-mus** **māl-ī-tis** **māl-i-nt**
Imperfekt	vol-ē-ba-m vol-ē-bā-s vol-ē-ba-t vol-ē-bā-mus vol-ē-bā-tis vol-ē-ba-nt	**vel-le-m** **vel-lē-s** **vel-le-t** **vel-lē-mus** **vel-lē-tis** **vel-le-nt**	nōl-ē-ba-m nōl-ē-bā-s nōl-ē-ba-t nōl-ē-bā-mus nōl-ē-bā-tis nōl-ē-ba-nt	**nōl-le-m** **nōl-lē-s** **nōl-le-t** **nōl-lē-mus** **nōl-lē-tis** **nōl-le-nt**	māl-ē-ba-m māl-ē-bā-s māl-ē-ba-t māl-ē-bā-mus māl-ē-bā-tis māl-ē-ba-nt	**māl-le-m** **māl-lē-s** **māl-le-t** **māl-lē-mus** **māl-lē-tis** **māl-le-nt**
Futur I	vol-a-m vol-ē-s vol-e-t vol-ē-mus vol-ē-tis vol-e-nt		nōl-a-m nōl-ē-s nōl-e-t nōl-ē-mus nōl-ē-tis nōl-e-nt		māl-a-m māl-ē-s māl-e-t māl-ē-mus māl-ētis māl-e-nt	
Part.	vol-ē-ns, ntis		nōl-ē-ns, ntis			
Imperative			nōl-ī nōl-ī-te	nōl-ī-tō nōl-ī-tō nōl-ī-tō-te nōl-u-ntō		
Infinitive	**vel-le**		**nōl-le**		**māl-le**	

Die Imperative nōlī nōlīte werden bei einem Verbot an die 2. Pers. Sing. u. Plur. verwendet: nōlī venīre komme nicht, nōlīte venīre kommt nicht. Die Formen des Perfektstammes werden regelmäßig gebildet.

Verba defectiva

Verba defectiva sind Verben, die nur den Perfektstamm mit präsentischer Bedeutung bilden: meminisse sich erinnern: meminī ich erinnere mich, meministī du erinnerst dich. Die Imperative lauten: mementō erinnere dich, gedenke; mementōte erinnert euch, gedenkt! ōdisse hassen: ōdī ich hasse, ōdistī du haßt.

7. TEIL: SCHLÜSSEL ZU DEN ÜBUNGEN

Vorbemerkungen

1. Unberücksichtigt bleiben im Schlüssel
   a) die in den Übungen jeweils unter a) verzeichneten Deklinationsübungen, die mit Hilfe der Tabellen des grammatischen Anhangs leicht erarbeitet werden können
   b) zum größeren Teil die der Wortbildung und der Erweiterung des Wortschatzes dienenden Aufgaben, da sämtliche darin zu erschließenden Vokabeln in dem am Ende des Lehrbuches stehenden Wörterverzeichnis mit seinen rund 2000 Stichwörtern erfaßt und leicht nachschlagbar sind
2. ohne Übersetzung ins Deutsche werden aufgelöst
   a) die Aufgaben, in denen der Austausch von Nomina oder Verben verschiedener Deklinationen bzw. Konjugationen gefordert wird
   b) die hinsichtlich Deklinations- oder Konjugationsart zu bestimmenden Formen, die im Schlüssel grammatisch ausführlich erklärt werden
3. übersetzt werden die in den verschiedenen Übungen vorkommenden oder durch Umwandlung entstehenden selbständigen Sätze, gleich welchen Umfangs oder Inhalts, sowie die jede Lektion abschließenden, mit „F“ gekennzeichneten Verbalformen
4. der Vokativ wird in den Übungen nur bis Lektion IV berücksichtigt
5. aus Raumgründen werden ab Lektion V bei den Partizipialformen und bei den Infinitiven des Futur Aktiv und des Perfekt Passiv nur die Endungen der maskulinen Formen angegeben. Sofern es didaktische Gesichtspunkte zweckmäßig erscheinen lassen, werden auch die Endungen der Feminina und Neutra angegeben
6. die Kennzeichnung kanger Vokale durch ¯ oder kurzer mit ˇ erfolgt nur, wenn es zur Unterscheidung gleichlautender Verben erforderlich ist.
7. die in Klammern gesetzten Zahlen geben die entsprechenden Seiten in den Übungen an.

I (44)

b) studeo, studet; nomino, nominat; do, dat; adhibeo, adhibet.

c) 1. Studiosae student linguae (linguis) – Die Studentinnen beschäftigten sich mit der Sprache (mit Sprachen). 2. In silva bestias observamus (videmus) – Im Wald beobachten wir (sehen wir) Tiere. 3. Caprea est in silva (in silvis) – Das Reh ist im Wald (in den Wäldern). 4. Das herbas novas bestiae (bestiis) – Du gibst neue Gräser (frisches Gras) dem Tier (den Tieren). 5. Saepe visitamus studiosam (studiosas) – Oft besuchen wir die Studentin (die Studentinnen). 6. Linguae novae diversae sunt a linguis antiquis – Die neuen Sprachen sind von den alten Sprachen verschieden.

d) 1. Videmus in aquis bestias – Wir sehen in den Gewässern Tiere. 2. Observate capream! – Beobachtet das Reh! 3. Studiosae linguarum novarum peritae esse debent – Die Studentinnen müssen der neuen Sprachen kundig sein. 4. Studetisne linguis terrarum externarum? – Bemüht ihr euch um die Sprachen fremder Länder? 5. Silvae plenae sunt bacarum – Die Wälder sind voll von Beeren.

F: wende an, zählt, er (sie, es) beobachtet, sie müssen lehren, sei fleißig, ihr geht spazieren, lehrt, ich erfreue, gib, ich sehe.

II (44)

b) 1. Romani castra vallo fossaque (vallis fossisque) circumdant – Die Römer umgeben das Lager mit Wall und Graben (mit Wällen und Gräben). 2. Narrabimus discipulo (discipulis) de terris externis – Wir werden dem Schüler (den Schülern u. den Schülerinnen) von fremden Ländern erzählen. 3. Numerus plantarum (bestiarum) in silvis nostris magnus erat – Die Zahl der Pflanzen (der Tiere) war in unseren Wäldern groß. 4. Timesne bestiam (bestias)? – Fürchtest du das Tier (die Tiere)? 5. Olim Romani oppida prope Rhenum fluvium aedificabant – Einst bauten die Römer in der Nähe des Rheins Städte. 6. Ambulabimus cum puero (cum pueris) in silva (in silvis) – Wir werden mit dem Jungen (mit den Jungen) im Wald (in den Wäldern) spazierengehen.

c) 1. Puer verbo magistri parebit – Der Junge wird dem Wort des Lehrers gehorchen. 2. Servus Romanus in villa et in agro domini sui laborabat – Ein römischer Sklave arbeitete im Haus und auf dem Acker seines Herrn. 3. Oppida nostra magna non sunt – Unsere Städte sind nicht groß. 4. Amamus poetam Graecum – Wir lieben den griechischen Dichter. 5. Medici morbos malos amicorum sanabunt – Die Ärzte werden die schlimmen Krankheiten der Freunde heilen. 6. Amice, labora cum studio! – Mein Freund, arbeite mit Eifer!

d) 1. Narrabis amicis tuis de patria tua, narrabit amicis suis de patria sua, narrabimus amicis nostris de patria nostra, narrabitis amicis vestris de patria vestra, narrabunt amicis suis de patria sua. 2. Amas oppidum tuum, amat oppidum suum, amamus oppidum nostrum, amatis oppidum vestrum, amant oppidum suum. 3. Docebas liberos tuos linguam Latinam, docebat liberos suos linguam Latinam, docebamus liberos nostros linguam Latinam, docebatis liberos vestros linguam Latinam, docebant liberos suos linguam Latinam. 4. Libenter pares amico tuo, libenter paret amico suo, libenter paremus amico nostro, libenter paretis amico vestro, libenter parent amico suo.

e) *fluvii magni (3):* Gen. Sing. u. Nom. u. Vok. Plur. v. fluvius magnus; *filiis meis (2):* Dat. u. Abl. Plur. v. filius meus; *verba nostra (3):* Nom., Akk. u. Vok. Plur. v. verbum nostrum; *viri clari (3):* Gen. Sing. u. Nom. u. Vok. Plur. v. vir clarus; *morbo tuo (2):* Dat. u. Abl. Sing. v. morbus tuus; *castra Romana (3):* Nom., Akk. u. Vok. Plur. v. castra Romana; *domine:* Vok. Sing.

v. dominus; *domini (3):* Gen. Sing. u. Nom. u. Vok. Plur. v. dominus; *domino (2):* Dat. u. Abl. Sing. v. dominus.

g) 1. Den Kindern, Jungen und Mädchen, gefällt die neue Sprache. 2. Wir fürchteten deine Worte nicht, Freund. 3. In unserer Stadt lehrten berühmte Lehrer fleißige Schüler die Sprachen. 4. Mit großem Eifer beschäftigen sich die Studenten mit den Wissenschaften. 5. Oft war das Leben der römischen Sklaven hart. 6. Ich erzählte meinen Kindern und den Jungen meines Freundes vom Leben des römischen Volkes.

F: bemüht euch, besuchtet ihr, ich werde einschließen, wir freuen uns, es stand fest, heile, sie fürchteten, du (be)sorgtest, wir werden erzählen, ich fürchte, er (sie, es) gehorcht, du arbeitetest.

III (45)

b) oberas, oberis; insunt, inerunt; interest, intererat; prosum, prodero; praeeratis, praeeritis; possumus, poteramus.

c) habes – habetis, habebas – habebatis, habebis – habebitis; prodes – prodestis, proderas – proderatis, proderis – proderitis; exspectas – exspectatis, exspectabas – exspectabatis, exspectabis – exspectabitis; ades – adestis, aderas – aderatis, aderis – aderitis; potes – potestis, poteras – poteratis, poteris – poteritis.

d) 1. Famulus bibliothecae mihi (nobis, vobis) adesse poterit – Der Bibliotheksgehilfe wird mir (uns, euch) helfen können. 2. Consiliis bonis mihi (tibi, vobis ipsis) saepe proderatis – Durch die guten Ratschläge nütztet ihr mir (dir, euch selbst) oft. 3. Visitabisne nos (cras)? – Wirst du uns (morgen) besuchen? 4. Medico magna cura mei (nostri, vestri) erat – Der Arzt hatte große Sorge um mich (uns, euch). 5. Mecum (tecum, vobiscum) alios amicos exspectabant – Sie erwarteten die anderen Freunde mit mir (mit dir, euch).

e) curabis te, curabit se, curabimus nos, curabitis vos, curabunt se; dees officio tuo, deest officio suo, desumus officio nostro, deestis officio vestro, desunt officio suo; proderis tibi ipsi consiliis tuis, proderit sibi ipsi consiliis suis, proderimus nobis ipsis consiliis nostris, proderitis vobis ipsis consiliis vestris, proderunt sibi ipsis consiliis suis.

f) de te, in castra u. in castris, mecum, sine libris, apud amicum, per vos, ad fluvium, prope oppida.

i) 1. Die Beschäftigung mit den neuen Sprachen wird dir nützen, mein Sohn. 2. Wirst du mit mir die kranken Jungen besuchen? 3. Zusammen mit einigen Freunden werde ich morgen das neue Schauspiel sehen (sehe ich morgen). 4. Unser Theater ist nahe bei dem Stadtwall gelegen (liegt nahe bei). 5. Wart ihr schon in dem neuen Theater? Wir selbst waren schon oft dort. 6. Morgen werde ich mit dir durch die Felder zum Fluß spazierengehen (morgen gehe ich spazieren). 7. In unserer Bibliothek ist eine große Anzahl Bücher (befindet sich, gibt es). 8. Die griechischen und römischen Dichter können uns durch ihre Erzählungen erfreuen (uns Freude bereiten).

9. Eure Worte werden sowohl für uns selbst als auch für die anderen Freunde ein Beispiel sein (beispielhaft sein, zum Beispiel dienen). 10. Ihr belehrtet uns durch das gute Beispiel. 11. Hat der Dichter im Sinn, selbst (persönlich) an seinem Schauspiel teilzunehmen (beabsichtigt der Dichter)? 12. Ihr müßt, folglich könnt ihr (auch). 13. Die Römer riefen gelehrte Männer (Gelehrte), wie z.B. Ärzte und Philosophen, zu sich nach Italien. 14. Zwischen dem römischen Lager und der Stadt der Gallier war ein großer Fluß (lag, befand sich). 15. Augustus stand an der Spitze des römischen Volkes (leitete, führte das römische Volk).

F: ich werde sehen können, bist du fleißig, er (sie, es) konnte sich verschaffen, es wird schön sein, sie können schaden, nützt, ich vernachlässige meine Pflicht nicht, helft, er war klein, du nimmst teil u. nimm teil!

IV (45)

b) laboro – laboramus, laborabam – laborabamus, laborabo – laborabimus; moneo – monemus, monebam – monebamus, monebo – monebimus; absum – absumus, aberam – aberamus, abero – aberimus.

c) potest, videamus, cubatis, adhibeas, ambularem, prositis, sperarent.

d) ne moneamus – wir wollen nicht ermahnen u. damit wir nicht ermahnen, non narrant – sie erzählen nicht, non aberam – ich war nicht abwesend, ne praesint – sie sollen nicht an der Spitze stehen, non mandaretis – ihr würdet nicht auftragen, non exercebo – ich werde nicht üben.

e) 1. *Amicus optat,* ut filius pareat et laboret – ne liberi cibis abstineant – ne iam aegroti simus. Der Freund wünscht, daß der Junge gehorcht und arbeitet – daß die Kinder sich nicht der Speisen enthalten – daß wir nicht mehr krank sind. 2. *Optabamus,* ut amici linguis novis studerent – ut saepe aegrotum visitaretis – ne colloquio magno abesses. Wir wünschten, daß sich die Freunde mit den neuen Sprachen beschäftigten – daß ihr oft den Kranken besucht – daß du nicht dem wichtigen Gespräch fernbleibst.

f) *pareat:* 3. Pers. Sing. Konj. Präs. Akt. v. parere; *paret (2):* 3. Pers. Sing. Ind. Präs. Akt. v. parere u. 3. Pers. Sing. Konj. Präs. Akt. v. parare; *parat:* 3. Pers. Sing. Ind. Präs. Akt. v. parare; *paro:* 1. Pers. Sing. Ind. Präs. Akt. v. parare; *para:* Imper. Sing. v. parare; *pare:* Imper. Sing. v. parere; *pareo:* 1. Pers. Sing. Ind. Präs. Akt. v. parere; *mando:* 1. Pers. Sing. Ind. Präs. Akt. v. mandare; *malo (4):* Dat. u. Abl. Sing. m. n. v. malus; *migro:* 1. Pers. Sing. Ind. Präs. Akt. v. migrare; *misero (4):* Dat. u. Abl. Sing. m. n. v. miser; *modo:* Adv. (nur, bloß); *moneo:* 1. Pers. Sing. Ind. Präs. Akt. v. monere; *morbo (2):* Dat. u. Abl. Sing. v. morbus; *moveo:* 1. Pers. Sing. Ind. Präs. Akt. v. movere; *meo (4):* Dat. u. Abl. Sing. m. n. v. meus; *muri (3):* Gen. Sing. u. Nom. u. Vok. Plur. v. murus.

h) exercere, optare, emigrare, monere, consultare, studere, laborare, sanare, occupare; pecunia, sententia, fabula, exemplum.

i) 1. Wir sind Freunde (Aussagesatz). 2. Laßt uns lange Freunde sein u. wir wollen lange Freunde sein! (Begehrssatz, Aufforderung). 3. Mögen wir doch immer Freunde sein! (Begehrssatz, erfüllbarer Wunsch der Gegenwart). 4. Wenn doch auch du unser Freund wärest! (Begehrssatz, unerfüllbarer Wunsch der Gegenwart). 5. Wenn ich nicht krank wäre, würde ich euch helfen (irreales konditionales Satzgefüge der Gegenwart). 6. Da ich krank bin, kann ich euch nicht helfen (Hauptsatz: Aussagesatz, Nebensatz: Kausalsatz). 7. Der Junge soll im Bett liegen und schwitzen, damit wir nicht den Arzt herbeirufen müssen (Hauptsatz: Begehrssatz, Aufforderung; Nebensatz: negierter Finalsatz). 8. Wir wollen uns um die lateinische Sprache bemühen, damit wir die Bücher der römischen Dichter lesen können (Hauptsatz: Begehrssatz, Nebensatz: Finalsatz). 9. Die Römer brachten bisweilen berühmte Kunstwerke, wie z.B. Bilder und Statuen, aus anderen Ländern nach Italien, damit sie ihre Häuser (damit) schmückten (Hauptsatz: Aussagesatz, Nebensatz: Finalsatz).

k) 1. Da in Rom die Patrizier die Plebejer von den Ämtern fernhalten, wandern die Plebejer aus Rom aus und besetzen einen in der Nähe Roms gelegenen Berg. 2. Die Patrizier sind in großer Sorge, weil die Plebejer nicht mehr auf den Äckern der Patrizier arbeiten (Den Patriziern bereitet es große Sorge). 3. Die Patrizier fordern oft durch Gesandte, daß die Plebejer nach Rom zurückwandern. Aber vergebens, (denn) die Plebejer gehorchen nicht. 4. Sie wünschen nämlich, daß sie zusammen mit den Patriziern in Rom herrschen (in Rom zu herrschen). 5. Später bewegt Menenius die Plebejer, daß sie nach Rom zurückwandern (nach Rom zurückzuwandern). 6. Da die Plebejer sich alljährlich zwei Tribunen wählen können, sind sie vor den Ungerechtigkeiten der Patrizier sicher.

F: sie sollen nicht befehlen, da ihr euch enthaltet, da (als) du riefst, wir wollen (laßt uns) schwimmen, sie sollen wandern, sie werden anzünden, besetzt, sie schwitzten, wirst du beauftragen, halte zusammen, damit sie meldeten, wir werden fordern.

V (46)

b) exercitibus Romanis, monumentis novis (2), feminas aegrotas, sinus parvos, domui magnae u. domo magna, servus Romanus u. servorum Romanorum, viri clari.

c) *manus magna:* manus magnae, manu magna, manus magnae, manuum magnarum, manus magnas; *exercitus magnus:* exercitus magni, exercitu magno, exercitus magni, exercituum magnorum, exercitus magnos; *annus magnus:* anni magni, anno magno, anni magni, annorum magnorum, annos magnos; *aedificium magnum:* aedificii magni, aedificio magno, aedificia magna, aedificiorum magnorum, aedificia magna; *dies magnus;* diei magni, die magno, dies magni, dierum magnorum, dies magnos; *poeta magnus:* poetae magni, (a) poeta magno, poetae magni, poetarum magnorum, poetas magnos; *liber* *magnus:* libri magni, libro magno, libri magni, librorum magnorum, libros magnos; *statua magna:* statuae magnae, statua magna, statuae magnae, statuarum magnarum, statuas magnas; *spes magna:* spei magnae, spe magna, spes magnae, sperum magnarum, spes magnas.

d) *die:* Abl. Sing. v. dies; *dei (2):* Gen. Sing. u. Nom. Plur. v. deus; *diei (2):* Gen. u. Dat. Sing. v. dies; *deis (4):* Dat. u. Abl. Plur. v. dea u. deus; *dies (3):* Nom. Sing. u. Nom. u. Akk. Plur. v. dies; *exercitui:* Dat. Sing. v. exercitus; *exitui:* Dat. Sing. v. exitus; *portam:* Akk. Sing. v. porta; *portum:* Akk. Sing. v. portus; *portuum:* Gen. Plur. v. portus; *portu:* Abl. Sing. v. portus; *porto:* 1. Pers. Sing. Ind. Präs. Akt. v. portare; *porta (3):* Nom. u. Abl. Sing. v. porta u. Imper. Sing. v. portare; *portas (2):* Akk. Plur. v. porta u. 2. Pers. Sing. Ind. Präs. Akt. v. portare; *portes:* 2. Pers. Sing. Konj. Präs. Akt. v. portare; *portus (4):* Nom. u. Gen. Sing. u. Nom. u. Akk. Plur. v. portus; *portatus:* Nom. Sing. m. Part. Perf. Pass. v. portare; *rerum:* Gen. Plur. v. res; *verum (3):* Akk. Sing. m. u. Nom. u. Akk. Sing. n. v. verus; *virum:* Akk. Sing. v. vir.

e) domos; domus; domibus (2); domus, domui, domus; domus, domo; domus, domos.

f) prope forum, per me, a nobis, tecum, inter populos, apud poetam clarum, ad magistratus Romanos, de libro novo, in vos u. in vobis, sine periculo, trans agrum nostrum, post quintum annum.

g) 1. Wir begrüßen den von allen Einwohnern lange erwarteten Dichter – den Dichter, der lange erwartet worden ist. 2. Wir wollen uns die von einem berühmten Mann erbauten Häuser ansehen – die Häuser, die erbaut worden sind. 3. Die von großen Fluten vernichteten Felder waren nicht gut – die Felder waren nicht gut, die (da sie) vernichtet worden waren. 4. Die an ihre Pflichten erinnerten Jungen gehorchen nicht – die Jungen gehorchen nicht, obwohl sie (die) erinnert worden sind. 5. Der durch viele Verpflichtungen verhinderte Freund wird an unserem Gespräch nicht teilnehmen können – der Freund wird nicht teilnehmen können, der (da er) verhindert ist.

l) 1. Groß ist das Vertrauen des Freundes (zu dem Freund). 2. Die Hoffnung auf die Hilfe der Ärzte war nicht groß. 3. Wir wünschen, daß ihr uns stets Glauben schenkt. 4. Groß war die Zahl der Festtage nicht nur bei den Römern, sondern auch bei anderen alten Völkern. 5. Das römische Heer bestand aus Reiterei, Fußvolk und Hilfstruppen. 6. Die Römer pflegten nicht wie die Britannier von Wagen aus zu kämpfen. 7. Die Sueben, die durch die Ankunft der Römer erschreckt worden waren, schenkten ihren Männern Vertrauen (vertrauten auf ihre Männer). 8. In Rom standen vom römischen Volk gewählte Beamte an der Spitze des Staates (Beamte, die vom römischen Volk gewählt worden waren – die das römische Volk gewählt hatte). Den Befehlen der gewählten Beamten (der Beamten, die gewählt worden waren) gehorchten die Römer.

F: das Heer ist besiegt worden, wir wollen erkunden, wirst du eintreten, bittet (betet), er muß antworten, es wäre zerstört worden, er würde hinüberbringen, ihr seid gerufen worden, es war aufgetragen worden, des besetzten Ackers u. die besetzten Äcker, sie werden sitzen, sie liegen.

b) *ruinae (3):* Gen. Sing.: eius, cuius ruinae – Dat. Sing.: ei, cui ruinae – Nom. Plur.: eae, quae ruinae; *legati (2):* Gen. Sing.: eius, cuius legati – Nom. Plur.: ei, qui legati; *bella (2):* Nom. u. Akk. Plur.: ea, quae bella; *passus (4):* Nom. Sing.: is, qui passus – Gen. Sing.: eius, cuius passus – Nom. Plur.: ei, qui passus – Akk. Plur.: eos, quos passus; *domicilium* (2): Nom. u. Akk. Sing.: id, quod domicilium; *poetam:* eum, quem poetam; *domui:* ei, cui domui.

c) 1. Caesar exploravit portus, qui in ora Britanniae siti erant – Cäsar erforschte die Häfen, die an der Küste Britanniens lagen (ließ erforschen). 2. Domum, in qua heri fueramus, vir clarus aedificavit – Das Haus, in dem wir gestern gewesen waren, hat ein berühmter Mann gebaut. 3. Magnum erit gaudium doni, quod amicus filio suo donabit – Die Freude über das Geschenk wird groß sein, das der Freund seinem Sohn geben wird (gibt).

d) 1. fugant, vastaverant, oppugnabamus, liberaverim, properaret, disputaverunt, placeat. 2. interrogavero, excusaverunt, accusaret, es, timere, mutabamus. 3. donatus est, oppugnaverant, terruisse, monstrati essent, postulaverant.

e) 1. Libros, quos postulavisti, tibi cras dabo – Die Bücher, die du verlangt hast, werde ich dir morgen geben (gebe ich). 2. Cum interrogatus essem, de eis oppidis libenter narravi (postquam interrogatus sum) – Da (nachdem) ich gefragt worden war, habe ich gern von diesen Städten erzählt. 3. Amicus, qui a nobis monitus erat, medicum peritum consultaverat (cum monitus esset; postquam monitus est) – Der Freund, der von uns ermahnt worden war, hatte einen erfahrenen Arzt befragt (als, nachdem der Freund ermahnt worden war, hatte er befragt).

f) 1. Domos a nobis aedificatas amicis monstrabimus – Wir werden die von uns gebauten Häuser den Freunden zeigen. 2. Viri vento prohibiti **non** statim ex portu domum navigare potuerunt – Die durch den Wind gehinderten Männer konnten nicht sofort vom Hafen weg nach Hause segeln. 3. Romae magistratus creati rei publicae praeerant – In Rom standen gewählte Beamte an der Spitze des Staates.

g) 1. Welche Sprache gefällt dir? 2. Welche Bücher hat der Freund euch herbeigebracht? 3. Zu welcher Stunde wirst du da sein? 4. Mit welchem Mann hattest du das Gespräch gehabt (geführt)?

h) in welche Tempel, in der Nähe dieser Äcker, nach diesem Jahr, zu diesen Häusern, in welcher Pflanze, ohne dieses Buch, von welchen Städten, durch diese Gesandte.

l) 1. Euer Freund ist ein gebildeter Mann. Dieser hat uns vieles gelehrt. Wir sind diesem (ihm) dankbar, denn durch seine Hilfe sind wir jetzt in vielen Dingen erfahren. Das, was er uns gelehrt hat, wird uns nützen. Auch sein Sohn ist ein gelehrter Mann; wir haben ihn (diesen) oft besucht. In ihrem Haus haben wir viele Bücher gesehen. 2. Wer war damals mit seinem Lebensunterhalt zufrieden gewesen? Der war zufrieden gewesen, dem das, was er hatte, immer genügend war (genügte). 3. Diejenigen Dinge, die der Freund entbehrte und die er gefordert hat, konnten wir ihm nicht bieten. 4. Die Stadt, die viele Jahre blühte, ist an einem (einzigen) Tag durch

Flammen zerstört worden. 5. Die Götter hatten Äneas und andere Trojaner aus der von den Griechen in Brand gesteckten Stadt gerettet (aus der Stadt, die in Brand gesteckt worden war). 6. Nachdem Äneas lange mit seinem Sohn und mit anderen geretteten Trojanern durch Länder und Inseln geirrt war, fuhr er nach Afrika (mit anderen Trojanern, die gerettet worden waren). 7. Dido, die dort herrschte, rief Äneas und seine Freunde zu sich und fragte (sie): „Wer seid ihr?“ 8. Äneas aber sagte: „Trojaner sind wir gewesen, Troja ist gewesen (hat es gegeben). Die Griechen haben unsere Heimat zerstört. Wenn wir nicht so ruhmgierig gewesen wären, hätten uns die Götter nicht den Untergang bereitet“. 9. Cäsar brachte sein Heer nach Gallien hinüber. Dort hat sein Heer auch mit den Germanen gekämpft. Bereits im ersten Jahr hat er ihre Truppen besiegt.

F: du hast gehofft, ihr hattet euch enthalten, hättet ihr euch bemüht, da sie geglaubt haben, du warst geeilt, wenn sie geschmückt hätten, ich habe vertauscht, hinübergebracht haben, da er verwüstet hatte, wir sind abwesend gewesen, du hattest genützt, sie haben gefehlt.

VII (49)

b) *bestiae (3):* Gen. Sing.: huius, illius, eius, ipsius, eiusdem, cuius bestiae – Dat. Sing.: huic, illi, ei, ipsi, eidem, cui bestiae – Nom. Plur.: hae, illae, eae, ipsae, eaedem, quae bestiae; *diem:* hunc, illum, eum, ipsum, eundem, quem diem; *in villa:* in hac, illa, ea, ipsa, eadem, qua villa; *in portus:* in hos, illos, eos, ipsos, eosdem, quos portus; *imperium:* hoc, illud, id, ipsum, idem, quod imperium; *magistratibus:* his, illis, eis (iis), ipsis, eisdem, quibus magistratibus; *cornua:* haec, illa, ea, ipsa, eadem, quae cornua.

c) *huius magnae inopiae,* hac magna inopia, hae magnae inopiae, harum magnarum inopiarum; *illius clari arcus,* illo claro arcu, illi clari arcus, illorum clarorum arcuum; *eiusdem spectaculi,* eodem spectaculo, eadem spectacula, eorundem spectaculorum; *cuius templi antiqui,* quo templo antiquo, quae templa antiqua, quorum templorum antiquorum.

d) ostentaretur, salutaberis, interrogari, agitabamini, excitati (ae) sumus, cum donatus (a, um) esset, vocatus (a) ero, completum (am, um) esse.

e) 1. A nobis salutamini – Ihr werdet von uns begrüßt. 2. A nobis ipsis hi cibi parabuntur – Diese Speisen werden von uns selbst bereitet werden. 3. Amici ad aegrotum a vobis vocati sunt – Die Freunde sind von euch zu dem Kranken gerufen worden. 4. A nobis adiuvaretur – Er würde von uns unterstützt werden od. ihm würde von uns geholfen werden. 5. A medico visitaberis – Du wirst von dem Arzt besucht werden. 6. A quo vestrum vocata erat? Von wem von euch war sie gerufen worden?

f) 1. Aristippum ad oram Rhodi agitatum esse nobis notum est – Uns ist bekannt, daß Aristipp an die Küste von Rhodus getrieben worden ist (Bekanntlich, wie bekannt ist, ist Aristipp getrieben worden). 2. Eum Rhodi multis donis donatum esse amici domi narrant – Die Freunde erzählen zu Hause, daß er in Rhodus mit vielen Geschenken beschenkt worden ist (Wie die Freunde erzählen, ist er beschenkt worden). 3. Aristippus amicis narrat se in patriam renavigare nondum in animo habere – Aristipp erzählt den Freunden, daß er noch nicht beabsichtigt, nach Hause zurückzukehren. 4. Spectaculis, quae Romani olim spectabant, vos non delectari non ignoramus – Wir wissen wohl, daß ihr durch die Schauspiele, die die Römer einst sahen, nicht erfreut werdet (daß ihr keine Freude habt an den Schauspielen). 5. Multos viros tum in arena necatos esse constat – Es ist bekannt, daß damals viele Männer in der Arena getötet worden sind (Bekanntlich sind viele Männer getötet worden).

g) adventus, us m.; aspectus, us m.; disciplina, ae f.; domicilium, i n.; exemplum, i n.; familia, ae f.; historia, ae f.; columna, ae f.; medicina, ae f.; monumentum, i n.; philosophia, ae f.; poeta, ae m.; statua, ae f.; templum, i n.; verbum, i n.; agitare; docere; ignorare; parere; visitare; discretus, a, um.

h) 1. Unglücklich sind die, die nicht geliebt werden. 2. Dieses (Folgendes) ist ein Ausspruch des Horaz, jenes (berühmten) römischen Dichters: „Glücklich ist jener, der fern von Geschäften ist". 3. In Rhodus hat Aristipp über Philosophie gesprochen. Seine Freunde hatten nicht die Absicht, dort zu bleiben. 4. Die Theater der Griechen und Römer waren berühmt. Ihre Überreste werden auch heute (noch) von vielen besucht. 5. Die Tiere haben die Arena betreten. Ihre Käfige lagen unter dieser Arena. 6. Bekanntlich gibt es in Rom berühmte Bauwerke (Es ist bekannt, daß es gibt). Diese bieten uns einen wunderbaren Anblick. 7. An Festtagen wurden den Bewohnern großartige Schauspiele gegeben. Durch diese Schauspiele wurde das Volk erfreut (An diesen Schauspielen erfreute sich das Volk). 8. Daß du selbst gut gearbeitet hast, weiß ich wohl; daß (aber) die anderen sich nicht bemüht haben, sehe ich. 9. Es ist wahr, daß Freundschaft nur unter Guten bestehen kann (nicht bestehen kann, wenn nicht unter Guten; außer unter Guten). 10. Wie Aristoteles lehrt, gab es den Dichter Orpheus nie. 11. Bekanntlich haben die römischen Heere lange mit den Puniern Kriege geführt. Die Römer hofften, daß sie siegen werden. Sie wünschten, daß die Feinde in die Flucht geschlagen werden. Die Punier aber kämpften viele Jahre lang in so feindlicher Gesinnung, daß die Römer auch (sogar) um ihre Herrschaft (um ihr Reich) fürchten mußten. 12. Cicero erinnert mit vielen Worten den Senat (daran), daß der römische Staat in großer Gefahr ist. Er ermahnt das Volk, daß es Catilina aus dem Staat vertreibe (Catilina zu vertreiben).

F: er soll angefüllt werden, er kann bezeichnet werden, wir hatten wohl gewußt, ich werde geheilt werden, du hast bedauert, ihr werdet gefragt werden, wir würden unterstützt werden (uns würde geholfen werden), sie wären begrüßt worden (man hätte sie begrüßt), ihr habt gezeigt, da (als) sie verwüstet wurden, wenn er doch nicht zerstört wird, hinzugezogen worden sein.

VIII (50)

b) illis militibus, clari victoris, hos labores, is consul, summis honoribus.

c) *species nota*, speciei notae, specie nota, species notae, specierum notarum;

sinus notus, sinus noti, sinu noto, sinus noti, sinuum notorum; *aedificium notum*, aedificii noti, aedificio noto, aedificia nota, aedificiorum notorum; *scriptor notus*, scriptoris noti, (a) scriptore noto, scriptores noti, scriptorum notorum; *opinio nota*, opinionis notae, opinione nota, opiniones notae, opinionum notarum.

d) 1. regit, monet, sanat, adest; regebat, monebat, sanabat, aderat; reget, monebit, sanabit, aderit; regat, moneat, sanet, adsit; regeret, moneret, sanaret, adesset. 2. duc, ducite; comple, complete; impera, imperate; praees, praeeste; protege, protegite.

e) dividamus, rego, traheres, mittitis, credebam, duceris, clauderentur, fingatur.

f) *ducem:* Akk. Sing. v. dux; *duces (3):* Nom. u. Akk. Plur. v. dux u. 2. Pers. Sing. Fut. I Akt. v. ducere; *ducam (2):* 1. Pers. Sing. Fut. I Akt. u. Konj. Präs. Akt. v. ducere; *ducum:* Gen. Plur. v. dux; *duci (2):* Dat. Sing. v. dux u. Inf. Präs. Pass. v. ducere; *duce:* Abl. Sing. v. dux; *duc:* Imper. Sing. v. ducere; *laboro:* 1. Pers. Sing. Ind. Präs. Akt. v. laborare; *labori:* Dat. Sing. v. labor; *labora:* Imper. Sing. v. laborare; *labore:* Abl. Sing. v. labor; *labores (3):* Nom. u. Akk. Plur. v. labor u. 2. Pers. Sing. Konj. Präs. Akt. v. laborare; *liberi (3):* Gen. Sing. m.n. u. Nom. Plur. m. v. liber; *libero (5):* Dat. u. Abl. Sing. m.n. v. liber u. 1. Pers. Sing. Ind. Präs. Akt. v. liberare; *libera (5):* Nom. u. Abl. Sing. f. u. Nom. u. Akk. Plur. n. v. liber u. Imper. Sing. v. liberare; *mores (2):* Nom. u. Akk. Plur. v. mos; *moris:* Gen. Sing. v. mos; *morum:* Gen. Plur. v. mos; *murum:* Akk. Sing. v. murus; *meorum (2):* Gen. Plur. m.n. v. meus; *morem:* Akk. Sing. v. mos.

i) 1. Die Belgier führten oft mit den Germanen Kriege. 2. Die Bürgerschaften Galliens töteten für Mars Tiere, (jedesmal) wenn sie ihre Gegner besiegt hatten. 3. Nie sagt die Natur anderes, nie die Weisheit anderes. 4. Als Cicero Konsul war, wurden ihm höchste Ehren erwiesen. 5. Mein lieber Freund, du wirst von uns beschützt und wirst es immer werden. Wir glauben, daß du von vielen verteidigt wirst.

F: weicht, es wird versprochen werden, sie teilen, wirst du weggehen, ich werde geschickt, geschlossen werden, bilde, der Kampf würde begonnen werden, ich werde od. soll errichten, sie schrieben, damit er nicht führt od. er soll nicht führen, wenn sie doch leben würden.

IX (51)

b) hanc, eam legionem – has, eas legiones; hac, ea civitate – his, eis civitatibus; his, eis curribus – huic, ei currui u. hoc, eo curru; huic, ei sermoni – his, eis sermonibus; hanc, eam opinionem – has, eas opiniones; hi, ei mores u. hos, eos mores – hic, is mos u. hunc, eum morem; huius, eius hospitis – horum, eorum hospitum.

c) clausistis, detectum esse, miserimus, laesus eras, bellum committeret, adducerentur, protectus sum, vivas u. vives.

d) *mitti:* Inf. Präs. Pass. v. mittere; *misi:* 1. Pers. Sing. Ind. Perf. Akt. v. mittere; *missi (3):* Gen. Sing. m.n. u. Nom. Plur. m. Part. Perf. Pass. v. mittere; *miseri (3):* Gen. Sing. m.n. u. Nom. Plur. m. v. miser; *miseris (8):*

Dat. u. Abl. Plur. m.f.n. v. miser u. 2. Pers. Sing. Konj. Perf. u. Fut. II Akt. v. mittere; *misero (5):* Dat. u. Abl. Sing. m.n. v. miser u. 1. Pers. Sing. Fut. II Akt. v. mittere; *rexi:* 1. Pers. Sing. Ind. Perf. Akt. v. regere; *recti (3):* Gen. Sing. m.n. u. Nom. Plur. m. Part. Perf. Pass. v. regere; *regi (2):* Dat. Sing. v. rex u. Inf. Präs. Pass. v. regere; *rege (2):* Abl. Sing. v. rex u. Imper. Sing. v. regere; *dividi:* Inf. Präs. Pass. v. dividere; *divisi (4):* Gen. Sing. m.n. u. Nom. Plur. m. Part. Perf. Pass. u. 1. Pers. Sing. Ind. Perf. Akt. v. dividere; *edicat:* 3. Pers. Sing. Konj. Präs. Akt. v. edicere; *educat (2):* 3. Pers. Sing. Ind. Präs. Akt. v. educare u. 3. Pers. Sing. Konj. Präs. Akt. v. educere; *educet (2):* 3. Pers. Sing. Fut. I Akt. v. educere u. 3. Pers. Sing. Konj. Präs. Akt. v. educare; *edicit:* 3. Pers. Sing. Ind. Präs. Akt. v. edicere; *educit:* 3. Pers. Sing. Ind. Präs. Akt. v. educere; *appellant (2):* 3. Pers. Plur. Ind. Präs. Akt. v. appellare u. 3. Pers. Plur. Konj. Präs. Akt. v. appellere; *appellent (2):* 3. Pers. Plur. Fut. I Akt. v. appellere u. 3. Pers. Plur. Konj. Präs. Akt. v. appellare; *appellunt:* 3. Pers. Plur. Ind. Präs. Akt. v. appellere.

f) 1. Die Führung (ducere), die Ermahnung (monere), der Fortschritt (procedere), das Ziehen (trahere). 2a. der Erhalter (conservare), der Teiler (dividere), der Kundschafter (explorare), der Eindringling (invadere), der Befreier (liberare), der Ermahner (monere), der Beschützer (protegere), der Leiter (regere). 2b. die Schätzung (aestimare), der Spaziergang (ambulare), das Erbauen (construere), die Befragung (consultare), das Zusammenziehen (contrahere), die Beschreibung (describere), die Teilung (dividere), die Erziehung (educare), das Herausschicken (emittere), die Erwartung (exspectare), die Erdichtung (fingere), die Einführung (inducere), das Eindringen (invadere), die Verletzung (laedere), die Veränderung (mutare), die Beobachtung (observare), die Vorhersage (praedicere), die Vorschrift (praescribere), der Schutz (protegere), die Leitung (regere), die Zurückführung (reducere).

g) producere, demittere, detegere, introducere, dividere; excludere.

h) 1. Wir haben euch gestern die Bücher, die ihr gewünscht hattet, geschickt. 2. Eine (einzelne) Legion der Römer bestand aus fünf- oder sechstausend Soldaten. 3. Wer Ruhm verschmäht, wird wahren Ruhm haben. 4. Einige von den alten Völkern errichtete Bauwerke waren so groß (gewaltig), daß sie damals mit Recht zur Zahl der Wunderwerke gerechnet wurden. 5. Bekanntlich hat es sieben Wunderwerke (Weltwunder) gegeben. 6. Jetzt wollen wir drei von ihnen beschreiben. 7. In Ephesus, einer Stadt Asiens, hatte es einen berühmten Tempel der Diana gegeben, der im Jahre 356 v.Chr. G. von Herostrat zerstört worden ist. Dieser Tempel ist von den Griechen viele Jahre später wieder errichtet worden. 8. Mausolus, der König von Halikarnaß, der Stadt, in der (wo) Herodot, jener berühmte griechische Geschichtsschreiber, geboren ist, hatte 24 Jahre geherrscht. Als Mausolus im Jahre 353 v.Chr. G. aus dem Leben gegangen war (gestorben war), hat seine Gattin Artemisia jenes bekannte Denkmal, das nach Mausolus Mausoleum genannt worden ist, errichtet. Dieses war 140 Fuß hoch. 9. Ebenso war die Jupiterstatue berühmt, die Phidias geschaffen hatte. Diese in Olympia errichtete Statue war 60 Fuß hoch. 10. Wie die alten Schriftsteller geschrieben haben, führten die Griechen mit den Trojanern zehn Jahre lang Krieg.

F: sie schicken heraus, er soll geteilt werden, sie haben gedrückt, als wir vorgerückt waren, du warst beschützt worden, hinübergeführt haben, du hattest vorgeschrieben, ihr habt erbaut, geht heraus, da ihr verletzt werdet, ich habe aufgedeckt, sie sollen nicht unterdrückt werden.

X (52)

b) 1. petiverunt, decrevisse, imponeret, noscebamus, sivistis, adolevisti. 2. aluerunt, vetuisse, componantur, consuleris, sileri, sustineant.

c) 1. discernere, discrevisse, discerni, discretum esse; describere, descripsisse, describi, descriptum esse; monere, monuisse, moneri, monitum esse; consuescere, consuevisse; procurare, procuravisse, procurari, procuratum esse; interesse, interfuisse. 2. mane, manete; dic, dicite; rege, regite; circumda, circumdate; ades, adeste.

g) 1. Ich fragte gestern den Freund nach der Krankheit der Mutter. 2. Wir werden dich um Geld bitten, damit wir (uns) diese Bücher verschaffen können. 3. Von wem wurden die Kinder gesucht? 4. Von vielen wirst du um Rat gefragt (gefragt werden), da du als einziger in diesen Dingen (auf diesem Gebiet, darin) erfahren bist. 5. Wir wollen für den armen Freund sorgen! 6. Bittet die Mutter um Geld! 7. Wir wissen wohl, daß du lange gute Bücher gesucht hast. Wenn du mich nach Büchern gefragt hättest, hätte ich dir einige, die mir gefallen haben, gesagt. 8. Von Cäsar sind die Häfen Britanniens aufgesucht worden.

h) 1. Wir lassen Sicheres fahren, während wir nach Unsicherem streben. 2. Wer einem anderen Böses zu bereiten pflegt, (der) bereitet sich (selbst) Böses. 3. Obwohl die Römer oft vom Glück unterstützt worden sind, haben sie dennoch stets die Hoffnung auf Rettung auf ihre eigene Tapferkeit gesetzt. 4. Die alten Römer pflegten gute Sitten. 5. Sonnen- und Mondfinsternisse sind bereits von den griechischen Philosophen erkannt und vorausgesagt worden. 6. Vielen Menschen gibt das Schicksal sehr vieles, genügend aber keinem. 7. Wie bekannt ist, hat Romulus Rom erbaut. Als sein Bruder Remus über die Mauern, die sein Bruder errichtet hatte, gespottet hatte, sagte Romulus: „Niemals wird irgendeinem Menschen erlaubt sein, die von mir errichteten Mauern zu verachten“. Als er das gesagt hatte (nach diesen Worten), durchbohrte er seinen Bruder mit dem Schwert. Danach hat Romulus allein geherrscht. Es steht fest, daß er nur das Wohl der Bewohner Roms erstrebt hat (auf das Wohl bedacht gewesen ist). 8. Jener bekannte Gesetzgeber Solon hat zu dem Lyderkönig Krösus gesagt, daß niemand vor seinem Tod glücklich genannt werden kann. Er (Dieser) hatte nämlich Solon gefragt, wen er für den glücklichsten Menschen halte. 9. Einige Völker Galliens, wie z.B. die Häduer, Ambarrer und Allobroger, haben, als sie von den Helvetiern bedrängt wurden (als die Helvetier sie bedrängten), ihre Hoffnung einzig (allein) auf Cäsar gesetzt. Ihm allein schenkten sie Vertrauen. 10. Nachdem große Scharen der Germanen in Gallien eingefallen waren, baten Gesandte von fast ganz Gallien Cäsar um Hilfe.

F: du hast gebeten, pflegt, man widersetzt sich, verboten haben, sie hatten ernährt, er hat gesehen u. er ist gewachsen, sie haben kennengelernt u. sie kennen, sie sollen aufhören, ich hätte hineingelegt, ich hatte kennengelernt, vorangestellt werden, du wirst erkannt u. du wirst erkannt werden, verehrt worden sein, sie sollen unterscheiden, gewöhnt ihr euch?

XI (53)

b) *magnum tempus:* magni temporis, magno tempore, magna tempora, magnorum temporum; *magnus portus:* magni portus, magno portu, magni portus, magnorum portuum; *magnus pagus:* magni pagi, magno pago, magni pagi, magnorum pagorum; *magna virtus:* magnae virtutis, magna virtute, magnae virtutes, magnarum virtutum; *magnum carmen:* magni carminis, magno carmine, magna carmina, magnorum carminum; *magna res:* magnae rei, magna re, magnae res, magnarum rerum.

c) medicamen praescriptum, capitis laesi, epistulam missam, libri traditi, adversarios expulsos, statuae positae, corporum altorum.

d) respondent, responderunt; alunt, aluerunt; sanant, sanaverunt; mittunt, miserunt; currunt, cucurrerunt; vetant, vetuerunt.

e) tradere, tradi, tradidisse, traditum (am, um) esse, traditurum (am, um) esse; tendere, tendi, tetendisse, tentum (am, um) esse, tenturum (am, um) esse; includere, includi, inclusisse, inclusum (am, um) esse, inclusurum (am, um) esse; agitare, agitari, agitavisse, agitatum (am, um) esse, agitaturum (am, um) esse; pellere, pelli, pepulisse, pulsum (am, um) esse, pulsurum (am, um) esse; dare, dari, dedisse, datum (am, um) esse, daturum (am, um) esse; praeesse, praefuisse, praefuturum (am, um) esse.

f) tangat, tacturum esse, tangerentur, tetigistis, tangent, tangimus, tetigi, tangi, tangite.

g) 1. A liberis carmina pulchra discantur – Von den Kindern sollen schöne Lieder gelernt werden. 2. A puero manus laesa amici tacta est – Die verletzte Hand des Freundes ist von dem Jungen berührt worden. 3. Liberi cibos bonos poscunt – Die Kinder verlangen gute Speisen. 4. Cur huic viro pecunia a te reddita non est? – Warum ist das Geld diesem Mann von dir nicht zurückgegeben worden?

k) 1. Wir verstehen nicht, was du beabsichtigst. 2. Sage uns, warum du gestern so schnell nach Hause geeilt bist. Wir wußten nämlich nicht, warum du weggingst, wer dich verletzt hatte. 3. Ich wünsche, daß du erkennst, was für Pläne wir haben. 4. In welcher Stadt Vergil als Knabe gelebt hat, erfahren wir aus dem Gedicht, das auf sein Grabmal geschrieben ist. Es sind folgende Worte: Mantua hat mich geboren. 5. Folgenden Spruch: „(Wir lernen) nicht für die Schule, sondern für das Leben" haben wir bereits gelernt. Glaubt mir: Was ihr gelernt habt, werdet ihr für euch (zu eurem Vorteil) gelernt haben. 6. Wir gaben euch die(jenigen) Medikamente, die ihr von uns gefordert hattet, zurück. 7. Bekanntlich galten in den alten Zeiten das Recht und das Gute (die guten Sitten) bei den Römern nicht nur auf Grund von Gesetzen, sondern auch von Natur aus (hatten Geltung). 8. Das römische Recht war die Grundlage für das Recht vieler Völker. 9. Es war nicht erlaubt, daß die Körper der Toten innerhalb Roms bestattet oder verbrannt wurden (die Körper zu verbrennen). 10. Wir wissen genau, in welchem Jahr die Römer Karthago, das vor vielen Jahrhunderten gegründet worden war, zugrunde gerichtet und zerstört haben. Wir wissen, daß Karthago zur gleichen Zeit wie Korinth zugrunde gegangen ist, d.h. im Jahre 146 v.Chr. G. 11. Höchstes Recht ist (bedeutet) oft höchste Bosheit (Schlechtigkeit). 12. Du wirst (man wird) die Natur mit der Gabel hinaustreiben, sie wird dennoch immer wieder zurückkehren. 13. Wenn du vom Geist gelenkt wirst, bist du ein König, wenn vom Körper, ein Sklave. 14. Cäsar fragte den Gefangenen, wie groß (stark) die Truppen der Gegner sind, wo sie stehen und was er über ihre Pläne berichten kann.

F: lernt, berühre, nachdem sie geeilt waren, da er vertrieben hatte, geglaubt haben, sie waren untergegangen, ich werde mich erinnern, du würdest dich anstrengen, sie sind gespannt worden, sie werden gefällt werden, du bist geeilt, sie würden singen.

XII (54)

b) *haec urbs:* hac urbe, hae urbes, harum urbium, has urbes; *illa oratio:* illa oratione, illae orationes, illarum orationum, illas orationes; *nomen nostrum:* nomine nostro, nomina nostra, nominum nostrorum, nomina nostra; *ars pulchra:* arte pulchra, artes pulchrae, artium pulchrarum, artes pulchras; *mare latum:* mari lato, maria lata, marium latorum, maria lata; *populus clarus:* populo claro, populi clari, populorum clarorum, populos claros; *exercitus Romanus:* exercitu Romano, exercitus Romani, exercituum Romanorum, exercitus Romanos; *summa virtus:* summa virtute, summae virtutes, summarum virtutum, summas virtutes.

c) huius urbis, in illa urbe, numerus pulchrarum urbium, ea urbs u. eam urbem, ex eisdem urbibus; maris u. maria, in illo mari, magnitudo marium, in mare, in maria.

d) genere – gente, genera – gentes, generum – gentium, generibus – gentibus.

e) *decet:* 3. Pers. Sing. Ind. Präs. Akt. v. decere; *ducet:* 3. Pers. Sing. Fut. I Akt. v. ducere; *docet:* 3. Pers. Sing. Ind. Präs. Akt. v. docere; *dicet:* 3. Pers. Sing. Fut. I Akt. v. dicere; *montes (2):* Nom. u. Akk. Plur. v. mons; *monstres:* 2. Pers. Sing. Konj. Präs. Akt. v. monstrare; *mones:* 2. Pers. Sing. Ind. Präs. Akt. v. monere; *monti:* Dat. Sing. v. mons; *moniti (3):* Gen. Sing. m.n. u. Nom. Plur. m. Part. Perf. Pass. v. monere; *paratis (7):* 2. Pers. Plur. Ind. Präs. Akt. u. Dat. u. Abl. Plur. m.f.n. Part. Perf. Pass. v. parare; *paretis (2):* 2. Pers. Plur. Ind. Präs. Akt. v. parere u. 2. Pers. Plur. Konj. Präs. Akt. v. parare; *pareatis:* 2. Pers. Plur. Konj. Präs. Akt. v. parere; *partis:* Gen. Sing. v. pars; *patris:* Gen. Sing. v. pater; *parari:* Inf. Präs. Pass. v. parare; *parati (3):* Gen. Sing. m.n. u. Nom. Plur. m. Part. Perf. Pass. v. parare; *parti:* Dat. Sing. v. pars; *parci:* Inf. Präs. Pass. v. parcere; *patri:* Dat. Sing. v. pater.

f) opusculum: kleines Werk (opus); pellicula: kleines Fell (pellis); ventriculus: Bäuchlein (venter); ominosus: voll von (bösen) Vorzeichen (omen); incursus:

Ansturm (incurrere); amputatio: das Abschneiden (amputare); maledictio: Schmähung (maledicere); captivitas: Gefangennahme (capere); advehere: heranfahren, devehere: herabfahren, evehere: herausfahren, invehere: hineinfahren, provehere: vorfahren, revehere: zurückfahren, transvehere: hinüberfahren (sämtlich vehere).

g) 1. Während wir lehren, lernen wir. 2. Solange Kräfte und Jahre (es) zulassen, ertragt die Mühen! 3. Bisweilen setzen sich einige Menschen über das Rechte und Gute hinweg, wenn sie sich nur Macht verschaffen. 4. Solange Cato lebte, ist er durch das Lob seiner Tugenden gewachsen. 5. Während sich die Römer noch berieten und zum Kriege rüsteten, wurde Sagunt von Hannibal bereits mit höchster Gewalt bedrängt. 6. Die römischen Soldaten ertrugen die Anstrengungen (hielten aus), (solange) bis Cäsar herankam.

h) 1. Die Tüchtigkeit der Bürger ist ein Schutz für die Staaten. 2. Bekanntlich ist Cicero Vater des Vaterlandes genannt worden. 3. Künste und Wissenschaften blühen nur (nicht, wenn nicht) im Frieden; aus diesem Grund wünschen gute Menschen, daß Frieden unter den Völkerschaften herrscht. 4. In alten Zeiten übten sich die Römer mit Waffen mit den Gegnern, die Bürger wetteiferten mit den Bürgern um die Tugend. Mit diesen zwei Eigenschaften, mit Tapferkeit im Krieg, im Frieden mit Gerechtigkeit, erhielten sie sich selbst und ihren Staat. 5. Es gibt viele Arten von Tieren. Alle Tiere haben Sinne. Die Tiere leben auf dem Lande, im Meer und in der Luft. Die Gestalten und Stimmen der Tiere sind verschieden. Bekanntlich leben in den fernen Gebieten der Erde seltene Tierarten. 6. Es steht nicht genügend fest, wie groß die Anzahl der Soldaten in einer römischen Legion gewesen ist. Die einen glauben, daß eine (einzelne) Legion aus viertausend, andere, daß sie aus sechstausend Soldaten bestanden hat. 7. Romulus hat die Stadt, die er gegründet hatte, nach seinem Namen genannt.

F: da sie versprechen, hattest du kennengelernt (kanntest du), sie fahren, da (als) er geschlossen wurde, sie waren herausgegangen, er hätte gelernt, nachdem sie herangewachsen waren, während (solange) sie kämpfen, angetrieben werden, du hast dich aufgestellt, wenn ihr euch doch erinnertet, wir hatten getötet u. wir waren gefallen.

XIII (55)

b) cum felici iuvene, sine fortibus facinoribus, difficilium rerum causa, ex celebri urbe, a constantibus incolis, ante omnes domos, de paupere viro.

c) *civis:* aliqui, quidam, idem civis – aliquem, quendam, eundem civem – (cum) aliquo, quodam, eodem cive – aliqui, quidam, eidem cives – aliquorum, quorundam, eorundem civium; *regio:* aliqua (aliquae), quaedam, eadem regio – aliquam, quandam, eandem regionem – aliqua, quadam, eadem regione – aliquae, quaedam, eaedem regiones – aliquarum, quarundam, earundem regionum; *mare:* aliquod, quoddam, idem mare (2) – aliquo, quodam, eodem mari – aliqua (aliquae), quaedam, eadem maria – aliquorum, quorundam, eorundem marium; *exercitus:* aliqui, quidam, idem exercitus – aliquem, quendam, eundem exercitum – aliquo, quodam, eodem exercitu – aliqui, quidam, eidem exercitus – aliquorum, quorundam, eorundem exercituum; *spes:* aliqua (aliquae), quaedam, eadem spes – aliquam, quandam, eandem spem – aliqua, quadam, eadem spe – aliquae, quaedam, eaedem spes – aliquarum, quarundam, earundem sperum; *praemium:* aliquod, quoddam, idem praemium – aliquod, quoddam, idem praemium – aliquo, quodam, eodem praemio – aliqua (aliquae), quaedam, eadem praemia – aliquorum, quorundam, eorundem praemiorum.

d) *marium:* Gen. Plur. v. mare, is n.; *navium:* Gen. Plur. v. navis, is f.; *sortium:* Gen. Plur. v. sors, sortis f.; *patrum:* Gen. Plur. v. pater, tris m.; *principatum:* Akk. Sing v. principatus, us m.; *animali (2):* Dat. u. Abl. Sing. v. animal, is n.; *speciei (2):* Gen. u. Dat. Sing. v. species, ei f.; *pecori:* Dat. Sing. v. pecus, oris n.; *viris (2):* Dat. u. Abl. Plur. v. vir, i m.

e) 1. Puer aliquod dulce carmen canit – Der Junge singt irgendein süßes (liebliches) Lied. 2. Tristi epistula fratrum territus sum – Durch den traurigen Brief der Brüder bin ich erschreckt worden. 3. Lex brevis esse debet – Ein Gesetz muß kurz sein. 4. Medici cognoscunt morbos puerorum graves esse – Die Ärzte erkennen, daß die Krankheiten der Jungen schwer sind.

i) 1. Ein (gewisser) Junge, den der Philosoph Diogenes etwas gefragt hatte, schwieg errötend. Als alle, die anwesend waren (alle Anwesenden), ihn tadelten, sagte Diogenes: „Ich freue mich über die Röte, denn diese ist die Farbe der Tugend". 2. Ich hoffe, daß dein Vater uns irgendeinen guten Rat geben wird (gibt – Hoffentlich wird dein Vater geben); auf irgendeine Weise werden uns auch die Freunde helfen. 3. Die Germanen glaubten, daß den Frauen etwas Heiliges und Voraussehendes (Seherisches) innewohne. 4. Der berühmte römische Schriftsteller Juvenal schrieb, veranlaßt durch gewisse lächerliche Dinge (Ereignisse), folgendes: „Es ist schwer, eine Satire nicht zu schreiben (keine Satire zu schreiben)". 5. Das Vaterland ist allen Bürgern gemeinsam. 6. Aller Dinge Anfänge sind klein. 7. Natürliches ist nicht schimpflich. 8. Der Tod ist schnell; weder von einem armen noch von einem reichen Menschen ist er fern (bleibt er fern).

F: er kann geschickt werden, du warst herausgegangen, es wäre angekündigt worden, nachdem er beschrieben hatte, wir wollen nicht weichen, du würdest geleitet werden, sie hatten sich ergeben, sie erinnern sich, sie werden gefordert (man fordert sie), da (als) du versprochen hattest, wenn ihr doch nicht vernachlässigen würdet, während (solange) sie behandeln.

XIV (56)

d) *opus bonum*, melius, optimum – opere bono, meliore, optimo – opera bona, meliora, optima – operum bonorum, meliorum, optimorum; *opus idoneum*, magis idoneum, maxime idoneum – opere idoneo, magis idoneo, maxime idoneo – opera idonea, magis idonea, maxime idonea – operum idoneorum, magis idoneorum, maxime idoneorum; *opus difficile*, difficilius, difficillimum – opere difficili, difficiliore, difficillimo – opera difficilia, difficiliora, difficillima – operum difficilium, difficiliorum, difficillimorum; *opus celere*, celerius, celerrimum – opere celeri, celeriore, celerrimo – opera celeria, celeriora, celerrima – operum celerium, celeriorum, celerrimorum.

e) acrior, acerrima; (supra), superior; miseri, miserioris u. miseriores; facilia, facillima; gravius, gravissimum.

f) 1. videberis, actum esse, emerat, legantur, vincis u. vinces, relicti(ae) estis. 2. providisti, rupisse, fregerunt, agetis u. agatis, sederent.

i) caecitas: Blindheit (caecus); caritas: Liebe (carus); celeritas: Schnelligkeit (celer); iucunditas: Annehmlichkeit (iucundus); opportunitas: günstige Lage (opportunus); actor: Treiber (agere); corruptor: Verderber (corrumpere); emptor: Käufer (emere); lector: Vorleser (legere); actio: Handlung (agere); admotio: das Anlegen (admovere); damnatio: Verurteilung (damnare); denuntiatio: Ankündigung (denuntiare); emptio: Kauf (emere); irruptio: Einbruch (irrumpere); lectio: das Lesen (legere); vacatio: das Freisein (vacare).

k) 1. Nichts ist unglücklicher und schimpflicher als ein Bürgerkrieg. 2. Die griechischen Ärzte waren viel berühmter als die römischen Ärzte. 3. Bisweilen glauben Menschen, eine Last schwerer als der Ätna auszuhalten (eine Last, die schwerer ist als der Ätna). 4. Oft geschieht es, daß ein schlechter Rat sehr schlecht ist für den selbst, der diesen Rat dem anderen gegeben hat. 5. In dem(jenigen) Werk, das Vergil über den Ackerbau geschrieben hat, lesen wir dieses (folgendes): Die Arbeit überwindet alles. 6. Das Bewußtsein eines gut geführten Lebens ist sehr angenehm. 7. Wem ist jenes Wort bekannt: Die Stelle des geringeren Widerstandes? 8. Die geeignetsten und besten Männer des Staates sollen die schwierigsten Aufgaben erledigen. 9. Die Sonne ist viel größer als die Erde, der Mond kleiner als die Erde. 10. Das römische Reich war anfangs viel kleiner als die(jenigen) Königreiche, die nach Alexanders Tod in Asien und Ägypten bestanden haben. 11. Später aber waren die römischen Herrscher viel mächtiger als alle früheren Könige. Aber ihre Habsucht war desto größer, je mächtiger sie waren; um noch mehr zu haben, sandten sie um so größere Truppen in andere Länder. 12. Den Schild im Kampf zurückgelassen zu haben, war bei den Griechen das Schimpflichste. 13. Ich lebe nicht, um zu essen, sondern ich esse, um zu leben. 14. Die Zunge kann das Beste und das Schlechteste im Menschen sein. 15. Die Reichsten sind nicht immer die Glücklichsten, die Ärmsten nicht immer die Unglücklichsten. 16. Alles sei in Rom käuflich, meinte Jugurtha, der König der Numidier, nachdem er sehr viele römische Führer mit Geld bestochen hatte. 17. Der Junge ist zu krank, als daß er geheilt werden kann.

F: sie sollen nicht getrieben werden u. damit sie nicht getrieben werden, er hatte zerrissen, du wirst gesehen werden, du mögest gesiegt haben u. du wirst gesiegt haben, wir wollen (laßt uns) sorgen, kaufe, sie waren ausgewählt worden, sie waren eingebrochen, sie werden sich niederlassen, sie sehen, sie werden gezwungen werden, gebrochen werden, da sie haßten, du würdest zurückgelassen werden, vorausgesehen werden.

b) montium, numinum, civium, laborum, dierum, manuum, vectigalium.

c) suaviter, suavius, suavissime; prudenter, prudentius, prudentissime; bene, melius, optime; misere, miserius, miserrime; facile, facilius, facillime.

d) defendere, defendisse, defendi, defensum (am, um) esse, defensurum (am, um) esse; alere, aluisse, ali, altum (am, um) esse, alturum (am, um) esse; observare, observavisse, observari, observatum (am, um) esse, observaturum (am, um) esse; prohibere, prohibuisse, prohiberi, prohibitum (am, um) esse, prohibiturum (am, um) esse; deesse, defuisse, defuturum (am, um) esse.

e) restituerunt, tribuis, minuere, incenderimus, defendam, instituistis, animadvertisses, attribuebant, prehendisse.

f) *verti (2):* 1. Pers. Sing. Ind. Perf. Akt. u. Inf. Präs. Pass. v. vertere; *versi (3):* Gen. Sing. m.n. u. Nom. Plur. m. Part. Perf. Pass. v. vertere; *ventri:* Dat. Sing. v. venter; *adventui:* Dat. Sing. v. adventus; *statui (2):* 1. Pers. Sing. Ind. Perf. Akt. u. Inf. Präs. Pass. v. statuere; *statuo:* 1. Pers. Sing. Ind. Präs. Akt. v. statuere; *statue:* Imper. Sing. v. statuere; *statua (2):* Nom. u. Abl. Sing. v. statua; *statim:* Adv. (sofort, sogleich; stare); *statuam (3):* Akk. Sing. v. statua u. 1. Pers. Sing. Konj. Präs. Akt. u. Fut. I Akt. v. statuere; *statuis (3):* Dat. u. Abl. Plur. v. statua u. 2. Pers. Sing. Ind. Präs. Akt. v. statuere; *minus (3):* Nom. u. Akk. Sing. n. u. Adv. Kompar. v. parvus; *minuas:* 2. Pers. Sing. Konj. Präs. Akt. v. minuere; *minues:* 2. Pers. Sing. Fut. I Akt. v. minuere; *minuis:* 2. Pers. Sing. Ind. Präs. Akt. v. minuere; *minor (2):* Nom. Sing. m.f. Kompar. v. parvus; *mentis:* Gen. Sing. v. mens; *metuis:* 2. Pers. Sing. Ind. Präs. Akt. v. metuere.

g) condolescere: zu schmerzen beginnen (dolere); dulcescere: süß werden (dulcis); gravescere: schwer werden (gravis); iuvenescere: zum jungen Mann werden (iuvenis); lucescere: Licht (Tag) werden (lux); sanescere: gesund werden (sanus); vesperascere: Abend werden (vesper).

h) crudelitas: Grausamkeit (crudelis); fidelitas: Treue, Zuverlässigkeit (fidelis); securitas: Sorglosigkeit (securus); ascensio: Aufstieg (ascendere); distinctio: Unterscheidung (distinguere); institutio: Einrichtung (instituere); occisio: Mord (occīdere); occisor: Mörder (occīdere); discordia: Zwietracht (cor); discors: uneinig (cor); dispar: ungleich (par); dissuadere: ab-, widerraten (suadere).

i) 1. Pater bene suasit – Der Vater hat gut geraten. 2. Puer prudentius respondit quam tu – Der Junge hat klüger geantwortet als du. 3. Hi iudices optime iudicant – Diese Richter urteilen sehr gut.

k) 1. Die Bürger fürchteten sehr, daß alle Gebäude der Stadt von den Feinden in Brand gesteckt werden. 2. Es besteht die Gefahr, daß du diese schwierigen Arbeiten nicht tapfer und standhaft aushältst. 3. Nachdem Tib. Sempronius Gracchus getötet worden war, fürchtete seine Mutter Cornelia, daß auch der andere Sohn ergriffen und getötet werde. Aus diesem Grund (Deshalb) wünschte Cornelia, der Sohn solle die Gefahren meiden. Sie fürchtete nämlich, daß der römische Senat ihn nicht schonen werde. 4. Laßt uns gemeinsam arbeiten, da Freunde durch gemeinsame Arbeit fest miteinander verbunden werden. 5. Die Tiere verteidigen sich meistens selbst heftig. 6. Nicht immer werden dunkle Sorgen durch ein Lied verringert (werden geringer). 7. Gut reden kann nur der, der alles klug erkennt (Niemand kann gut reden außer dem, der erkennt). 8. Dann, wenn wir gesund sind, können wir leicht Kranken richtige und gute Ratschläge geben. 9. Leichter werden wir durch (gute) Beispiele als durch Vorschriften erzogen (unterwiesen). 10. Durch Gesetz wird die Strafe festgelegt, die der verdient, der bei einem Diebstahl ergriffen worden ist oder der ein Haus angezündet hat. 11. Als Diogenes zur Mittagszeit mit einer angezündeten Laterne auf dem Markt spazierenging, ist er sofort gefragt worden, warum er diese (sie) mit sich trage. „Einen Menschen suche ich" sagte er. 12. Vor der Zerstörung Karthagos regierten das römische Volk und der Senat miteinander den Staat gerecht und besonnen. Aber sobald jene Furcht vor Karthago aus ihren Sinnen gewichen war, ist schnell Hochmut in den Adel eingedrungen (hat den Adel erfaßt).

F: es wäre gewendet worden, nachdem wir ergriffen hatten, beschließt, sie sollen nicht fürchten u. damit sie nicht fürchten, er stellt wieder her u. er hat wiederhergestellt, unterrichtet worden sein, sobald (wo) ihr angezündet habt, sie bemerken, wirst du beschließen, sie waren wiederhergestellt worden, sie werden verteidigt, ich werde getadelt.

XVI (58)

b) incipiens, inceptus (a, um), incepturus (a, um); instruens, instructus (a, um), instructurus (a, um); emens, emptus (a, um), empturus (a, um); admovens, admotus (a, um), admoturus (a, um); prehendens, prehensus (a, um), prehensurus (a, um); alens, altus (a, um), alturus (a, um); suadens, suasus (a, um), suasurus (a, um); adnotans, adnotatus (a, um), adnotaturus (a, um).

c) iacē, iacēte; iacĕ, iacite; da, date; pete, petite; fac, facite.

d) necant, necabant, necabunt, necent, necarent; delent, delebant, delebunt, deleant, delerent; interficiunt, interficiebant, interficient, interficiant, interficerent; occīdunt, occīdebant, occīdent, occīdant, occīderent.

e) 1. Consilium celere a nobis capietur – Ein schneller Entschluß wird von uns gefaßt werden. 2. Hunc laborem diligenter fecit – Diese Arbeit hat er sorgfältig gemacht. 3. Qui libri a te accipiuntur? – Welche (Was für) Bücher werden von dir angenommen? 4. Romani multa oppida diripuerant – Viele Städte hatten die Römer geplündert. 5. Ab omnibus libenter reciperis – Von allen wirst du gern aufgenommen.

f) 1. Du hast uns eine große Freude bereitet. 2. Wir sind durch den Tod des treuen Freundes mit tiefstem Schmerz erfüllt worden (aufs höchste betrübt worden). 3. Ich würde dir schweres Unrecht zufügen, wenn ich dieses tun würde.

g) 1. Wie in Rom alljährlich Konsuln gewählt wurden, so wurden in Karthago Könige gewählt (Komparativsatz). 2. Sobald Hannibal in sein Vaterland zurückgekehrt war, ist er von seinen Bürgern zum König gemacht worden (Temporalsatz). 3. Einige Völker Galliens bitten, daß Cäsar ihnen kein

Unrecht zufüge (Finalsatz). 4. Als Cäsar sah, daß die Germanen so leicht veranlaßt wurden, daß sie in Gallien eindringen, hatte er die Absicht, sein Heer über den Rhein zu führen und damit den Germanen Furcht einzujagen (Temporalsatz, Konsekutivsatz). Er zweifelte nicht, daß das römische Heer die Germanen erschrecken werde (Interrogativsatz). 5. Die Nervier kämpften mit einer so großen Tapferkeit (so tapfer), daß die Römer ihnen bisweilen nicht Widerstand leisten konnten (Konsekutivsatz). 6. Die Einwohner Britanniens fürchteten, daß das römische Heer in Britannien bliebe (Finalsatz). Daher fürchteten sie für ihre Äcker und Städte. Sie fürchteten, daß Cäsar nicht sofort die Truppen nach Gallien zurückbringen werde (Finalsatz). 7. In wie wenigen Tagen Cäsar eine Brücke über den Rhein hatte bauen lassen (schlagen lassen), hat er uns selbst überliefert (Interrogativsatz).

k) concipere: zusammenfassen (Konzept); excipere: herausnehmen (exzeptionell); eripere: entreißen; abicere: wegwerfen; adicere: hinzufügen (Adjektiv); conicere: vermuten (konjizieren); disicere: zerstreuen; inicere: einflößen (injizieren); intericere: dazwischenwerfen (Interjektion); obicere: entgegenwerfen (Objekt); proicere: vor-, hinwerfen (projizieren); reicere: zurückwerfen (rejizieren); traicere: hinüberbringen (Trajekt); avertere: abwenden (Aversion); erumpere: ausbrechen (Eruption).

l) 1. Es ist besser, Unrecht zu empfangen als (es) zu tun. 2. Ich habe getan, was ich konnte; die Fähigen (Mächtigen) mögen Besseres (das Bessere) machen. 3. In den alten Zeiten baten die römischen Beamten die Götter, sie sollten die Verhältnisse (Lebensumstände) des römischen Volkes besser und umfangreicher machen. In den späteren Zeiten sagte der jüngere Scipio: „Unsere Verhältnisse (Lebensumstände) sind gut und angesehen genug; daher wünsche ich, daß sie von den Göttern unversehrt erhalten werden". 4. Durch gute Beispiele wird mehr bewirkt werden als durch sehr viele Worte. 5. Viele glauben, daß die Tugend allein ein glückliches Leben bewirken wird. 6. Bias, einer der sieben Weisen, wurde, als die Feinde seine Vaterstadt Priene eingenommen hatten und die übrigen Einwohner alle ihre Habe (an sich) rafften und flohen, von einigen Bürgern ermahnt, daß er selbst dasselbe tun solle (selbst dasselbe zu tun). Darauf sagte Bias: „Aber das tue ich ja, denn ich trage alle meine Habe mit mir". 7. Die untergehende Sonne beendet den Tag. 8. Spazierengehend (beim Spaziergang) haben wir uns erholt. 9. Die Bürger müssen diese Gebäude, die sie begonnen haben, möglichst schnell vollenden. Sie haben die Absicht, das Werk schnell zu vollenden. 10. Der Perserkönig Xerxes hoffte, daß er im Kampf mit den Griechen ganz Griechenland besiegen und einnehmen werde (besiege und einnehme). 11. Der Gesandte gab zur Antwort, es sei nicht Gewohnheit des römischen Volkes, von einem bewaffneten Feind (Feind in Waffen) Vorschriften anzunehmen. Deshalb werde das römische Volk (die) Befehle von Feinden nicht annehmen. 12. An den Iden des März versuchte der Augur, Cäsar davon zu überzeugen, daß alles (alle Vorzeichen) nicht günstig stehen. Daher versuchten der Augur und die Gattin Calpurnia, Cäsar zu überreden, an diesem Tag das Rathaus nicht aufzusuchen. 13.

Nachdem der Anführer seine Soldaten daran erinnert hatte, daß den Vorfahren das Vaterland stets teurer gewesen ist als ihr (eigenes) Leben, ermahnte er sie, sich tapfer gegen die Feinde zu verteidigen.

F: ihr werdet anfangen, du hast gemacht, herausgeworfen werden, du wirst getäuscht werden, fehlen werden, sie sollen nicht rauben u. damit sie nicht rauben, wie (sobald) wir begonnen haben, da (als) sie empfangen worden waren, während (solange) sie plündern, nachdem es geworfen worden war (man geworfen hatte), es wird geraubt (man raubt), die Zurückblickenden, sie werden nicht fehlen, gewünscht haben, sorgt!

XVII (60)

b) 1. vincit, vivit, videt, venit; vincebat, vivebat, videbat, veniebat; vincet, vivet, videbit, veniet; vicit, vixit, vidit, venit; vicerat, vixerat, viderat, venerat; vicerit, vixerit, viderit, venerit; vincat, vivat, videat, veniat; vinceret, viveret, videret, veniret; vicerit, vixerit, viderit, venerit; vicisset, vixisset, vidisset, venisset. 2. audent, audiunt; audebant, audiebant; audebunt, audient; audeant, audiant; auderent, audirent.

c) 1. audiamus, auditur, audivisse, auditum esset, audiemus, audiretur, audiri, audientur, audior, audi, audiens. 2. nescietis, nescivisti, nesciunt, nesciat, nesciri.

d) apud hostem prehensum, propter notas angustias, civium appropinquantium causa, de sorte gravi, cum amico paupere, sine hoc consilio prudentiore, ad fratrem nescientem, ex urbe propinqua.

e) 1. *libertas:* Nom. Sing.; *tabulas:* Akk. Plur. v. tabula; *donas:* 2. Pers. Sing. Ind. Präs. Akt. v. donare; *habeas:* 2. Pers. Sing. Konj. Präs. Akt. v. habere; *scribas:* 2. Pers. Sing. Konj. Präs. Akt. v. scribere; *venias (2):* Akk. Plur. v. venia u. 2. Pers. Sing. Konj. Präs. Akt. v. venire. 2. *pedes (2):* Nom. u. Akk. Plur. v. pes; *capies:* 2. Pers. Sing. Fut. I Akt. v. capere; *dedes:* 2. Pers. Sing. Fut. I Akt. v. dedere; *milites (3):* Nom. u. Akk. Plur. v. miles u. 2. Pers. Sing. Konj. Präs. Akt. v. militare; *des:* 2. Pers. Sing. Konj. Präs. Akt. v. dare; *fides (3):* Nom. Sing. u. Nom. u. Akk. Plur. v. fides; *reperies:* 2. Pers. Sing. Fut. I Akt. v. reperire; *emines:* 2. Pers. Sing. Ind. Präs. Akt. v. eminere.

h) Aktion: actio, onis f.; Attribut: attributum, i n.; Defekt: defectus, us m.; Ejektion: eiectio, onis f.; Indiz: indicium, i n.; Institution: institutio, onis f.; Intervall: intervallum, i n.; Lektion: lectio, onis f.; Provisor: provisor, oris m.; Rezept: receptum, i n.; Tabelle: tabella, ae f.; Tangente: tangens, entis m.f.n. Part. Präs. v. tangere; Version: versio, onis f.; Vision: visio, onis f.; kurios: curiosus, a, um; opportun: opportunus, a, um; dezent: decens, entis m.f.n. Part. Präs. v. decere; resistent: resistens, entis m.f.n. Part. Präs. v. resistere; amputieren: amputare, amputo, amputavi, amputatum; existieren: exsistere, exsisto, exstiti; instruieren: instruere, instruo, instruxi, instructum; probieren: probare, probo, probavi, probatum; traktieren: tractare, tracto, tractavi, tractatum.

i) 1. Volusenus in oram Britanniae praemissus Caesarem certiorem fecit de quibusdam portibus et aditibus Britanniae – Der an die Küste Britanniens vorausgeschickte Volusenus unterrichtete Cäsar über einige Häfen und Zugänge nach Britannien (Britanniens). 2. Ora ab hostibus occupata Romani dubitabant e navibus desilire – Da die Küste von den Feinden besetzt worden war, zögerten die Römer, aus den Schiffen herabzuspringen. 3. Permultis Romanis adversarios timentibus unus ex militibus e nave desilit et proelium committere audet – Obwohl sehr viele Römer die Gegner fürchten, springt einer von den Soldaten aus dem Schiff und wagt (es), den Kampf zu beginnen. 4. Pace cum incolis Britanniae facta Caesar cum navibus suis in Galliam renavigavit – Nachdem mit den Bewohnern Britanniens Frieden geschlossen worden war (Nach dem Friedensschluß mit den Bewohnern Britanniens), fuhr Cäsar mit seinen Schiffen nach Gallien zurück. 5. Caesare in Britannia pugnante nonnullae gentes antea superatae a Romanis defecerunt – Während Cäsar in Britannien kämpfte, sind einige vorher besiegte Stämme von den Römern abgefallen (die vorher besiegt worden waren).

k) 1. Die Kinder haben, ohne daß der Vater es wußte, (ohne Wissen des Vaters) diese Bücher gekauft. 2. Gegen den Willen der Mutter werde ich diesen Brief nicht schreiben. 3. Auf Veranlassung des Arztes haben wir den kranken Freund in eine südliche Gegend geschickt. 4. Unter der Führung jener Männer werdet ihr sicher auf den hohen Berg hinaufsteigen. 5. Als Cicero Konsul war, hat er die Reden über die aufgedeckte Verschwörung Catilinas (über die Aufdeckung der Verschwörung Catilinas) gehalten (Cicero hat als Konsul die Reden gehalten).

l) 1. Die Germanen kamen bewaffnet zur Beratung (pflegten zu kommen). 2. Cäsar ließ die Schiffe bald nach Mitternacht abfahren (ließ die Anker lichten); diese gelangten alle unversehrt zur Küste. 3. Derjenige erscheint mir als der Größte, der durch seine eigene Tüchtigkeit in eine höhere Stellung gelangt (ist), nicht der, der durch das Unglück des anderen emporgestiegen ist (emporsteigt). 4. Der Zenturio fiel tapfer kämpfend. 5. Cäsar hat sein Heer auf der Brücke, die er im Rhein hatte bauen lassen, nach Germanien hinübergeführt. 6. Der Feldherr nahm die Stadt ein, da die Einwohner keinen Widerstand leisteten (ohne Widerstand der Einwohner). 7. Obwohl die Feinde besiegt worden waren (Trotz des Sieges über die Feinde), hat Cäsar seine Soldaten nicht entlassen. 8. Nachdem der Führer die Soldaten ermahnt hatte, führte er sie aus dem Lager (führte er die ermahnten Soldaten heraus). 9. Cäsar konnte die Stadt nicht erobern, obwohl (sie) nur wenige verteidigten. 10. Obwohl der Konsul abriet (Trotz Abratens des Konsuls), wird den bittenden Gesandten Nachsicht gewährt (ist man gegenüber den Gesandten auf ihre Bitten hin nachsichtig). 11. Nach der Zerstörung Karthagos begann in Rom das Glücksgefühl zu wüten und alles zu vermischen (durcheinanderzubringen). 12. Bei Ankunft des Vaters (Als der Vater ankam,) war der Sohn nicht zu Hause. 13. Unter der Führung der Freunde werden wir schnell in diese Stadt gelangen.

F: da er fühlt, nachdem man angekommen war, schlaft, du wirst wissen, finden werden, da ihr nicht wußtet, sie sind umzingelt worden, er muß gehört werden u. man muß ihn hören, sie sind dabei zu befestigen (sie haben die Absicht zu befestigen), die Zahl der Ankommenden, spring herab, er soll finden, er wird wahrgenommen, er würde hervorkommen (es würde sich ereignen), die gehinderten Feinde.

XVIII (61)

b) *proelium magnum*, maius, maximum; acre, acrius, acerrimum; necessarium, magis necessarium, maxime necessarium; *proelio magno*, maiore, maximo; acri, acriore, acerrimo; necessario, magis necessario, maxime necessario; *proelia magna*, maiora, maxima; acria, acriora, acerrima; necessaria, magis necessaria, maxime necessaria; *proeliorum magnorum*, maiorum, maximorum; acrium, acriorum, acerrimorum; necessariorum, magis necessariorum, maxime necessariorum.

c) 1. arcessiti sunt, arcesse, arcesseris, arcesserem, arcesseris, arcessi, arcessiverunt. 2. tardant, tardabit, tardet, tardatur, tardavisse, tardaverat, tardantes.

d) parati sunt ad canendum, ad conficiendum, ad curandum, ad patriam defendendam, ad consilia nostra adhibenda.

e) 1. Medico pueri aegroti sanandi sunt – Der Arzt muß die kranken Jungen heilen. 2. Nobis multa discenda sunt. Wir müssen vieles (vielerlei) lernen. 3. Aegroti quam celerrime curandi erant – Die Kranken mußten möglichst schnell behandelt werden. 4. Tibi statim parendum est – Du mußt sofort gehorchen. 5. Haec sententia vobis mutanda non est – Ihr dürft (müßt) diese Meinung nicht ändern.

f) 1. Multa milia civium poetae claro occurrerunt eum salutatum – Viele tausend Bürger eilten dem berühmten Dichter entgegen, um ihn zu begrüßen. 2. Philosophus in urbem venerat non modo disputandi causa, sed etiam docendi causa – Der Philosoph war in die Stadt gekommen, nicht nur um zu disputieren (sprechen), sondern auch um zu lehren. 3. Cives in Capitolium convenerunt deis gratias actum – Die Bürger sind auf dem Kapitol zusammengekommen, um den Göttern Dank zu sagen.

g) *libertati:* Dat. Sing. v. libertas; *liberati (3):* Gen. Sing. m.n. u. Nom. Plur. m. Part. Perf. Pass. v. liberare; *liberari:* Inf. Präs. Pass. v. liberare; *liberandi (4):* Gen. Sing. v. Gerundium u. Gen. Sing. m.n. u. Nom. Plur. m. v. Gerundivum v. liberare; *liberanti (3):* Dat. Sing. m.f.n. Part. Präs. Akt. v. liberare; *liberi (3):* Gen. Sing. m.n. u. Nom. Plur. m. v. liber; *libera (5):* Nom. u. Abl. Sing. f. u. Nom. u. Akk. Plur. n. v. liber u. Imper. Sing. v. liberare; *liber (2):* Nom. Sing. v. liber (libri m.) u. Nom. Sing. m. v. liber (a, um); *metuentis (3):* Gen. Sing. m.f.n. Part. Präs. Akt. v. metuere; *metuendis (6):* Dat. u. Abl. Plur. m.f.n. v. Gerundivum v. metuere; *metuis:* 2. Pers. Sing. Ind. Präs. Akt. v. metuere; *metis:* 2. Pers. Sing. Ind. Präs. Akt. v. metere.

i) Zu lesende Gedichte, eine zu lobende (lobenswerte) Rede, ein zu beendendes Werk. – 1. Wir wissen, daß wir antworten müssen u. daß man uns antworten muß. 2. Der Junge glaubt, er müsse eilen. 3. Glaubst du, daß du diese Bücher lesen mußt? 4. Die Hoffnung zu siegen war bei allen groß.

5. Der Freund sprach (machte) doch wohl diese mahnenden Worte, um den Bruder zu ermahnen? 6. Ihr habt doch nicht etwa den Plan gefaßt, dieses Haus zu kaufen? 7. Wir müssen zuerst hören, dann wagen und handeln. 8. Junge Leute stärken ihre Körper (sich) durch häufiges Üben. 9. Niemand darf vor seinem Tod für glücklich gehalten werden. 10. Meine an Segeln nicht gewöhnte Schwester fürchtete das Meer. 11. Das Wort prudentia (Klugheit) ist von providere (voraussehen) abgeleitet (gesagt) worden. 12. Zu Cäsar kamen Gesandte der Gallier ins Lager, um sich zu rechtfertigen. Cäsar aber glaubte, die Gesandten weder anhören noch Bedingungen annehmen zu müssen. 13. Dieses ist ein Ausspruch Catos: Für die(jenigen), die keine Kraft zu einem guten und glücklichen Leben in sich selbst haben, ist jedes Lebensalter schwierig. 14. Die römischen Kaufleute pflegten zu fernen Völkern zu fahren, um von dort Waren nach Rom zu bringen. 15. Wir kommen zu euch (sind gekommen), um zu bitten, nicht um zu fordern. 16. Es war leicht zu erkennen, daß die Ansicht des Redners nicht richtig ist. 17. Cicero hat über Catilinas Charakter folgendes überliefert: Catilina mußte als einziger von diesen allen gefürchtet werden, aber nur so lange, als er innerhalb der Stadtmauern blieb. Er wußte alles und hatte Zutritt zu allen. Er hatte einen geeigneten Plan, um die Tat auszuführen; für die Durchführung des Planes aber fehlten ihm weder Hand noch Zunge. Er hatte bereits bestimmte Männer zur Ausführung bestimmter Aufgaben ausgewählt. Aber er glaubte nicht, daß, wenn er etwas befohlen hatte, es ausgeführt worden sei. Er war gewöhnt an das Ertragen von Kälte, Hunger und Nächten ohne Schlaf. 18. Der Karthager Hanno meint, der junge Hannibal müsse durch die Gesetze und durch Beamte im Zaum gehalten werden, er müsse belehrt werden, nach dem gleichen Recht zu leben mit den übrigen, damit dieses kleine Feuer nicht irgendeinmal einen ungeheuren Brand entfache.

F: durch das Empfangen, die Machenden, wünschen werden, es durfte nicht geplündert werden, der Springenden, ich muß dich (an)hören, der Grund, schnell zu kommen; das Gefundene u. um zu finden, um die Rede zu hören, sie ist bereit zu berücksichtigen, durch häufiges Mischen, ihr braucht nicht ermahnt zu werden, sie würden erzählen müssen u. man müßte ihnen erzählen, die Hoffnung, das Buch zu finden; du mußt die Freunde begrüßen.

XIX (62)

b) 1. promittit – pollicetur, promittebat – pollicebatur, promittet – pollicebitur, promisit – pollicitus (a) est, promiserat – pollicitus (a) erat, promiserit – pollicitus (a) erit, promittat – polliceatur, promitteret – polliceretur, promiserit – pollicitus (a) sit, promisisset – pollicitus (a) esset. 2. monemus – hortamur, monebamus – hortabamur, monebimus – hortabimur, monuimus – hortati (ae) sumus, monueramus – hortati (ae) eramus, monuerimus – hortati (ae) erimus, moneamus – hortemur, moneremus – hortaremur, monuerimus – hortati (ae) simus, monuissemus – hortati (ae) essemus.

c) hortemur, coles od. timebis, medemini, recordabor, pugna, precati (ae) sunt, promisisse, cunctamur, laetamini, populaturum esse.

d) 1. minue, minuite; pollicere, pollicemini; interes, intereste; verere, veremini; muni, munite; accipe, accipite. 2. sanare, sanari, sanavisse, sanatum (am, um) esse, sanaturum (am, um) esse; venari, venatum (am, um) esse, venaturum (am, um) esse; prodesse, profuisse, profuturum (am, um) esse; corrumpere, corrumpi, corrupisse, corruptum (am, um) esse, corrupturum (am, um) esse; laetari, laetatum (am, um) esse, laetaturum (am, um) esse; mederi; lavari, lautum (am, um) esse, lauturum (am, um) esse. 3. defendens, defensus (a, um), defensurus (a, um); audiens, auditus (a, um), auditurus (a, um); frangens, fractus (a, um), fracturus (a, um); recordans, recordatus (a, um), recordaturus (a, um). 4. hortandus (a, um), videndus (a, um), legendus (a, um), respondendus (a, um), impediendus (a, um).

e) 1. Ciceronem clarum oratorem fuisse dicunt. Sie sagen (man sagt), daß Cicero ein berühmter Redner gewesen ist. – Cicero clarus orator fuisse dicitur. Es wird gesagt (man sagt), daß Cicero ein berühmter Redner gewesen ist (Cicero soll gewesen sein; wie es heißt, war Cicero). 2. Androclum diu per Africam vagatum esse dicunt. Sie sagen (man sagt), daß Androklus lange durch Afrika umhergestreift ist. – Androclus diu per Africam vagatus esse dicitur. Es wird gesagt (man sagt), daß Androklus lange durch Afrika umhergestreift ist (Androklus soll umhergestreift sein; wie es heißt, ist Androklus umhergestreift). 3. Romanos cum multis populis proeliatos esse dicunt. Sie sagen (man sagt), daß die Römer mit vielen Völkern gekämpft haben. – Romani cum multis populis proeliati esse dicuntur. Es wird gesagt (man sagt), daß die Römer mit vielen Völkern gekämpft haben (Die Römer sollen gekämpft haben; wie es heißt, haben die Römer gekämpft).

f) 1. Precor vos, amici, ut nos adiuvetis – Ich bitte euch, Freunde, uns zu helfen. 2. Putamus eum vos tueri posse. – Wir glauben, daß er euch schützen kann. 3. Cunctaminine puerum hortari? – Zögert ihr, den Knaben zu ermahnen? 4. Polliceor me statuas diligenter contemplaturum esse – Ich verspreche, die Statuen sorgfältig zu betrachten. 5. Veriti sumus, ne nostri non recordaretur. – Wir fürchteten, daß er sich unser nicht erinnerte. 6. Hortare eum, ut miseros celeriter adiuvet. – Ermahne ihn, die Unglücklichen schnell zu unterstützen.

h) 1. Androklus erblickt beim Umherstreifen eine Höhle. 2. Nachdem Androklus lange umhergestreift war, betrat er eine Höhle. 3. Der Löwe eilt täglich in den Wald, um wilde Tiere zu jagen; er hat im Sinn, dem Androklus, der sich in der Höhle aufhält, Nahrung zu bringen. 4. Androklus hat Mitleid mit dem wehklagenden Löwen. 5. Während der Löwe auf der Jagd ist, hält sich Androklus in der Höhle auf. 6. Da sich der Löwe an die Wohltat erinnerte, greift er Androklus nicht an. 7. Nicht alle sind glücklich, die glücklich zu sein scheinen. 8. Cicero schreibt über die Philosophie folgendes: Sie heilt die Gemüter, nimmt unnütze Sorgen weg, befreit von Leidenschaften und vertreibt Ängste. 9. Derselbe Schriftsteller findet in seinem Buch, das „Cato maior de senectute" („Cato der Ältere über das Greisenalter") betitelt wird, vier Gründe, warum das Alter unglücklich zu sein scheint: den einen, weil es von Aufgaben (von Dingen, die getan werden müssen) fernhält; den zweiten, weil es den Körper schwächer macht; den dritten, weil es fast aller Vergnügungen beraubt und den vierten, weil es nicht (mehr) fern vom Tode ist. 10. Als Solon gefragt wurde, warum er keine Strafe gegen den, der seinen Vater getötet hat, festgesetzt habe, antwortete er, er habe geglaubt, daß das keiner tun werde. Man sagt, er habe klug gehandelt, da er über ein solches Verbrechen, das vorher (noch) nicht begangen worden war, nichts festgesetzt habe. 11. Der Führer gab das Zeichen zum Kampf, nachdem er seine Soldaten ermahnt hatte, daß sie sich an ihre frühere Tapferkeit erinnern sollten (sich an ihre frühere Tapferkeit zu erinnern). – Der Führer ermahnte seine Soldaten, sich an ihre frühere Tapferkeit zu erinnern, und gab dann das Zeichen zum Kampf.

F: er soll nicht zögern u. damit er nicht zögert; sie haben die Absicht (sind im Begriff), Glück zu wünschen; er soll sich gefreut haben, um zu jagen, er mußte bekennen, du verweilst, ihr erinnert euch u. erinnert euch, die Versprechenden, sie werden dich heilen, hast du dich gescheut, ermahne, sie waren gebadet worden u. sie hatten sich gebadet, da ihr betrachtetet, du wirst bewundern, durch das Verwüsten.

XX (63)

b) tarde, tardius, tardissime; audacter, audacius, audacissime; prudenter, prudentius, prudentissime; acriter, acrius, acerrime.

c) moratur – moritur, morabatur – moriebatur, morabitur – morietur, moratus est – mortuus est, moratus erat – mortuus erat, moratus erit – mortuus erit, moretur – moriatur, moraretur – moreretur, moratus sit – mortuus sit, moratus esset – mortuus esset.

d) labuntur, labebantur, labentur, lapsi sunt, lapsi erant, lapsi erunt, labantur, laberentur, lapsi sint, lapsi essent; patiuntur, patiebantur, patientur, passi sunt, passi erant, passi erunt, patiantur, paterentur, passi sint, passi essent; pollicentur, pollicebantur, pollicebuntur, polliciti sunt, polliciti erant, polliciti erunt, polliceantur, pollicerentur, polliciti sint, polliciti essent; lamentantur, lamentabantur, lamentabuntur, lamentati sunt, lamentati erant, lamentati erunt, lamententur, lamentarentur, lamentati sint, lamentati essent.

e) loquere, patitur, ingressi essent, progressum esse, fungetur, aggrediar (2), precaris, usus erat, proficiscentur.

f) 1. De his rebus vobiscum locuti essemus. – Wir hätten mit euch über diese Dinge gesprochen. 2. Paterisne filium tuum illos libros emere? – Duldest du, daß dein Sohn jene Bücher kauft? 3. Nemo sine vitiis natus est. – Niemand ist ohne Fehler geboren worden. 4. Milites Romani in Britanniam transgrediuntur. – Die römischen Soldaten setzen nach Britannien über.

g) *quaeris:* 2. Pers. Sing. Ind. Präs. Akt. v. quaerere; *quaeri:* Inf. Präs. Pass. v. quaerere; *queri:* Inf. Präs. (Dep.); *quereris (2):* 2. Pers. Sing. Ind. Präs. (Dep.) u. 2. Pers. Sing. Fut. I (Dep.) v. queri; *quaere:* Imper. Sing. v. quaerere; *quaerere:* Inf. Präs. Akt.; *quererer:* 1. Pers. Sing. Konj. Imperf. (Dep.) v. queri; *passus (5):* Nom. u. Gen. Sing. u. Nom. u. Akk. Plur. v. passus (us m.) u. Nom. Sing. m. Part. Perf. (Dep.) v. pati; *pari (7):* Dat. u. Abl. Sing. m.f.n. v. par u. Inf. Präs. Pass. v. parĕre; *pati:* Inf. Präs. (Dep.) v. pati; *passi (3):* Gen. Sing. m.n. u. Nom. Plur. m. Part. Perf. (Dep.) v. pati; *passui:* Dat. Sing. v. passus (us m.); *pater:* Nom. Sing.; *patere:* Imper. Sing. v. pati; *pateris:* 2. Pers. Sing. Ind. Präs. (Dep.) v. pati; *peteres:* 2. Pers. Sing. Konj. Imperf. Akt. v. petere; *patre:* Abl. Sing. v. pater; *parte:* Abl. Sing. v. pars; *paries (2):* Nom. Sing. v. paries u. 2. Pers. Sing. Fut. I Akt. v. parĕre; *partes (2):* Nom. u. Akk. Plur. v. pars; *patres (2):* Nom. u. Akk. Plur. v. pater; *pares (6):* Nom. u. Akk. Plur. m.f. v. par u. 2. Pers. Sing. Ind. Präs. Akt. v. parēre u. 2. Pers. Sing. Konj. Präs. Akt. v. parare; *paris (4):* Gen. Sing. m.f. n. v. par u. 2. Pers. Sing. Ind. Präs. Akt. v. parĕre; *paratur:* 3. Pers. Sing. Ind. Präs. Pass. v. parare; *paretur (2):* 3. Pers. Sing. Ind. Präs. Pass. v. parēre u. 3. Pers. Sing. Konj. Präs. Pass. v. parare; *parietur:* 3. Pers. Sing. Fut. I Pass. v. parĕre; *parcetur:* 3. Pers. Sing. Fut. I Pass. v. parcere; *aggredere:* Imper. Sing. v. aggredi; *accede:* Imper. Sing. v. accedere; *ascende:* Imper. Sing. v. ascendere; *accende:* Imper. Sing. v. accendere; *labar (2):* 1. Pers. Sing. Fut. I (Dep.) u. 1. Pers. Sing. Konj. Präs. (Dep.) v. labi; *labor (2):* Nom. Sing. v. labor (is m.) u. 1. Pers. Sing. Ind. Präs. (Dep.) v. labi; *labaris:* 2. Pers. Sing. Konj. Präs. (Dep.) v. labi; *laboris:* Gen. Sing. v. labor; *labores (3):* Nom. u. Akk. Plur. v. labor (is m.) u. 2. Pers. Sing. Konj. Präs. Akt. v. laborare; *mori (2):* Dat. Sing. v. mos u. Inf. Präs. (Dep.) v. mori; *morti:* Dat. Sing. v. mors; *mortui (3):* Gen. Sing. m.n. u. Nom. Plur. m. Part. Perf. (Dep.) v. mori; *moriens (3):* Part. Präs. m.f.n. (Dep.) v. mori; *morans (3):* Part. Präs. m.f.n. (Dep.) v. morari; *merens (3):* Part. Präs. Akt. m.f.n. v. merere; *mirans (3):* Part. Präs. m.f.n. (Dep.) v. mirari.

h) 1. Wenn ihr nach Hause weggeht, werden wir euch geleiten, damit ihr unterwegs nicht fallt (werden wir euch auf dem Heimweg geleiten). 2. Wir wollen ihn (daran) hindern, daß er sich an euch rächt (sich an euch zu rächen). 3. Wir werden uns hüten, das zu sagen. 4. Ich fürchtete, daß jener berühmte Redner nicht sprechen würde. 5. Sehr viele forderten, daß nicht ein anderer Redner die Rede halten soll. 6. Allen Soldaten war vom Feldherrn untersagt worden, irgendetwas zu plündern (daß sie plünderten). 7. Erduldet er schon lange diese heftigen Schmerzen?

i) Patient: pati, patior, passus sum; Funktion: fungi, fungor, functus sum; Querulant: queri, queror, questus sum; Vehikel: vehere, veho, vexi, vectum; Kontrahent: contrahere, contraho, contraxi, contractum; Gratulant: gratulari, gratulor, gratulatus sum; lamentieren: lamentari, lamentor, lamentatus sum; redigieren: redigere, redigo, redegi, redactum; aggressiv: aggredi, aggredior, aggressus sum; labil: labi, labor, lapsus sum.

l) 1. Halte die Sache (das Thema) fest (im Kopf), die Worte werden folgen. Jenen Ausspruch Catos müssen wir bei vielen Gelegenheiten im Gedächtnis festhalten. 2. Wenn wir der Natur folgen, werden wir nie vom rechten Weg abirren. 3. Auch der ältere Cato folgte der Natur als der besten Führerin wie einem Gott (einer Gottheit) und gehorchte ihr. 4. Meidet die Laster, folgt den Beispielen guter Menschen. 5. Viele Menschen von vornehmster

Herkunft haben später kein glückliches Los (Schicksal) erlangt. 6. Alle wünschen, das Greisenalter zu erreichen; wenn sie es erreicht haben, klagen sie. 7. Der Karthager Maharbal sagte nach dem Sieg über das römische Heer zu Hannibal: „Du sollst wissen, was du durch diesen Kampf erreicht hast: Am fünften Tag wirst du als Sieger auf dem Kapitol speisen. Ich werde mit der Reiterei vorausreiten. Folge mir! Warum nutzt du diese Gelegenheit nicht? Zu siegen verstehst du, Hannibal, den Sieg zu nutzen verstehst du nicht". 8. Alle Völker, die durch Gesetze und gute Sitten gelenkt werden (sich leiten lassen), benutzen zum Teil ihr (eigenes) Recht, zum Teil das allen Menschen gemeinsame Recht. Denn was ein jedes Volk sich selbst als Recht festgelegt hat, das ist sein eigenes und wird das Bürgerrecht genannt. Dieses (Diese Gedanken) führt Gajus in seinen Büchern, die „Institutiones" („Grundsätze") genannt werden, aus. 9. Die Wörter, die „secundus" („zweiter") und „socius" („Gefährte") lauten, werden von „sequi" („folgen") abgeleitet. 10. Ihr werdet eure Pflichten erfüllen, wie sie eure Väter erfüllt haben.

F: sie gleiten, ihr verrichtet u. verrichtet, du klagtest, sie würden sterben, sie hatten benutzt, es darf nicht zerfallen, ich werde sprechen u. ich soll sprechen, folgen werden, er wird geboren werden, durch schnelles Fahren, ihr greift an u. greift an, du wirst erdulden, um hinüberzugehen, du schreitest voran, sie rächten sich (sie pflegten, versuchten, sich zu rächen).

XXI (65)

c) experiris, experiebaris, experieris, expertus (a) es, expertus (a) eras, expertus (a) eris, experiaris, experireris, expertus (a) sis, expertus (a) esses; cunctaris, cunctabaris, cunctaberis, cunctatus (a) es, cunctatus (a) eras, cunctatus (a) eris, cuncteris, cunctareris, cunctatus (a) sis, cunctatus (a) esses; audes, audebas, audebis, ausus (a) es, ausus (a) eras, ausus (a) eris, audeas, auderes, ausus (a) sis, ausus (a) esses.

d) 1. gavisi sumus, gaudetis u. gaudete, gavisum esse, gaudentes, gaudeat, gaudebis. 2. reverteris, reverterunt, revertere, reverterer, revertissemus, revertamur, revertero. 3. largire, largiturus est, largiendum erat, largiantur, largiemur.

e) *sorti:* Dat. Sing. v. sors; *sortiri:* Inf. Präs. (Dep.); *sortire:* Imper. Sing. (Dep.) v. sortiri; *sorte:* Abl. Sing. v. sors; *fide (3):* Vok. Sing. m. v. fidus u. Abl. Sing. v. fides u. Imper. Sing. v. fidere: *fidas (2):* Akk. Plur. f. v. fidus u. 2. Pers. Sing. Konj. Präs. Akt. v. fidere; *fides (2):* Nom. Sing. v. fides u. 2. Pers. Sing. Fut. I Akt. v. fidere; *fidos:* Akk. Plur. m. v. fidus; *fidis (7):* Dat. u. Abl. Plur. m.f.n. v. fidus u. 2. Pers. Sing. Ind. Präs. Akt. v. fidere; *fidi (4):* Gen. Sing. m.n. u. Nom. Plur. m. v. fidus u. Inf. Präs. Pass. v. fidere; *fitis:* 2. Pers. Plur. Ind. Präs. v. fieri; *fisus:* Nom. Sing. m. Part. Perf. (Semidep.) v. fidere; *fidus:* Nom. Sing. m.v. fidus; *fassus:* Nom. Sing. m. Part. Perf. (Dep.) v. fateri; *potiris:* 2. Pers. Sing. Ind. Präs. (Dep.) v. potiri; *poteris:* 2. Pers. Sing. Fut. I Akt. v. posse; *potieris:* 2. Pers. Sing. Fut. I (Dep.) v. potiri; *poteras:* 2. Pers. Sing. Ind. Imperf. Akt. v. posse; *portaveras:* 2. Pers. Sing. Ind. Plusquamperf. Akt. v.

portare; *potiaris:* 2. Pers. Sing. Konj. Präs. (Dep.) v. potiri; *potior:* 1. Pers. Sing. Ind. Präs. (Dep.) v. potiri; *potius:* Komp. Adv. v. potis (mächtig); *potens (3):* Nom. Sing. m.f.n.

f) 1. A Romanis pax facta est – Von den Römern ist Frieden geschlossen worden. 2. A pueris porta patefiet – Von den Jungen wird die Tür geöffnet werden. 3. A nobis assuefieri non potes celerius laborare – Du kannst von uns nicht (daran) gewöhnt werden, schneller zu arbeiten. 4. Hieme nobis via a vobis patefiebat – Im Winter wurde von euch für uns der Weg frei gemacht.

i) 1. Die Römer haben sich ohne irgendeine Gefahr des Lagers bemächtigt. 2. Freust du dich über die Belohnungen? 3. Die Soldaten haben auf ihre Kräfte vertraut. 4. Der Freund wendet sein Geld sehr klug an. 5. Du würdest doch wohl dieses Amt gern verwalten? 6. Der Gast war uns aufs Land gefolgt. 7. Er soll sich nicht an seinen Gegnern rächen! 8. Welche Speisen genießt du unterwegs (wirst du genießen)? 9. Die Jungen haben sich über die Bücher, die du ihnen gegeben hast, gefreut. 10. Sehr oft werden wir uns an die Tage erinnern, an denen wir uns mit dir in den Bergen aufhielten.

k) 1. Der Vater begrüßt den zurückkehrenden Sohn (den Sohn bei seiner Rückkehr). 2. Zurückgekehrt (Nach seiner Rückkehr) hat er sein Amt in derselben Weise wie vorher verwaltet. Nachdem er zurückgekehrt war, (Nach seiner Rückkehr) starb der Bruder. 3. Obwohl wir gestern alles versucht haben, haben wir nichts erreicht. 4. Was schimpflich ist, kann, auch wenn es verborgen wird, dennoch auf keine Weise wieder gutgemacht werden. 5. Wenn die Sonne aufgeht, (Bei Sonnenaufgang) werden im Sommer in südlichen Gegenden die Haustüren geöffnet. 6. Wir wissen, daß sich Solon in Versen gerühmt hat, er werde, täglich etwas hinzulernend, alt (indem er hinzulerne). 7. Klug wird werden, wer sorgfältig und mit höchstem Eifer gelernt hat (gelernt haben wird). 8. Als im Peloponnesischen Krieg, den die Athener und die Lakedämonier miteinander äußerst heftig geführt haben, durch die verdunkelte Sonne (durch die Verdunkelung der Sonne) plötzlich eine Finsternis eingetreten war, soll Perikles, jener durch sein Ansehen berühmte erste Mann seines Staates, seine Mitbürger, die in höchste Furcht versetzt waren, beruhigt haben. Er unterrichtete seine Mitbürger über das, was er selbst von dem Philosophen Anaxagoras vernommen hatte: jenes Ereignis geschehe zu einer bestimmten Zeit und notwendigerweise, da der ganze Mond sich unter die Sonnenscheibe geschoben habe. Als er dieses durch seine Erklärung dargelegt hatte, befreite er das Volk von der Furcht. Denn damals war das eine neue und unbekannte Lehre, daß sich die Sonne durch das Entgegentreten des Mondes zu verfinstern pflege. Wie man sagt, hat Thales aus Milet das als erster wahrgenommen.

F: ihr werdet glücklich werden, du würdest gewöhnt werden, er wurde geöffnet, ihr versucht u. versucht, er wird wagen zu lügen, die Zahl der Schmeichelnden, man muß dir zustimmen u. du mußt zustimmen, sie werden entstehen, vertraut haben, wagen werden, du kehrst zurück u. du wirst zurückkehren u. du sollst zurückgekehrt sein u. du wirst zurückgekehrt sein, sie messen, ich werde u. ich soll vertrauen, sie werden krank, es soll (möge) geschehen u. es soll (möge) werden.

XXII (66)

b) adeo, adibam, adibo, adii, adieram, adiero, adeam, adirem, adierim, adissem; affero, afferebam, afferam, attuli, attuleram, attulero, afferam, afferrem, attulerim, attulissem.

c) 1. isti, ibis, ierunt, i, isse, transi, transii, adibo u. adeam, cum transierimus, adieratis, adeundum non est, abierunt, abite, abirem, abissemus, abibimus, abiero. 2. fer, ferris, ferunt, fereris, ferte, affers, ne referat, inferimus, inferetur, inferri.

d) 1. perficiens, perfectus (a, um), perfecturus (a, um); ingrediens, ingressus (a, um), ingressurus (a, um); offerens, oblatus (a, um), oblaturus (a, um); transiens, transitus (a, um), transiturus (a, um); 2. inferre, inferri, intulisse, illatum (am, um) esse, illaturum (am, um) esse, illatum iri; adire, adisse, aditurum (am, um) esse; velle, voluisse; 3. fer, ferte; abi, abite; noli, nolite; pollicere, pollicemini.

e) 1. Dolores nobis patienter ferendi sunt – Die Schmerzen müssen von uns geduldig ertragen werden. 2. Tibi celeriter eundum est – Du mußt schnell gehen. 3. Consilia differenda erant – Die Pläne mußten aufgeschoben werden. 4. Sibi flumen transeundum esse Caesar censet – Cäsar meint, daß er den Fluß überschreiten muß.

h) 1. Du gehst sehr langsam, Freund; ich werde schneller gehen. 2. Wenn ihr weggeht, (Bei eurem Weggang) will ich euch Speisen anbieten. 3. Ich wünsche, daß du aus dem Haus gehst und dem Freund die gelesenen Bücher zurückbringst. 4. Wir würden dir entgegengehen, wenn wir wüßten, wann du nach Hause zurückkehren wirst. 5. Was das Schicksal bringen wird, werden wir tragen. Wir bewundern euch, mit welchem Mut ihr schon so lange die Schmerzen ertragen habt. Andere würden sie nicht länger ertragen. 6. Nicht immer haben wir erreicht, was wir gewollt hatten. 7. Ein Gerücht wächst im (durch das) Gehen. 8. Die alten Römer wollten lieber mit Würde sterben als mit Schande leben. 9. Als in einem Festzug eine große Menge Gold (mit)getragen wurde, sagte Sokrates: „Wie vieles wünsche ich doch nicht!“. 10. Auf dem Grab irgendeines Menschen ist folgendes daraufgeschrieben: Was er gewollt hat, hat er auch gekonnt. Was er gekonnt hat, hat er auch gewollt. 11. In Ciceros Büchern, die „De officiis („Über die Pflichten“) betitelt sind, kann man folgendes lesen: Diejenigen, die die Leitung des Staates zu übernehmen beabsichtigen, sollen sich an folgende Vorschrift Platos halten, nämlich auf den Nutzen für die Bürger so bedacht zu sein, daß sie, was sie auch immer tun, auf diesen zurückführen. 12. Wenn ihr etwas unter Anstrengung richtig gemacht habt, wird jene Anstrengung schnell wieder von euch weichen, eine gute Tat wird, solange ihr lebt, nicht von euch weggehen. Aber wenn ihr etwas zum Vergnügen (aus Vergnügungssucht) schlecht gemacht habt, wird das Vergnügen rasch vergehen, die böse Tat aber wird immer bei euch bleiben. 13. Wenn du geliebt werden willst, dann liebe! 14. Dieses will ich, so befehle ich, statt der Vernunft soll der Wille stehen!

F: ihr seid weggegangen, wir wären zurückgekehrt, laßt uns anbieten, geht nicht vorüber, nachdem der Krieg begonnen worden war, es mußte Hilfe gebracht werden, sie gehen unter, er würde heraustragen, du wirst vorgezogen, wirst du zurückbringen, er will nicht anbieten, wir werden zusammenbringen, durch das Überbringen, beseitigen werden, gehe herum.

8. TEIL: VERZEICHNIS DER EIGENNAMEN

1

Namen, die in den Übungsstücken erwähnt werden

A

A. (Aulus, ī m.)	Aulus, römischer Vorname
Aegyptus, ī f.	Ägypten
Aenēās, ae m.	Äneas, Sohn des Anchises und der Venus, Ahnherr der Römer
Aeschinēs, is m.	Äschines, Philosoph aus Athen, Schüler des Sokrates, 5. Jh. v. Chr.
Aethiopia, ae f.	Äthiopien: 1. Land am Südrand der Erde (Homer); 2. Land südlich von Philä am Nil (Herodot)
Aetna, ae f.	Ätna, feuerspeiender Berg auf Sizilien
Āfrica, ae f.	Afrika
Agrippa, ae m.	Agrippa: 1. Menenius A., führte die Plebs 494 nach Rom zurück; 2. M. Vipsanius A., 63-12, Sieger von Aktium; 3. A. Postumus, Enkel des Augustus
Albis, is m.	Elbe
Alexander, drī m.	Alexander der Große, König von Makedonien, 356-323
Allia, ae f.	Allia, Nebenfluß des Tiber, bekannt durch die Schlacht der Römer gegen die Gallier 390 v. Chr.
Allobrogēs, um m.	Allobroger, Gebirgsvolk im narbonensischen Gallien
Alpēs, ium f.	Alpen
Alpīnus, a, um	zu den Alpen gehörend, Alpen-
Ambarrī, ōrum m.	Ambarrer, ein gallisches Volk zwischen Rhône und Saône
Anaxagorās, ae m.	Anaxagoras, Philosoph der älteren ionischen Schule, Lehrer des Perikles, 500–428
Ancus, ī m.	Ancus Marcius, vierter König Roms, 638-614
Ancȳra, ae f.	Ancyra, Hauptstadt von Galatien (Ankara)
Ancȳrānus, a, um	aus Ancyra; Monumentum Ancyranum, Abschrift des von Augustus verfaßten Tatenberichtes
Andricus, ī m.	Andrikus, Freund Ciceros
Androclus, ī m.	Androklus, Name eines römischen Sklaven
Anglicus, a, um	englisch
Antium, ī n.	Antium, Hafen in Latium
Apellēs, is m.	Apelles, berühmter griechischer Maler, 4. Jh. v. Chr.
Apollō, inis m.	Apollo, Gott der Weissagung, Musik und Heilkunst
App. (Appius, ī m.)	Appius, römischer Vorname
Aquītānī, ōrum m.	Aquitanier, Volk im südlichen Gallien
Arabia, ae f.	Arabien
Ariovistus, ī m.	Ariovist, germanischer Fürst, von Cäsar 58 v. Chr. im Elsaß besiegt

Aristippus, ī m.	Aristipp, griechischer Philosoph, Schüler des Sokrates, um 380 v. Chr.
Aristotelēs, is m.	Aristoteles, griechischer Philosoph aus Stageira, Schüler Platos, Lehrer Alexanders des Großen, Stifter der peripatetischen Schule, 384-322
Artemīsia, ae f.	Artemisia, Königin in Karien, Gattin des Mausolus, 4. Jh. v. Chr.
Arvernī, ōrum m.	Arverner, gallisches Volk in Aquitanien
Asia, ae f.	Asien
Athēnae, ārum f.	Athen, Hauptstadt Griechenlands
Atuatucī, ōrum m.	Atuatuker, kimbrisches Volk im heutigen Südbrabant
Augustus, ī m.	Augustus, Gaius Iulius Caesar Octavianus, römischer Staatsmann und Kaiser, 63 v. –14 n. Chr.
Austria, ae f.	Österreich

B

Belgae, ārum m.	Belgier, Bewohner des nördlichen Gallien zwischen Seine, Marne und Rhein
Belgium, ī n.	Belgien
Berolīnēnsis, e	aus Berlin, Berlin-
Berolīnum, ī n.	Berlin
Biās, antis m.	Bias, aus Priene, einer der sieben Weisen, Zeitgenosse des Krösus, 6. Jh. v. Chr.
Brennus, ī m.	Brennus, Anführer der Gallier, Sieger in der Schlacht an der Allia 390 v. Chr.
Britannī, ōrum m.	Britannier, Einwohner von Britannien
Britannia, ae f.	Britannien
Brūtus, ī m.	Brutus: 1. L. Junius, erster römischer Konsul 510 v. Chr.; 2. M. Iunius, Mörder Cäsars, 85–42

C

C. (Gāius, i m.)	Gajus, römischer Vorname
Caelius, ī m.	Cälius, einer der sieben Hügel Roms
Caesar, aris m.	Cäsar (C. Iulius), römischer Feldherr und Staatsmann, 100–44
Calpurnia, ae f.	Calpurnia, Gattin Cäsars
Capitōlīnus, a, um	zum Kapitol gehörend; collis Capitōlīnus kapitolinischer Hügel, einer der sieben Hügel Roms
Capitōlium, ī n.	Kapitol
Capua, ae f.	Kapua, Stadt in Kampanien
Carthāginiēnsis, e	karthagisch; pl. Karthager
Carthāgō, inis f.	Karthago, Stadt in Afrika, Hauptstadt des punischen Reiches, 146 v. Chr. zerstört
Carthāgō Nova f.	Neu-Karthago, eine von den Karthagern in Spanien angelegte Hafenstadt (Cartagena)

Catilīna, ae m.	Katilina (L. Sergius), Führer der Verschwörung des Jahres 63 v.Chr.
Catō, ōnis m.	Kato: 1. M. Porcius Cato Censorius maior, römischer Staatsmann und Schriftsteller, 234–149; 2. M. Porcius Cato Uticensis minor, römischer Stoiker, 95–46
Celtae, ārum m.	Kelten, Volksstamm ursprünglich im Nordwesten Europas, später in Gallien, Spanien, Oberitalien und England ansässig
Cenabum, ī n.	Cenabum, Hauptstadt der Karnuten in Gallien
Charēs, is m.	Chares, Erbauer des Kolosses von Rhodos, 3. Jh. v.Chr.
Cicerō, ōnis m.	Cicero (M. Tullius), römischer Redner und Staatsmann, 106–43
Cimbrī, ōrum m.	Kimbern, nordgermanische Völkerschaft in Jütland, Holstein und Schleswig, von Marius 101 v.Chr. bei Vercellae besiegt
Circumpadānus, a, um	im Gebiet des Po befindlich
Claudia, ae f.	Klaudia, römischer Frauenname
Claudius, ī m.	Klaudius (Appius Claudius Caecus), Zensor 312 v.Chr., errichtete große Bauten wie die römische Wasserleitung (Aqua Claudia) und die Heerstraße von Rom nach Kapua (Via Appia)
Cn. (Gnaeus, ī m.)	Gnäus, römischer Vorname
Collātīnus, ī m.	Kollatinus (L. Tarquinius), Gemahl der Lukretia
Colōnia Agrippīna (Agrippīnēnsis)	Köln
Colossēum, ī n.	Kolosseum, Amphitheater in Rom
Cornēlia, ae f.	Kornelia, Tochter des Scipio Africanus maior, Mutter der Gracchen, 2. Jh. v.Chr.
Croesus, ī m.	Krösus, König der Lyder 560–546

D

D. (Decimus, ī m.)	Decimus, römischer Vorname
Danaī, ōrum m.	Danaer, Bezeichnung der Griechen bei Homer
Delphī, ōrum m.	Delphi, Stadt in Phokis am Parnaß, berühmt durch das Apollo-Orakel
Delphicus, a, um	delphisch
Dēmocritus, ī m.	Demokrit aus Abdera, berühmter Philosoph der neuen eleatischen Schule, Zeitgenosse des Sokrates, Urheber der Lehre von den Atomen, 5. Jh. v.Chr.
Diāna, ae f.	Diana, Tochter des Jupiter, Schwester Apollos, Göttin der Jagd
Dīdō, ōnis f.	Dido, Königin von Karthago
Diogenēs, is m.	Diogenes, bekannter kynischer Philosoph aus Sinope, 4. Jh. v.Chr.
Diōn, ōnis m.	Dion, Schwager des Dionysius I., Tyrannen von Syrakus, 4. Jh. v.Chr.
Dionȳsius, ī m.	Dionysius I., Tyrann von Syrakus, 4. Jh. v.Chr.
Dīviciācus, ī m.	Diviciacus, Fürst der Häduer, Freund der Römer, 1. Jh. v.Chr.
Drūsus, ī m.	Drusus (M. Drusus), Volkstribun, Onkel des M. Porcius Cato minor, 1. Jh. v.Chr.
Dumnorīx, īgis m.	Dumnorix, Bruder des Diviciacus, Feind der Römer, 1. Jh. v.Chr.

E

Ennius, ī m.	Ennius, aus Rudiae in Kalabrien, römischer Dichter, Schöpfer des römischen Epos, 239–169
Ephesus, ī f.	Ephesus, ionische Stadt in Kleinasien, berühmt durch den Dianatempel
Ēpīrus, ī f.	Epirus, Landschaft in Griechenland (etwa das heutige Albanien)
Eunūs, ī m.	Eunus, Anführer des Sklavenaufstandes in Sizilien, 2. Jh. v. Chr.
Eurōpa, ae f.	Europa

F

Fabius, ī m.	Fabius: 1. Q. Fabius Maximus Cunctator, Feldherr im 2. punischen Krieg; 2. L. Fabius, römischer Zenturio unter Cäsar
Fabricius, ī m.	Fabricius (C.), Feldherr im Krieg gegen Pyrrhus und die Samniten, Konsul 281 v. Chr.
Flāvius, a, um	flavisch; gens Flavia römische Familie, aus der Kaiser Vespasian stammte; Amphitheatrum Flavium das von Vespasian erbaute Theater
Fortūna, ae f.	Fortuna, römische Schicksals- und Glücksgöttin
Francogallicus, a, um	französisch

G

Gādēs, ium f.	Gades, phönizische Pflanzstadt in Spanien (Cadix)
Gāia, ae f.	Gaia, römischer Frauenname
Gāius, ī m.	Gaius, römischer Männername; Gaius, bekannter römischer Jurist 110–180, Verfasser der Institutionum iuris civilis commentarii IV
Galba, ae m.	Galba (Servius Sulpicius), Legat Cäsars in Gallien
Gallī, ōrum m.	Gallier
Gallia, ae f.	Gallien (Gebiet des heutigen Frankreich)
Gallicus, a, um	gallisch
Gergovia, ae f.	Gergovia, Stadt der Arverner in Gallien
Germānī, ōrum m.	Germanen
Germānia, ae f.	Germanien, Deutschland
Germānicus, a, um	germanisch, deutsch
Gorgiās, ae m.	Gorgias, griechischer Sophist aus Leontinoi, berühmter Redner, Zeitgenosse des Sokrates, 485-380
Gracchus, ī m.	Gracchus (Tib. Sempronius), versuchte 133 v. Chr. durch Agrargesetzgebung die Not der armen Bevölkerung zu beseitigen
Graecia, ae f.	Griechenland
Graecus, a, um	griechisch; pl. die Griechen

H

Haeduī, ōrum m.	Häduer, gallischer Volksstamm zwischen Saône und Loire
Halicarnassus, ī f.	Halikarnaß, Stadt in Karien (Kleinasien), berühmt durch das Grabmal des Mausolus
Hannibal, alis m.	Hannibal, Karthager, Gegner Roms im 2. punischen Krieg, Sieger von Kannä 216 v. Chr., von Scipio Africanus bei Zama 202 besiegt

Hannō, ōnis m.	Hanno, Feldherr der Karthager, Haupt der Friedenspartei, Gegner Hannibals
Helvētiī, ōrum m.	Helvetier, keltisches Volk in der Schweiz
Herculēs, is m.	Herkules, Held der griechischen Sage
Hērodotus, ī m.	Herodot aus Halikarnaß in Karien, Vater der griechischen Geschichtsschreibung, 484–415
Hērostratus, ī m.	Herostrat, aus Ephesus, zündete, um berühmt zu werden, den Dianatempel in Ephesus an, 4. Jh. v. Chr.
Hēsiodus, ī m.	Hesiod, ältester griechischer Dichter nach Homer, 7. Jh. v. Chr.
Hispānia, ae f.	Hispanien, Spanien
Hispānius, a, um	hispanisch, spanisch
Homērus, ī m.	Homer, ältester griechischer Dichter, Verfasser von Odyssee und Ilias, 9./8. Jh. v. Chr.
Horātius, ī m.	Horaz (Quintus Horatius Flaccus), römischer Dichter, Verfasser von Oden, Epoden, Satiren und Episteln, 65 v. – 8 n. Chr.

I

Iānuārius, a, um	zum Gott Janus gehörend; mensis Ianuarius Januar
Īdūs, uum f.	Iden, 13. bzw. 15. Tag des römischen Monats
Ītalia, ae f.	Italien
Iugurtha, ae m.	Jugurtha, König von Numidien, Gegner der Römer, 2. Jh. v. Chr.
Iūnō, ōnis f.	Juno, Schwester und Gemahlin Jupiters, Göttin der Ehen und Geburten
Iuppiter, Iovis m.	Jupiter, Sohn des Saturn, höchster römischer Gott
Iuvenālis, is m.	Juvenal (D. Iunius Iuvenalis), römischer Satiriker, lebte zur Zeit des Domitian und Trajan, 60–140

K

Kalendae, ārum f.	Kalenden, erster Tag des römischen Monats

L

L. (Lūcius, ī m.)	Lucius, römischer Vorname
Lacedaemonius, a, um	lazedämonisch; pl. Lazedämonier
Latīnus, a, um	latinisch, lateinisch; pl. Latiner
Latium, ī n.	Latium, Landschaft in Italien, Hauptstadt Rom
Leōnidās, ae m.	Leonidas, König von Sparta, gefallen in der Schlacht bei den Thermopylen 480 v. Chr.
Leontīnus, a, um	leontinisch, aus Leontinoi, einer Stadt Siziliens
Lūcīlius, ī m.	Lucilius (Lucilius iunior), Stoiker, Freund Senekas, 1. Jh. n. Chr.
Lucrētia, ae f.	Lukretia, Gemahlin des Tarquinius Kollatinus, verübte Selbstmord nach ihrer Schändung durch den Sohn des Tarquinius Superbus, 6. Jh. v. Chr.

Lucrētius, ī m.	Lukrez (T. Lucretius Carus), Verfasser des Epos De rerum natura, gest. 55 v. Chr.
Lūna, ae f.	Luna, römische Mondgöttin
Lȳdī, ōrum m.	Lyder, Bewohner von Lydien (Kleinasien)

M

M. (Mārcus, ī m.)	Markus, römischer Vorname
M'. (Mānius, ī m.)	Manius, römischer Vorname
Macedō, ōnis m.	Mazedonier, Einwohner von Mazedonien (Nordgriechenland)
Maecēnās, ātis m.	Mäzenas (C. Cilnius Maecenas), gebildeter Römer aus vornehmem etruskischen Geschlecht, Freund des Augustus, Gönner der Dichter Horaz und Vergil, gest. 8 v. Chr.
Maharbal, alis m.	Maharbal, Karthager, Unterfeldherr Hannibals, 3. Jh. v. Chr.
Mantua, ae f.	Mantua, Geburtsstadt Vergils
Marius, ī m.	Marius (C. Marius), Gegner Sullas, Sieger über Jugurtha, Kimbern und Teutonen, 156–86
Mārs, Mārtis m.	Mars, römischer Kriegsgott
Mārtius, a, um	zum Mars gehörend; mensis Martius März; campus Martius Marsfeld
Mausōlēum, ī n.	Mausoleum, Grabmal für König Mausolus in Halikarnaß
Mausōlus, ī m.	Mausolus, König in Karien, 377–353
Mercūrius, ī m.	Merkur, römischer Gott der Kaufleute
Milēsius, a, um	milesisch, aus Milet, einer Stadt in Kleinasien; pl. Milesier
Minerva, ae f.	Minerva, römische Göttin der Weisheit, Künste und Wissenschaften
Mōgontiacum, ī n.	Mainz

N

Nabata, ōrum n.	Nabata, Stadt in Arabien
Nantuātēs, ium m.	Nantuaten, keltisches Alpenvolk in der Gegend des heutigen Wallis
Nerō, ōnis m.	Nero (Claudius Drusus Germanicus Caesar), römischer Kaiser 54–68
Nerviī, ōrum m.	Nervier, Volk in Nordgallien (Belgien)
Nōnae, ārum f.	Nonen, 5. bzw. 7. Tag des römischen Monats
Noviomagus, ī f.	Speyer
Numidae, ārum m.	Numidier, Volk in Nordafrika

O

Oedipūs, ī m.	Ödipus; Oedipus Coloneus, Ödipus auf Kolonos, Tragödie des Sophokles
Ōceanus, ī m.	Ozean
Olympia, ae f.	Olympia, Stadt in Elis (Griechenland), berühmt durch den Zeustempel mit der Zeusstatue des Phidias
Orgetorīx, īgis m.	Orgetorix, Führer der Helvetier, 1. Jh. v. Chr.
Orpheus, eī m.	Orpheus, mythischer Sänger der Griechen, Gemahl der Eurydike
Ōstia, ae f.	Ostia, Hafen Roms

P

P.(Pūblius, ī m.)	Publius, römischer Vorname
Palātīnus, a, um	palatinisch, zum Palatin (Hügel in Rom) gehörend
Palātium, ī n.	Palatium, Palast der römischen Kaiser
Papīrius, ī m.	Papirius, Name eines römischen Knaben
Parrhasius, ī m.	Parrhasius, berühmter griechischer Maler aus Ephesus, 4. Jh. v. Chr.
Pāx, Pācis f.	Pax, römische Friedensgöttin
Peloponnēsiacus, a, um	peloponnesisch, zur Peloponnes gehörig
Periclēs, is m.	Perikles, berühmter Redner und Staatsmann in Athen, 500–429
Persae, ārum m.	Perser
Pervigilium Veneris	Pervigilium Veneris, 93 Hexameter, für ein nächtliches Venusfest bestimmt, 2. oder 3. Jh. n. Chr.
Petrōnius, ī m.	Petronius: 1. Petronius (M.), römischer Zenturio unter Cäsar; 2. Petronius Arbiter, Verfasser eines Sittenromans, gest. 66 n. Chr. (s. S. 271)
Phīdiās, ae m.	Phidias, berühmter griechischer Bildhauer, Zeitgenosse des Perikles, 5. Jh. v. Chr.
Philippus, ī m.	Philipp, König von Mazedonien, Vater Alexanders des Großen, 382–336
Philoxenus, ī m.	Philoxenus, griechischer Dichter, 435–380
Platō, ōnis m.	Plato, berühmter griechischer Philosoph, Schüler des Sokrates, Stifter der Akademie, 427–347
Plīnius, ī m.	Plinius (C. Caecilius Secundus), römischer Staatsmann und Schriftsteller, 62–113
Poenī, ōrum m.	Punier (= Karthager), Bewohner von Karthago
Priēnē, ēs f.	Priene, Seestadt im südlichen Ionien, Geburtsort des Bias
Prōtogenēs, is m.	Protogenes, griechischer Maler und Bildhauer, 4. Jh. v. Chr.
Prytanēum, ī n.	Prytaneum, Stadthaus in Athen zur Speisung von Beamten, Gesandten und Siegern
Pullō, ōnis m.	Pullo (T.), römischer Zenturio unter Cäsar, 1. Jh. v. Chr.
Pūnicus, a, um	punisch, karthagisch
Pyrrhus, ī m.	Pyrrhus, König von Epirus (Griechenland), 3. Jh. v. Chr.
Pȳthagorās, ae m.	Pythagoras, aus Samos, griechischer Philosoph, Gründer einer Philosophenschule in Unteritalien, 6. Jh. v. Chr.

Q

Q. (Quīntus, ī m.)	Quintus, römischer Vorname

R

Regina castra n.	Regensburg
Rēmus, ī m.	Remus, Bruder des Romulus
Rhēnus, ī m.	Rhein
Rhodanus, ī m.	Rhône
Rhodus, ī f.	Rhodus: 1. Insel; 2. Hauptstadt der Insel
Rōma, ae f.	Rom

Rōmānia, ae f.	Rumänien
Rōmānus, a, um	römisch; pl. Römer
Rōmulus, ī m.	Romulus, Gründer Roms, 8. Jh. v.Chr.
Russicus, a, um	russisch

S

Sabaeī, ōrum m.	Sabäer, Bewohner von Saba (Arabien)
Saguntum, ī n.	Sagunt, Stadt in Spanien
Scīpiō, ōnis m.	Scipio (P. Cornelius Scipio Aemilianus Africanus), römischer Feldherr, Zerstörer Karthagos, 2. Jh. v.Chr.
Seneca, ae m.	Seneca (L. Annaeus), römischer Philosoph und Schriftsteller, Lehrer Neros, 1. Jh. n.Chr.
Sēquanī, ōrum m.	Sequaner, keltisches Volk in Gallien
Ser. (Servius, ī m.)	Servius, römischer Vorname
Sex. (Sextus, ī m.)	Sextus, römischer Vorname
Sibyllīnus, a, um	sibyllinisch; libri Sibyllini die sibyllinischen Bücher, Weissagungen der Sibylle aus Kumä
Sicilia, ae f.	Sizilien, römische Provinz
Sōcratēs, is m.	Sokrates, griechischer Philosoph, Lehrer Platos, 469–399
Sōcraticus, a, um	sokratisch
Sōl, Sōlis m.	Sol, römischer Sonnengott
Solō, ōnis m.	Solon, Gesetzgeber Athens, 594 v.Chr. Archont
Sparta, ae f.	Sparta, Stadt in der Peloponnes
Spartacus, ī m.	Spartakus aus Thrakien, Anführer des großen Sklavenaufstandes 73–71
Suēbī, ōrum m.	Sueben, germanischer Volksstamm
Sulla, ae m.	Sulla (L. Cornelius), Diktator, Gegner des Marius, 138–78
Syrācūsae, ārum f.	Syrakus, Hauptstadt der Insel Sizilien
Syrācūsānī, ōrum m.	Syrakusaner, Einwohner von Syrakus

T

T. (Titus, ī m.)	Titus, römischer Vorname
Tacitus, ī m.	Tacitus (P. Cornelius), römischer Geschichtsschreiber 55–120
Tarentum, ī n.	Tarent, Stadt in Süditalien
Tarquinius, ī m.	Tarquinius (Superbus), letzter König Roms, 6. Jh. v.Chr.
Thalēs, is m.	Thales, Philosoph aus Milet, Begründer der ionischen Naturphilosophie, 6. Jh. v.Chr.
Thermopylae, ārum f.	Thermopylen, Engpaß in Lokris (Griechenland), bekannt durch die Schlacht von 480 v.Chr.
Thrācēs, um m.	Thraker, Einwohner von Thrakien (Nordgriechenland)
Tiberis, is m.	Tiber, Fluß in Latium
Tib. (Tiberius, ī m.)	Tiberius, römischer Vorname
Tiberius, ī m.	Tib. Claudius Nero, römischer Kaiser 14–37
Trōia, ae f.	Troja, Stadt im nördlichen Kleinasien
Trōiānus, a, um	trojanisch; pl. Trojaner

V

Varrō, ōnis m.	Varro (M. Terentius), römischer Gelehrter und Schriftsteller, 116–27
Vārus, ī m.	Varus (P. Quintilius), Feldherr des Augustus, von Arminius in der Schlacht im Teutoburger Wald 9 n. Chr. besiegt
Vercingetorīx, īgis m.	Vercingetorix, Führer der Arverner und des nationalen Aufstandes der Gallier gegen Cäsar 52 v. Chr.
Vergilius, ī m.	Vergil (P. Vergilius Maro), römischer Dichter, Verfasser der Bukolika, Georgika und Äneis, 70–19
Verrēs, is m.	Verres (C. Cornelius), Proprätor in Sizilien 73–71, durch die Anklagereden Ciceros als Typus des verbrecherischen römischen Statthalters bekannt
Vespasiānus, ī m.	Vespasian (T. Flavius), römischer Kaiser 69–79
Vitrūvius, ī m.	Vitruv (M. Vitruvius Pollio), römischer Baumeister und Ingenieur unter Cäsar und Augustus, Verfasser von De architectura libri X
Volusēnus, ī m.	Volusenus (C. Volusenus Quadratus), Kriegstribun und Reiteroberst Cäsars, 1. Jh. v. Chr.
Vorēnus, ī m.	Vorenus (L.), Zenturio unter Cäsar, 1. Jh. v. Chr.
Vulcānus, ī m.	Vulkan, römischer Gott der Schmiedekunst

X

Xerxēs, is m.	Xerxes, König der Perser, 5. Jh. v. Chr.

Z

Zeuxis, is m.	Zeuxis, griechischer Maler, um 400 v. Chr.

2

Namen von Schriftstellern und Titel von Werken, aus denen Stücke in den Übungssätzen entnommen sind

A

Anthologia Latina	eine gegen Ende der Vandalenherrschaft in Afrika angelegte Sammlung lateinischer Gedichte des 1.–5. Jhs.
Auctor ad Herennium	das älteste erhaltene lateinische Lehrbuch der Rhetorik, 85 v. Chr.

C

Caesar	s. unter 1
Cato	s. unter 1
Celsus	1. Aulus Cornelius C., Verfasser einer lateinischen Enzyklopädie in 6 Teilen, erhalten „Über die Medizin" (De medicina), 1. Jh. n. Chr. 2. Juventius C., römischer Rechtslehrer, Verfasser von 39 Digesten, erhalten in Auszügen im Corpus iuris civilis, 2. Jh. n. Chr.
Cicero	s. unter 1

D

Descartes	René D., französischer Gelehrter, Hauptbegründer der neueren Philosophie, 1596–1650
Digesten	Teil des Corpus iuris civilis, 50 Bücher, Sammlung der Rechtsgutachten und -entscheidungen der römischen Juristen, 533 n. Chr. publiziert
Diogenes Laertius	Verfasser einer Geschichte der griechischen Philosophie, 3. Jh. n. Chr.
Donatus	Tiberius Claudius D., Verfasser eines Kommentars zu Vergils Äneis, 4. Jh. n. Chr.

E

Ennius	s. unter 1
Euripides	griechischer Tragiker, 480–406

F

Florus	Lucius oder Publius Annaeus F., aus Nordafrika, Verfasser von Epitome bellorum omnium annorum DCC (Abriß der römischen Geschichte bis Augustus), 2. Jh. n. Chr.

G

Gaius	römischer Jurist, Verfasser der Kommentare der Institutiones, 2. Jh. n. Chr.
Gellius	Aulus G., Verfasser von „Attische Nächte" (Noctes Atticae), einer Zusammenstellung von lateinischen Lesestücken aus älteren griechischen und lateinischen Autoren, 2. Jh. n. Chr.

H

Hesiod s. unter 1

Hieronymus Sophronius Eusebius H., christl. Heiliger, lateinischer Kirchenlehrer, Verfasser von Epistulae u. a., 348–420

Homer s. unter 1

Horaz s. unter 1

Hus Johannes H., böhmischer Reformator, 1370/1-1415

I

Iuvenal s. unter 1

L

Livius Titus L. aus Patavium (Padua), römischer Historiker, Verfasser einer Darstellung der römischen Geschichte (Ab urbe condita), 59 v. Chr. -17 n. Chr.

M

Martial Marcus Valerius M., aus Bilbilis in Spanien, lateinischer Epigrammdichter, 40–102.

N

Nepos Cornelius N., aus Oberitalien, römischer Historiker, Verfasser von Biographien berühmter Männer (De viris illustribus), 100–25

O

Ovid Publius Ovidius Naso, aus Sulmo, römischer Dichter, Verfasser von Metamorphosen, Tristien, Fasten und Briefen, 43 v. Chr. -17 n. Chr.

Owen John O., neulateinischer Dichter, Verfasser von Epigrammen, 1560–1622

P

Pervigilium Veneris s. unter 1

Petron Titus oder Gajus Petronius Arbiter, hoher römischer Beamter unter Nero, Verfasser eines Sittenromans (Saturae), von dem nur wenige Teile erhalten sind, unter ihnen das „Gastmahl des Trimalchio" (Cena Trimalchionis), 1. Jh. n. Chr.

Plautus Titus Maccius P., aus Sarsina in Umbrien, römischer Komödiendichter, 250–184

Plinius 1. Gajus P. Secundus, der Ältere, aus Comum in Oberitalien, Verfasser einer „Naturgeschichte" (Naturalis historia), 23-79; 2. Gajus P. Caecilius Secundus, der Jüngere, s. unter 1

Plutarch aus Chaironeia in Böotien, Verfasser von Biographien, 46–120

Priapea griechische und anonyme lateinische Gedichte auf den Fruchtbarkeitsgott Priapus, zusammengestellt im 1. Jahr v. Chr.

Publilius Syrus aus Antiochia, Verfasser von Sinnsprüchen, 1. Jh. v. Chr.

S

Sallust	Gajus Sallustius Crispus, aus Amiternum im Sabinerland, römischer Geschichtsschreiber, Verfasser der historischen Monographien „De coniuratione Catilinae" und „Bellum Iugurthinum" sowie von „Historiae", 86–34
Seneca	Lucius Annaeus S., der Jüngere, Verfasser von Dialogen, Briefen u. a., 4–65
Simonides	von der Insel Keos, griechischer Dichter, Verfasser von Siegesliedern, 556–468
Sophokles	griechischer Tragiker, 496–406
Sueton	Gajus Suetonius Tranquillus, aus Rom, Rechtsanwalt, Verfasser von Biographien römischer Herrscher (De vita Caesarum) und berühmter Männer (De viris illustribus), 75–150

T

Tacitus	s. unter 1
Terenz	Publius Terentius Afer, aus Libyen, römischer Komödiendichter, 195–159

V

Valerius Maximus	Verfasser von „Denkwürdige Taten und Aussprüche" (Facta et dicta memorabilia), 1. Jh. n. Chr.
Vergil	s. unter 1
Vitruv	s. unter 1

9. TEIL: LATEINISCH-DEUTSCHES WÖRTERVERZEICHNIS

(Die Zahlen nach den Vokabeln geben die Lektionen an, in denen die Vokabeln zum ersten Mal vorkommen, die Sterne danach kennzeichnen Vokabeln, die in den Übungen erschlossen werden)

A

ā, ab (Abl.) *von, von - her, von - aus, von - an* 1
abdere *verbergen* 17; sē abdere *sich verbergen* 17
aberrāre *abirren* 5*
abesse *abwesend, entfernt sein, fehlen* 3
abicere *wegwerfen* 16*
abīre *weggehen* 22
abitus, ūs m. *Weggang* 5*
abrumpere *abbrechen* 17*
abscēdere *weggehen, sich entfernen* 8
abstinēre (Abl.) *sich enthalten* 4
abstrahere *abziehen* 9*
absūmere *verbrauchen, vernichten* 21
ac *und* 4
accēdere *herangehen, -kommen* 8*
accendere *anzünden, entflammen, erregen* 15
acceptiō, ōnis f. *Empfang* 16*
acceptor, ōris m. *Empfänger* 16*
accidere *sich ereignen* 11
accipere *annehmen, empfangen* 16
acclāmāre *zurufen* 6*
accommodāre *anpassen, anlegen* 18
accūrātus, a, um *sorgfältig, genau* 15
accūsāre *anklagen, Vorwürfe machen* 6
ācer, ācris, ācre *spitz, scharf, hitzig, leidenschaftlich* 15
acētum, ī n. *Essig* 21
aciēs, ēī f. *Schärfe, Schlacht(reihe)* 5
āctiō, ōnis f. *Handlung, Ausführung, Tätigkeit* 14*
āctor, ōris m. *Treiber, Vollzieher* 14*
ad (Akk.) *nach, zu, bis zu* 1
addiscere *hinzulernen* 11*
addūcere *heranführen, veranlassen* 8*
adesse *dasein, anwesend sein, helfen* 3
adhibēre *anwenden, hinzunehmen, -ziehen* 1
adhortārī *ermahnen* 19
adhortātiō, ōnis f. *Ermahnung, Aufmunterung* 18
adicere *heranwerfen, hinzufügen* 16*
adīre *herankommen, -gehen, betreten* 22
aditus, ūs m. *das Herangehen, Zu-, Eingang* 5
adiungere *anbinden, -fügen, verbinden* 19; sē adiungere (Dat.) *sich anschmiegen (an)* 19
adiuvāre (Akk.) *helfen, unterstützen* 3
administrāre *leiten, besorgen, ausführen* 17
admīrārī *bewundern* 19
admīrātiō, ōnis f. *Bewunderung* 10
admittere *zuschicken, vor-, zulassen* 8*
admonēre *erinnern, ermahnen, auffordern, warnen* 2
admōtiō, ōnis f. *das Anlegen* 14*
admovēre *heranbewegen, -legen, nahebringen* 14
adnotāre *an-, bemerken* 15
adnotātiō, ōnis f. *An-, Bemerkung* 15
adolēscēns, entis *jung; subst. Jüngling, junges Mädchen* 13
adolēscere *heranwachsen* 10
adorīrī *angreifen* 21
adulēscēns, entis *jung; subst. Jüngling, junges Mädchen* 13
adulēscentulus, ī m. *(sehr) junger Mann, Jüngling* 13*
advehere *heranfahren, -führen* 12*
advehī *heranfahren (intr.)* 20*
advenīre *ankommen* 17*
adventus, ūs m. *Ankunft* 5
adversārius, a, um *entgegengesetzt; subst. Gegner* 5
adversus, a, um *zugewendet, gegenüberliegend, feindlich, ungünstig* 5
advocāre *herbeirufen* 5*
aedificāre *bauen* 2
aedificium, ī n. *Gebäude* 2
aegrē (Adv.) *mit Mühe, kaum* 21
aegrōtus, a, um *krank; subst. der, die Kranke* 2
aequus, a, um *gleich, eben, gerecht, gelassen* 12
aerārium, ī n. *Schatzkammer, Staatskasse* 10
aes, aeris n. *Erz* 13
aes aliēnum, aeris aliēnī n. *Schulden* 13
aestās, ātis f. *Sommer* 17
aestimābilis, e *schätzenswert* 17*

aestimāre *(ab)schätzen, würdigen* 7; māgnī aestimāre *hoch schätzen* 7
aestimātiō, ōnis f. *(Ab-)Schätzung* 9*
aestus, ūs m. *Hitze, Glut, Flut, Brandung* 11
aetās, ātis f. *Leben(szeit), Lebensalter, Zeit(alter)* 10
aeternus, a, um *ewig* 7
afferre *herbeibringen, -führen, überbringen* 22
afficere *antun, versehen* 16
affīgere *anheften* 9
ager, agrī m. *Acker, Feld, Gebiet* 2
agere *(be)treiben, (be)handeln, verhandeln, tun* 14; vītam agere *Leben führen, leben* 14; grātiās agere *Dank sagen* 14; age *wohlan denn!* 22
agger, eris m. *Damm(erde), Erdwall* 18
aggredī *herangehen, -kommen, angreifen* 20
agitāre *treiben, bewegen, (ver)handeln* 3
agmen, inis n. *(Heeres-)Zug, Marsch* 20
āgnōscere *(an)erkennen* 12
agrestis, e *wild, ländlich, bäuerisch* 16
agricola, ae m. *Landmann, Bauer* 15
agricultūra, ae f. *Ackerbau* 11
alere *ernähren* 10
aliēnus, a, um *fremd, unpassend* 13
alimentum, ī n. *Nahrung(smittel)* 11
aliquamdiū (Adv.) *eine Zeitlang* 16
aliquandō (Adv.) *einst, einmal* 15
aliquī, -qua, -quod *irgendein* 13
aliquis, -quid *irgendeiner* 13
aliquot (indekl.) *einige* 20
alius, a, ud *ein anderer* 1; aliī – aliī *die einen – die anderen* 1
allocūtiō, ōnis f. *Anrede* 20*
alloquī *ansprechen* 20*
alter, era, erum *der eine (von zweien), der andere, der zweite* 4; alter – alter *der eine – der andere* 4
altitūdō, inis f. *Höhe, Tiefe* 10*
altus, a, um *hoch, tief* 6
amābilis, e *liebenswert, -würdig* 17*
amāre *lieben* 1
ambō, ae, ō *beide* 10
ambulāre *spazierengehen, reisen, wandeln* 1
ambulātiō, ōnis f. *das Spazierengehen, Spaziergang* 9*
amīcitia, ae f. *Freundschaft* 4
amīcus, a, um *befreundet, geneigt* 2
amīcus, ī m. *Freund* 2
āmittere *verlieren* 19
amor, ōris m. *Liebe* 14
amphitheātrum, ī n. *Amphitheater* 7
amplus, a, um *weit, umfangreich, groß* 7
amputāre *abschneiden* 12
amputātiō, ōnis f. *das Abschneiden, das Amputieren* 12*
an *oder (etwa)?* 18
anceps, cipitis *doppelköpfig, zweiseitig, schwankend* 18
ancora, ae f. *Anker* 17
angīna, ae f. *Angina* 4
angustiae, ārum f. *Enge, Engpaß* 17
angustus, a, um *eng, schmal* 4
anima, ae f. *Luft(hauch), Seele, Leben* 13
animadvertere *den Sinn richten, bemerken, bestrafen* 15
animal, ālis n. *Lebewesen* 12
animōsus, a, um *sehr mutig, edel* 6*
animus, ī m. *Seele, Geist, Sinn, Herz, Mut* 3; in animō habēre *im Sinn haben, beabsichtigen* 3
annus, ī m. *Jahr(eszeit)* 5
ante (Adv.) *vorn, vorher, früher* 3
ante (Akk.) *vor* 3
anteā (Adv.) *vorher, früher* 3
antecēdere *vorangehen, übertreffen* 12
anteferre *vorantragen, vorziehen* 22
antepōnere *voranstellen, vorziehen* 10
antīquitās, ātis f. *Altertum* 10*
antīquus, a, um *alt(ehrwürdig)* 1
aperīre *(er)öffnen, aufdecken* 17
apertus, a, um *offen, zugänglich, ungeschützt* 17
appellāre *anreden, -sprechen, nennen* 7
appellere *herantreiben* 8*
appetere *aufsuchen, verlangen, streben* 10
appōnere *dazu-, danebenstellen, vorsetzen* 8*
apportāre *herbeitragen, -bringen* 5*
appropinquāre *herannahen, sich nähern* 7
aprīcus, a, um *sonnig, sonnenbeschienen* 21
aptus, a, um *passend, geeignet, befestigt* 21
apud (Akk.) *bei, in der Nähe, in Gegenwart* 3
aqua, ae f. *Wasser, Quelle* 1
aquārium, ī n. *Wasserbehälter* 21*
aqueus, a, um *Wasser-* 16*
aquila, ae f. *(Legions-)Adler, Feldzeichen* 17
aquōsus, a, um *wasserreich* 6*
āra, ae f. *Altar* 10
arbitrārī *meinen, glauben* 20
arbor, oris f. *Baum* 11
arcēre *abwehren, fernhalten* 13
arcessere *herbeiholen, -rufen* 18
arcus, ūs m. *Bogen* 7

ārdēns, entis *brennend, heiß, glühend, leidenschaftlich* 14
ārdēre *(ver)brennen, glühen, funkeln* 14
arēna, ae f. *Sand, Kampfplatz* 6
arma, ōrum n. *Waffen* 10
armātus, a, um *bewaffnet, gerüstet* 19
ars, artis f. *Kunst, Eigenschaft* 12
artificium, ī n. *Handwerk, Gewerbe, Kunst (werk)* 8
artus, a, um *dicht gedrängt, eng, straff* 15
arx, arcis f. *Burg* 20
ascendere *hinauf-, besteigen, sich erheben, aufschwingen* 15
ascēnsiō, ōnis f. *das Hinaufsteigen, Aufstieg* 15*
ascēnsus, ūs m. *Aufstieg* 16*
aspectus, ūs m. *Anblick* 7
asportāre *wegtragen, -bringen* 5*
assentīrī *zustimmen, beipflichten* 21
assequī *einholen, erreichen, erlangen* 20
assuēfacere *gewöhnen* 17
assuēfierī *gewöhnt werden* 21
at *aber, dagegen* 4
atque *und* 4
attrahere *(her)anziehen, herbeiziehen* 8*
attribuere *zuteilen* 11
attribūtum, ī n. *die Hinzufügung, das Hinzugefügte* 17*
auctor, ōris m. *Urheber, Anstifter, Verfasser* 10
auctōritās, ātis f. *Ansehen* 10
audāx, ācis *kühn, mutig, frech* 15
audēre *wagen, sich erdreisten* 13
audīre *hören* 17
auferre *wegtragen, -bringen* 22
augēre *erweitern, vermehren, vergrößern* 9
aureus, a, um *golden* 5
auris, is f. *Ohr, Gehör* 20
aurum, ī n. *Gold* 5
auspicium, ī n. *Vogelschau, Vorzeichen* 9
aut *oder* 3
aut – aut *entweder – oder* 3
autem *aber, dagegen* 1
auxilium, ī n. *Hilfe, Beistand; pl. Hilfstruppen* 4
avē *Heil! Sei gegrüßt! Lebe wohl!* 20
āvertere *abwenden* 16*
avis, is f. *Vogel; Wahrzeichen, Vorbedeutung* 12
āvocāre *abrufen* 5*

B

bāca, ae f. *Beere* 1
barbarus, a, um *ausländisch, fremd, ungebildet; subst. Ausländer, Fremde, Barbar* 17
basilica, ae f. *mehrschiffige Halle, Basilika* 2
beātus, a, um *glücklich, zufrieden, gesegnet* 6
bellāre *Krieg führen, kämpfen* 6
bellicōsus, a, um *kriegerisch, streitlustig* 4
bellum, ī n. *Krieg* 2; bellum īnferre *bekriegen* 22
bene (Adv.) *gut* 3
beneficium, ī n. *Wohltat* 16
bēstia, ae f. *Tier* 1
bēstiola, ae f. *Tierchen* 11*
bibere *trinken* 11
bibliothēca, ae f. *Bibliothek, Büchersammlung* 3
bīduum, ī n. *Zeit von zwei* Tagen 20
bis *zweimal* 7
blandīmentum, ī n. *Schmeichelei, Liebkosung* 19
blandīrī *schmeicheln, reizen, locken* 21
bonum, ī n. *das Gute, Vorteil; pl. Güter* 3*
bonus, a, um *gut, trefflich* 3
brevis, e *kurz, klein* 13
brevitās, ātis f. *Kürze* 13*

C

cacūmen, inis n. *Spitze, Gipfel* 21
cadere *fallen, begegnen, widerfahren* 11
caecitās, ātis f. *Blindheit* 14*
caecus, a, um *blind, unsichtbar* 14
caedere *fällen, töten, (Steine) brechen, zerschlagen* 11
caedēs, is f. *Mord, Blutbad* 13; caedem committere *Mord begehen* 13
caelum, ī n. *Himmel(shöhe), Luft, Klima* 12
calamitās, ātis f. *Schaden, Unglück, Niederlage* 10
calefacere *erwärmen* 17
campēnsis, e *zum ebenen Feld gehörend*
campus, ī m. *Feld, Ebene, freier Platz* 2
candidus, a, um *strahlend, schneeweiß, lauter* 12
canere *(be)singen* 8
canīnus, a, um *zum Hunde gehörend, Hunde-* 14*
canis, is m. f. *Hund, Hündin* 14
cantāre *singen, helle Töne von sich geben*

capere *nehmen, fangen, fassen* 16; cōnsilium capere *Plan schmieden, Entschluß fassen* 16
capitulum, ī n. *Köpfchen* 11*
caprea, ae f. *Reh* 1
captāre *mit Eifer fangen, greifen* 21*
captīvitās, ātis f. *Gefangennahme, -schaft* 12*
captīvus, a, um *(kriegs)gefangen, erbeutet, erobert; subst. Gefangener* 11
caput, itis n. *Kopf, Haupt(stadt)* 11
carcer, eris m. *Kerker, Gefängnis* 12
cāritās, ātis f. *Liebe, Hochschätzung* 14*
carmen, inis n. *Lied, Gedicht* 11
carō, carnis f. *Fleisch* 11
carrus, ī m. *Karren, (Last-)Wagen* 4
cārus, a, um *teuer, lieb, wert* 14
casa, ae f. *Hütte, Haus* 22
cāseus, ī m. *Käse* 11
castra, ōrum n. *(Kriegs-)Lager* 2; castra movēre *Lager abbrechen* 4; castra pōnere *Lager aufschlagen* 8
castrēnsis, e *zum Lager gehörend* 14*
cāsus, ūs m. *(Zu-)Fall, Sturz* 21
catēna, ae f. *Kette, Fessel* 17
cauda, ae f. *Schwanz* 19
causa, ae f. *Grund, Ursache, Prozeß* 4
causā (Gen.) *wegen, um – willen* 4
cavāre *aushöhlen* 18
cavēre *sich hüten, sich in acht nehmen* 20
cēdere *gehen, weichen, nachstehen* 8
celeber, bris, bre *volkreich, vielbesucht, berühmt* 13
celer, eris, ere *schnell* 13
celeritās, ātis f. *Schnelligkeit* 14*
cēna, ae f. *Mahlzeit, Essen* 22
cēnāre *zu Mittag essen* 22
cēnsēre *einschätzen, meinen, beschließen* 9
cēnsor, ōris m. *Zensor* 22
cēnsus, ūs m. *Zensus, Schätzung* 9; cēnsum habēre *Schätzung durchführen* 9
centum *hundert* 7
centuriō, ōnis m. *Zenturio, Anführer einer Zenturie* 10
cernere *sehen, wahrnehmen* 8
certus, a, um *sicher, gewiß, zuverlässig* 5
cervīx, īcis f. *Hals, Nacken* 22
cēterī, ae, a *die übrigen, anderen* 3
cēterum *übrigens, sonst* 3
cibus, ī m. *Nahrung, Speise* 4
circā (Adv.) *ringsum, umher* 1
circā (Akk.) *um – herum, nahe bei* 1
circiter (Adv.) *ringsumher, ungefähr* 17
circiter (Akk.) *nahe bei, ungefähr um* 17
circulus, ī m. *Kreis(bahn)* 22
circum (Adv.) *ringsum, auf beiden Seiten* 1
circum (Akk.) *ringsum, in der Nähe von* 1
circumdare *umgeben, -zingeln, einschließen* 1
circumdūcere *herumführen* 8*
circumīre *herumgehen, umgehen* 22*
circumvenīre *umgeben, umzingeln, einschließen* 17
circus, ī m. *Kreislinie, Rennbahn, Zirkus* 19
cito (Adv.) *schnell* 15
cīvīlis, e *bürgerlich* 13*
cīvis, is m. f. *Bürger, Bürgerin* 12
cīvitās, ātis f. *Bürgerrecht, -schaft, Staat* 8
clam (Adv.) *heimlich* 19
clāmāre *rufen, schreien* 6
clāmitāre *laut schreien* 21*
clāmor, ōris m. *Geschrei* 8
clārus, a, um *hell, klar, berühmt* 2
claudere *schließen* 8
clēmēns, entis *mild, nachsichtig, ruhig* 22
cliēns, entis m. *Hörige, Klient* 13
cōgere *zusammentreiben, zwingen* 14
cōgitāre *(be)denken, überlegen* 3
cōgnōscere *kennenlernen, erkennen, erfahren* 10
cohors, hortis f. *Gehege für Vieh, Kohorte* 17
cohortārī *ermahnen* 19
coīre *zusammengehen, -kommen* 22*
colere *bebauen, bestellen, bewohnen, pflegen, verehren* 8
collābī *zusammenbrechen* 20*
collēgium, ī n. *Kollegium, Gemeinschaft* 16
collis, is m. *Hügel* 18
collocāre *zusammen-, hinstellen, hinlegen, aufstellen, errichten, anlegen* 2
colloquium, ī n. *Unterredung, Gespräch* 3
colōnia, ae f. *Kolonie* 14; colōniam dēdūcere *Kolonie gründen* 14
colōnus, ī m. *Landwirt, (An-)Siedler, Pächter* 15
columna, ae f. *Säule* 7
commeātus, ūs m. *Transport, Zufuhr* 18
commentārius, ī m. *Tagebuch, Aufzeichnung* 8
commīlitō, ōnis m. *Gefährte, Kampfgenosse* 10
committere *zusammenfügen, beginnen, begehen, anvertrauen* 8; proelium committere *Kampf beginnen* 8
commūnis, e *gemeinsam, gemeinschaftlich* 13
comoedia, ae f. *Komödie* 2

comparāre *vorbereiten, besorgen, beschaffen, aufbringen* 2
comperīre (*genau*) *erfahren, ertappen* 21
complēre *anfüllen, ergänzen* 7
compōnere *zusammensetzen, beilegen, schlichten* 10; pācem compōnere *Frieden stiften, schließen* 10
comportāre *zusammentragen, einbringen* 5*
compositiō, ōnis f. *Zusammensetzung, Abfassung* 10*
comprimere *zusammendrücken, -pressen* 9*
concēdere *nachgeben, erlauben, zugestehen* 8
concidere *zusammenfallen, -stürzen, zugrunde gehen* 11
concipere *zusammenfassen, -nehmen* 16*
conclāmāre *zusammenrufen, gemeinsam rufen* 6*
concordia, ae f. *Eintracht* 15
concors, cordis *einträchtig* 15
concurrere *zusammenlaufen, -strömen* 11*
condere (*be*)*gründen, bergen, begraben* 11
condiciō, ōnis f. *Verabredung, Vertrag, Bedingung, Lage*
condolēscere *zu schmerzen beginnen, ein Schmerzgefühl bekommen* 15*
condūcere *zusammenführen* 9*
cōnferre *zusammenbringen, -tragen* 22*
cōnficere *zusammenbringen, verfertigen, ausführen* 16
cōnfīdere (Dat. od. Abl.) (*ver*)*trauen* 21
cōnfīrmāre *befestigen, festmachen,* (*ver*)-*stärken, ermutigen* 4
congerere *zusammenbringen, -tragen, aufhäufen* 8
congredī *zusammengehen, -geraten* 20*
congregāre *zusammenhäufen, versammeln*; *pass. sich* (*zu*)*gesellen* 15
conicere *zusammenwerfen, vermuten* 16*
coniungere *zusammenjochen, verbinden, -knüpfen* 11
coniūrātiō, ōnis f. *Verschwörung* 10
conquīrere *zusammensuchen* 11*
cōnscrībere *zusammenschreiben,* (*Truppen*) *ausheben* 8
cōnsēnsus, ūs m. *Übereinstimmung, Zustimmung, Verabredung* 18
cōnservāre *behüten, retten, erhalten* 5
cōnservātor, ōris m. *Erhalter, Retter* 9*
cōnservus, ī m. *Mitsklave* 22
cōnsīdere *sich niederlassen, sich ansiedeln* 14
cōnsilium, ī n. *Beratung, Beschluß, Plan, Rat*(*sversammlung*) 3
cōnsistere *sich aufstellen, haltmachen, stehenbleiben, sich niederlassen, bestehen* 11
cōnspectus, ūs m. *das Erblicken, Anblick, Gesichtskreis* 19
cōnspicere *erblicken, anschauen, betrachten* 19
cōnstāns, antis *ruhig, stetig, standhaft, ausdauernd, charakterfest* 13
cōnstantia, ae f. *Festigkeit, Ruhe, Stetigkeit, Ausdauer* 13
cōnstāre *bestehen, kosten* 2; cōnstat *es steht fest* 2
cōnstituere *aufstellen, beschließen* 15
cōnstringere *zusammenschnüren, fesseln, zusammenfassen* 15
cōnstrūctiō, ōnis f. *das Erbauen, Bau* 9*
cōnstruere *zusammen-, aufschichten, erbauen* 8
cōnsuēscere *sich gewöhnen* 10
cōnsuētūdō, inis f. *Gewohnheit* 10
cōnsul, ulis m. *Konsul* 8
cōnsulāris, e *zum Konsul gehörend* 13*
cōnsulātus, ūs m. *Konsulat* 9
cōnsulere *um Rat fragen, befragen, sorgen* 10
cōnsultāre *beratschlagen, sich beraten, befragen* 3
cōnsultātiō, ōnis f. *Befragung* 9*
cōnsultum, ī n. *Beschluß* 5
contemnere *verachten* 8
contendere *kämpfen, eilen, sich anstrengen, sich eifrig bemühen* 11
continēre *zusammen-, zurückhalten* 4; sē continēre *sich halten, bleiben* 4
contingere *berühren, glücken* 11
contrā (Adv.) *gegenüber, dagegen* 6
contrā (Akk.) *gegen, wider* 6
contractiō, ōnis f. *das Zusammenziehen* 9*
contrahere *zusammenziehen* 9*
contrōversia, ae f. *Streit* 10
convalēscere *gesund werden, genesen* 15*
convenīre *zusammenkommen, eintreffen, vereinbart werden* 17
conventiō, ōnis f. *Übereinkunft* 17*
conventus, ūs m. *Zusammenkunft* 17*
convertere *wenden* 15
convīctus, ūs m. *Geselligkeit, Gelage* 22
convocāre *zusammenrufen* 4
cōpia, ae f. *Fülle, Menge, Vorrat; pl. Vorräte, Truppen* 1
cōpiōsus, a, um *reichlich, reich* (*an Vorräten*) 6*

cōram (Abl.) *im Angesicht, in Gegenwart, vor* 22
cornu, ūs n. *Horn, Flügel* 5
corpus, oris n. *Körper, Leichnam* 11
corpusculum, ī n. *kleiner Körper, Körperchen* 11*
corrumpere *beschädigen, verderben, bestechen* 14
corruptiō, ōnis f. *Zerrüttung, Bestechung* 14
corruptor, ōris m. *Verderber, Verführer* 14*
cottīdiē (Adv.) *täglich, an jedem Tag* 4
crās (Adv.) *morgen* 3
creāre *wählen, schaffen* 8
crēdere *(an)vertrauen, glauben* 8
crēdibilis, e *glaublich, glaubhaft* 13*
crēscere *wachsen* 10
crūdēlis, e *grausam, schrecklich* 13
crūdēlitās, ātis f. *Grausamkeit* 15*
crūs, crūris n. *Schenkel, Schienbein* 19
cubāre *liegen, ruhen* 4
culpa, ae f. *Schuld, Verschuldung* 14
cultus, ūs m. *Anbau, Pflege, Lebensart* 21
cum (Abl.) *mit* 2
cum (Ind.) *wenn, so oft, jedesmal wenn* 3
cum (Konj.) *da, als* 4
cūnctārī *zögern, zaudern* 19
cūnctus, a, um *gesamt, ganz* 5; *pl. alle, sämtliche* 5
cupere *begehren, wünschen* 16
cupiditās, ātis f. *Begierde, Leidenschaft* 10
cupidus, a, um *begierig, leidenschaftlich* 2
cūr (Adv.) *weshalb, warum* 6
cūra, ae f. *(Für-)Sorge, Pflege, Behandlung* 2
cūrāre *(be)sorgen, pflegen, behandeln* 2
cūria, ae f. *Rathaus* 6
cūriōsus, a, um *sorgfältig, wißbegierig, neugierig* 15
currere *laufen, eilen* 11
currus, ūs m. *(Triumph-)Wagen, Rennwagen* 9
cursāre *hin und her laufen* 21*
cursus, ūs m. *Lauf, Richtung* 22
custōs, ōdis m. *Wächter, Beschützer* 8

D

damnāre *verdammen, verurteilen* 14
damnātiō, ōnis f. *Verurteilung* 14*
dare *geben, anrechnen* 1
dē (Abl.) *von, von – weg, von – herab, über* 1
dea, ae f. *Göttin* 5
dēbēre *schuldig sein, verdanken, sollen, müssen, dürfen* 1
dēcēdere *ausweichen, weggehen* 8
decēre *sich geziemen* 12
dēcernere *entscheiden, beschließen* 10
dēcessus, ūs m. *Weggang* 9*
dēcidere *herabfallen* 11*
dēcīdere *abschneiden* 12
dēcipere *täuschen, betören* 16
dēcrētum, ī n. *Beschluß* 10*
dēcurrere *herablaufen, -eilen* 11*
dēdere *übergeben, ausliefern* 13; sē dēdere *sich ergeben, ausliefern, widmen* 13
dēdūcere *herabführen* 9*
dēesse *wegsein, fehlen* 3
dēfectiō, ōnis f. *Abfall* 16*
dēfectus, ūs m. *das Abnehmen, Schwinden* 16*
dēfendere *abwehren, verteidigen, schützen* 8
dēferre *überbringen, übertragen* 22
dēficere *fehlen, abnehmen, schwinden, abfallen* 16
dēgredī *herabgehen, -schreiten, weggehen* 20*
dēicere *herab-, zu Boden werfen* 16
deinde (Adv.) *danach, ferner, von da an* 8
dēlābī *herabgleiten, -fallen* 20
dēlectāre *ergötzen, erfreuen* 1
dēlectātiō, ōnis f. *Vergnügen, Freude*
dēlēre *zerstören, vernichten* 5
dēligere *auswählen, auslesen* 13
dēmittere *herabschicken, -lassen* 9*
dēmum (Adv.) *endlich, erst, vollends* 22
dēnique (Adv.) *zuletzt, endlich, schließlich* 12
dēnūntiāre *ankündigen, Anzeige machen* 14
dēnūntiātiō, ōnis f. *Ankündigung* 14*
dēnuō (Adv.) *von neuem* 11
dēpellere *herab-, vertreiben* 8
dēpōnere *ab-, niederlegen* 11*
dēportāre *wegschaffen, -bringen* 5*
dēposcere *abverlangen, abfordern*
dēprecātor, ōris m. *Fürbitter, -sprecher* 17
dēprimere *herabdrücken* 9*
dēscendere *herabsteigen* 18*
dēscrībere *be-, abschreiben* 9
dēscrīptiō, ōnis f. *Beschreibung* 9*
dēsilīre *herabspringen* 17
dēsinere *ablassen, aufhören, unterlassen* 10
dēsistere (ā) *ablassen (von)* 21
dēspērāre *Hoffnung aufgeben, verzweifeln* 16
dēspērātiō, ōnis f. *Verzweiflung, Hoffnungslosigkeit* 16*
dētegere *auf-, entdecken* 9

dētinēre *ab-, festhalten*
dētrahere *(her)abziehen, (weg)nehmen* 9*
dētrīmentum, ī n. *Verlust, Schaden, Unglück* 16
deus, ī m. *Gott(heit)* 5
dēvehere *herabfahren, -führen, wegfahren* 12*
dēvenīre *herabkommen* 17*
dēvocāre *herab-, weg-, abrufen* 5*
dīcere *sagen, reden, nennen, festsetzen* 8
dictāre *wiederholt sagen* 21*
dictum, ī n. *Wort, Ausspruch* 7
dīdūcere *auseinanderreißen, -führen* 8*
diēs, diēī m. f. *Tag; Termin* 5
differre *auseinanderbringen, trennen, unterscheiden, aufschieben, verzögern* 22
difficilis, e *schwierig, beschwerlich* 13
difficultās, ātis f. *Schwierigkeit, schwierige Lage* 18
dīgerere *auseinanderbringen, verteilen* 8*
dīgnitās, ātis f. *Würde, Ansehen, Achtung* 13
dīgnus, a, um *wert, würdig* 13*
dīgredī *weggehen, sich entfernen, sich trennen* 20
dīlābī *zerfallen, -fließen, vergehen* 20
dīligēns, entis *sorgfältig, umsichtig, gewissenhaft* 15
dīligere *hochachten, lieben* 10
dīmittere *fortschicken, entlassen*
dīreptiō, ōnis f. *Plünderung* 16*
dīreptor, ōris m. *Plünderer* 16*
dīripere *auseinanderreißen, plündern* 16
discēdere *sich entfernen, weggehen, sich zerstreuen* 8; ē vītā discēdere *sterben* 8
discere *lernen* 11
discernere *absondern, unterscheiden* 10
disciplīna, ae f. *Unterricht, Wissenschaft, Zucht* 1
discipula, ae f. *Schülerin* 1
discipulus, ī m. *Schüler* 2*
discordia, ae f. *Uneinigkeit, Zwietracht* 15*
discors, cordis *uneinig* 15*
discrētus, a, um *abgesondert, getrennt* 2
discurrere *auseinanderlaufen* 11*
disicere *auseinanderwerfen, zerstreuen* 16*
dispār, paris *ungleich* 15*
dispellere *auseinandertreiben, zerstreuen* 8*
dispōnere *auseinanderstellen, verteilen, ordnen* 8*
disputāre *sprechen, auseinandersetzen, erörtern* 6
dissuādēre *abraten* 15*
distendere *auseinanderspannen, ausdehnen* 11*
distīnctiō, ōnis f. *Verzierung, Unterschied* 15*
distinguere *bunt verzieren, unterscheiden, genau bezeichnen* 15
distrahere *auseinanderziehen* 8*
diū (Adv.) *lange, seit langem* 4
dīversus, a, um *entgegengesetzt, verschieden, in verschiedener Richtung* 1
dīves, itis *reich, prächtig* 13
dīvidere *(ab)teilen, zuteilen* 8
dīvīnus, a, um *göttlich* 13; rēs dīvīnae, rērum dīvīnārum f. *Gottesdienst, Opfer* 13
dīvīsiō, ōnis f. *Teilung* 9*
dīvīsor, ōris m. *(Ver-)Teiler* 9*
dīvus, a, um *göttlich* 9; sub dīvō *unter freiem Himmel* 9
docēre *(be)lehren, unterrichten* 1
doctus, a, um *gelehrt, gebildet, klug* 1
dolēre *schmerzen, Schmerz empfinden, betrübt, ärgerlich sein* 7
dolor, ōris m. *Schmerz, Bedauern, Kummer* 16
dolōrōsus, a, um *schmerzensreich* 16*
domicilium, ī n. *Wohnsitz, -ort, Wohnung* 6
domina, ae f. *Herrin* 2*
dominātiō, ōnis f. *(Gewalt-)Herrschaft, Einfluß* 9
dominus, ī m. *Herr* 2
domus, ūs f. *Haus* 5; domī *zu Hause* 3; domō *von Hause* 5; domum *nach Hause* 5
dōnāre *(be)schenken* 6
dōnum, ī n. *Geschenk, Gabe* 6
dormīre *schlafen* 17
dormītāre *schläfrig sein, tief schlafen* 21*
druidēs, um m. *Druiden (Priesterkaste der Kelten)* 13
dubitāre *(an-, be)zweifeln, zaudern, zögern, ungewiß sein* 3
dūcere *führen, zählen (zu), halten (für), ableiten (von)* 8; in numerō dūcere *zur Zahl rechnen* 8; mūrum dūcere *eine Mauer errichten* 8
ductus, ūs m. *Führung, das Ziehen, Gang, Leitung* 9*
dulcēscere *süß werden* 15*
dulcis, e *süß* 13
dum *während, solange (als, bis)* 1
dum (dummodo) (Konj.) *wenn nur* 12
duo, duae, duo *zwei* 3
dūrēscere *hart werden* 15*
dūrus, a, um *hart, steif, abgehärtet* 2
dux, ducis m. f. *Führer, Führerin* 8

E

ē (Abl.) *aus, seit, auf Grund von* 1
edere *essen* 8
ēdīcere *heraussagen, verkünden* 8*
ēdictum, ī n. *Verordnung* 10*
ēducāre *erziehen, aufziehen, ernähren* 2
ēducātiō, ōnis f. *Erziehung* 9*
ēdūcere *herausführen* 8*
effectiō, ōnis f. *Wirkung, wirkende Kraft* 16*
effectus, ūs m. *Wirkung* 16*
effēmināre *verweichlichen* 20
efferre *heraustragen, -bringen* 22*; efferre laudibus *loben*
efficere *hervorbringen, bewirken* 16
egēre (Gen. od. Abl.) *Mangel haben, bedürfen* 6
ēgerere *heraus-, wegtragen, fortschaffen* 8*
ēgredī *herausgehen* 20*
ēgregius, a, um *auserlesen, ausgezeichnet* 17
ēiectiō, ōnis f. *das Hinauswerfen* 17*
ēicere *(hin)auswerfen* 16
elephantus, ī m. *Elefant* 21
ēligere *herauslesen, -holen, auslesen, -wählen* 12
emere *nehmen, kaufen* 14
ēmigrāre *auswandern* 4
ēminēre *hervor-, herausragen, hervorstehen, sichtbar sein* 7
ēmissiō, ōnis f. *das Herausschicken, Herauslassen* 9*
ēmittere *heraus-, losschicken, entlassen* 8*
ēmptiō, ōnis f. *Kauf* 14*
ēmptor, ōris m. *Käufer* 14*
ēnāvigāre *heraus-, abfahren* 6*
enim *nämlich, denn* 3
eō (Adv.) *dorthin, dahin, desto, um so* 13
epistula, ae f. *Brief* 9
eques, itis m. *Reiter, Ritter* 13
equester, tris, tre *Reiter-, Ritter-* 17
equidem (Adv.) *ich meinerseits* 15
equīnus, a, um *Pferd-* 14*
equitātus, ūs m. *Reiterei* 5
equus, ī m. *Pferd* 12
ergō (Adv.) *deshalb, folglich* 3
ērigere *aufrichten* 8*
ēripere *heraus-, entreißen* 16*
errāre *umherirren, sich verirren* 3
ērumpere *heraus-, hervorbrechen* 16*
esse *sein* 1
et *und, auch* 1
et – et *sowohl – als auch* 1
etiam *auch, bereits, sogar, noch* 1
ēvādere *heraus-, hervorgehen* 8*
ēvehere *herausfahren, -führen* 12*
ēvenīre *hervorkommen, sich ereignen, widerfahren, enden* 17
ēvocāre *herausrufen, hervorlocken* 5*
ex (Abl.) *aus, seit, auf Grund von* (s. ē) 1
excēdere *heraus-, weggehen, überschreiten* 8*
excellēns, entis *vortrefflich, ausgezeichnet* 14
excidere *herausfallen* 11*
excīdere *aushauen, zerstören, sprengen* 16
excipere *(her)ausnehmen, aufnehmen* 16*
excitāre *heraus-, antreiben, anspornen, anfeuern* 7
exclāmāre *ausrufen* 6
exclūdere *ausschließen* 8*
excurrere *herauslaufen, -eilen* 11*
excūsābilis, e *entschuldbar* 17*
excūsāre *entschuldigen, rechtfertigen, vorschützen* 6
exemplum, ī n. *Beispiel, Probe, Abschrift* 3
exercēre *üben, eifrig bewegen, bearbeiten* 4
exercitāre *(tüchtig) üben* 4
exercitātiō, ōnis f. *Übung, Geübtheit* 11
exercitus, ūs m. *Heer* 5
exiguitās, ātis f. *Kleinheit, Kürze* 17*
exiguus, a, um *knapp, klein, gering* 17
eximere *herausnehmen, frei machen* 15
exīre *herausgehen, sterben* 22
exitus, ūs m. *Ausgang, Ende, Tod* 5
expellere *heraustreiben* 8*
experīrī *versuchen, erproben* 21
expetere *erstreben, herbeisehnen, verlangen, fordern* 17
explicābilis, e *erklärbar* 17*
explicāre *auseinanderfalten, entwickeln, ausführen, erklären* 3
explōrāre *ausforschen, erkunden* 5
explōrātiō, ōnis f. *Erkundung*
explōrātor, ōris m. *Kundschafter* 9*
expōnere *aussetzen, an Land setzen, auseinandersetzen, handeln (über)* 8
exportāre *heraustragen, fortschaffen, ausführen* 5*
expūgnāre *erobern* 5
exquīrere *aussuchen, -lesen, erforschen* 11*
exscrībere *ab-, aufschreiben, abzeichnen* 9
exsistere *heraus-, hervortreten, entstehen* 11
exspectāre *ausschauen, (er)warten, erhoffen* 1
exspectātiō, ōnis f. *Erwartung* 9*

exstruere *aufschichten, aufbauen* 8
extendere *ausspannen, -strecken* 11*
exterior, ius *äußere* 14
externus, a, um *äußere, äußerlich, auswärtig, ausländisch, fremd* 1
extrā (Adv.) *außerhalb* 10
extrā (Akk.) *außer, über – hinaus* 10
extrahere *herausziehen, -schleppen* 8*
extrēmitās, ātis f. *das Äußerste, Rand* 18*
extrēmus, a, um *äußerste, letzte* 18

F

fābula, ae f. *Gerede, Gespräch, Erzählung, Sage* 3
facere *tun, machen, ausführen* 16; facultātem facere *Gelegenheit geben* 16; iter facere *marschieren, reisen* 16; certiōrem facere *benachrichtigen* 16
facilis, e *leicht (zu tun), beweglich* 13
facinus, oris n. *(Un-)Tat, Verbrechen* 13; facinus committere *Verbrechen begehen* 13
factiō, ōnis f. *politische Partei* 9
factum, ī n. *Tat* 16*
facultās, ātis f. *Gelegenheit, Möglichkeit, Fähigkeit* 10
fallere *täuschen, betrügen* 19
fāma, ae f. *Sage, öffentliche Meinung, Ruf, Kunde* 15
famēs, is f. *Hunger(snot)* 14
familia, ae f. *Hausgenossenschaft, Familie, Gesinde, Dienerschaft* 2
familiāris, e *zur Familie, Dienerschaft gehörig, vertraut* 13*
famulus, -ī m. *Sklave, Diener, Helfer* 3
fatērī *bekennen, gestehen* 19
fatīgāre *zermürben, ermüden, quälen* 21
fēlīcitās, ātis f. *Fruchtbarkeit, Glück* 13*
fēlīx, īcis *fruchtbar, glücklich* 13
fēmina, ae f. *Weib, Frau* 2
fēminīnus, a, um *weiblich*
fenestra, ae f. *Fenster* 2
fera, ae f. *wildes Tier* 16
ferē (Adv.) *fast, beinahe, ungefähr* 7
fēriae, ārum f. *Ruhe-, Feiertage, Ferien* 4
feritās, ātis f. *Wildheit* 16*
ferre *(er)tragen, bringen* 22; opem ferre *Hilfe bringen* 22
ferreus, a, um *aus Eisen, eisern* 22*
ferrum, ī n. *Eisen, Waffe* 21
ferus, a, um *wild, ungezähmt* 16
fessus, a, um *ermüdet, ermattet* 20
festīnāre *eilen, sich sputen, beschleunigen* 15
fēstus, a, um *festlich, feierlich* 4
fictiō, ōnis f. *Erdichtung* 9*
fidēlis, e *getreu, zuverlässig, aufrichtig* 15
fidēlitās, ātis f. *Zuverlässigkeit, Treue* 15*
fīdere *vertrauen* 21
fidēs, eī f. *Glaube, Treue, Vertrauen* 5; fidem habēre *Glauben, Vertrauen schenken* 5
fīdus, a, um *treu, zuverlässig* 14
fierī *werden, geschehen, gemacht werden* 21
fīgere *stechen, heften, durchbohren* 9
fīlia, ae f. *Tochter* 2*
fīliola, ae f. *Töchterchen* 11*
fīliolus, ī m. *Söhnchen* 11*
fīlius, ī m. *Sohn* 2
fingere *bilden, formen, erdichten* 8
fīnis, is m. *Grenze, Ende, Ziel; pl. Grenzen, Gebiet* 12
fīnitimus, a, um *angrenzend, benachbart, nahestehend, verwandt; subst. Grenznachbar, Verwandte* 4
fīrmāre *festmachen, befestigen, sichern, (ver)stärken* 4
fīrmitās, ātis f. *Stärke* 10*
fīrmus, a, um *fest, sicher, stark* 5*
flagellum, ī n. *Geißel, Peitsche* 2
flamma, ae f. *Flamme, Feuer* 4
flēre *(be)weinen* 16
flōrēre *blühen* 10
flūctus, ūs m. *Flut, Woge, Welle* 21
fluere *fließen, strömen* 14
flūmen, inis n. *Strömung, Strom, Fluß* 11
fluvius, ī m. *Fluß, Strom* 2
forēnsis, e *zum Markt gehörend* 14*
fōrma, ae f. *Form, Figur, Gestalt* 6
fortis, e *stark, kräftig, rüstig, tapfer* 13
fortitūdō, inis f. *Tapferkeit* 10
fortūna, ae f. *Zufall, Schicksal, Glück* 10
forum, ī n. *Markt* 5
fossa, ae f. *Graben, Grube, Kanal* 2
fovēre *(er)wärmen, begünstigen, fördern* 15
frangere *brechen* 14
frāter, tris m. *Bruder* 9
frīgidus, a, um *kalt, kühl* 11
frīgus, oris n. *Kälte, Kühle* 11
frūgifer, fera, ferum *fruchttragend, -bringend* 12
fruī (Abl.) *genießen* 21
frūmentum, ī n. *Getreide, Korn, Weizen* 4

frūstrā (Adv.) *vergeblich, ohne Erfolg, grundlos* 3
fuga, ae f. *Flucht* 16
fugāre *in die Flucht schlagen, vertreiben* 6
fugere *fliehen, entschwinden* 16
fugitāre *eilig fliehen* 21*
fūnctiō, ōnis f. *Verrichtung* 20*
fundere *(aus)gießen, vergießen* 21
fungī (Abl.) *verwalten, verrichten* 20; officiō fungī *Pflicht erfüllen* 20

G

galea, ae f. *(Leder-)Helm* 18
gaudēre (Abl.) *sich freuen* 2
gaudium, ī n. *Freude* 5
gēns, gentis f. *Geschlecht, Sippe, Völkerschaft* 12
gentīlis, e *zur Sippe gehörend, vaterländisch* 13*
genu, ūs n. *Knie*
genus, eris n. *Geschlecht, Abkunft, Stamm, Art und Weise* 11
geōmetricus, a, um *geometrisch* 6
gerere *tragen, vollbringen, hervorbringen* 8; bellum gerere *Krieg führen* 8; magistrātum gerere *Amt verwalten* 8; rem gerere *Tat vollbringen* 8
gignere *zeugen, gebären, hervorbringen* 11
glaciēs, ēī f. *Eis, Glätte* 21
gladiātōrius, a, um *Gladiatoren-*
gladius, ī m. *Schwert* 10
glōria, ae f. *Ruhm(sucht), Ehrgeiz* 6
glōriārī (Abl.) *sich rühmen* 19
glōriōsus, a, um *ruhmreich* 6*
grammatica, ae f. *Sprachkunde, Philologie, Grammatik* 2
grātia, ae f. *Dank, Gunst, Ansehen, Anmut* 5; grātiam habēre *Dank wissen, dankbar sein* 5;
grātiās agere *Dank sagen* 14
grātulārī *Glück wünschen* 19
gravēscere *schwer werden* 15*
gravis, e *schwer (zu tragen), gewaltig, ehrwürdig* 13
gutta, ae f. *Tropfen, Flecken* 18
gymnasium, ī n. *Turn-, Ringschule* 6

H

habēre *(inne)haben, halten (für)* 1
habitāre *bewohnen, wohnen* 2
haerēre *haften, festsitzen, hängenbleiben* 19
herba, ae f. *Gras, (Un-)Kraut, Halm* 1
herbānus, a, um *Gras-, grasfressend* 14*
herbārium, ī n. *Pflanzen-, Kräuterbuch* 21*
herī (Adv.) *gestern* 3
hic, haec, hoc *dieser, diese, dieses* 7
hīc (Adv.) *hier* 7
hiems, hiemis f. *Winter, stürmisches Wetter* 11
historia, ae f. *Erforschung, Geschichte, Sage* 1
hodiē (Adv.) *heute* 7
homō, inis m. *Mensch* 8
honor, ōris m. *Ehre(nstelle)* 8; honōrem habēre *Ehre erweisen* 8
hōra, ae f. *Stunde, Jahreszeit* 1
hortārī *ermahnen* 19
hortus, ī m. *Garten* 11
hospes, itis m. *Gast(freund), Wirt, Fremdling* 8
hostīlis, e *feindlich, Feind-* 16*
hostis, is m. *Fremdling, Feind* 14
hūmānus, a, um *menschlich, menschenfreundlich* 3
humilis, e *niedrig, einfach, unbedeutend* 21
humus, ī f. *Erde* 7; humī *auf dem Boden* 7

I

iacēre *liegen* 7
iacere *werfen* 16
iactus, ūs m. *Wurf* 16*
iam (Adv.) *schon, bereits, nunmehr* 1; nōn iam *nicht mehr* 1
ibi (Adv.) *dort* 3
īdem, eadem, idem *derselbe, dieselbe, dasselbe* 7
idōneus, a, um *geeignet, tauglich* 14
i. e. (= id est) *das heißt* 7
iēiūnus, a, um *nüchtern* 22
igitur (Adv.) *also, daher, folglich* 4
īgnārus, a, um *unwissend, unkundig* 14
īgneus, a, um *feurig, Feuer-* 22*
īgnifer, fera, ferum *feuerbringend* 22*
īgnis, is m. *Feuer* 21
īgnōrāre *nicht kennen, nicht wissen* 7; nōn īgnōrāre *wohl wissen* 7
īgnōtus, a, um *unbekannt* 13*
illābī *hineingleiten, -schlüpfen* 20*
ille, illa, illud *jener, jene, jenes* 7
imāgō, inis f. *Bild* 10
imitābilis, e *nachahmbar, nachahmenswert* 15
immēnsus, a, um *unermeßlich, ungeheuer groß* 11
imminēre *drohen, bevorstehen* 22

immittere *hineinschicken* 9*
immō (Adv.) *fürwahr, im Gegenteil* 22
immortālis, e *unsterblich* 13
impār, paris *ungleich* 13*
impedīre *ver-, umwickeln, (ver)hindern* 17
impellere *in Bewegung setzen, antreiben, verleiten* 11
imperāre *befehlen, anordnen* 4
imperātor, ōris m. *Feldherr, Befehlshaber, Kaiser* 8
imperītus, a, um (Gen.) *unkundig, -erfahren* 5*
imperium, ī n. *Befehl, Amt, Vorschrift, Herrschaft, Reich* 4
impetrāre *erlangen, durchsetzen* 17
impetus, ūs m. *Angriff, Andrang* 10
impōnere *hinein-, darauf-, auferlegen* 8*
importāre *einführen, hineintragen* 5*
impotēns, entis *ohnmächtig, maßlos* 13*
imprimere *(hin)eindrücken* 9*
imprīmīs (Adv.) *vor allem, hauptsächlich* 2
in (Akk. bzw. Abl.) *in, an, auf (-hin), nach, gegen; in, auf, an, bei, innerhalb* 1
incēdere *hinein-, einhergehen* 8*
incendere *anzünden, entflammen, erregen* 15
incendium, ī n. *Brand, Feuersbrunst* 5
incertus, a, um *unsicher, ungewiß, unzuverlässig* 5
incidere *hineinfallen, -geraten* 11*
incipere *anfangen, beginnen* 16
incitāre *anfeuern, antreiben* 7
inclūdere *einschließen* 8
incōgnitus, a, um *unbekannt, nicht anerkannt* 13
incola, ae m. *Einwohner* 1
incolere *(be)wohnen* 11
incrēdibilis, e *unglaublich, unglaubwürdig* 13
incurrere *hineinlaufen* 11*
incursus, ūs m. *Ansturm, Angriff* 12*
inde (Adv.) *von da, von dort, von da an* 11
indīcere *ansagen* 8*
indicium, ī n. *Anzeige, Anzeichen* 14
indictiō, ōnis f. *Ankündigung* 9*
indīgnus, a, um *unwürdig* 13*
indoctus, a, um *ungebildet, ungeschickt* 5*
indūcere *(hin)einführen* 9*
inductiō, ōnis f. *das Hineinführen, Einführung* 9*
induere *anziehen, -legen, aufsetzen* 18
industrius, a, um *regsam, fleißig* 1
inesse *darin sein, innewohnen* 3
īnfectus, a, um *ungetan, unvollendet* 16*
īnfēlīx, īcis *unglücklich* 13*
inferior, ius *untere, niedriger gelegen* 14
īnferre *hineinbringen, -tragen, zufügen* 22; bellum īnferre *bekriegen* 22
īnfīrmus, a, um *schwach, kraftlos, krank* 4
īnflammāre *anzünden, entflammen* 4
īnfluere *hineinströmen, münden* 14
īnfundere *hinein-, daraufgießen* 21
ingenium, ī n. *Naturanlage, Begabung, Fähigkeit* 13
ingēns, entis *ungeheuer groß, sehr groß* 13
ingenuus, a, um *eingeboren, frei geboren, edel* 22
ingredī *einhergehen, betreten* 20
inhūmānus, a, um *unmenschlich, unfreundlich* 5*
inicere *hineinwerfen, einflößen* 16*
inimīca, ae f. *Feindin*
inimīcus, a, um *feindlich, verhaßt; subst. Feind* 4
inīquitās, ātis f. *Unebenheit, Ungerechtigkeit* 16*
inīquus, a, um *uneben, ungünstig, ungerecht, feindlich* 16
initium, ī n. *Eingang, Anfang, Beginn;* initiō *zu Anfang, anfänglich, anfangs* 2
iniūria, ae f. *Unrecht, Gewalttätigkeit, Beleidigung* 4
innumerābilis, e *unzählig, zahllos* 13
inopia, ae f. *Mangel, Not* 7
inquit *sagt(e) er, sie, es; er, sie, es sagt(e)* 4
īnscius, a, um *unwissend, ohne Wissen* 17
īnscrībere *schreiben (auf), zuschreiben, betiteln* 8
īnscrīptiō, ōnis f. *Aufschrift, Inschrift* 9
īnsīgne, is n. *Kenn-, Abzeichen, Ehrenzeichen* 15
īnsīgnis, e *kenntlich, auffallend* 15
inspicere *hineinsehen, besichtigen* 16
īnstituere *einrichten, unterrichten, -weisen* 15
īnstitūtiō, ōnis f. *Einrichtung* 15*
īnstitūtum, ī n. *Einrichtung, Sitte* 8
īnstruere *hineinbauen, unterweisen, unterrichten* 13; aciem īnstruere *Schlachtreihe aufstellen* 13
īnstrūmentum, ī n. *Gerät, Werk-, Rüstzeug* 14
īnsula, ae f. *Insel, Mietshaus, Häuserblock* 6
īnsulānus, ī m. *Inselbewohner* 14*
intāctus, a, um *unberührt* 13*
integer, gra, grum *unversehrt, ungeschwächt, vollständig* 10

intellegere ***einsehen, verstehen, erkennen*** 8
intendere ***hinein-, anspannen*** 11*
inter (Akk.) ***zwischen, unter, während*** 1
intercēdere ***dazwischentreten*** 8*
interdīcere ***untersagen*** 8*
interdictum, ī n. ***Verbot*** 10*
interdum (Adv.) ***mitunter, bisweilen, manchmal*** 1
interesse ***dazwischenliegen, teilnehmen*** 3
interficere ***niedermachen, töten*** 16
intericere ***dazwischenwerfen*** 16*
interior, ius ***innere*** 14
interīre ***untergehen*** 22*
interitus, ūs m. ***Untergang*** 5
intermittere ***dazwischenschicken, unterbrechen*** 8*
interpōnere ***dazwischensetzen*** 8*
interrogāre ***(be)fragen*** 6
intervallum, ī n. ***Zwischenraum, Entfernung, Abstand*** 15
intrā (Adv.) ***inwendig*** 10
intrā (Akk.) ***innerhalb, binnen*** 10
intrāre ***ein-, betreten, eindringen*** 5
intrepidus, a, um ***unerschrocken, ruhig*** 15
intrōdūcere ***(hin)einführen, anführen*** 19
intrōductiō, ōnis f. ***Einführung*** 20*
introīre ***hineingehen, eintreten*** 22*
introitus, ūs m. ***Eingang*** 7
intuērī ***betrachten, beachten*** 19
inūtilis, e ***unnütz, unbrauchbar*** 18*
invādere ***eindringen, angreifen*** 8
invāsiō, ōnis f. ***das Eindringen, Ansturm*** 9*
invāsor, ōris m. ***Eindringling*** 9*
invehere ***hineinfahren, losfahren (auf)*** 12*
invītāre ***einladen, bewirten*** 17
invītātiō, ōnis f. ***Einladung*** 17*
invītus, a, um ***wider Willen, ungern*** 17
invius, a, um ***unwegsam, ungangbar*** 20
invocāre ***an-, hineinrufen*** 5*
ipse, a, um ***selbst*** 3
īra, ae f. ***Zorn, Erbitterung, Wut*** 2
īrācundia, ae f. ***Jähzorn, Zornesausbruch*** 15
īrātus, a, um ***zornig*** 15
īre ***gehen*** 22
irrumpere ***einbrechen, -dringen, hineinstürzen*** 14
irruptiō, ōnis f. ***Einfall, -bruch*** 14*
is, ea, id ***er, sie, es; dieser, diese, dieses; derjenige, diejenige, dasjenige*** 6
iste, a, ud ***dieser da, diese da, dieses da*** 13
ita (Adv.) ***so, auf diese Weise*** 1
itaque (Adv.) ***und so, daher, deshalb*** 1
item (Adv.) ***ebenso, auf gleiche Weise, ebenfalls*** 1
iter, itineris n. ***Weg, Marsch, (Tage-)Reise*** 13
iterum (Adv.) ***zum zweiten Mal, abermals, wiederum*** 3
iubēre ***befehlen*** 15
iūcunditās, ātis f. ***Annehmlichkeit*** 14*
iūcundus, a, um ***erfreulich, angenehm*** 14
iūdex, icis m. ***Richter*** 11
iūdicium, ī n. ***Gericht, Urteil, Entscheidung*** 12
iugum, ī n. ***Joch, Gebirgskamm, Bergrücken*** 20
iūmentum, ī n. ***Zugtier, -vieh, Lasttier*** 4
iungere ***verbinden, -knüpfen*** 11
iūs, iūris n. ***Recht*** 11
iussū ***auf Befehl*** 7
iuvāre (Akk.) ***helfen, unterstützen*** 3
iuvenēscere ***heranwachsen*** 15*
iuvenīlis, e ***jugendlich*** 13*
iuvenis, is m. ***junger Mann, Jüngling*** 12
iūxtā (Akk.) ***dicht daneben*** 7

L

lābī ***fallen, gleiten*** 20
labor, ōris m. ***Anstrengung, Mühe, Arbeit*** 8
labōrāre ***arbeiten, in Not sein, leiden*** 2
lac, lactis n. ***Milch*** 11
lacteus, a, um ***milchig, Milch-*** 16*
laedere ***verletzen, beschädigen, beleidigen*** 8
laesiō, ōnis f. ***Verletzung*** 9*
laetārī (Abl.) ***sich freuen*** 19
laetitia, ae f. ***Fruchtbarkeit, Freude*** 12
laetus, a, um ***üppig, fruchtbar, froh*** 12
lāmentābilis, e ***beklagenswert*** 19*
lāmentārī ***beklagen*** 19
lapidārium, ī n. Steinsammlung 21*
lapis, idis m. ***Stein*** 18
lāpsus, ūs m. ***das Fallen, Gleiten*** 20
largīrī ***schenken, spenden*** 21
lātifundium, ī n. ***großes Landgut*** 2
lātitūdō, inis f. ***Breite, Weite*** 10*
lātus, a, um ***breit, weit*** 2
laudāre ***loben, preisen*** 3
laus, laudis f. ***Lob, Ruhm*** 10
lavāre ***waschen, baden (trans.)*** 5; lavārī ***sich waschen, baden (intr.)*** 19
lēctiō, ōnis f. ***das Lesen, das Auslesen, Auswahl*** 14*
lēctor, ōris m. ***(Vor-)Leser*** 14*
lectus, ī m. ***Lager, (Ruhe-)Bett, Speisesofa*** 4

lēgālis, e *gesetz-, rechtmäßig* 13*
lēgātus, ī m. *Gesandter, Legat, Unterfeldherr* 4
legere *zusammenlesen, sammeln, lesen* 13
legiō, ōnis f. *Legion* 9
lēnis, e *gelind, sanft, mild* 19
lēnitās, ātis f. *Sanftheit, Milde* 20*
lentus, a, um *zäh, langsam* 15
leō, ōnis m. *Löwe* 19
levāre *erleichtern, lindern, mildern, erheben* 19
levis, e *leicht, leichtsinnig* 13
levitās, ātis f. *Leichtigkeit, Leichtfertigkeit* 13*
lēx, lēgis f. *Gesetz, Bestimmung* 10
libenter (Adv.) *gern* 2
līber, era, erum *frei, ungehindert; pl. die Freien, Kinder* 2
liber, librī m. *Bast, Buch* 2
līberāre *befreien* 6
līberātor, ōris m. *Befreier* 9
lībertās, ātis f. *Freiheit* 9
licēre *erlaubt sein* 8
līgnum, ī n. *Holz* 21
lingua, ae f. *Zunge, Sprache* 1
littera, ae f. *Schriftzeichen, Buchstabe; pl. Brief, Urkunde, Wissenschaft(en)* 1
lītus, oris n. *(Meeres-)Ufer, Strand, Gestade* 17
locus, ī m. *Ort Platz, Stelle; pl.* locī, ōrum *m. Stellen (in Büchern), Buchabschnitte;* loca, ōrum *n. Ortschaften, Gegend, Gelände* 2
longitūdō, inis f. *Länge* 10*
longus, a, um *lang, entlegen, lange dauernd* 7
longē (Adv.) *weit, weitaus, bei weitem* 14; longē lātēque *weit und breit* 14
loquī *sprechen, reden* 20
lūbricus, a, um *glatt, schlüpfrig, gefährlich* 20
lūcēscere *Licht, Tag werden* 15*
lūcifer, fera, ferum *lichtbringend* 22*
lūdus, ī m. *Spiel, Schule* 7
lūna, ae f. *Mond* 8
lūstrum, ī n. *Reinigungs-, Sühneopfer, Jahrfünft, Steuerperiode* 9
lūx, lūcis f. *Licht* 13
luxuria, ae f. *üppiges Wachstum, Üppigkeit, Ausschweifung* 20
luxuriōsus, a, um *üppig wachsend, ausschweifend* 20*

M

magister, trī m. *Meister, Lehrer* 2
magistra, ae f. *Lehrerin*
magistrātus, ūs m. *Beamte, Amt, Behörde* 5
māgnificus, a, um *großartig, glänzend* 7
māgnitūdō, inis f. *Größe* 10*
māgnus, a, um *groß, wichtig, bedeutend* 1
māior, ius *größer, älter; pl.* māiōrēs, um m. *Vorfahren* 8
maledīcere *schmähen, lästern* 12
maledictiō, ōnis f. *Schmähung* 12*
mālle *lieber wollen* 22
malum, ī n. *das Böse, Leid, Übel* 2
malus, a, um *schlecht, böse, schlimm, gering* 2
mandāre *über-, auftragen, übergeben, anvertrauen* 4
māne (Adv.) *früh, am Morgen* 22
manēre *bleiben, fortbestehen* 9
manūmittere *freilassen* 19
manus, ūs f. *Hand, Schar* 5
mare, is n. *Meer* 12
marīnus, a, um *zum Meer gehörend* 14*
maritimus, a, um *Meeres-, See-, Küsten-* 14
marītus, ī m. *Gatte* 22
māter, tris f. *Mutter* 10
mātercula, ae f. *Mütterchen* 11*
māximē (Adv.) *am meisten, besonders* 1
medērī (Dat.) *heilen, abhelfen* 19
mediānus, a, um *zur Mitte gehörend* 14*
medica, ae f. *Ärztin* 2*
medicāmen, inis n. *Heilmittel* 11
medicīna, ae f. *Medizin, Heilkunde, -mittel* 1
medicīnus, a, um *Medizin-* 14*
medicus, ī m. *Arzt* 2
medius, a, um *mittlere, in der Mitte befindlich* 5
mel, mellis n. *Honig* 14
membrum, ī n. *Glied(maß), Teil* 10
meminisse *sich erinnern, gedenken* 11
memoria, ae f. *Erinnerung, Gedenken, Erzählung;* memoriā tenēre *im Gedächtnis haben* 7
mēns, mentis f. *Verstand, Gesinnung, Ansicht* 12
mēnsis, is m. *Monat* 21
mēnsūra, ae f. *Messung, Maß*
mentīrī *lügen* 21
mercātor, ōris m. *Kaufmann* 8
merēre *verdienen, erwerben, sich verdient machen* 15
merīdiānus, a, um *mittägig, Mittags-, südlich* 1
merīdiēs, ēī m. *Mittag, Süden* 5

meritō (Adv.) *nach Verdienst, mit Recht* 7
merx, mercis f. *Ware, Kram* 14
metallum, ī n. *Grube, Bergwerk, Metall* 2
metere *mähen, ernten* 16
mētīrī *(zu)messen, zuteilen* 21
metuere *sich fürchten, (be)fürchten* 15
meus, a, um *mein* 2
migrāre *wandern* 4
mīles, itis m. *Soldat* 8
mīlia, ium n. *Tausende* 12
mīlitāre *Kriegsdienst tun, Soldat sein* 10
mīlitāris, e *die Soldaten betreffend, Soldaten-* 13*
mīlle *tausend* 5
minārī *drohen, an-, bedrohen* 22
minuere *zerkleinern, vermindern, verringern* 8
mīrābilis, e *wunder-, sonderbar* 19*
mīrārī *sich wundern* 19
mīrus, a, um *wunder-, sonderbar, bewundernswert* 6
miscēre *mischen, vereinigen* 14
miser, era, erum *elend, unglücklich, erbärmlich* 3
miserērī *sich erbarmen* 19
mittere *schicken, senden* 8
modo (Adv.) *nur, bloß* 1
modus, ī m. *Maß, Art und Weise* 7
moenia, ium n. *(Stadt-)Mauer* 20
monēre *erinnern, ermahnen, auffordern, warnen* 2
monitor, ōris m. *Mahner, Warner* 9*
monitus, ūs m. *Ermahnung* 9*
mōns, montis m. *Berg, Gebirge, Fels* 12
mōnstrāre *zeigen* 2
montānus, a, um *Berg-* 14*
monumentum, ī n. *Denk-, Grabmal* 5
morārī *sich aufhalten, säumen (intr.); aufhalten, hindern (trans.)* 20
morbōsus, a, um *(sehr) krank* 6*
morbus, ī m. *Krankheit* 2
morī *sterben* 20
mors, mortis f. *Tod; pl. Todesfälle, -arten* 12
mortālis, e *sterblich, vergänglich; subst. Mensch* 13
mortālitās, ātis f. *Sterblichkeit* 13*
mortifer, fera, ferum *todbringend* 22*
mortuus, a, um *tot; subst. der, die Tote* 8
mōs, mōris m. *Sitte; pl. Denkart, Charakter, Lebenswandel* 8
movēre *bewegen, in Bewegung setzen, veranlassen* 4; castra movēre *das Lager abbrechen* 4
mox (Adv.) *bald, später* 7
multī, ae, a *viele; subst. Menge* 1
multitūdō, inis f. *Menge, große Anzahl* 10
mundus, ī m. *Welt(all), Weltordnung* 22
mūnīre *mauern, befestigen, schützen* 17
mūnītiō, ōnis f. *Schanzarbeit, Befestigung, Verschanzung* 10
mūnītor, ōris m. *Befestiger, Erbauer, Schanzarbeiter* 17*
mūnus, eris n. *Verpflichtung, Aufgabe, Amt, Geschenk* 21; mūnere fungī *das Amt verwalten* 21
mūrus, ī m. *Mauer* 2
mūtābilis, e *wandelbar* 17*
mūtāre *verändern, vertauschen* 6
mūtātiō, ōnis f. *Veränderung, Vertauschung* 9*
mūtus, a, um *stumm* 20

N

nam *denn, nämlich* 1
nancīscī *erreichen, erlangen* 20
nārrāre *erzählen, berichten, kundtun* 2
nāscī *geboren werden, erzeugt werden* 20
natāre *schwimmen* 4
nātiō, ōnis f. *Volksstamm* 10
nātiōnālis, e *zum Volksstamm gehörig* 13*
nātūra, ae f. *Natur(gesetz), Geburt* 1
nātūrālis, e *zur Natur gehörend* 13
nātus, a, um *geboren, entstammt, geschaffen* 3
nāvālis, e *zum Schiff gehörend, Schiffs-* 13*
nāvigābilis, e *schiffbar* 17*
nāvigāre *schiffen, segeln, zu Schiff fahren* 6
nāvis, is f. *Schiff* 12; nāvis longa, nāvis longae f. *Kriegsschiff* 12
-ne *? (Fragepartikel)* 1
nē (Konj.) *nicht; daß nicht, damit nicht, um nicht* 4
nē – quidem *nicht – einmal* 10
nec *und nicht* 6
necāre *umbringen, töten, vernichten* 6
necessārius, a, um *unumgänglich, notwendig, verwandt, befreundet* 1
necesse est *es ist notwendig* 18
necessitās, ātis f. *Notwendigkeit* 12
nefās n. (indekl.) *Frevel, Sünde* 12
neglegere *vernachlässigen, sich nicht kümmern, nicht achten* 8

nēmō, nēminis *niemand* 7
neque *und nicht* 6; neque enim *denn nicht* 6
neque - neque *weder - noch* 6
nescīre *nicht wissen* 17
neuter, tra, trum *keiner (von zweien)* 10
nex, necis f. *Tod, Mord* 11
nihil *nichts* 5
nimis (Adv.) *zu sehr, zu viel, allzu* 4
nisi *wenn nicht* 1
niveus, a, um *aus Schnee, schneeig* 16*
nix, nivis f. *Schnee* 11
nōbilis, e *adlig, edel, vornehm* 13
nōbilitās, ātis f. *Adel* 10
nocēre *schaden* 6
nōlle *nicht wollen* 22
nōmen, inis n. *Name* 11
nōmināre *(be)nennen, bezeichnen, erwähnen* 1
nōn *nicht, nein;* nōn iam *nicht mehr* 1
nōndum (Adv.) *noch nicht* 6
nōnne *doch wohl?* 18
nōnnūllī, ae, a *einige* 1
nōscere *kennenlernen, erkennen* 10
noster, tra, trum *unser* 2
nota, ae f. *(Schrift-)Zeichen, Merkmal* 12
nōtus, a, um *bekannt* 7
novitās, ātis f. *Neuheit* 10*
novus, a, um *neu, frisch, jung* 1
nox, noctis f. *Nacht* 22
nūdus, a, um *nackt, unbekleidet, unbedeckt, kahl* 10
nūllus, a, um *kein* 1
num *etwa? doch wohl nicht?* 18
nūmen, inis n. *Wink, Wille, Gottheit* 12
numerābilis, e *zählbar* 13*
numerāre *(auf)zählen* 1
numerōsus, a, um *zahlreich* 6*
numerus, ī m. *(An-)Zahl, Stand, Rang* 2
nummus, ī m. *Münze, Geldstück* 5
numquam (nunquam) (Adv.) *nie(mals)* 3
nunc (Adv.) *nun, jetzt* 1
nūntiāre *verkünden, melden, anzeigen* 4
nūntius, ī m. *Bote, Botschaft, Nachricht*
nūtrīx, īcis f. *Amme* 10

O

ob (Akk.) *(ent)gegen, wegen* 3
obesse *schaden* 3
obicere *entgegenwerfen* 16*
obīre *entgegengehen* 22*
obligāre *verpflichten* 7
obruere *überschütten, vergraben* 21
obsequī *willfahren, gehorchen* 20
observāre *beobachten, achtgeben* 1
observātiō, ōnis f. *Beobachtung* 9*
obsessiō, ōnis f. *Belagerung* 17*
obsessor, ōris m. *Belagerer* 17*
obsidēre *belagern, besetzt halten* 17
obstāre *entgegenstehen* 7
occāsiō, ōnis f. *Gelegenheit* 10
occidere *untergehen, umkommen* 11
occīdere *niederhauen, umbringen, töten* 15
occīsiō, ōnis f. *Tötung, Totschlag* 15*
occīsor, ōris m. *Mörder* 15*
occultāre *verbergen, verstecken* 5
occupāre *besetzen, in Besitz nehmen, überfallen, beschäftigen* 4
occurrere *entgegenkommen, -gehen, -treten, stoßen auf* 13
oculus, ī m. *Auge* 18
odiōsus, a, um *voller Haß, widerwärtig*
ōdisse *hassen* 14
odium, ī n. *Haß, Widerwärtigkeit* 14
offerre *anbieten, preisgeben* 22
officiōsus, a, um *voller Pflichteifer* 6*
officium, ī n. *Pflicht, Dienst* 3; officiō deesse *seine Pflicht vernachlässigen, versäumen* 3
ōlim (Adv.) *ehemals, einst, vor Zeiten* 2
ōmen, inis n. *Vor-, Wahrzeichen* 11
ōminōsus, a, um *voll von bösen Vorzeichen* 12*
omnīnō (Adv.) *gänzlich, ganz und gar* 4
omnis, e *jeder, ganz; pl. alle* 13
onerāre *beladen, belasten* 21
onus, eris n. *Last* 11
opiniō, ōnis f. *Meinung, Vermutung, Vorstellung* 8
oportēre *in Ordnung, nötig sein* 8
oppidānus, ī m. *Städter*
oppidum, ī n. *fester Platz, (Land-)Stadt* 2
oppōnere *entgegensetzen, -stellen, aussetzen (einer Gefahr)* 10
opportūnitās, ātis f. *günstige Lage, Gelegenheit* 14*
opportūnus, a, um *geeignet, günstig* 14
opprimere *bedrängen, unterdrücken, überfallen* 9
oppūgnāre *bestürmen, angreifen* 5
ops, opis f. *Kraft, Macht, Hilfe; pl. Streitkräfte, Reichtümer* 12; opem ferre *Hilfe bringen* 22
optāre *wünschen* 4

optimus, a, um *beste, sehr gut* 3; optimē (Adv.) *am besten* 3
opulentus, a, um *reich, mächtig* 2
opus, eris n. *(Bau-)Werk, Befestigungsarbeit, -werk* 12; opus est *es ist nötig* 20
opusculum, ī n. *kleines Werk* 12*
ōra, ae f. *Küste* 5
ōrāculum, ī n. *Orakel(spruch)* 10
ōrālis, e *zum Mund gehörend* 20*
ōrāre *vortragen, reden, beten, ersuchen, bitten* 5
ōrātiō, ōnis f. *Rede(gabe), -weise* 10; ōrātiōnem habēre *eine Rede halten* 10
ōrātor, ōris m. *Redner, Unterhändler* 10
ōrdō, inis m. *Reihe, Ordnung, Stand, Klasse* 13
orīgō, inis f. *Ursprung* 8
orīrī *sich erheben, aufgehen, entstehen* 21
ōrnāre *schmücken* 5
ōs, ōris n. *Mund, Mündung, Öffnung, Gesicht* 20
ostendere *entgegenstrecken, zeigen, darlegen* 11
ostentāre *zeigen* 7
ōstium, ī n. *Mündung, Tür* 14
ōvālis, e *Ei-, eiförmig* 20*
ōvum, ī n. *Ei* 7

P

pābulum, ī n. *Futter* 21
paene (Adv.) *beinahe, fast* 13
pāgānus, a, um *zum Gau gehörend, ländlich* 14*
pāgus, ī m. *Gau, Kanton* 11
pandere *ausbreiten, aufreißen, sprengen, eröffnen* 21
pār, paris *gleich* 13
parāre *(vor)bereiten, verschaffen, rüsten* 2
parātus, a, um *bereit, wohlgerüstet* 18
parcere (Dat.) *schonen, sparen* 11
pārēre *erscheinen, gehorchen* 2
parere *hervorbringen, gebären, erwerben* 20
pariēs, etis m. *Wand* 8
pars, partis f. *(An-)Teil, Seite, Abteilung* 12; māgnā ex parte *zum großen Teil*
partīrī *teilen* 21
parum (Adv.) *zu wenig, nicht genug* 16
parvus, a, um *klein, gering* 1
passim (Adv.) *weit und breit, verstreut* 9
passus, ūs m. *Schritt* 5
pāstor, ōris m. *Hirt* 22
patefacere *öffnen, enthüllen* 21
patefierī *geöffnet werden* 21
pater, tris m. *Vater* 10
patī *(er)dulden, leiden* 20
patiēns, entis *erduldend, geduldig* 15
patria, ae f. *Heimat, Vaterland, -stadt* 1
patrius, a, um *väterlich, vaterländisch, heimatlich* 1
paucī, ae, a *wenige* 1
paululum (Adv.) *ein klein wenig* 10
paulum (Adv.) *ein wenig* 10
pauper, eris *arm* 13
paupertās, ātis f. *Armut*
pāx, pācis f. *Frieden* 10
pectus, oris n. *Brust, Sinn, Geist* 14
pecūnia, ae f. *Vermögen, Geld(summe)* 4
pecus, oris n. *Vieh, Kleinvieh* 11
peditātus, ūs m. *Fußvolk, Infanterie* 5
pellere *(ver)treiben, zurückschlagen, besiegen* 8
pellicula, ae f. *kleines Fell, Häutchen* 12*
pellis, is f. *Haut, Fell, Pelz* 12
per (Akk.) *(hin)durch, auf Veranlassung* 3
perambulāre *durchwandeln* 3*
perbene (Adv.) *sehr gut* 3
percupidus, a, um *sehr begierig* 3*
perdere *zugrunde richten, verderben, verlieren* 11
perdoctus, a, um *sehr gebildet* 3*
pererrāre *durchirren, -streifen* 3*
perferre *ans Ziel tragen, überbringen, melden* 22
perficere *vollenden, verfertigen, ausführen* 16
perfidia, ae f. *Treulosigkeit, Unredlichkeit* 4
perfungī *verwalten, verrichten, durchstehen* 20
perhūmānus, a, um *sehr menschlich, freundlich* 3*
perīculōsus, a, um *mit Gefahren verbunden, gefährlich* 4
perīculum, ī n. *Versuch, Probe, Gefahr* 4
perīre *zugrunde gehen, vergehen; zugrunde gerichtet werden* 22
perītus, a, um *kundig, erfahren* 1
permāgnus, a, um *sehr groß* 3*
permigrāre *durchwandern* 4*
permovēre *heftig bewegen* 4*
permultī, ae, a *sehr viele* 3*
permūtāre *völlig verändern* 6*
perniciēs, ēī f. *Verderben, Untergang* 5
peroptāre *sehr wünschen* 4*
perparvus, a, um *sehr klein* 3*

perpauci, ae, a *sehr wenige* 1
perpetuus, a, um *beständig, immerwährend* 10
perspicere *durchschauen, hindurchsehen, genau erkennen* 16
persuādēre (Dat.) *überreden, überzeugen* 15
pertimēre *sehr fürchten* 3*
pertinēre *sich erstrecken, ausdehnen, sich beziehen* 20
pervenīre *hinkommen, gelangen, geraten (in)* 17
pēs, pedis m. *Fuß* 17
petere *erstreben, aufsuchen, angreifen, bitten* 10
petītiō, ōnis f. *Angriff, Bitte, Bewerbung* 10*
pharmacia, ae f. *Pharmazie* 1
philosophia, ae f. *Philosophie* 2
philosophus, ī m. *Philosoph* 2
pigritia, ae f. *Verdrossenheit, Trägheit* 20
pīlum, ī n. *Wurfspieß* 10
placēre *gefallen* 2
planta, ae f. *Pflanze, Setzling* 1
plantārium, ī n. *Baum-, Pflanzschule* 21*
plānum, ī n. *Ebene* 17*
plānus, a, um *flach, eben, platt* 17
plēbs, plēbis f. *Menge, großer Haufe* 13
plēnus, a, um (Gen.) *voll* 1
plērīque, plēraeque, plēraque *die meisten* 8
plērumque (Adv.) *meistens, gewöhnlich* 8
plūrēs, a *mehr, mehrere* 13
poena, ae f. *Pein, Strafe* 13
poēta, ae m. *Dichter* 2
pollicērī *versprechen, anbieten* 19
pōnere *setzen, legen, stellen, errichten* 8; castra pōnere *das Lager aufschlagen* 8
pōns, pontis m. *Brücke* 16
populārī *verwüsten, zerstören* 19
populāris, e *zum Volk gehörend, volkstümlich* 13*
populus, ī m. *Volk, Menge, Haufe* 2
porta, ae f. *Pforte, Tor, Tür* 2
portāre *tragen, (über)bringen* 5
portus, ūs m. *Hafen* 5
poscere *fordern, verlangen* 11
posse *können, vermögen* 3
possessiō, ōnis f. *Besitz(tum), Grundstück* 11
possidēre *besitzen, in Besitz haben* 16
post (Adv.) *nachher, hinten, zuletzt* 3
post (Akk.) *hinter, nächst, nach* 3
posteā (Adv.) *hernach, später* 3
posterus, a, um *folgend; pl. Nachwelt;* posterior, ius *letztere, hintere, spätere* 14
postquam *nachdem* 6
postrēmus, a, um *letzte* 7; postrēmō (Adv.) *zuletzt, schließlich* 7
postulāre *fordern, verlangen, (gerichtlich) belangen* 4
postulātum, ī n. *Forderung* 10*
potēns, entis *mächtig, einflußreich* 13
potentia, ae f. *Kraft, Wirksamkeit, politische Macht, Einfluß* 13
potestās, ātis f. *Kraft, Macht, Gewalt* 11
pōtiō, ōnis f. *Getränk, Trank* 22
potīrī (Abl.) *sich bemächtigen* 21
potius (Adv.) *vielmehr, lieber, eher* 16
prae (Adv.) *voran, voraus* 3
prae (Abl.) *vor, vor – her* 3
praebēre *hinhalten, darbieten, gewähren, verursachen* 6; sē praebēre *sich zeigen* 6
praecēdere *vorangehen* 8*
praeceps, cipitis *kopfüber, sich neigend, abschüssig* 20
praeceptum, ī n. *Vorschrift, Befehl, Lehre* 13
praeclārus, a, um *sehr hell, glänzend, ausgezeichnet*
praeda, ae f. *Beute, Plünderung* 8
praedīcere *voraus-, vorhersagen* 8*
praedictiō, ōnis f. *das Vorhersagen, Weissagung* 9*
praedūcere *vorführen* 8*
praeesse *an der Spitze stehen, leiten* 3
praefectus, ī m. *Vorsteher, Befehlshaber;* praefectus equitum *Reiteroberst*
praeferre *vorantragen* 22*
praegredī *vorangehen, entlanggehen (an)* 20
praeiūdicium, ī n. *Vorentscheidung* 12
praemittere *vorausschicken* 8*
praemium, ī n. *Vorteil, Vorrecht, Belohnung* 13
praeparāre *vorbereiten* 8*
praepōnere *vorlegen, -setzen, voranstellen, vorziehen* 8*
praescrībere *vorschreiben* 8*
praescrīptiō, ōnis f. *Vorschrift* 9*
praescrīptum, ī n. *Vorschrift* 10*
praesidium, ī n. *Schutz, Besatzung, Vorsitz* 6
praestāre *überlegen sein, verrichten, zeigen* 18; praestat *es ist besser* 18
praeter (Adv.) *darüber hinaus, ausgenommen* 13
praeter (Akk.) *an – vorbei, über – hinaus, abgesehen von, außer* 13
praeterdūcere *vorüber-, vorbeiführen* 13*
praeterferre *vorübertragen, -bringen* 22*

praeterīre *vorübergehen, überholen, vergehen* 22
praetermittere *vorbeischicken, vorüberlassen* 13*
praeternāvigāre *vorbeisegeln* 13*
praetervehī *vorüberfahren* 20*
praetor, ōris m. *Prätor* 10
precārī *bitten, beten* 19
prehendere *ergreifen, (ein)nehmen, besetzen* 15
premere *drücken, pressen, bedrängen* 9
prīmus, a, um *vorderste, erste* 2; prīmum *zum ersten Mal, zuerst* 2; prīmō *anfangs, zuerst* 2
prīnceps, cipis *erste, vornehmste; m. Fürst* 11
prīncipātus, ūs m. *Vorrang, Machtstellung* 6
prīncipium, ī n. *Anfang, Grundlage* 7
prior, ius *früher* 14; prius (Adv.) *früher* 1
prīstinus, a, um *früher* 11
priusquam *bevor* 5
prīvātim (Adv.) *persönlich, für seine Person* 9
prīvātus, a, um *abgesondert, einer einzelnen Person gehörend, persönlich* 9
prō (Abl.) *vor, gemäß, für, zugunsten, anstatt* 3
probābilis, e *anerkennenswert* 17*
probāre *anerkennen, gutheißen, prüfen* 12
prōcēdere *hervorgehen, vorrücken, Fortschritte machen* 8
prōcessus, ūs m. *Fortschritt, Erfolg* 9*
prōclāmāre *hervorrufen, laut rufen*
procul (Adv.) *fern, aus (in) der Ferne* 19
prōcūrāre *besorgen, verwalten* 10
prōcūrātiō, ōnis f. *Besorgung, Verwaltung* 10*
prōcurrere *(her)vorlaufen, vorrücken* 11*
prōdesse *nützen* 3
prōdīre *hervorgehen* 22*
prōdūcere *hervorführen* 9*
proeliārī *kämpfen, streiten* 19
proelium, ī n. *Kampf, Treffen, Gefecht* 6
prōferre *hervorholen, -bringen* 22*
proficīscī *aufbrechen, reisen, marschieren* 20
prōfluere *hervorströmen, -fließen* 14
prōgredī *vorrücken, vorwärtsgehen* 20
prōgressiō, ōnis f. *Fortschritt* 20*
prohibēre *fernhalten, (ver)hindern, schützen* 12
prōicere *hervorwerfen, hinwerfen* 16*
proinde (Adv.) *demgemäß, folglich* 16
prōlābī *vorwärtsgleiten, einstürzen, straucheln* 20
prōmittere *versprechen* 8
prōmunturium, ī n. *Vorgebirge, Bergvorsprung* 20
prope (Adv.) *nahe, beinahe, fast* 2
prope (Akk.) *nahe bei, in der Nähe von* 2
properāre *eilen, sich beeilen* 6
propinquitās, ātis f. *Nähe* 10*
propinquus, a, um *nahe, angrenzend, verwandt; subst. Verwandte* 6
prōpōnere *öffentlich vorlegen, ausstellen* 18; vexillum prōpōnere *Fahne aufstecken* 18
prōpraetor, ōris m. *Proprätor, Statthalter* 10
proprius, a, um *gehörig, eigen(tümlich)* 11
propter (Adv.) *in der Nähe* 17
propter (Akk.) *nahe bei, wegen* 17
prōspectus, ūs m. *Aussicht, Anblick* 16*
prōspicere *vorhersehen, sorgen* 16
prōtēctiō, ōnis f. *Schutz* 9*
prōtēctor, ōris m. *Beschützer* 9*
prōtegere *bedecken, schützen* 8
prōturbāre *fort-, vertreiben* 18
prōvehere *fortführen, vorfahren, -rücken* 12*
prōvehī *vorfahren (intr.)* 20*
prōvidēre *vorhersehen, sorgen* 14
prōvincia, ae f. *Amt, Provinz* 4
prōvīsor, ōris m. *der Voraussehende, Verwalter* 17*
prōvocāre *heraus-, hervorrufen* 5*
proximus, a, um *nächste, sehr nahe, vorige, letzte* 6
prūdēns, entis *wissentlich, vorsichtig, klug* 14
prūdentia, ae f. *Klugheit, Erfahrung, Einsicht* 14
pūblicus, a, um *öffentlich* 5; pūblicē (Adv.) *öffentlich, im Interesse des Staates* 12
puella, ae f. *Mädchen* 2
puer, erī m. *Knabe, Junge, Diener* 2
puerīlis, e *kindlich, knabenhaft* 13
pūgna, ae f. *Kampf, Schlacht* 5
pūgnāre *kämpfen* 5
pulcher, chra, chrum *schön, herrlich, köstlich* 2
pulchritūdō, inis f. *Schönheit* 10*
pūrgāre *reinigen, rechtfertigen, entschuldigen* 21
putāre *ab-, berechnen, meinen, glauben, halten (für)* 4
putrefacere *in Fäulnis übergehen lassen, locker, mürbe machen*

Q

quaerere *suchen, forschen, fragen* 10
quaesītiō, ōnis f. *das Suchen* 10*
quaesītum, ī n. *Frage* 10*
quaestor, ōris m. *Quästor* 10
quam *als (nach Komp.)* 1
quam (Adv.) *wie (sehr)* 4
quamquam *obwohl, obgleich, indessen, freilich* 15
quandō (Adv.) *wann* 15
quantopere (Adv.) *in wie hohem Grade, wie sehr* 15
quantus, a, um *wie groß* 11; quantum *wieviel* 11
quārtus, a, um *vierte* 3
quasi (Adv.) *gleichwie, gleich als ob, gewissermaßen* 10
quattuor *vier* 3
-que *und, auch* 1
querī *klagen, sich beklagen* 20
quī, quae, quod *welcher, welche, welches* 6
quīcumque, quaecumque, quodcumque *wer, was auch immer* 16
quīdam, quaedam, quoddam *ein gewisser; pl. einige, manche* 10
quidem (Adv.) *gewiß, sicher, wenigstens, allerdings* 3
quiēs, ētis f. *Ruhe, Rast, Erholung, Schlaf* 20
quiēscere *(aus)ruhen, schlafen* 17
quīn *daß* 16
quīnque *fünf* 5
quīntus, a, um *fünfte* 5
quis, quid *wer? was?* 4
quisquam, quicquam (quidquam) *irgend jemand, irgend etwas* 13
quisque, quidque *ein jeder* 12
quisquis, quidquid *wer, was auch immer* 16
quō (Adv.) *wohin* 8
quō – eō *je – desto* 14
quod *weil* 3
quod *daß* 15
quōmodo (Adv.) *auf welche Weise, wie* 12
quoniam *als nun, da nun* 16
quoque (Adv.) *auch, sogar* 1
quot (indekl.) *wie viele* 6
quotannis (Adv.) *jährlich, alle Jahre* 13

R

rāmus, ī m. *Zweig* 11
rapere *raffen, rauben* 16
raptiō, ōnis f. *das Rauben, Entführung* 16*
raptus, ūs m. *das Rauben* 16*
rārus, a, um *selten* 12
recēdere *zurückgehen, -weichen* 9*
recēns, entis *neu, frisch, jung* 20
receptiō, ōnis f. *Aufnahme* 16*
receptum, ī n. *das Aufgenommene, Rezept* 17*
recipere *zurücknehmen, -holen, auf-, übernehmen* 16; sē recipere *sich zurückziehen* 16
reclāmāre *zurückrufen, widersprechen* 6*
recordārī *sich erinnern* 19
rēctiō, ōnis f. *Lenkung, Leitung* 9*
rēctor, ōris m. *Lenker, Leiter* 9*
rēctus, a, um *gerade, in gerader Richtung, richtig, recht* 6
recuperāre *sich wieder verschaffen, wiedererlangen* 19
recurrere *zurücklaufen, -eilen, -kehren* 11*
reddere *zurückgeben* 11
redigere *zurücktreiben, -führen* 19; in potestātem redigere *unterwerfen* 19
redīre *zurückgehen, -kehren* 22*
reditus, ūs m. *Rückkehr* 5*
redūcere *zurückführen* 9*
reductiō, ōnis f. *Zurückführung* 9*
redundāre *zurückwogen, überströmen, Überfluß haben* 14
referre *zurückbringen, -tragen, berichten* 22
reficere *neu verfertigen, wiederherstellen* 16; sē reficere *sich erholen* 16
rēgālis, e *Königs-, königlich* 13*
regere *richten, lenken, leiten* 8
rēgīna, ae f. *Königin* 9
regiō, ōnis f. *Richtung, Gegend* 10
regionālis, e *zur Gegend gehörig* 13*
regredī *zurückgehen* 20*
rēgulus, ī m. *kleiner König, Fürst* 11*
rēicere *zurückwerfen* 16*
religiō, ōnis f. *Rücksicht, religiöses Gefühl* 8
relinquere *zurück-, verlassen, übriglassen* 14
reliquiae, ārum f. *Rest, Überreste* 2
reliquus, a, um *übrig-, zurückgelassen* 8
remanēre *zurückbleiben* 11*
remedium, ī n. *Arznei, Heilmittel* 12
removēre *entfernen, wegschaffen* 19
renāvigāre *zurücksegeln, -fahren* 6
renovāre *erneuern, wiederaufbauen* 5
renūntiāre *zurückmelden* 5*
repellere *zurücktreiben, -jagen* 9*
repente (Adv.) *plötzlich* 14
repentīnus, a, um *plötzlich unvermutet* 14

reperīre *wiederfinden, auffinden* 17
repertor, ōris m. *Erfinder, Urheber* 17*
repetītiō, ōnis f. *Wiederholung* 10
reportāre *zurückschaffen, -bringen* 5
reprehendere *zurück-, festhalten, tadeln* 15
rēs, reī f. *Sache, Ding, Lage* 5; rēs adversae, rērum adversārum f. *Unglück* 5; rēs gestae, rērum gestārum f. *Taten* 9; rēs pūblica, reī pūblicae f. *Staat* 5; rēs secundae, rērum secundārum f. *Glück* 5
resistere *sich widersetzen, Widerstand leisten* 15
respectus, ūs m. *das Zurücksehen, Rücksicht* 16*
respicere *zurückblicken, berücksichtigen* 16
respondēre *antworten* 5
respōnsum, ī n. *Antwort* 13*
restituere *wiedereinsetzen, -herstellen, zurückführen* 15
retinēre *zurückbehalten* 5*
retrahere *zurückziehen, -schleppen* 9*
revehere *zurückbringen, -fahren, -führen* 12*
revertī *zurückkehren* 21
revocāre *zurück-, widerrufen* 5*
rēx, rēgis m. *König* 8
rīdēre *(be)lachen, auslachen, strahlen* 16
rīpa, ae f. *Fluß-, Meeresufer* 14
rīsus, ūs m. *das Lachen* 10
rītus, ūs m. *(heiliger) Brauch, Feierlichkeit* 19
rīvus, ī m. *Bach, Kanal* 20
rogāre *bitten, fragen* 16
rosa, ae f. *Rose* 22
rōstrum, ī n. *(Schiffs-)Schnabel, Rüssel; pl. Rednerbühne* 12
ruber, bra, brum *rot* 3
ruīna, ae f. *Ruine, Trümmer* 4
rumpere *brechen, zerreißen* 14
rūpēs, is f. *Fels(hang), Klippe* 20
rūre *vom Lande* 8; rūrī *auf dem Land* 8; rūs *auf das Land* 8
rūrsus (Adv.) *rückwärts, wieder(um)* 10

S

sacer, cra, crum *heilig, verflucht* 12
sacerdōs, ōtis m. f. *Priester, Priesterin* 12
sacrificium, ī n. *Opfer* 13
saeculum, ī n. *Jahrhundert* 9
saepe (Adv.) *oft* 1
salīre *springen* 17
salūber, bris, bre *gesund, heilsam* 18
salūbritās, ātis f. *Heilsamkeit, Gesundheit* 18*
salūs, ūtis f. *Heil, Wohl, Rettung, Sicherheit* 10
salūtāre *(be)grüßen* 7
salūtāris, e *zum Heil gehörend, heilsam, rettend* 13*
sānābilis, e *heilbar* 17*
sānāre *heilen* 2
sānctus, a, um *heilig, sittenrein* 10
sānē (Adv.) *freilich, allerdings* 7
sānēscere *gesund werden, gesunden* 15*
sanguineus, a, um *blutig, Blut-* 16*
sanguis, sanguinis m. *Blut* 16
sānitās, ātis f. *Gesundheit, gesunder Menschenverstand* 11
sānus, a, um *gesund, vernünftig* 11
sapiēns, entis *weise, verständig* 22
sapientia, ae f. *Weisheit, Einsicht, Klugheit* 4
satira, ae f. *Satire* 8
saxum, ī n. *Fels* 21
scelus, eris n. *Verbrechen, Frevel* 13; scelus committere *ein Verbrechen begehen* 13
schola, ae f. *Schule* 1
scientia, ae f. *Wissen(schaft), Kenntnis, Kunde* 1
scīre *wissen, verstehen* 17
scrībere *schreiben* 8
scrīptor, ōris m. *Schriftsteller* 8; scrīptor rērum, scrīptōris rērum m. *Geschichtsschreiber* 8
scūtum, ī n. *der Schild* 10
secundum (Adv.) *hintennach* 12
secundum (Akk.) *dicht hinter, entlang, gemäß* 12
secundus, a, um *zweite, günstig* 5
sēcūritās, ātis f. *Sorglosigkeit, Sicherheit* 15*
sēcūrus, a, um *sorglos, sicher* 15
sed *sondern, aber, indessen* 1
sedēre *sitzen* 4
sēdēs, is f. *(Wohn-)Sitz* 14
sēditiō, ōnis f. *Zwiespalt, Aufstand* 21
semel (Adv.) *einmal* 15
sēmen, inis n. *Samen* 22
semper (Adv.) *immer, stets* 1
senātus, ūs m. *Senat* 5
senectūs, ūtis f. *hohes Alter, Greisenalter* 22
senex, senis *alt; subst. m. f. Greis, Greisin* 20
senīlis, e *Greisen-* 20*
sēnsus, ūs m. *Sinn, Empfindung, Gefühl* 11
sententia, ae f. *Meinung, Gedanke, Sinn* 3
sentīre *fühlen, wahrnehmen, meinen* 17

septem *sieben* 7
sequī (Akk.) *folgen* 20
serēnus, a, um *aufheiternd, heiter, hell, klar* 1
sermō, ōnis m. *Gespräch, Mundart, Redeweise* 8; sermōnem habēre *ein Gespräch führen* 8
sērō (Adv.) *(zu) spät* 7
serva, ae f. *Sklavin, Dienerin* 2*
servāre *behüten, retten, erhalten* 5
servīlis, e *sklavisch, Sklaven-* 13*
servitūs, ūtis f. *Sklaverei, Knechtschaft* 13
servus, ī m. *Hüter, Sklave, Knecht* 2
sī *wenn; ob* 1
sīc (Adv.) *so, auf diese Weise* 3
siccāre *(aus)trocknen, leeren* 19
sīcut(ī) (Adv.) *sowie, gleichwie, wie wenn* 3
sīgnifer, fera, ferum *bannertragend* 22*
sīgnificāre *bezeichnen, anzeigen* 7
sīgnum, ī n. *(Kenn-)Zeichen, Feldzeichen* 5
silēre *(ver)schweigen* 10
silva, ae f. *Wald* 1
simplex, icis *einfach, schlicht, ehrlich* 15
simplicitās, ātis f. *Einfachheit, Natürlichkeit* 10
simul (Adv.) *zugleich, zusammen* 16
sīn (sīn autem) *wenn aber* 12
sine (Abl.) *ohne, sonder* 2
sinere *(zu)lassen* 10
singulāris, e *einzeln, außerordentlich, hervorragend* 13
singulī, ae, a *einzelne, je einer* 1
sinus, ūs m. *Bausch, Bucht* 5
sitīre *dürsten* 17
situs, a, um *gelegen* 5
situs, ūs m. *Lage, Stellung* 8
sīve – sīve *sei es, daß – sei es, daß*
sociālis, e *kameradschaftlich, gesellschaftlich* 20*
socius, ī m. *Gefährte, (Bundes-)Genosse* 11
sōl, sōlis m. *Sonne* 8
sōlācium, ī n. *Trost(spruch), Entschädigung* 14
solēre *pflegen, gewohnt sein* 5
sōlus, a, um *allein, einzig;* sōlum (Adv.) *nur* 3
solvere *los-, aufbinden, bezahlen* 17
somnium, ī n. *Traum(bild)* 13
sordidus, a, um *schmutzig, niedrig, verächtlich* 10
soror, ōris f. *Schwester* 12
sors, sortis f. *Los(stäbchen), Schicksal, Weissagung* 12
sortīrī *erlosen, auswählen* 21
spargere *sprengen, streuen, spritzen* 12
speciēs, ēī f. *Aussehen, Anblick, Äußere* 8
spectābilis, e *sichtbar, sehenswert* 17*
spectāculum, ī n. *Schauspiel* 7
spectāre *schauen, sehen, betrachten* 1
spectātor, ōris m. *Zuschauer* 8
spēlunca, ae f. *Höhle* 19
spērāre *(er)hoffen, erwarten* 1
spēs, speī f. *Hoffnung, Erwartung* 5
spīna, ae f. *Dorn, Stachel, Gräte* 19
spīrāre *hauchen, blasen, atmen, hinstreben* 1
spoliāre *(be)rauben, ausplündern* 16
sponte *auf Betreiben, nach dem Willen* 6
stāre *stehen* 2
statim (Adv.) *sofort, sogleich* 6
statua, ae f. *Statue, Standbild, Bildsäule* 5
statuere *aufstellen, festsetzen, beschließen* 15
struere *(auf)schichten, erbauen* 8
struēs, is f. *(geschichteter) Haufen* 21
studēre (Dat.) *sich beschäftigen, betreiben, sich bemühen* 1
studiōsa, ae f. *Studentin* 1; studiōsus, a, um *eifrig, strebend, studierend* 2; studiōsus, ī m. *Student* 2
studium, ī n. *Eifer, Begeisterung, wissenschaftliche Beschäftigung* 2
stultus, a, um *töricht, einfältig* 4
suādēre *(an)raten, zu-, einreden* 15
suāvis, e *süß, angenehm, lieblich* 15
sub (Akk. bzw. Abl.) *unter* 7
subdūcere *darunterwegziehen, von unten hochziehen* 8*
subicere *darunterwerfen, darunterstellen* 20
subiectus, a, um *unterhalb liegend, unterwürfig* 20
subīre *unter etwas gehen, auf sich nehmen* 22*
subitō (Adv.) *plötzlich, unvermutet* 18
submittere *zu Hilfe schicken* 8*
subscrībere *(dar)unterschreiben* 8*
subsidium, ī n. *Reserve, Hilfe, Zuflucht* 18
subtrahere *unten wegziehen, heimlich wegziehen* 8*
succēdere *unmittelbar nachfolgen* 13
succurrere *zu Hilfe eilen* 16
sūdāre *(aus)schwitzen* 4
sūmere *(über)nehmen, sich anmaßen* 10
summus, a, um *höchste, sehr hoch* 7
super (Adv.) *oben* 12
super (Akk.) *über – hinaus, oberhalb* 12
superāre *überlegen sein, übertreffen, besiegen, noch vorhanden, übrig sein* 5

superbus, a, um *hochragend, erhaben, stolz, hochmütig* 22
superesse *überflüssig sein, übrig sein, übrig bleiben* 18
superior, ius *obere, frühere* 18
suppōnere *darunterlegen, unter etwas stellen* 8*
supprimere *unterdrücken, hemmen* 9*
suprā (Adv.) *oben, vorher* 9
suprā (Akk.) *oberhalb, über – hinaus* 9
suprēmus, a, um *oberste, höchste, letzte* 10
surgere *sich erheben, aufstehen*
sustinēre *aushalten, ertragen* 10
suus, a, um *sein, ihr* 1

T

tabella, ae f. *kleines Täfelchen, Schreiben, Brief, Urkunde, Bericht* 11
tābēs, is f. *das Schmelzen, Schlamm, Seuche*
tabula, ae f. *Tafel, Brett, Verzeichnis* 9
tacēre *schweigen, still sein* 16
tam (Adv.) *so (sehr)* 4
tam – quam *so – wie*
tamen (Adv.) *gleichwohl, dennoch* 3
tamquam (Adv.) *so wie, gleich wie, gleich als ob* 7
tandem (Adv.) *endlich, schließlich* 19
tangere *berühren* 11
tantopere (Adv.) *so sehr* 15
tantus, a, um *so groß, so bedeutend* 6; tantum (Adv.) *soviel, nur* 6
tardāre *hemmen, verlangsamen* 18
tarditūdō, inis f. *Langsamkeit* 18*
tardus, a, um *langsam, zögernd* 18
tēctum, ī n. *Dach, Haus* 2
tegere *decken, be-, verdecken* 8
tegimentum, ī n. *Decke, Schutz* 18
tēgula, ae f. *(Dach-)Ziegel* 2
tēlum, ī n. *Waffe* 18
temere (Adv.) *blindlings, zufällig, aufs Geratewohl, unbesonnen* 12
temperāre *sich mäßigen, sich enthalten* 16
tempestās, ātis f. *Sturm, (Un-)Wetter* 11
templum, ī n. *heiliger Bezirk, Heiligtum, Tempel* 2
tempus, oris n. *Zeit(punkt), Zeitalter* 11
tendere *spannen, strecken* 11
tenēre *(fest)halten, besetzt halten* 4
ter *dreimal* 12
terere *(zer)reiben*
terra, ae f. *Erde, Land* 1
terrārium, ī n. *Behälter für Kriechtiere* 21*
terrēre *in Schrecken setzen, erschrecken* 5
terror, ōris m. *Schrecken, Schrecknis*
theātrum, ī n. *Schauplatz, Theater* 2
thermae, ārum f. *warme Quellen, Warmbad* 4
timēre *(sich) fürchten* 2
timor, ōris m. *Furcht, Schrecken* 10
titulus, ī m. *Aufschrift, Buchtitel* 3
tolerābilis, e *erträglich, ertragbar* 19*
tolerāre *ertragen, aushalten* 19
tollere *aufheben, erhöhen, beseitigen* 22
torridus, a, um *gedörrt, ausgetrocknet, brennend, glühend heiß* 21
tot (indecl.) *so viele* 6
tōtus, a, um *ganz* 7
tractāre *betasten, handhaben, behandeln* 13
tractus, ūs m. *Zug* 9*
trādere *übergeben, preisgeben, überliefern* 8
trādūcere *hinüberführen* 8*
tragoedia, ae f. *Tragödie* 2
trahere *ziehen, schleppen* 8
trāicere *hinüberwerfen, -bringen, übersetzen* 16*
trānāre *hindurch-, hinüberschwimmen* 21
trāns (Akk.) *über – hin, jenseits* 5
trānsferre *hinüberbringen, übertragen* 22*
trānsfīgere *durchbohren, -stechen* 9*
trānsgredī *hinübergehen, überschreiten* 20
trānsīre *hinübergehen, überschreiten* 22
trānsitus, ūs m. *Übergang* 5*
trānsmittere *hinüberschicken, hindurchlassen* 8*
trānspōnere *(hin)übersetzen* 8*
trānsportāre *hinüberschaffen, übersetzen* 5
trānsvehere *hinüberfahren* 12*
tribuere *zuteilen, erweisen* 11
tribūnus, ī m. *Tribun, Vorsteher einer römischen Tribus* 11
tribūtum, ī n. *Tribut, Steuer, Abgabe* 13
trīduum, ī n. *Zeitraum von drei Tagen, drei Tage* 11
trīstis, e *betrübt, traurig, trübe* 13
triumphālis, e *Triumph-* 13*
triumphus, ī m. *Triumph(zug), Siegeseinzug* 9
tuba, ae f. *Trompete, Tuba* 18
tuērī *schützen* 19
tum (Adv.) *da, dann, darauf, damals* 2
tumulus, ī m. *Hügel, Haufen* 8
turba, ae f. *Schar, Lärm* 22
turbāre *verwirren, in Aufregung bringen* 5

turpis, e *schimpflich, schändlich* 13
turpitūdo, inis f. *Schändlichkeit, Häßlichkeit*
tussis, is f. *Husten* 22
tūtus, a, um *sicher, geschützt, wohlverwahrt* 14
tuus, a, um *dein* 2
tyrannus, ī m. *Herrscher, Gebieter, Gewaltherrscher, Tyrann*

U

ubi (Adv.) *wo* 3
ubi (prīmum) *sobald* 5
ubicumque (Adv.) *wo auch immer, überall* 7
ulcīscī (Akk.) *(sich) rächen* 20
ūllus, a, um *irgendein* 10
ultimus, a, um *äußerste, letzte* 12
ultor, ōris m. *Rächer* 20*
ultrā (Adv.) *jenseits, weiterhin* 16
ultrā (Akk.) *über – hinaus, jenseits* 16
umbra, ae f. *Schatten* 19
ūnā cum (Abl.) *zusammen mit* 3
unde (Adv.) *von wo, woher, wovon* 20
undique (Adv.) *von, auf allen Seiten* 14
ūniversus, a, um *sämtlich, ganz, allgemein* 17
ūnus, a, um *einer* 3
urbānus, a, um *städtisch, zur Stadt gehörend* 14*
urbs, urbis f. *Stadt* 12
ūsque *bis zu* 3
ūsus, ūs m. *Nutzen, Gebrauch, Übung, Erfahrung* 7
ut (Ind.) *wie, wie zum Beispiel* 1
ut (Konj.) *(so) daß, damit, um zu* 4
uter, utra, utrum *wer (von beiden)* 10; utrum - an *ob - oder* 18
uterque, utraque, utrumque *jeder (von beiden), beide* 10
ūtī (Abl.) *gebrauchen, benutzen* 20
ūtilis, e *brauchbar, nützlich, vorteilhaft* 18
ūtilitās, ātis f. *Nutzen, Brauchbarkeit* 18*
utinam (Adv.) *(o) daß doch, wenn doch* 4
uxor, ōris f. *Ehefrau* 22

V

vacāre (Abl.) *frei, leer, unbebaut sein* 14
vacātiō, ōnis f. *das Freisein, Befreiung* 14*
vādere *gehen* 8
vagārī *umherschweifen, -streifen* 19
valdē (Adv.) *sehr* 1
valēre *stark, gesund sein, gelten, Einfluß haben;* valē *lebe wohl!* 3
vallis, is f. *Tal* 21
vallum, ī n. *Verschanzung, Wall* 2
varius, a, um *bunt, verschieden, mannigfaltig* 1
vāstāre *verwüsten* 6
-ve *oder* 3
vectīgal, ālis n. *Wegegeld, Abgabe, Steuer* 13
vehemēns, entis *heftig, stürmisch, gewaltig* 16
vehere *bewegen, fahren, mit sich führen* 12
vehī *fahren (intr.)* 20
vel *oder* 3; vel - vel *entweder - oder* 3
velle *wollen* 22
velut(ī) (Adv.) *gleichwie, ebenso wie, wie (so), zum Beispiel* 1
vēnārī *jagen* 19
vēnātiō, ōnis f. *Jagd* 11
venia, ae f. *Gewährung, Verzeihung, Nachsicht;* veniam dare *nachsichtig sein* 4
venīre *kommen* 17
venter, tris m. *Unterleib, Bauch* 12
ventitāre *oft kommen* 21*
ventriculus, ī m. *Bäuchlein* 12*
ventus, ī m. *Wind* 21
verberāre *schlagen, peitschen, züchtigen* 2
verbōsus, a, um *wortreich* 6*
verbum, ī n. *Wort, Ausdruck* 2
verērī *sich scheuen, fürchten* 19
vēritās, ātis f. *Wahrheit* 10*
vērō (Adv.) *in der Tat, wahrlich, vollends, aber* 14; neque vērō *aber nicht* 14
versārī *sich befinden, sich aufhalten* 19
versus, ūs m. *Wendung, Reihe, Zeile, Vers* 22
vertere *wenden* 15
vērum, ī n. *das Wahre, Wahrheit* 3*
vērus, a, um *echt, wahr, wirklich* 3
vesper, erī m. *Abend* 3
vesperāscere *Abend werden* 15*
vester, tra, trum *euer* 2
vestīgium, ī n. *Fußsohle, (Fuß-)Spur* 6
vestis, is f. *Kleid, Decke, Teppich* 12
vestītus, ūs m. *Kleidung* 6
vetāre *verbieten* 10
vetitum, ī n. *Verbot* 10*
vetus, eris *alt* 21
vexāre *quälen, plagen, verheeren* 7
vexillum, ī n. *Fahne, Fähnlein, Abteilung* 18
via, ae f. *Weg, Straße, Gasse* 4
vicēs f. pl. *Wechsel, Abwechslung, Amt, Stelle* 15

victor, ōris m. *Sieger* 8
victōria, ae f. *Sieg(esruhm)* 12
victus, ūs m. *Lebensunterhalt, -weise, Nahrung* 6
vīcus, ī m. *Gehöft, Dorf* 19
vidēre *(ein)sehen, wahrnehmen, betrachten* 1
vidērī *sichtbar, offenbar werden, scheinen* 19
vigilia, ae f. *das Wachen, Zeit der Nachtwache, Wachtposten; pl. durchwachte Nächte* 1
vīlla, ae f. *(Land-)Haus, Landgut* 2
vincere *(be)siegen* 14
vinculum, ī n. *Schnur, Band, Fessel* 15
vindicāre *befreien, retten, bestrafen* 9; in lībertātem vindicāre *zur Freiheit verhelfen, befreien* 9
vīnum, ī n. *Wein* 3
vir, virī m. *Mann* 2; vir cōnsulāris, virī cōnsulāris m. *gewesener Konsul* 19
virgō, inis f. *junges Mädchen* 16
virīlis, e *männlich* 13*
virtūs, ūtis f. *Mannhaftigkeit, Tapferkeit, Tugend* 10
vīs f. *Gewalt, Kraft, Stärke;* vīrēs, ium f. *Streitkräfte, Vermögen, Macht* 12
vīsiō, ōnis f. *das Sehen* 17*
vīsitāre *oft sehen, besuchen* 1
vīta, ae f. *Leben(sweise), Lebensbeschreibung* 1
vītāre *(ver)meiden, ausweichen* 11
vitium, ī n. *Fehler, Mangel, Vergehen, Laster* 13
vīvārium, ī n. *Tiergarten, -gehege* 21*
vīvere *leben* 8
vīvus, a, um *lebendig* 14
vix (Adv.) *kaum, eben erst* 13
vōcālis, e *stimmbegabt, klangvoll* 13*
vocāre *rufen, nennen* 4
volātus, ūs m. *das Fliegen, Flug* 12
voluntās, ātis f. *Wille, Wunsch, Vorhaben* 18
vōx, vōcis f. *Stimme, Wort, Laut* 10
vulgāre *veröffentlichen* 19
vulgus, ī n. *Volk(smasse)* 7
vulnerāre *verwunden* 12
vulnus, eris n. *Wunde* 12
vultus, ūs m. *Gesicht(sausdruck), Miene, Blick* 20

10. TEIL: GRAMMATISCHES REGISTER

(Die Zahlen beziehen sich auf die Seiten)

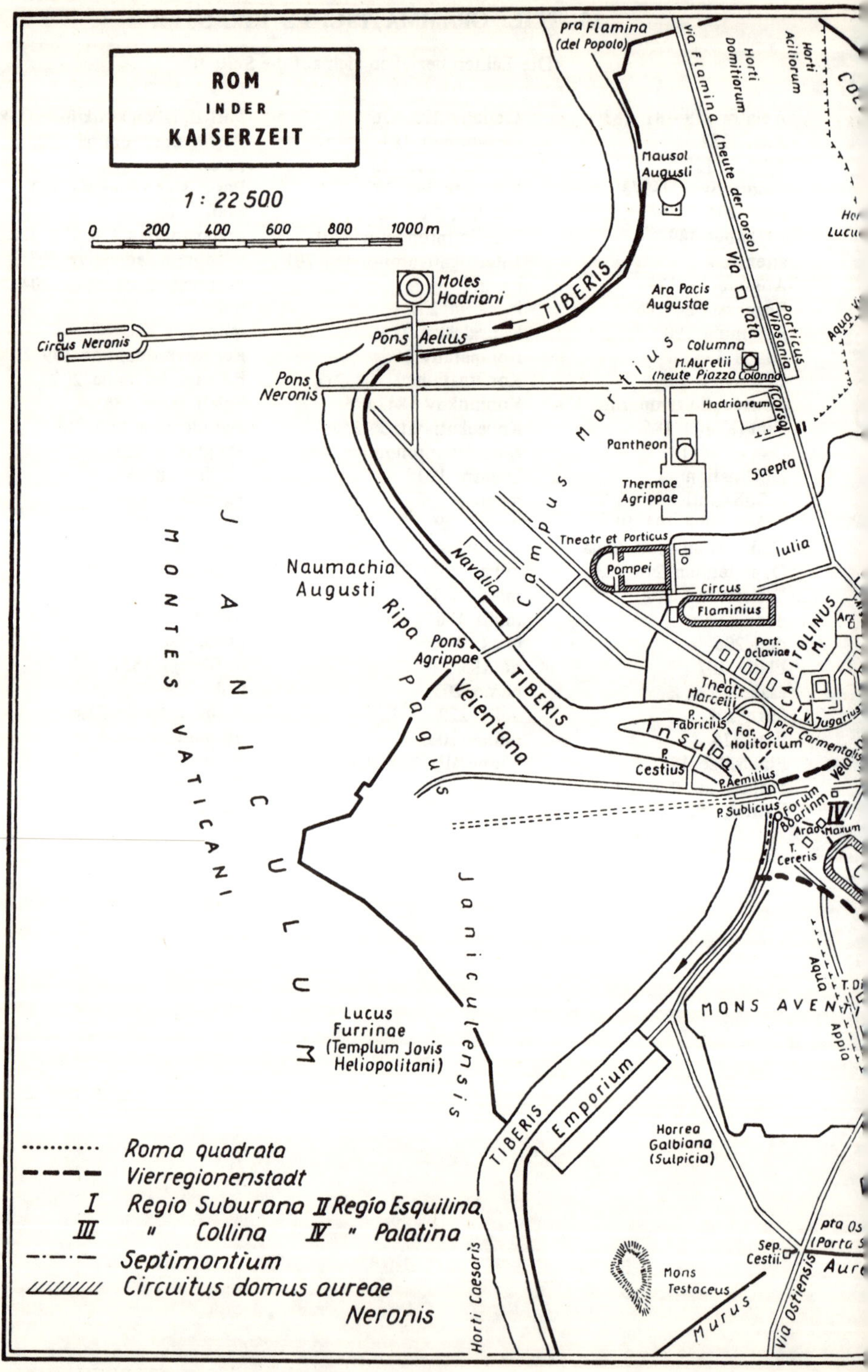
ROM
IN DER
KAISERZEIT
1 : 22500
0 200 400 600 800 1000 m
pra Flamina
(del Popolo)
Via Flamina (heute der Corso)
Horti Domitiorum
Horti Aciliorum
Mausol Augusti
Moles Hadriani
TIBERIS
Circus Neronis
Pons Aelius
Pons Neronis
Ara Pacis Augustae
Via lata
Porticus Vipsania
Columna M.Aurelii (heute Piazza Colonna)
Campus Martius
Hadrianeum
(Corso)
Pantheon
Saepta
Thermae Agrippae
Tneatr et Porticus
Pompei
Iulia
Circus Flaminius
Navalia
Naumachia Augusti
JANICULUM
MONTES VATICANI
Ripa Veientana
Pagus
Pons Agrippae
Port. Octaviae
CAPITOLINUS M.
Theatr Marcelli
P. Fabricius
For. Holitorium
Insula
P. Cestius
P. Aemilius
P. Sublicius
Forum Boarium
Ara Maxum
T. Cereris
V. Jugarius
Pta Carmentalis
Janiculensis
Lucus Furrinae (Templum Jovis Heliopolitani)
MONS AVENT
Aqua
Appia
Emporium
Horrea Galbiana (Sulpicia)
pta Os (Porta S
Sep. Cestii.
Mons Testaceus
Murus
Via Ostiensis
Horti Caesaris
Roma quadrata
Vierregionenstadt
I Regio Suburana II Regio Esquilina
III " Collina IV " Palatina
Septimontium
Circuitus domus aureae Neronis

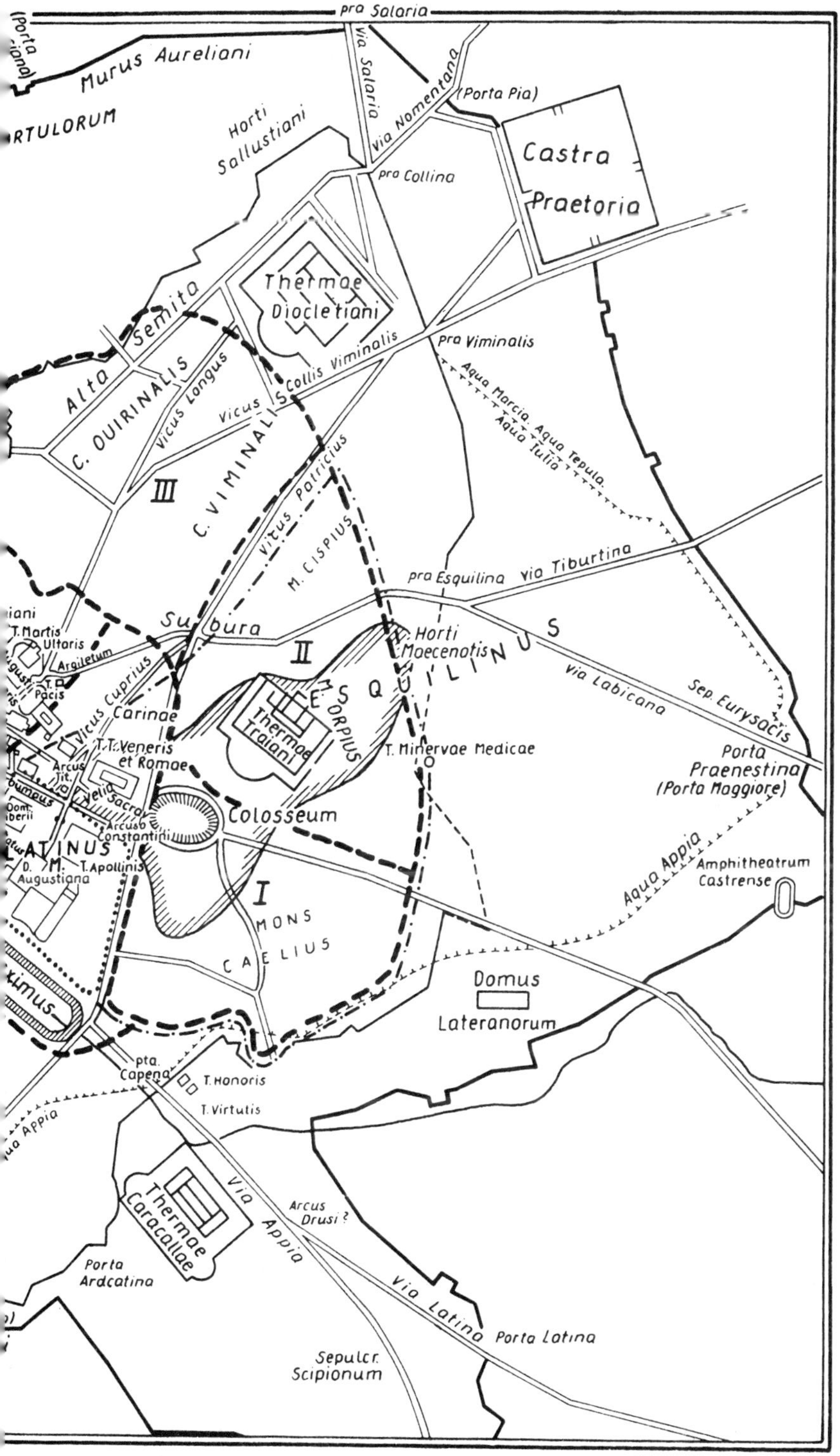

pra Salaria
Murus Aureliani
Via Salaria
Via Nomentana
(Porta Pia)
Castra
Praetoria
Horti
Sallustiani
pra Collina
Thermae
Diocletiani
Alta
Semita
C. QUIRINALIS
Vicus Longus
Vicus
Collis Viminalis
Pra Viminalis
Aqua Marcia. Aqua Tepula.
Aqua Iulia
III
C. VIMINALIS
Vicus Patricius
M. CISPIUS
pra Esquilina
Via Tiburtina
Subura
II
Horti
Maecenatis
ESQUILINUS
Via Labicana
Sep. Eurysacis
T. Martis
Ultoris
Argiletum
T. Pacis
Vicus Cuprius
Carinae
Thermae
Traiani
M. ORPIUS
T. Minervae Medicae
Porta
Praenestina
(Porta Maggiore)
T. T. Veneris
et Romae
Arcus
Tit.
Velia
Sacra
Colosseum
Arcus
Constantini
T. Apollinis
D.
Augustiana
I
MONS
CAELIUS
Aqua Appia
Amphitheatrum
Castrense
Domus
Lateranorum
pta.
Capena
T. Honoris
T. Virtutis
Thermae
Caracallae
Via Appia
Arcus
Drusi ?
Porta
Ardcatina
Via Latina
Porta Latina
Sepulcr.
Scipionum

VERLAGSANZEIGEN >